中國人史綱 (上)

柏楊

柏楊逝世三周年紀念版

人民文學出版社

著作权合同登记号　图字 01-2010-1089

图书在版编目(CIP)数据

中国人史纲:全2册/柏杨著.—北京:人民文学出版社,2011
ISBN 978-7-02-008673-3

Ⅰ.①中… Ⅱ.①柏… Ⅲ.①中国历史:古代史 Ⅳ.①K22

中国版本图书馆 CIP 数据核字(2011)第 130024 号

选题策划　常雪莲
责任编辑　胡文骏
责任印制　史　帅

出版发行　人民文学出版社
社　　址　北京市朝内大街 166 号
邮政编码　100705
网　　址　http://www.rw-cn.com

印　　刷　河北新华第一印刷有限责任公司
经　　销　全国新华书店等

字　　数　854 千字
开　　本　787×1092 毫米　1/16
印　　张　49　插页 6
印　　数　84001—94000
版　　次　2011 年 11 月北京第 1 版
印　　次　2016 年 1 月第 13 次印刷

书　　号　978-7-02-008673-3
定　　价　99.00 元(全两册)

如有印装质量问题,请与本社图书销售中心调换。电话 01065233595

出版说明

《柏杨全集》面世后,我们不断收到读者来信,希望能够将柏杨先生一些重要的作品再以单行本形式推出,这套《中国人史纲》便是应读者需求而推出的。

在编辑《柏杨全集》时,我们在遵从柏杨先生的写作习惯和风格的前提下,对《中国人史纲》中的一些表述有所改动,主要体现在以下诸方面:

一、译名用字尽量以大陆出版物规范用字代替,如"特类"改为"特洛伊"等。

二、柏杨先生对历史人物习惯直称其名,一些生僻的人名,我们已另加括号予以说明,如"伊祁放勋"即"尧",等等。

三、书中地名较多,我们对其中已不符合当前行政区划之处进行了修订。

四、对书中"中国"、"中华人"、"汉人"等词汇的使用,在不损害作者原意的前提下进行了微调。

本次单行本的出版,仍以《柏杨全集》本为底本,增加了钱理群先生在2005年《中国人史纲》学术研讨会上的发言《读柏杨著作常常让我想到鲁迅》为代序。

读柏杨著作常常让我想到鲁迅(代序)*

钱理群

刚才看了柏杨先生讲话的录像,我很感动。特别是他最后讲的那句话:一个人在钢刀架在脖子上的时候,能不能坚持说真话,这才是一个真正的考验,经过了这样的考验,才能对他盖棺论定。这句话很有震撼力,里面有一种精神,我以为就是与鲁迅先生相通的硬骨头精神。

我在读柏杨先生著作的时候,也很自然地要联想起鲁迅先生。我拿到这本柏杨先生的《中国人史纲》,就想到鲁迅曾经有过的一个写作计划。鲁迅在《晨凉漫记》这篇文章里,说到他想选择"历来极其特别,而其实是代表着中国人性质之一种的人物,作一部中国的'人史'",并且已经有一些初步的构想:"惟须好坏俱有,有啮雪苦节的苏武,舍身求法的玄奘,有'鞠躬尽瘁,死而后已'的孔明,但也有呆信古法,'死而后已'的王莽,有半当真半取笑的变法的王安石;张献忠当然也在内。"但鲁迅最后说:"现在是毫没有动笔的意思了。"在我看来,柏杨先生的《丑陋的中国人》和《中国人史纲》,在某种程度上就是鲁迅所期待的这样的"中国人史"。在书中,我感觉到柏杨先生和鲁迅先生在精神追求上的某些相通,至少有两点是相通的。

第一是两个坚持:坚持对中国国民弱点的批判,坚持对中国传统文化弱点的批判。这两个批判显示的是一种启蒙主义的立场。这样一个立场,恰好反映了上个世纪八十年代的时代精神,柏杨先生的《丑陋的中国人》就是在那个年代传到大陆,产生了巨大影响的。某种程度上也可以说,柏杨先生的著作影

---

* 本文为钱理群先生在2005年举行的《中国人史纲》学术研讨会上的发言。

响了八十年代的一代人,培育了一代人。

当然,到了九十年代,我们,也包括我自己在内,对启蒙主义是有所反省的,主要是过分夸大了启蒙的作用,以为只要人的思想变了,中国的一切问题都解决了。而九十年代,一直到二十一世纪初,我们所面临的现实,却一再让我们感到启蒙的无力,制度的改造、变革与建设的重要与迫切。这样的觉悟本来是意味着我们对中国问题认识的深化,是件好事。但中国人,特别是中国的知识分子,总喜欢从一个极端跳到另一个极端,这背后就有一个二元对立,非此即彼的思维模式。于是,就有人着意将思想启蒙和制度变革与建设对立起来,宣扬"制度万能",这其实与"启蒙万能"在思维方式上是完全一致的。

这就提出了一个问题:究竟应该怎样看待思想启蒙与制度变革、建设的关系?在我看来,它们分别抓住了中国的两个要害,是不可或缺的,因而是可以而且应该互为补充,互相促进的。从另一个角度也可以说,思想启蒙与制度变革、建设,都各有其价值,又各有其局限,甚至存在着某种陷阱,无限夸大自己的价值,没有"边界意识",就有可能走向反面。我们已经谈到了缺乏制度变革、建设支撑的思想启蒙的无力,反过来,不注意人的思想变革的制度变革也是无用的,因为制度是要靠人去建设与施行的,就如鲁迅所说,中国是个"大染缸",中国人心不变,习性不变,再好的制度引进中国,也是要变质的。而且在具体实践中作怎样的选择,是做思想启蒙工作,还是制度变革、建设工作,也要取决于每一个知识分子个体的主客观条件,比如说,我这样的普通的大学教师,或者柏杨先生这样的学者,大概只能做思想启蒙工作,即使思想上更重视制度建设,我们也只能鼓吹,而鼓吹其实也只是启蒙。

当然,在做启蒙工作时,应该有一个自我警戒,就是要看到自己的局限,由此形成一个立场:"既坚持启蒙,又质疑启蒙。"有了这样的立场,我们对柏杨先生的《丑陋的中国人》、《中国人史纲》这样的着重启蒙的著作,就可能有一个比较客观的评价:它是有价值的,是有利于中国思想文化的改造与建设、中国人心的改造与建设的,同时又是有限的。

但我担心,这样的有限的作用,在当下的中国大陆,也是很难发挥的——此一时也,彼一时也,今天的中国,已非八十年代的中国了。特别是现在的大陆思想文化界充斥着一种否定,甚至诋毁启蒙主义的思潮。有的人已经走到了这样的极端:把启蒙主义与专制主义等同起来,把五四思想启蒙运动视为文化大革命的先声,鲁迅这样的既坚持启蒙主义,又质疑启蒙主义的思想家更是被判决为专制主义的同谋,以至罪魁祸首。

值得注意的是,对启蒙主义的讨伐,除了有着前述"制度万能"的理念外,还有两个旗号,一是"宽容",一是"建设"。本来,就其原意而言,"宽容"与"建设"是两个很好的概念,是一个健全的社会所必须的;但在中国现实语境下,在某些人的阐释里,这样的"宽容"与"建设"是与启蒙主义的批判精神对立的,就是说,如果你要像鲁迅与柏杨先生那样坚持两个批判:批判中国国民性的弱点,批判中国传统文化的弱点,你就是不宽容,缺乏建设精神,就应该对你不宽容。而且还有一个可怕的罪名在等着你:你是破坏民族文化的千古罪人。

坦白地说,我一边读柏杨先生的这部《中国人史纲》,一边为他捏一把汗,因为他在这本书里,重点批判了两个东西,一个是中国帝王所代表的专制主义,一个是某些儒生所代表的专制体制的奴才与帮闲、帮凶。其实这也是鲁迅批判的重点。而如今无论在电视,还是出版物里,这些帝王、儒生都成了"香饽饽",成了被追逐的"明星"。在这样的文化氛围下,引入柏杨先生的《中国人史纲》,至少是不合时宜的,弄不好,柏杨先生也会被某些人视为"破坏民族文化的千古罪人"。

不过就我个人而言,大概因为自己早就是不合时宜的人,因此读《中国人史纲》却能引起很多的共鸣。特别是渗透全书的民族自省精神——这也是我感觉到的柏杨先生与鲁迅精神相通的第二个方面,它引起了我的许多联想。

当下很流行一句话:以史为鉴。这当然是一个对待历史的重要原则,柏杨先生的《中国人史纲》就是一部"以史为鉴"的著作。但在有些人的阐释里,以史为鉴是专对外国人讲的,那么,我们中国人要不要也以史为鉴?批判别人篡改历史,这当然很对,很有必要,但我们自己对历史的态度又怎么样?好像没有人谈,这里所缺少的正是一种民族自我反省的精神。

在纪念抗日战争胜利六十周年时,"歌颂"我们的胜利,"控诉"侵略者的罪恶成了主旋律。侵略者的罪行当然不能忘记,否则就会造成另一种遮蔽;作为普通老百姓沉湎于民族自豪感的情绪发泄,这也是可以理解的。但是,作为知识分子,是不是应该有点理性的思考,有一点冷静的反思,反省:这本应是知识分子的职责所在。记得在五卅运动中鲁迅就提醒年轻的学生:"对于群众,在引起他们的公愤之余,还须设法注入深沉的勇气,当鼓舞他们的感情的时候,还须竭力启发明白的理性",如果听任民众非理性的公愤泛滥,"历史指示过我们,遭殃的不是什么敌手而是自己的同胞和子孙"。(《杂忆》)但我们老是没有记性,总是忘记历史的教训,也就是口喊"以史为鉴",实际不以史为鉴。在庆祝胜利的狂欢里,有的知识分子比民众还要狂,欢得厉害,根本忘记了引导民族反省的职责。记得北大百年校庆的时候,我说了一句不合时宜的话,我说校庆应该是学校自我反省的日子,结果引起轩然大波。现在在全民庆祝胜利的时候,重提民族自省,大概就更不合时宜了。

这里有一个如何对待民族情绪的问题。鲁迅在五卅运动中就讨论过所谓"民气"。他说,一味鼓动"民气"而不注重增强"民力","国家终亦渐弱","增长国民的实力",这才是真正的维护民族利益之道。(《忽然想到十》)一个民族不能没有"气",但必须在其中注入理性精神;一个民族不能没有自豪感,但更要有自省精神,其实,敢于、善于自我反省,正是真正的民族自信心的表现,是一个民族是否成熟的重要标志。知识分子应体现并努力促进民族的成熟,而不是相反。

我看柏杨先生的著作,最感兴趣的是他对甲午战争的反省。这是中日之间第一次遭遇,我们失败了。八年抗战,我们是"完全胜利"了。据说这是"用血肉之躯"换来的胜利,胜得相当悲壮,所以曾有过"惨胜"之说。因此在欢庆胜利以后,还得想一想,这不得不以血肉之躯来取得胜利的原因是什么?我们能不能老是以血肉之躯来取得胜利?说句不吉利的扫兴的话,如果不认真总结、吸取教训,恐怕有一天我们还得用血肉之躯来抵御侵略,那就太可怕了。

柏杨先生把中日甲午战争失败的原因,归结为两条,一个是科举制度,一个是贪污腐败。但是我很奇怪,科举制度现在也成"香饽饽"了。好些文章大讲科举制度如何如何好,据说西方的文官考试制度就是从中国学来的,而且据说正是废除了科举制度,才导致了中国传统文化的断裂(?),因此我们现在要回到科举制度那里去,云云。我不反对对科举制度作学理的研究,对其作出更科学、全面的评价,但我奇怪的是,为什么总要回避在中国历史上的科举制度与封建专制体制的密切联系这样一个客观存在的事实。而且事实上我们现在也还有变相的科举制度,在我看来,我们一些地方的评职称、评什么什么点,就是科举制度"请君入瓮"那一套,这给我们带来了什么?大家都是清楚的。科举制度成了宝贝,这大概是柏杨先生绝对想不到的。还有腐败,腐败为什么屡禁不止?这个问题不好回答。大家都在谈中国腐败问题,但是很少人探讨背后的原因。柏杨先生要追根问底,也是不合时宜。

今天早上我读到胡风先生的一段话,讲抗战时期中国文化的主流思潮,胡风作了这样的概括:"只准许歌颂胜利,只准许歌颂中国文化又古又好,中国人又自由又幸福。只准许对敌人的弱点和没有出路加以嗤笑,聊快一时的人心"。如果这个时候,有人像鲁迅一样跳出来要讲启蒙主义,要反省我们自己,会是什么样一种情况?胡风因此设想了一个问题:如果鲁迅活到了抗战时期,他会怎么样?

"鲁迅活在现在他会有怎样的命运",这是一个在鲁迅逝世以后,一直缠绕着中国知识分子的问题,在不同历史时期都会不断地提出,在1948年、1957年都提出过,前两年又引起热烈讨论。而1941年胡风的回答却是相当严峻:"如果真的他还活着,恐怕有人要把他当作汉奸看待的"(《如果现在他活着》)。坦白地说,我读了胡风的这篇文章,是非常震撼的。我实在弄不明白,我们在纪念抗战胜利六十周年的时候,我们有些文化思潮为什么还和六十四年前的抗战时期的1941年似曾相识,连用词都差不多,还是只准歌颂,只准说敌人坏话,不能反省自己?而且还真有人把鲁迅"当作汉奸看待",前不久我就在网上看到过这样的义正词严的讨伐"汉奸鲁迅"的文章,我特别感到痛心的是,据说文章的作者是一个年轻人。那么,是什么样的思想文化在引导着我们的年轻一代,这将导致什么后果呢?我由此想到,在这样的文化氛围下,引入柏杨先生的带有鲜明的反省民族文化倾向的著作,他又会有什么样的遭遇呢?会不会也被某些人,包括某些年轻人,当作汉奸看待呢?想到这里,我真有些不寒而栗。

但好在中国人口多,地方大,而且一种思潮垄断一切的时代已经过去。因此,柏杨先生的著作这次再度引入大陆,虽然已不可能像上世纪八十年代那样引起轰动,但也总能寻得知音,产生影响。因此,我一面担心柏杨先生的著作和当下中国大陆思想文化主流的东西相违背,是不和谐的声音,但同时又想,这可能正是柏杨先生作品的价值所在:我们正需要这样的声音。

2005年9月5日讲,9月28日—29日整理

序

一

在九年零二十六天艰难而漫长的岁月里,我埋头整理中国历史的史料,先后完成了三部书稿,第一部《中国人史纲》、第二部《中国帝王皇后亲王公主世系录》、第三部《中国历史年表》(另外还有第四部《中国历代官制》。1975年春,官员要我们"快快乐乐过一个端阳节",把所有的参考书都搜去保管,规定每人不准持有三本以上的书,所以只写了一半。)。1977年4月,我回到台北,几经转折,三部书稿陆续地重回到身边。面对着汗迹斑斑、颜色枯黄了的纸册,我有无限的感恩和热情。

但书稿似乎太多了,从地面几乎直堆到腰际。想到它们在成书之后,每部势将都在一千页以上,我茫然地忧虑到出版的困难。幸而星光出版社经理林紫耀先生毫不犹豫地慷慨承当,并为它定名为《柏杨历史研究丛书》,使我由衷地感动。不过三部书稿并不是按照顺序发排的,而是倒转过来顺序发排的。并非故意或愿意如此,种种原因之下,只有如此。这只属于小节,当三部书陆续出齐的时候,出版时间的先后,就不重要了。

二

中国历史最使人困扰的是年号问题。年号本是中国在文明史上一大贡献,现代的日本和古代的越南、朝鲜、南诏、勃海,都是效法中国,使用年号的。但中国的年号却走火入魔,除了表示纪年的主要功能外,另外还表示祈福、歌颂和改朝换代。一个新政权兴起,或一个新帝王登极,或发生一件自以为很大的喜庆以及什么理由都没有而只是兴之所至,都会弄出来一个新的年号。当中国内乱时,列国林立,年号如雨后春笋,目不暇给,如386那一年,中国境内就先后出现了十六个年号。即令在统一时期,年号所造成的气氛,也十分紧张。如唐王朝第三任皇帝李治,他在位只三十六年,却改了十次年号。南周第一任皇帝武曌在位的时间更短,只十六年,却改了十四次年号。有些时候,甚至一年之中,一改再改,如528年,北魏王朝就一口气改了三次。第一次改元的诏书刚出大门,就第二次改元。第二次改元的诏书刚出大门,接着就第三次改元,使当时的国人不胜其烦。同时也显示出这种年号制度的严重缺点,那就是,在时间距离上,造成严重的混乱。我们可以试行做一次检查:元王朝至元元年,到同是元王朝至元六年,相距几年?一般的答案当然是相距五年。这答案是对的,但不是绝对的对,事实上它恰恰相距七十七年,因为元王朝有两个至元年号,一个始于1264年,一个始于1335年。再试行做第二次检查:天授三年跟如意元年,以及跟长寿元年,又相距几年?答案是它们同是692年,相距只不过几月。假如考古学家在地下掘出一件古物,上面刻着"建平元年制造",恐怕世界上最权威的史学家和最权威的自然科学家都不能确定它的正确年代,因为它可能是公元前6年,可能是公元后330年,可能是386年,可能是398年,可能是400年,可能是415年,可能是454年,也可能是508年。所以一个现代的中国人,置身于瞬息万变、分秒必争的时代,实在没有继续埋葬在这种纠缠不清的年号迷魂阵里的必要。我们大胆地绕过年号,采用公元纪年,希望能简单迅速,而又正确无讹地立即明了历史事件的时间位置。

中国历史上的王朝号和国号是第二个大的困扰。十九世纪时,外国人曾嘲笑中国不过是一个地理上的名词,引起国人的愤怒。其实在萨丁尼亚王国以意大利作为国号之前,意大利也是一个地理名词。现在斯里兰卡共和国建立,锡兰也同样成为地理名词。事实上,在二十世纪辛亥革命之前,中国所有的王朝从来没有一个以"中国"作为法定的或正式的国名。每当一个新王朝兴起,第一件事就是定一个国号,当这个王朝统一中国时,它的国号就远压在中国之上,如清王朝的正式国号就是大清帝国。当中国陷于分裂,像南北朝、五代……列国并存,就更谁也都不是中国了。这是一个很重要的景观,即四千多年历史中,从黄帝到傀儡政权伪满洲国,中国境内出现了像样的或不像样的共计八十三个王朝——也就是八十三国和五百五十九个帝王,却没有一个是用"中国"显示他们的性质的。我们最熟悉的"甲午中日战争",在正式官方文书上却是"甲午清日战争"。这种情形,使王朝号、国号,跟年号一样,造成史籍的混乱。因为谁也没有标出中国的缘故,就发生了谁在中国历史地位上是"正统"的争执,这争执由政治渗入学术,使从事历史工作的史学家,头上都好像悬着巨斧。司马光在他的编年史《资治通鉴》中,曾为此费尽唇舌,解释他何以把一些篡位弑君、罪恶昭彰的政权用它们的年号作为正朔,用它们的王朝作为正统。但他这部价值连城、被后世列为"正史"之一的巨著,如果不是皇帝为它写了一篇序的缘故,恐怕早被查禁毁版。于是集叛徒、土匪、强盗、恶棍于一身的朱全忠之类,明明只是一小块土地的割据势力,年号却成正朔,王朝却成为正统,因而使中国产生了一种可耻的"成则帝王,败则盗寇"的史观。历史上的忠奸贤愚、是非黑白,遂大量地受到颠倒、破坏,甚至被恶毒地一笔抹杀。我们现在对所有的王朝号、国号,以及年号——包括凡是有记载的草莽英雄们,以及他们所定的王朝号、国号、年号,做一个彻底而广泛的整理,排列出来,由分类而归纳,提供出一个工具性质的参考资料,可以迅速而简便地找出所需要的答案。同时,我们更做一个从无前例的大胆尝试,即以"世纪"为单元,以公元纪年为纪年,而将王朝号、国号、年号,置于次要的地位。我们的国家只有一个,那就是中国。我们以当一个中国人为荣,不以当一个王朝人为荣。当中国强大如汉王朝、唐王朝、清王朝前期时,我们固以当一个中国人为荣。当中国衰弱如南北朝、五代、宋王朝、明王朝以及清王朝末年时,我们仍以当一个中国人为荣。中国——我们的母亲,是我们的唯一的立足点。所有的王朝只是中国的王朝,所有的国,都是中国的另一种称谓。我们以"世纪"为单元叙述是强调中国永远存在,不受任何王朝影响,我们绝不认为后梁帝国是正统,而前蜀帝国是僭伪;更不认为清王朝是正统,而郑成功是海盗。唐亡,不是中国亡,只是唐王朝和唐政府的覆灭。清亡,也不是中国亡,也只是清王朝和清政府的覆灭。中国固屹立如故。

中国科举制度有它的功能和贡献,但它的副产品之一是,培养出来一个中国所特有的"官场"社会阶层,在这个社会阶层中,阿谀帝王成为一项主要的课题。表现最抢眼的莫过于媚态可掬地加到活帝王头上的尊号和加到死帝王头上的谥号(为了行文便利,我们用"尊号"包括"谥号")。上古时候,这些尊号不过一个字两个字,如公元前十二世纪周王朝第一任王姬发,不过被尊为"武王"。随着阿谀技术的精益求精,到了公元十五世纪之后,如清王朝第三任皇帝福临(顺治),他的尊号是"体天隆运定统建极英睿钦文显武大德弘功至仁纯孝章皇帝",竟多到二十五个字,全都是从字典上挑选出来的最美丽的词汇。有些人从没有当过帝王,也会在他们头上堆砌一大堆帝王尊号,当唐王朝大祭"玄元皇帝"的时候,没有人知道他就是以《老子》一书闻名于世的哲学家李耳。在史籍引叙原文的时候,这种尊号更显示出没有原则的一面,像谈到曹操,他一直到死只不过是东汉王朝的丞相,可是就在正史上,却一会儿称他是

"太祖",一会儿称他是"武皇帝",混淆的程度,使我们不知道所说何人,又置身何地。我们当然谅解并同情古史学家的可悲处境,但我们也不掩饰我们的失望。皇后也是如此,从最简单的"王妃"到那拉兰儿"孝钦慈禧端佑康颐昭豫庄诚寿恭钦献崇熙显皇后"。这个用全力摧毁自己所领导的清王朝女人,竟拥有这么漫长肉麻当有趣的尊号,使我们忍不住失笑。但我们最大的苦难不因失望失笑而消除,所以我们所做的是对中国五百五十九位帝王和若干虽没有实质上当帝王,却被加上帝王尊号的人,以及更多的皇后妃妾和他们所生的数不清的亲王、公主,做一个地毯式的搜索,将他们的头衔、年龄、在位时间以及他们在皇族中的关系位置,加以仔细地整理列出,使任何人都可以不必经过辛苦的寻觅,即可对他们的身世有一个明确的了解。

最后,我只能用非常少的几句话,说明我们的立场,我们的立场是中国人的立场。不同于"奉旨修史"的官员立场,也不同于以王朝为主,以帝王将相为主,以统治阶层自居的立场——他们把利益所从出的王朝放在第一位,而把中国放在第二位。我们反对"成则帝王,败则盗寇"的史观,在那种史观上,很多丑恶被美化,很多可歌可泣、代表中国人磅礴刚强、澎湃活力的智慧和勇敢,却被丑化。如三保太监(郑和)下西洋,传统历史责备他劳民伤财,好大喜功,以致史料所存寥寥,我们则认为他是中国第一位最伟大的海上英雄。我们坚持的标准是国家民族和人道人权,不掩饰污点,犹如美国历史不掩饰吊人树一样,同时也展示出中国对全世界全人类文明所做的尊严贡献。

中国人了解中国历史,应是天经地义的。可是,很多中国人对中国历史只不过知道一个片断,而这片断还多半来自小说和戏剧。中国历史书籍之多,占世界第一位,但却使人有一种杂芜凌乱的感觉。即令把正史能倒背过来,对了解中国历史发展的脉络,仍没有太大的帮助。何况我们没有时间读完正史,也没有文言文的修养去读正史。司马迁创造了一种新形式的史籍,这形式在公元前较简单的社会还可以应付。可是史学家却被这种形式酱住,一直沿用到二十世纪。更糟糕的是,它被改为断代史。幸好中国的王朝不断变换,如果像日本那样万世一系,根据"国(王朝)亡才修史"的惯例,中国可能成为一个没有正式史籍的国家。这些国(王朝)亡了才编纂出来的正史,又不过是一大堆人物传记的合订本,而这些传记,又多半取材于该人物的墓志铭、行传、家谱之类的一面之词,以致数千年来,墓志铭在中国文学史上,占重要的地位。凡是善于阿谀死人的作家如唐王朝的韩愈,都享有相当地位和相当财富。墨索里尼的儿子在纪念他父亲的文章中说他父亲"喜欢古典音乐,看见我开始弹钢琴时,非常高兴。他为人极为和蔼,对人更是温柔"。我们不认为墓志铭、行传、家谱之类所提供的资料,全都比墨索里尼的儿子所提供的,更为可信。所以,我们在采用正史资料时,都一一加以判断。

三

意不尽而言不能不尽,最后,我愿述及我对丛书处理的愿望。我虔敬地把第一部《中国人史纲》献给孙观汉先生。第二部《中国帝王皇后亲王公主世系录》赠给梁上元女士。第三部《中国历史年表》赠给陈丽真女士,用以表达我无穷的谢意。

我和孙观汉先生——这位世界闻名的物理学家,迄今还没有见过面,但我集合全世界感恩的言语都表达不尽我的内心。像我这样渺小的人物和离奇的遭遇,不过是大时代中的一粒灰尘,随风飘荡,微不足道。但孙观汉先生,亘古以来,却只此一人。有人把孙观汉先生比为左拉,但孙观汉先生比左拉更伟大更艰苦。他像大海中的一叶孤舟,为营救一个从未见过面的朋友,付出他的眼泪、尊严、时间、金钱和健康,而且十年如一日。更主要的是,他的道德、勇气,不仅是为我一个人,而是对祖国一片丹心和对人类一片爱心。西方有句谚语说:"为朋友死易,找到一个值得为他死的朋友难。"而我找到了,这是我的幸运,也是我的光荣。苍天可鉴,为孙先生,我死而无恨。

我和梁上元女士相识时,她还是一个发与耳齐的女学生。她第一次给我写信,那么流畅和那么有深度,使我震惊。可是九年零二十六天之后,她到台北飞机场接我归来的时候,已是大学教授了。年龄、知识、智慧和社会经验的增长,使她更坚定对我的帮助——包括精神的和物质的,也更坚定她对民族的爱、对人道的爱和对人权的尊敬。她的品格可以在一件事情上显示出来,她是一位孝女。

陈丽真女士是我的读者之一,十五年前她第一次来探望我之后,她就成为我的学生。在我的家庭破碎、妻离子散之际,她一直照顾我的生活,探望我,给我寄衣服食物,末了还为我作保。她为了帮助我,曾遭受到其他朋友所没有遭受到的风暴打击,几乎使她精神失常;但经过无数次恐惧哭泣之后,她没有放弃她的初衷,使我在孤寂中,仍享有人生的温暖和友情的慰藉,那是使我活下去的最大支持。

四

丛书是我在火炉般的斗室之中,或蹲在墙角,或坐在地下,膝盖上放着用纸糊成的纸版和着汗珠,一字一字地写成。参考书的贫乏使我自惭,但我别无他法。而且心情惶惑,不敢想象这些艰难写出的书稿,会遭受到什么命运。所以不可避免地会错误百出,唯有乞求方家指正。

  现在,总算陆续地付梓,当丛书出齐之日,我觉得我对我的民族和对我的朋友,已尽了我最大的责任和献出我最大的感恩。

1977 年 8 月 20 日于台北

目录

读柏杨著作常常让我想到鲁迅（代序） …… 钱理群 1
序 …………………………………………………… 1

第1章 历史舞台

一　空中·马上 ………………………………… 2
二　河流·湖泊 ………………………………… 6
三　山 …………………………………………… 14
四　沙漠·万里长城 …………………………… 19
五　城市 ………………………………………… 22
六　地理区域 …………………………………… 30
七　演员 ………………………………………… 36

第2章 神话时代

一　开天辟地 …………………………………… 44
二　五氏 ………………………………………… 46
　　◎东西方世界 ……………………………… 48

第3章 传说时代

一　黄帝王朝 …………………………………… 52

二　姬轩辕 …………………………………………… 54
三　伊祁放勋与姚重华 …………………………… 57
　　◎东西方世界 ………………………………… 60

第 4 章　半信史时代

一　公元前二十三世纪 …………………………… 62
二　公元前二十二世纪 …………………………… 63
三　公元前二十一世纪 …………………………… 64
四　公元前十九世纪 ……………………………… 65
五　公元前十八世纪 ……………………………… 65
六　商王朝社会形态 ……………………………… 67
七　公元前十七世纪 ……………………………… 68
八　公元前十三世纪 ……………………………… 69
九　公元前十二世纪 ……………………………… 69
一〇　周王朝封建制度 …………………………… 71
一一　瓶颈危机 …………………………………… 75
一二　公元前十一世纪 …………………………… 76
一三　公元前十世纪 ……………………………… 77

第 5 章　信史时代

一　公元前九世纪 ………………………………… 80
　　◎东西方世界 ………………………………… 81

第 6 章　公元前第八世纪

一　周政府的东迁 ………………………………… 84
二　春秋时代 ……………………………………… 86
三　周郑交战 ……………………………………… 88

四　楚王国 ……………………………………… 89
　　五　卫国新台丑闻 ……………………………… 91
　　　　◎东西方世界 ……………………………… 93

第7章　公元前第七世纪

　　一　封国的并吞与逐君杀君（上）………………… 96
　　二　五霸 …………………………………………… 100
　　三　齐国霸权的兴衰 ……………………………… 103
　　四　晋国长期霸权 ………………………………… 105
　　五　秦国短期霸权 ………………………………… 107
　　六　楚王国问鼎事件 ……………………………… 108
　　　　◎东西方世界 ……………………………… 109

第8章　公元前第六世纪

　　一　封国的并吞与逐君杀君（中）………………… 112
　　二　楚王国霸权的隐忧 …………………………… 115
　　三　鄢陵之役 ……………………………………… 118
　　四　国际和平会议 ………………………………… 119
　　五　伍子胥鞭尸事件 ……………………………… 120
　　六　鲁国的"三桓"政治 ………………………… 123
　　　　◎东西方世界 ……………………………… 126

第9章　公元前第五世纪

　　一　封国的并吞与逐君杀君（下）………………… 130
　　二　中国第一个黄金时代——大黄金时代 ……… 132
　　三　儒家 …………………………………………… 134
　　四　道家·墨家·法家 …………………………… 138

五　诸子百家 …………………………………………… 141
六　战国时代 …………………………………………… 143
七　晋国的分裂 ………………………………………… 146
　　◎东西方世界 …………………………………… 148

第 10 章　公元前第四世纪

一　封国的消失与蜕变 ………………………………… 150
二　吴起与楚王国 ……………………………………… 153
三　历史上最大的魔术——秦国变法 ………………… 155
四　合纵对抗与连横和解 ……………………………… 157
五　齐宋两国的侵略战争 ……………………………… 161
六　三位巨子 …………………………………………… 162
　　◎东西方世界 …………………………………… 166

第 11 章　公元前第三世纪

一　东方各国互相缠斗 ………………………………… 170
二　崭新的外交政策——远交近攻 …………………… 172
三　吕不韦·韩非 ……………………………………… 176
四　六国覆灭 …………………………………………… 177
五　辉煌的八十年代 …………………………………… 180
六　嬴政大帝 …………………………………………… 185
七　焚书坑儒 …………………………………………… 187
八　秦王朝突然瓦解 …………………………………… 190
九　西楚王国昙花一现 ………………………………… 194
一〇　西汉王朝大统一 ………………………………… 197
　　◎东西方世界 …………………………………… 198

第12章　公元前第二世纪

　　一　匈奴汗国崛起沙漠 …………………… 202
　　二　道家思想的实践——黄老政治 ……… 203
　　三　七国之乱 ……………………………… 205
　　四　儒家思想定于一尊 …………………… 207
　　五　对匈奴汗国的反击 …………………… 210
　　六　张骞通西域 …………………………… 213
　　七　中国疆土的再扩张 …………………… 215
　　八　汉赋 …………………………………… 219
　　　　◎东西方世界 …………………………… 220

第13章　公元前第一世纪

　　一　汉匈两国的和与战 …………………… 224
　　二　司马迁·路温舒 ……………………… 225
　　三　中国疆土的继续扩张 ………………… 228
　　四　匈奴汗国的分裂 ……………………… 232
　　五　外戚政治 ……………………………… 233
　　　　◎东西方世界 …………………………… 235

第14章　第一世纪

　　一　新王朝与新社会政策 ………………… 240
　　二　二十一年改朝换代混战 ……………… 241
　　三　东汉王朝建立 ………………………… 244
　　四　匈奴汗国的再分裂 …………………… 246
　　五　班超再通西域 ………………………… 247
　　六　羌战 …………………………………… 251
　　　　◎东西方世界 …………………………… 253

第 15 章　第二世纪

- 一　西域的丧失 …………………… 256
- 二　羌战的扩大与惨烈 …………… 257
- 三　外戚政治的重演 ……………… 259
- 四　士大夫及门第的形成 ………… 262
- 五　宦官制度 ……………………… 265
- 六　中国第一次宦官时代 ………… 267
- 七　佛教・道教・黄巾 …………… 272
- 八　三十一年改朝换代混战 ……… 273
  - ◎东西方世界 ………………… 276

第 16 章　第三世纪

- 一　赤壁战役 ……………………… 278
- 二　三国时代 ……………………… 281
- 三　政制・九品・清谈 …………… 283
- 四　晋王朝暂时的统一 …………… 285
- 五　八王之乱（上）……………… 287
  - ◎东西方世界 ………………… 289

第 17 章　第四世纪

- 一　八王之乱（下）……………… 292
- 二　大分裂时代开始 ……………… 295
- 三　三国并立 ……………………… 298
- 四　五国并立 ……………………… 301
- 五　晋帝国局促一隅 ……………… 304
- 六　北中国的大混战 ……………… 306

七　前秦帝国的茁壮 …………………………… 309
　　八　淝水战役——历史的命运 ……………… 313
　　九　八国并立 …………………………………… 316
　　一〇　九国并立 ………………………………… 318
　　　　◎东西方世界 ……………………………… 321

第18章　第五世纪

　　一　十一国并立 ………………………………… 324
　　二　短命王国相继灭亡 ………………………… 326
　　三　五胡乱华十九国结束 ……………………… 328
　　四　南北朝 ……………………………………… 330
　　五　南宋帝国的暴君 …………………………… 333
　　六　南齐帝国的暴君 …………………………… 335
　　七　北魏帝国迁都与华夏化 …………………… 337
　　八　奇异的寄生集团 …………………………… 340
　　九　佛、道二教的发展 ………………………… 342
　　　　◎东西方世界 ……………………………… 344

第19章　第六世纪

　　一　南梁帝国的北伐 …………………………… 348
　　二　二十年代——北魏遍地抗暴 ……………… 349
　　三　北魏帝国的分裂 …………………………… 353
　　四　萧衍父子引起的南中国混战 ……………… 357
　　五　北齐、北周倏兴倏灭 ……………………… 360
　　六　大分裂时代终结 …………………………… 364
　　七　突厥汗国崛起沙漠 ………………………… 367
　　　　◎东西方世界 ……………………………… 369

第1章
历史舞台

每一个民族都有它的生存空间——历史舞台，中国人亦然。

中国人的历史舞台是世界上最巨大、最古老的舞台之一，这舞台就是我们现在要介绍的中国疆土。它位于亚洲东部，介于惊涛万里的太平洋和高耸天际的帕米尔高原之间。大约公元前三十世纪前后，遥远的埃及、美索不达米亚和较近的印度，都在萌芽他们的古文明时，中国人在自己的土地上，也创造出属于自己的中国文明。这文明一直延续，并于不断扬弃后，发扬光大，直到今日。

当时的中国人自以为恰恰地居于世界的中心，所以自称中国，意义是位于全世界中心的国度。又因为所居住的土地美丽可爱，所以自称华夏，华的意义正是美丽可爱。至于自称和被称为汉民族或汉人，那是公元前二世纪西汉王朝建立以后的事。在公元前三世纪和公元前二十二世纪时，也曾自称和被称为秦人或夏人，前者谓秦王朝之人，后者谓夏王朝之人。

中国跟任何一个文明古国一样，从小小的原始部落和小小的地区，不断地联合、融化和扩张，而终于成为一个庞大的帝国。截至二十世纪初叶，中国疆域面积达一千一百四十万方公里。最西到帕米尔高原（东经74°），最东到乌苏里江口（东经135°），最北到黑龙江的漠河（北纬53°），最南到南中国海南沙群岛的曾母暗沙（北纬4°）。

中国版图像一片和平宁静的海棠叶，台湾岛和海南岛，像镶在叶柄下方的两颗巨大珍珠。南中国海诸岛，则是无数散落在碧绿海水中的小的珍珠群。

华夏人就在这个空间上降生、成长，中国历史也在这个舞台上演出。在正式叙述他的成长和演出之前，我们应该对他先有一个了解，包括舞台的各个重要角落和全体演员。

一　空中·马上

现在，让我们搭乘可以跟光速相等速度的宇宙飞船，从广阔的太平洋，向西飞航。

首先呈现出来的是一排日本列岛，安静地斜卧在巨涛之中，它上面几乎全是山脉，而且我们还可能察觉到它不断地在颤动，那里是世界上闻名的火山地带，日本列岛正坐落在上面。续向西飞，我们可以看到有日本列岛一半大的一个雄伟半岛，像一个惊叹号形状，插入日本海跟黄颜色的黄海之间。它的南端跟日本列岛的南端，隔着对马海峡，遥遥相望，这就是朝鲜半岛。中国文化的继承者之一，并由它转输给另一中国文化继承者日本。

朝鲜半岛之北，是中国富庶的东北地区。朝鲜半岛之南，是长达一万四千公里、曲折而成为半圆弧形的中国海岸。北方海岸有两个小半岛——辽东半岛和山东半岛，像蟹螯一样箝住渤海的海湾。中部海岸向东方凸出，那正是海棠叶的叶柄所在。南方海岸向西南伸展，两颗珍珠岛屿，台湾岛和海南岛，清晰在目。

越过海岸，宇宙飞船正式进入中国上空，巨大的舞台呈现在眼底。四条悠长的大河，在巨大的舞台上，均匀地并排着，从西向东流。最北一条跟俄罗斯交界的是黑龙江，次北一条成"几"字形的是黄河，偏南一条白浪滚滚的是长江，最南一条像手指汇到手掌一样的是珠江。

如果是二月天气，我们在宇宙飞船上会眺望到，最北的黑龙江千里冰封，那里的中国人还穿着皮衣皮靴，从口中吐出的热气会立刻在睫毛上凝结成冰。而最南的珠江这时却仍滔滔奔流，那里的中国人正额上淌着汗珠。两地人们如果交互旅行，仅只衣服穿着一项，便需要经过专家指导，一个人如果穿着单衣服从广州出发，当他在黑龙江畔的漠河下飞机时，他可能会立刻冻死，这说明这个舞台南北距离遥远的程度。

在渤海岸凹处，一条黑线，向西翻山越岭地蜿蜒伸展，那就是闻名世界的万里长城。长城以北是内、外蒙古沙漠地区，这时仍一片隆冬景象，但长城之南却针锋相对的已大地春回，从万里长城到淮河这个一望无际的华北大平原上，全部覆盖着青青的小麦，像一座无涯的大海，城镇只不过是一群孤岛。温和的春风吹动时，原野掀起麦浪，翻腾澎湃，密接的村落在麦浪中飘

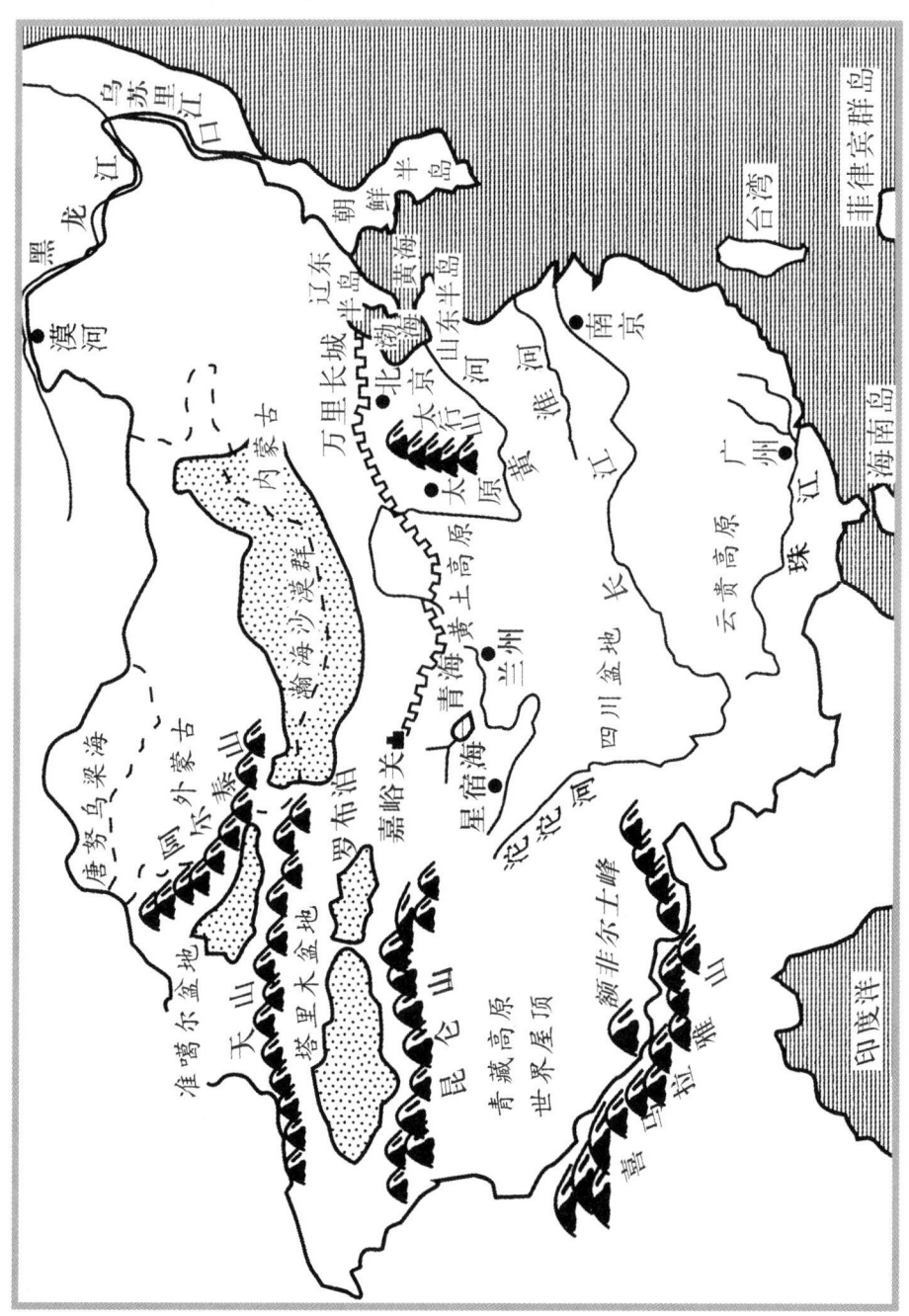

图一　二十世纪初叶鸟瞰下的中国

浮，更像海上的点点渔舟。在南方，也就是在淮河以南，跨越长江，直到海南岛，全是一望无际的稻田，为了灌溉的缘故，那稻田被分割为一块一块，像无数宝镜，在太阳光下反射出万道光芒。

——这就是中国本部的景观，截至二十世纪初，六分之五的中国人居住在那里。

再续向西飞，距山东半岛约八百公里，宇宙飞船越过南北纵长的太行山，就看到地面突然隆起的山西高原。它的北方是瀚海沙漠群，静止时像一个死海，连秋虫的声音都听不见，一旦掀起风沙，人们的视线便全部模糊。山西高原不过是黄土高原的一部分，风沙怒吼时，它的威力仅次于真正的沙漠。黄土高原的居民大多数住在窑洞之中，窑洞的外貌很拙陋，但内部冬暖夏凉。

就在山西高原的中央城市太原，向南到洞庭湖，南北一线的上空，我们必须把手表拨慢一小时，假如宇宙飞船是八时进入中国，那么在越过这一条线之后，时间却是七时。因为我们跨进格林威治时间的另一个地区，光阴正在回转。

不久，我们就可眺望到黄河之滨的一座古城——兰州，在它之北仍是向西延伸的瀚海沙漠群，在它之南是广大的四川盆地和云贵高原。华北大平原跟锦绣江南的广大绿色世界，逐渐消失。我们看到的是另一种景象，除了青葱的四川盆地外，其他地区农作物的生长，都十分困难。北方瀚海沙漠群上的骆驼铃声是最有力的响声，南方云贵高原全是惊人的山岭和惊人的河谷，它地下丰富的矿产，要到二十世纪，才显出它的重要。

中国第一大咸水湖青海湖，在宇宙飞船下滑过，我们看到了万里长城尽头的嘉峪关，也看到像天上繁星一样的黄河发源地星宿海和潺弱一线的长江发源地沱沱河。就在它们上空，必须再把手表拨慢一小时，因为自上次拨慢了一小时后，我们又直线前进了一千五百公里。而就在同时，我们会吃惊地发现，地面更突然间峻拔上升。假如我们以四千米的高度进入中国而一直保持这个高度不变，那么此时宇宙飞船已经撞到地面，因为我们已到了平均海拔四千五百米以上的青藏高原——也就是世界上最高的高原，被称为世界屋顶，宇宙飞船必须升高。

在青藏高原上，看不到什么，它在二十世纪前，是中国最寂寞的地区，眼睛所及的全是终年覆雪的山头和寒冷贫瘠的砂砾丘陵，只偶尔有长毛的牦牛在山谷中载着货物，成一个伶仃的队形，踽踽前进。农作物因气候寒冷和土壤太坏的缘故，十分稀少，只有少量质量低劣的青稞；人口更是稀少，平均每平方公里还不到一个人。在世界屋顶之北，是陡然陷下去的巨大的塔里木盆地。再北则是天山。越过天山，又是一个陡然陷下去的盆地，即准噶尔盆地。这两个盆地上的稀少人口——二十世纪初只有二百五十万，包括了博览会般的各种民族，是中国境内人种最复杂的地区；就在那沙漠跟巨山之间的千里草原上，不时兴起诗人形容的"天苍苍，野茫茫，风吹草低见牛羊"的动人场面。比起东部中国，这里显示的不是在方块稻田上生活的人们所能想象的气魄。

世界第一高峰额非尔士峰（珠穆朗玛峰）和它所属的巨大山脉喜马拉雅山，都在我们眼下消失。宇宙飞船现在又前进了约一千五百公里，正位置在塔里木盆地的中央上空，必须再把手表拨慢一次，把六时拨为五时。使人兴起一种青春倒流的惊奇和喜悦。

——不断的时间变换，会扰乱正常的生活程序，这是疆土过于广袤的烦恼。从极东的乌苏里江口，到极西的帕米尔，时距相差四个小时。当乌苏里江口的渔夫在晨光曦微中泛舟捕鱼时，帕米尔的农人还在酣睡。一个人从乌苏里江口，于黎明时乘超光速飞行器向西飞航，他会发现天色越走越黑，当他完成五千公里的旅行，敲他住在帕米尔山下朋友的家门时，却正是午夜。世界上只有少数国家有这种奇特的景观，这少数国家是：俄罗斯、中国、加拿大、美国、巴西、澳大利亚。

拨过手表，于是我们到了群山之母的帕米尔高原，它是中国最西的边界，塔吉克斯坦、阿富汗、巴基斯坦，三个国家环绕在它的另一面，成为中国西陲尽头的三大邻邦。

空中鸟瞰之后，让我们走下宇宙飞船，跨上马背，对这个巨大舞台，再做一次了解。

下面表格，显示出十八世纪之前，我们如果骑马对若干重要城市做一次访问的话，所需的时日。那是十八世纪清王朝，从当时的首都北京到各地驿站的官定行程（最后一项从包头到喀什，是普通的商旅行程），它说明中国人对这个庞大国度的长久凝结力量的韧度。那虽然是十八世纪清政府时的规定，但这种情况可以追溯到公元前三世纪跟匈奴人作战时代，在交通方面，两千年间只有稍稍的改进，很少有突破性的变化。

古称	起讫	经过城市	华里距离	限期	加急
奉天官路	北京—齐齐哈尔	山海关·沈阳	1600	40日	15日
兰州官路	北京—兰州	石家庄·太原·西安·平凉	2000	41日	
四川官路	北京—成都	西安		48日	24日

（续表）

古称	起讫	经过城市	华里距离	限期	加急
云南官路	北京—昆明	石家庄·南阳·常德·贵阳	3000	60日	40日
桂林官路	北京—桂林	许昌·武汉·长沙·衡阳	2300	55日	25日
蒙古官路	北京—乌兰巴托	张家口		35日	16日
广东官路	北京—广州	衡阳·韶关	2800	56日	32日
福建官路	北京—福州	天津·德州·南京·镇江·杭州·仙霞岭	2400	48日	27日
新疆官路	北京—伊宁			105日	
西藏官路	北京—拉萨			91日	
西北商路	包头—喀什		3800	125日	

"限期"是驿站传递公文书时，以马匹普通速度作为标准，也就是以骑马的正常速度作为标准。"加急"多半用于军事行动，凡加急的驿站递送，本身的动作就是一场惊心动魄的电影镜头。驿马以四足离地的速度狂奔，铃声可传到一公里以外。下一驿站听到后，日夜都在待命的驿卒，立即上马飞驰。当后马追及前马，两马相并时，马足不停，即在马上将公文书交递。驿马往往因狂奔过度而倒毙，如果五年内幸运地不死，它就成为宝马退休，由政府饲养，不再做工，以酬佣它对国家的贡献。

这种速度当然不适合普通的商人和旅客，但它正是庞大国土的动人标识。东西两洋历史上只有少数帝国，如波斯帝国、亚历山大帝国、罗马帝国、阿拉伯帝国和稍后的蒙古帝国、帖木儿帝国，可以跟中国这种马行一百零五日的情况相比。但他们都已被时间抹灭，只中国迄今巍峨独存。

——注意两地之间的距离。里数相等，并不是说行程、日数，也会相等。像山径崎岖之类的障碍，能使速度锐减。表格上的日数，是以马匹为主。如果我们从马背上跳下来，改为步行，日数恐怕要增加三倍到四倍。

二　河流·湖泊

在对中国全部疆域有一个概括的印象之后，让我们分门别类地介绍它各方面的形态，这些形态构成舞台的全部地貌，是中国历史发展的重要基础。

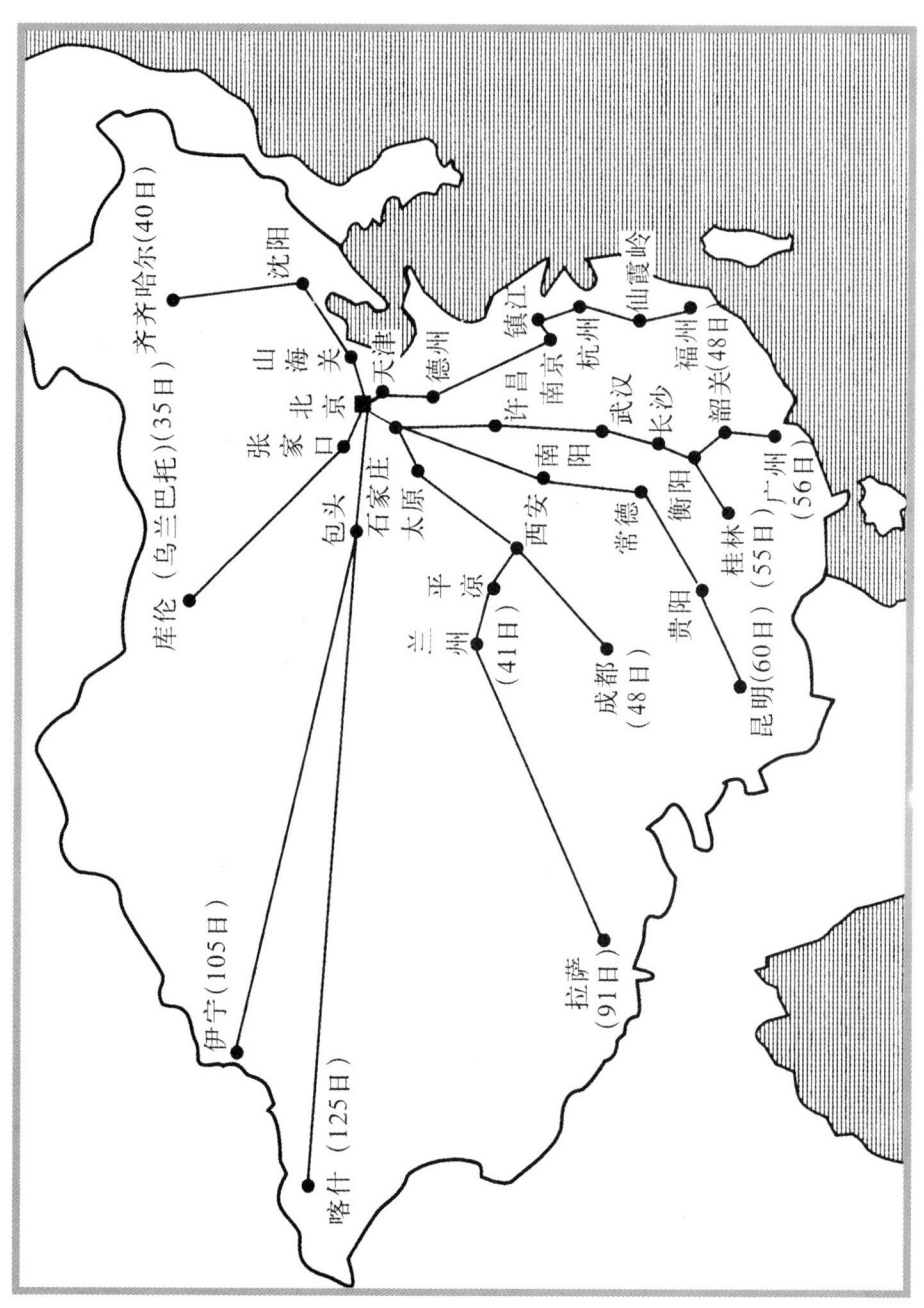

图二　中国版图上驿马日程

首先介绍中国历史上几条重要的河流。

黑龙江 全长四千三百七十公里，但在中国境内和流经中国跟俄罗斯边境的只有三千四百二十公里。它是中国最北的水道，流域面积达一百八十四点三万平方公里（包括国境以外面积），一年中有六个月的结冰期，河面像钢铁一样，重型坦克车可以任意在上面驰骋。不过在古代中国史上却没有特别重要的地位，直到十四世纪才跟中国接触，十七世纪才随着满洲人建立的清王朝的入主中国，像嫁妆一样并入中国版图。它的最大支流松花江，全长一千九百二十七公里，十世纪时称混同江，为契丹人和契丹人建立的辽帝国的主要渔猎河道，名震一时。

黄河 全长五千四百六十四公里，流域面积七十五万平方公里，是中国历史上最重要的河流。古中国文明就在这个流域上发生和成长，大部分历史也都在这个流域上演出。这条中国第二大河，发源于青海的巴颜喀拉山，成一个"几"字形状，向东注入渤海。凡是河流，几乎都具备若干利益，如航行、渔产、灌溉。只有黄河，对它两岸的居民，帮助很少而伤害很大。它在历史上扮演的角色，像一条喜怒无常的巨龙，翻滚奔腾，专门制造可怕的灾难。从公元前二十三世纪到公元后二十世纪初叶，四千余年间，便有过一千五百余次的小决口和下表所列的七次大决口和八次大改道（包括一次人为改道）。

次序	改道年代	决口地	河身流经	保持年数	相当世纪
古道	前2278		由洛河入黄河处，傍太行山东麓，经天津入渤海。	1674	前二十三—前七
一次改道	前602	黎阳（河南浚县）	由滑县东北流经天津入渤海。	613	前七—后一
二次改道	11	濮阳（河南濮阳）	东流到清河（河北清河）各郡。	979	
三次改道	70	（人为改道工程，非决堤）	东郡（河南濮阳）以下大幅改道，于千乘（山东高青）入渤海。		
四次改道	1048	商胡埽（河南濮阳东北）	分两支：北支经大名、恩州（河北清河）、冀州、深州、瀛州（河北河间）至天津入渤海，南支经博州（山东聊城）、德州至无禄入渤海。	146	十一—十二

（续表）

次序	改道年代	决口地	河身流经	保持年数	相当世纪
五次改道	1128	阳武（河南原阳）	东流到郓城、曹州（山东菏泽）之间，分两支：北支注入北清河，入渤海；南支经徐州、邳州（江苏睢宁北）注入淮河，入黄海。	78	十二—十三
六次改道	1286	新乡（河南新乡）	1289年，北支始断绝，黄河全部入淮河，转入黄海。	567	十三—十九
七次改道	1855	铜瓦厢（河南兰考西北）	再注入大清河入渤海。	89	十九—二十
八次改道	1938	花园口（河南郑州北）	由贾鲁河注入淮河，再经运河转入长江。	9	二十

黄河每一次改道，都是一场恐怖的屠杀。而仅次于改道灾难的小型泛滥，也每次都造成人畜的可怕伤亡。所以黄河也是世界上吞没生命财产最多的一条河流。它一半以上经过黄土高原，冲刷下来的黄土和来自北方瀚海沙漠群的尘沙，使它在上游时就非常浑浊。到了三门峡（河南三门峡）以下，突然从两山夹岸中进入坡度极小的平原，河面放宽，水流速度减慢，所挟带的超过百分之六十的大量泥沙，开始沉淀。从洛阳到渤海间八百余公里长的河床，逐渐升高，最后终于超过地面，全靠人工修筑的堤防对它约束。一个住在开封二十层楼上的居民，如果开窗向北眺望，他会大吃一惊，发现黄河正在他头上数百米的高处滚滚东流。每年春冰融解和夏秋之交雨量充沛时，都是决口的危险季节。冬天仅数百米的河面，会陡地扩张，从南岸看不见北岸，只看见一望无际的汹涌黄涛。堤防如承受不住急剧的冲击，即行溃决，一场大悲剧便告发生。黄河是居高临下的，它的决口像是巨坝突然崩裂，十公里外都听得到万马奔腾的巨响。决口处的新河道上的无数人民，从梦中惊醒，除非特别幸运，很少不像灌穴的蚂蚁一样的被洪水吞没。历史上几个主要的王朝，都设有专人和专门机构，负责堤防保护和修建工作。可是政治如不修明，这种专门机构，反而成为最大浪费和最大贪污的场所。对于黄河，一直到二十世纪，中国人都在下大力气治理它。尼罗河泛滥后留下的是沃土，黄河决口后留下的却是一片黄沙。然而就在这种艰苦的环境中，产生了灿烂的古中国文明。

长江 中国第一大河，也是世界第二大河，全长六千三百公里，流域面积一百八十万平方公里。跟黄河相反，长江是一条欢愉的和慈悲的河，凡河流应有的利益，它无不具备。但在历史上却出现较迟，当黄河流域已达到相当高的文明水平时，长江流域还是一片蛮荒。长江的地理背景比黄河更适于产生文明，而两条巨河又相距甚近，我们不知道什么契机使中国文明发生在黄河，而不发生在长江，这恐怕是人类进化史上最大的困惑之一。但长江一旦在中国历史上出现，就把中国疆土拦腰切断。三世纪时一位身兼文学家的皇帝曹丕曾说过："上天创造长江，就是要把中国分割为南北。"习惯上长江以北称北方、华北，或北中国；长江以南称南方、江南、华南，或南中国。很多建都在北方的王朝，一旦受到更北方沙漠地带游牧民族的攻击，抵抗失败时，往往逃到南方，在长江的保护下苟延残喘。游牧民族虽然精于马上功夫，但对船只却一筹莫展，在他们无法渡过广阔长江的情势之下，只好承认南北对峙之局。而逃到江南的残余政权，却从没有一个能够奋发反击的，也只好接受半壁河山的事实。有名的三百年大分裂时代和一百余年宋金两大帝国对抗，就是由长江的汹涌波涛，僵持而成。

珠江 事实上它本身只有八十公里，但它拥有西江、东江、北江三大支流，而以西江作为主干，全长两千一百九十七公里，流域面积四十五万方公里。它在中国历史上出现的最晚，流经的又多半是不能发生政治经济影响的蛮荒地区。它的重要性在十九世纪鸦片战争之后，才开始显现。

四大河流之外，还有一些在历史上占有重要地位的其他较小河流。诸如：

汾水 全长六百九十五公里，发源于山西宁武西南充满了神话的管涔山。纵穿山西高原，向西南注入黄河，它的下游是中国古代文明的重要发祥地之一，公元前的若干古都，林立两岸。被儒家学派歌颂为至圣至贤的尧帝伊祁放勋和舜帝姚重华的国都，就建立在汾水之畔。直到十九世纪，它一直保持高度的历史地位。

桑干河 全长六百五十公里，也发源于管涔山，不过它是向东而流。中游之后，它的含沙量高达百分之三十八，河床高出地面二十三米，于是跟黄河一样的不断地决口和不断地改道，中国人伤心地称它为小黄河，也称它为无定河。八世纪时，这一带接近边疆，不断地发生战争，唐王朝诗人曾有悲怆的诗句："可怜无定河边骨，犹是春闺梦里人。"哀悼那些为国捐躯的英勇战士。十八世纪时清王朝皇帝玄烨下令改称为永定河，希望它不再生事。当它流经古都北京南方时，因河中满生芦草，所以也称它为芦沟。十二世纪时，金帝国在上面筑桥，即有名的八百年后在上面爆发对日本帝国八年血战

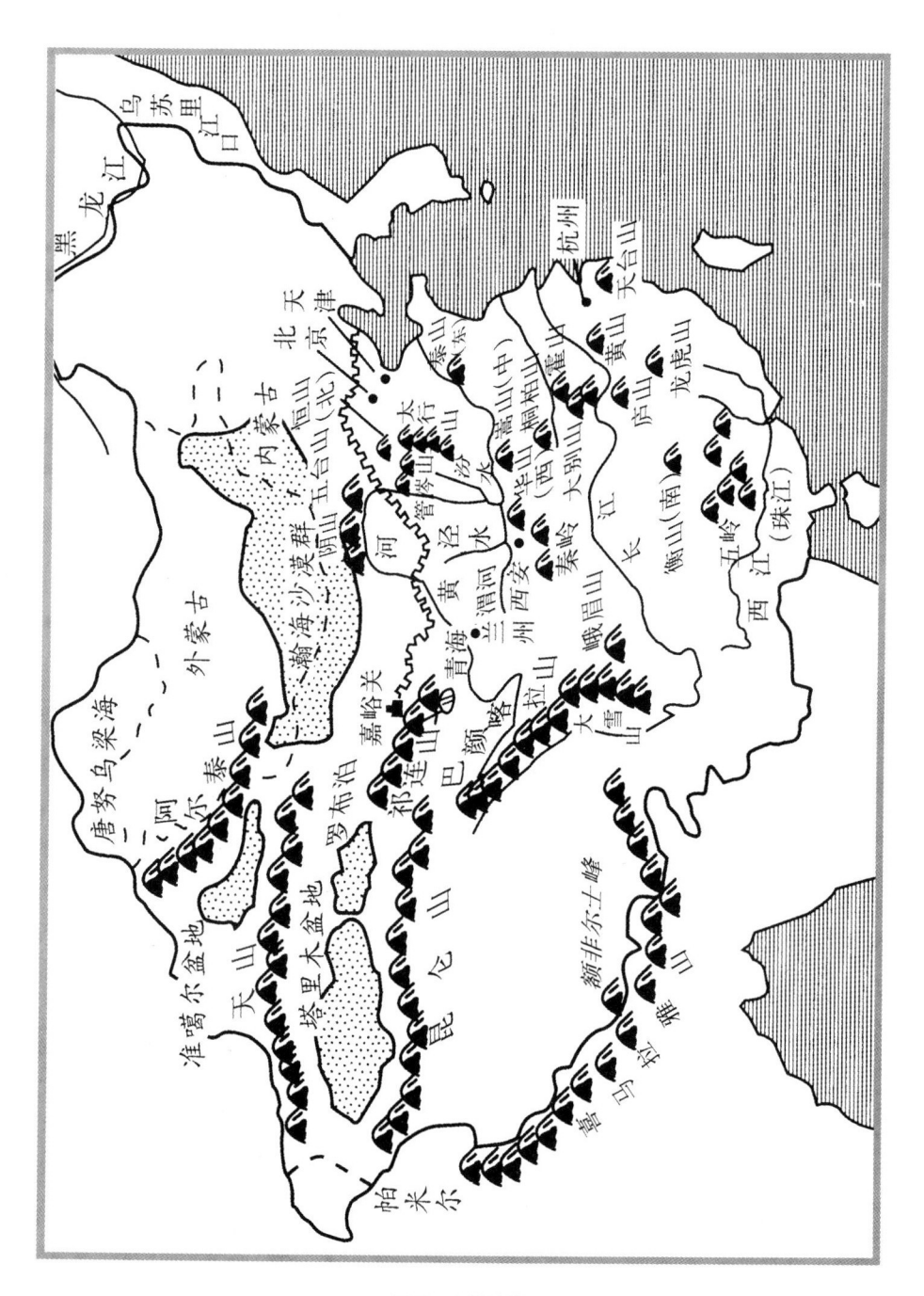

图三　中国地貌

的卢沟桥。再流到天津，汇合了其他若干河流之后，称为海河，从天津经大沽口，注入渤海。

渭河 全长八百一十八公里，发源于甘肃渭源西南鸟鼠山，向东注入黄河，它的下游就是肥沃的关中盆地，中国古文明重要的成长地之一。中国最光辉的四个王朝——周、秦、西汉、唐，约两千年之久，都建都在渭河河畔的长安（陕西西安），在大一统的形势下，使中国的声望远播。渭河的支流之一泾河，发源于宁夏隆德北六盘山，它的含沙量最高达百分之五十，黄河有这种一半水一半沙的支流，无怪它本身怎么也无法摆脱人们的诅咒。泾渭二河在西安的东北合流，合流之后，产生一种奇异的现象，即河水中分，泾河的速度较急，它的水沿着北岸奔驰而下，骤然进入平原，反而较为清澈；而含沙量同样多的渭河，河水沿着南岸，因速度较缓，却较为浑浊。中国有一句谚语说："泾渭分明"，即藉此比喻两个截然不同的事物，虽混杂在一起，而仍各保持特质。

淮河 全长一千公里，发源于河南桐柏西北桐柏山，向东注入东海。十二世纪时，黄河第五次改道，分为南北两支，其中南支注入淮河。十三世纪时，黄河第六次改道，南北两支全部注入淮河，当然它的泥沙也同时而至。十九世纪时，黄河第七次改道，弃淮河而向北注入渤海，但淮河下游的河床已被泥沙淤塞，无力冲刷，只好从大运河再转入长江。这条屡被强邻蹂躏的独立河流，遂跟一条愤怒的蟒蛇一样，一遇上游降雨稍多，它就翻滚跳跃，淹没四野。二十世纪初黄河第八次改道，再度连同泥沙注入淮河，水患更加倍严重。与黄河、永定河，在中国历史上共称三大自然灾害。淮河跟它西方的秦岭山脉，连成一条中国经济上的南北分界线，而长江的分界线则是政治性的。淮河以北以小麦和杂粮为主食，淮河以南以稻米为主食。有一个寓言曾说明这种分界：淮河以南生长的橘树，移到淮河以北后，结出的果实会变成苦涩的枳子。

钱塘江 全长四百九十四公里，它的入海处呈现一个庞大的喇叭口形状，以"钱塘潮"闻名于世。江水和因潮汐而倒灌入江口的海水，互相搏击，加上其他迄今仍弄不清楚的奇异原因，使江潮浪头高耸天际，发出天崩地裂的巨声。尤以阴历八月十八左右，最为壮观，常吸引数十万观潮的群众，在岸上惊心动魄。

南北大运河 全长一千七百九十四公里，是世界上最长的运河。从杭州钱塘江开始，直到北京，纵贯中国本部心脏地带。其中长江到淮河一段，开凿的时间最早，公元前五世纪时，由中国历史上美女之一西施的国王丈夫吴夫差开凿，当时称为邗沟。长江到杭州钱塘江一段，七世纪时由患有大头症的隋王朝皇帝杨广开凿。淮河到北京一段，十三世纪时由蒙古人开凿。它是中国唯一的贯穿南北的河道，江南食粮主要靠此输往北京。

河流之外，我们再介绍几个中国历史上的重要湖泊。

青海湖 面积四千五百八十三方公里，中国第一大咸水湖，在历史上，因为长期处于西部边疆之外的缘故，成为一个荒凉而神秘的境域，它于七世纪时就一度并入中国，湖中小岛海心山，是佛教圣地之一。从前，因为喇嘛教僧侣宣称青海湖的水是弱水，船入即沉，所以没船只敢航行在这个茫茫无际的弱水之上。只有等到冬天结冰时，岛上庙宇里的高僧，才踏冰而出，采购一年所需的食粮和日用品。

——青海湖以一个咸水湖而结冰，也是奇迹。它本是一个淡水湖，布哈河穿过它而注入南方的黄河。后来在一次我们不知道年代的强烈地震中，日月山隆起在黄河跟青海湖之间，这个湖遂被封闭。大概还需要相当久的年代，盐分才能增加到无法结冰的程度。

洞庭湖 面积两千八百二十方公里，不过这只是一个约数。长江水位上升时，它广如大海。冬天水枯时，仅残存数条河道。但它的重要也正在此，它具有调节长江水量的功能。

鄱阳湖 面积三千五百八十三方公里，是中国的第一大淡水湖，历史上若干著名的水上战役，都在洞庭湖和鄱阳湖发生。两湖所拥的广大流域，是农产品的宝库，被认为丰收时可供全国人口之需，所以有"两湖熟，天下足"的谚语。

太湖 面积两千四百二十五方公里，像一个小型的青海湖，但太湖是淡水湖，坐落在长江下游肥沃的三角洲中心。丰富的农产和渔产，使太湖流域被称为"鱼米之乡"。中国历史上最富有的农家，就在此区。他们富有的程度，能使北方山区的农人或沙漠上的牧人目瞪口呆。

最奇异的湖是位于新疆白龙堆沙漠中的罗布泊，伟大的探险家张骞于公元前二世纪进入西域时，第一眼就看见了它，称它为"盐泽"，这个名称说明它是一个浓度极高的咸水湖。罗布泊面积大约两千五百七十方公里——没有人知道它的确切数字，因为它时大时小。流沙的滚动和太阳的蒸发，以及塔里木河的淤塞改道，都会使旧湖干涸，而在另一地区出现新湖。于是它遂成为世界上少数会"搬家"的湖泊之一。

居延海湖（嘎顺诺尔湖） 面积大约一千八百方公里，也没有人知道它的确切数字。位于河西走廊之北瀚海沙漠群的西端。它分为两个湖，像沙漠中两只寂寞的眼睛。公元前二世纪起，汉帝国便在这里设立要塞（亭障）监视匈奴的行动。它也是会"搬家"的湖，但跟绝无人迹的罗布泊湖不同，居延海的四周都是肥沃的耕地，从祁连山流下的雪水溶化而汇成的河流，在沙漠中艰苦地造成一个狭长的绿洲之后，注入居延海湖。

三 山

中国极西边界上的帕米尔高原，是亚洲的群山之母，她向四方繁衍出她的儿孙。这些儿孙，每一个都具有无比的雄姿。在中国境内部分，我们分为两项介绍：一是山脉，一是山岳。

山脉，指连续起伏，显而可见的峰峦系统。

中国历史上最早出现的山脉是太行山脉，起自北京的西北，止于南方的黄河北岸。地质学家说，太行山之东，太古时候原是大海，北京、天津一些城市，都在海底。大概公元前四十世纪或三十世纪，才冲积成为海拔仅二十余米的广大原野，称为大陆泽或河北平原，构成华北大平原的一部分。主峰小五台山，海拔两千八百八十二米。太行山之西，是平均高度一千米以上的高原，称山西高原，构成黄土高原的一部分。太行山脉的平均高度一千五百米，适足以隔断河北平原上的战争不能西进，也成为战乱时代难民们的避难所在。太行山南北长八百余公里，只有八个仅可容身的峡谷，以沟通河北平原跟山西高原，世人称之为"太行八陉"，形势险要，被形容为"一夫当关，万夫莫前"。一直到二十世纪初，太行山仍在国防上做过伟大贡献。

秦岭 横亘在古都西安之南，跟渭河平行，主脉东西七百公里，主峰太白山高度三千七百六十七米。主脉平均高度两千五百米，比太行山要高一千米。它的峻峭而惊险的岭谷，有效地把中国中部隔断。它的尾巴跟淮河的头部遥遥相接，连成一条我们所称的"秦岭淮河线"，作为中国本部南北的分界。秦岭以北跟淮河以北，属于华北地理的和人文的系统。秦岭以南跟淮河以南，属于江南地理的和人文的系统。秦岭拥有古中国最著名的"栈道"工程，在悬崖绝壁上，凿洞插杆，上铺木板，作为穿越山脉的道路。若干使历史扭转方向的战役，就是由于战胜的一方能控制栈道的缘故。

桐柏山和大别山 它们事实上是秦岭山脉的尾巴，错综相连，横卧在淮河跟长江之间，成为北方少数民族侵入华北大平原时，华夏人的最后防线，过此便直抵长江。它们是长江的前卫，大分裂时代和金、宋二帝国对抗时代，退缩到长江之南的残余王朝，即靠此二山作为缓冲。此二山如果落入敌人之手，长江之北的重镇如襄阳（湖北襄樊）、汉口（湖北武汉长江北岸），便无法拒守。长江天险，即丧失一半。

祁连山 横亘在新疆的天山跟中国地理中心兰州之间，绵延一千公里，平均高度在四千米以上。公元前后，北方是匈奴人，南方是羌人，所以它在中国早期历史上，担任隔绝这两大边地民族结合的任务。匈奴所居的山北一带，水草茂盛，被称为河西走廊，是匈奴汗国唯一可从事农业的富饶地区。位于甘肃永昌的胭脂山，是祁连山群峰之一，出产高级化妆品胭脂。公元前二世纪时，河西走廊归附中国，匈奴人悲歌说："失我焉支山，令我妇女无颜色。失我祁连山，使我六畜不蕃息。"匈奴汗国从此转衰。

阴山 主脉横亘在黄河"几"字形的北岸，即河套之北，绵延六百公里，高度在一千至两千米之间。是从前以农业为主的华夏民族，跟以游牧为主的一些游牧民族的最北分界线。阴山之北，因雨量稀少和风沙的侵袭——几乎山脚下就是瀚海沙漠群，古代那种简陋的农业生产技术，无法生根。以致华夏人的屯垦只限于阴山山脉之南，唯一的希望就是游牧民族到此止步。所以唐王朝诗人所说的"不教胡马度阴山"，遂成为歌颂将军们伟大功绩的标准。

昆仑山 长达两千公里，帕米尔母亲的长子，以五千米至七千米高度的无比雄姿，从母亲怀抱中，向东方奔驰，北侧是仅海拔一千米的塔里木盆地，南侧则跟喜马拉雅山共同筑成世界屋顶。昆仑山于十八世纪才永远地纳入中国版图，但它是中国神话中最古老的仙山。据说，山上有一位法术高强的美貌仙女，名王母娘娘。公元前二十二世纪时，她曾把一包长生不死的仙药，赠送给当时夏王朝第六任君王后羿。公元前十世纪时，周王朝第五任国王姬满，也曾驾着有神性的马车，从当时的首都镐京（陕西西安）出发，一夜间奔驰三千公里，到达昆仑山，跟她相会。神话学家为了使人确信不疑，还肯定地说，那一年是公元前986年，正是西方世界希伯来国王大卫王在位的年代。

喜马拉雅山 它是全世界无人不知的终年都被积雪覆盖着的巨山，跟北方的昆仑山和东方的大雪山，共同筑成世界屋顶，包括古吐蕃王国的全部疆土，广达二百三十万方公里，不仅面积广袤，而且海拔极高，平均六千米。假如把世界缩小为一个普通城市，这个高原就像唯一的一座五十层高的巨楼，矗立在最高只有三十层，而绝大多数只有一层二层的矮小的群屋之间。从巨楼向下，可以俯视世界每一个角落。喜马拉雅山的主峰额非尔士峰是世界第一高峰，位于中国跟尼泊尔王国之间，海拔八千八百四十八米——恰如在五十层高楼上再矗起一个三十八层高的铁塔。喜马拉雅山隔断了中国跟印度的交通，蒙古帝国的创造者铁木真，就因恐惧它的高度，而不敢穿越。十八世纪英国征服印度后，虽野心勃勃地企图北进，也因喜马拉雅山的危险山道和稀薄空气，使积极的军事行动发生困难。现在虽然已是核子武器时代，但它仍是中国西南边疆的保护神。

五岭 事实上它不是一个整体的和完整的大山脉，只是如其名称所示的五个独立的山脉。从西到东，断续连绵约一千公里，像一弯上弦的新月，排列在江南地区的腰部，因之也被称为南岭山脉。最西是广西全州的越城岭，次西是湖南道县的都庞岭，中间是湖南江华的萌渚岭，第四是湖南郴县的骑田岭，最东是江西大余的大庾岭。它们连成一个乱山系统，作为长江流域跟珠江流域的界碑，也作为中国极南疆土与长江流域交通的最大障碍。公元前三世纪时，秦王朝嬴政大帝的远征兵团在大庾岭上凿出一条山道，中国势力才开始到达珠江流域以及越南北部。

山岳，指山脉中特殊的峰峦。

中国历史上有五个重要的山岳，称为五岳。在神话中，它由巨神盘古的头部和四肢变化而成。

一、中岳嵩山 位于河南登封，高一千四百四十米，再分为三峰：中峰峻极峰、东峰太室山、西峰少室山。少室山下有一个庞大无比的寺院，名少林寺。六世纪时，印度王子出身的高僧达摩曾经在此面对着一块石壁，静坐九年之久。以致他虽然逝世，而他的影子据说仍映在石壁之上。不过嵩山和少林寺所以闻名全国，还是由于武侠小说的宣扬。在武侠小说中，少林寺和尚们的拳击技术——中国功夫，已到了出神入化之境，称为少林派，它常代表正义的力量，跟邪恶作对。

二、东岳泰山 位于山东泰安，高一千五百二十四米。这种高度根本算不了什么，但因为四周全是平原的缘故，遂使它显得特别突出，以致被形容为"登泰山而小天下"。最高的峰是丈人峰，而最著名的峰是梁父山。它在中国前期历史上占有极重要的位置，古书上不断提到它，而它也自始就担任了皇家最大事件"封禅"的角色。封，祭天。禅，祭地。儒家学派的学者认为，祭祀天地必须到泰山之上，才能蒙受悦纳。于是古代帝王最高兴和最光荣的一件事，就莫过于爬上泰山，举行这个使自己飘飘然的仪式了（帝王们当然不会用御腿亲自往上爬，自有舒适的轿子把他抬上去）。这种封禅，具有极端严肃而复杂的外貌，但主要的目的只不过使帝王藉此展示一下他的威风。所以仅仅随从御驾前往凑热闹的人群，每次至少总有二十万人，包括政府全体高级官员、外国使节和担任警戒的武装部队。祭祀之后，还要大批地擢升，大量地赏赐，也要赦免全国囚犯，免除所经过州县的田赋。事实上每一次封禅都是一次蝗虫行动，对人民所造成的灾害比其他任何皇家典礼都大。

  三、**西岳华山** 位于陕西华阴，高一千九百九十七米。中峰莲花峰、东峰仙人掌峰、西峰落雁峰。另有无数小峰，如云台峰、公主峰、毛女峰等，环绕着中峰，成为诗人所形容的："诸峰罗列似儿孙。"它的险峻使人却步，九世纪时，一位以儒家学派巨子自居的古文作家韩愈，于英勇地爬上了诸峰之一的苍龙岭之后，回顾来路，鸟道悬空，头昏目眩，他发现自己再没有胆量下来，只有死在山上了，不禁大哭。后来还是由地方官员派人把他灌醉，用绳子从岭上层层吊下。

  四、**北岳恒山** 位于山西浑源，高两千零一十七米。主峰天峰岭，像一只振翅欲飞的苍鹰。俯眺二十公里外的浑源县城，小如一个火柴盒，行人车马，跟蚂蚁没有分别。山中庙宇罗布，而以建于大分裂时代的悬空寺为最有名，高大的连栋巨厦，被好像具有魔力的糨糊贴在万丈绝壁之上。据说道教八仙之一的吕洞宾，曾在此弹过琴下过棋。八仙之另一仙的张果老，也曾在此隐居修炼。

  ——这个北岳恒山，是十五世纪之后才有此衔头。在此之前，"恒山"一词，是指今河北曲阳西北的太行山脉其中一峰。直至明王朝十任帝朱祐樘，才把"北岳"之名转到旧恒山西北一百公里的元岳，公元1493年还举行祭祀大典，正式认同元岳为北岳。

  五、**南岳衡山** 位于湖南衡阳，高仅一千二百九十米，是五岳中最低的一岳。但山势绵延，盘根错节，拥有七十二个巨峰。主峰是以古代火神命名的祝融峰，另有紫盖峰、云密峰、石廪峰、天柱峰，共称南岳五峰。七十二峰中，最南的一峰名回雁峰，据说秋天时节，北雁南飞，到此为止，不再继续向南，因之成为诗人最好的诗材。衡山寺院最多，祝融峰下最古老的上封寺，是道教圣地之一。

  ——这个南岳衡山是七世纪之后的产物。七世纪之前的南岳衡山，不在这里，而在北方六百公里外的安徽霍山，即现在的霍山县。主峰天柱峰，高一千七百七十四米，属于大别山脉。因中国疆域向南大幅开拓的缘故，霍山很久以来就从边疆退缩到腹地，不能算作"南"岳。七世纪时，隋王朝把它的名称向南"搬家"六百公里，搬到现在的位置。所以中国前期历史上的南岳和衡山，都是指霍山而言。

五岳之外，我们再介绍其他几座历史上著名的山岳：

天台山 位于浙江天台县，高一千零九十八米，蜿蜒在东海之滨，形势雄伟。六世纪时，佛教高僧智颛在这里创下了佛教的重要支派之一的天台宗派。但使天台山名垂不朽的却是一个爱情故事，传说中公元前一世纪西汉王朝时，有两位名刘晨、阮肇的青年，到天台山采集草药，遇到两位美丽的仙女，遂结成夫妇。半年之后，他们思念故乡，仙女送他们回去。当他们回到自己的村子时，发现这世界已过了三百余年，已是公元后三世纪晋王朝时代，子孙也传了七辈，世上再没有人认识他们了。神话学家言之确凿地说，就在公元287年（罗马帝国皇帝戴克里先在位），二人怅然地再次离开乡里，重返天台山，从此再没有听到他们的消息。显然的，仙女们会预料到他们的归来，而在等待他们。

五台山 位于山西五台县，高三千零五十八米。距北面的北岳恒山，只七十公里，但被滹沱河从中隔开。五台山由五个巨峰组成，中峰称中台，向东南西北做放射状地分出四峰，称东、南、西、北四台，而以北台最高。庙院多集中在中台之下，僧侣分为两种：一种穿青衣，即佛教普通和尚。一种穿黄衣，则是西藏喇嘛教的喇嘛。据说十七世纪时，清王朝第三任皇帝福临，因他最宠爱的一位妃子死了，伤心欲绝，曾在此出家为僧。可惜这个美丽的故事一听就知道出于不懂政治的文化人的捏造。世界上没有一个帝王，受得了僧侣的清规。

龙虎山 位于江西贵溪，高二百五十三米。两峰对峙，一峰像龙，一峰像虎。一世纪时，道教的重要领袖之一的张道陵，在这山上修炼成功，据说他家里的仆人都由鬼神服役，张道陵只要念动咒语，就能呼风唤雨，因之成为道教符箓派的始祖。十四世纪时，入主中国的蒙古皇帝册封张道陵的后裔张宗演为"天师"，从此天师遂成为世袭的职位，跟儒家学派始祖孔丘的后裔被册封为衍圣公世袭的职位一样，成为中国历史上两大奇异的，长久浪费国民纳税钱的世袭系统。

峨眉山 位于四川峨眉山市，高三千零九十九米，是中国雨量最多的地方，有时每年高达七千五百毫米。拥有最多的岩洞，都用古时的神祇或伟人的名字命名：如伏羲洞、女娲洞、鬼谷洞、雷洞。是佛教名山之一，但道教也把它当作圣地，称为虚灵洞天。寺院的雄伟和满山数不清的驯顺的猴群，构成峨眉山的特色。有趣的是，大概这个名称比较美丽的缘故——它使人想到美女的蛾眉，所以中国境内称为峨眉的山，不只此一山，至少还有下列五处：一、在福建明溪北，它的主峰正对着明溪县城的北门。二、在福建泰宁西北，形状跟四川的峨眉山相似，只没有那么多猴子。三、在河南郏县西北，因形态较小，所以被称为小峨眉。四、在广西崇左东，山势高峻。五、在安徽当涂西南，跟东梁山隔着长江相对，公元前六世纪时，吴楚两个王国在此大战，吴王国最大的战舰"余皇"号就在山下被俘而又被夺回。

黄山 位于安徽黄山市北，高一千八百四十一米。道教人士说，公元前二十七世纪时，五帝之一的黄帝姬轩辕，曾在此烧炼过仙丹。黄山拥有三十六峰，云雾弥漫，构成黄山云海奇观。神话学家说，这云海便是姬轩辕炼丹时火炉里冒出的烟雾，所以跟别的地方不同。

武当山 位于湖北丹江口西南，高一千六百一十二米。道教重要神祇之一的玄元大帝，就在此山修炼成仙，他手下有两员大将，一是乌龟，一是蛇，都具有广大的法术，代表主人执行赏善罚恶的任务。武当山也是中国武侠小说产生剑侠的地方，在行侠仗义、搭救苦难的场合，常跟嵩山少林寺的剑侠，并肩作战。

庐山 位于江西九江南，高一千四百七十四米，下临碧波万顷的鄱阳湖，千岩万壑，笼罩在云烟如幕之中，被诗人歌咏为："不识庐山真面目，只缘身在此山中。"儒家学派主流的理学学派，于十二世纪在五老峰下建立白鹿洞大学（白鹿洞书院），成为理学的大本营，为理学培养出大批门徒。庐山西北的牯岭，十九世纪之后，成为中国最有名的避暑胜地。

四 沙漠·万里长城

五块巨大无朋的大沙漠，覆盖着中国百分之六的疆土，这些被覆盖的疆土，全部变成毫无价值，有百害而无一益的死寂荒野。幸而它们只分布在北中国的万里长城之北和之西，集中于下列四个地区：

一、古尔班通古特沙漠——集中准噶尔盆地

二、塔克拉玛干沙漠和库姆塔格沙漠（白龙堆沙漠）——集中塔里木盆地

三、鄂尔多斯沙漠——集中黄河河套

四、瀚海沙漠群——集中内、外蒙古

准噶尔盆地位于中国西北边陲新疆的北部，在阿尔泰山跟天山之间，成

一个三角形地带，面积约二十万方公里。它跟它上面的四万五千方公里的古尔班通古特沙漠，在中国历史上，一直默默无闻。公元前二世纪跟公元后二世纪的英雄人物张骞、班超的伟大勋业，都限于天山以南的塔里木盆地，跟本区的关系很少。但到了十八世纪，一个大悲剧却在此发生，立国数百年之久的准噶尔汗国覆亡，遭受到清王朝满洲兵团灭种型的残忍屠杀。从此中国境内再没有准噶尔人，只留下这个仍保持准噶尔名称的盆地和位于中国跟哈萨克交界处一个名"准噶尔门"的要隘，供后人凭吊。

塔里木盆地位于新疆南部天山与昆仑山之间，面积约五十三万方公里，百分之八十被三十二万方公里的塔克拉玛干沙漠，和十万方公里的库姆塔格沙漠所掩盖。这是一个标准的闭锁形态的内陆盆地，四周全是高达四千米以上的大山，仅东北一隙跟河西走廊相通。气候干燥，若羌城全年雨量只五毫米，居民一辈子都不了解什么是"大雨倾盆"和"阴雨连绵"。塔克拉玛干沙漠的面积等于一个日本，属于流沙类型，横亘在盆地中央，是最可怕的一种沙漠，维吾尔语"塔克拉玛干"，就是"进去就出不来"之意。狂风卷起的沙丘有时高达二百二十米，像巨魔一样的翻腾滚动，旅人和骆驼商队，都会像蚂蚁般的被它吞食。库姆塔格沙漠面积则有英国的一半大。两大沙漠隐约相连，从东到西，长约一千三百公里，南北最广处有五百公里。当张骞到西域时，所遇到的最大威胁就是这个使人色变的障碍，但他总算绕过了它。当第七世纪，佛教高僧玄奘曾九死一生地沿着它的边缘前往印度，《西游记》一书中所描述的那些充满妖怪的魔山，和充满奇异事物的王国，大部分都在这两个大沙漠的四周。像其中的火焰山，就是指吐鲁番附近的山群，吐鲁番曾被命名为火州，气温曾高达摄氏七十五度。

——可能比公元前五世纪更早，沿着这两大沙漠的南北两侧，开辟有两条艰险的道路，像两条细丝一样，中国就靠它跟西方世界做微弱的联系。这两条道路，史学家称为丝路，并不是对此细丝一样的通道做诗意的称呼，而是商人们利用它把只有中国才有的生丝和丝制品，历经千山万沙，运到欧洲出售。

河套的鄂尔多斯沙漠，位于鄂尔多斯高原之上，是黄河以南唯一的沙漠。当中国古代最北的疆域以阴山山脉为界时，这块沙漠曾阻挠着远征军的出击行动和边防军的后勤补给。大黑暗时代时，明王朝北界退缩到万里长城之内，这块被遗弃在边疆之外的沙漠上的绿洲，遂成为北方强大的蒙古人和瓦剌人的牧场，不时沿着长城抄掠。明王朝那些昏庸低能的帝王将相，除了怒骂他们是"套寇"外，别无他法。十七世纪后，内、外蒙古相继并入清帝国的版图，清帝国北界推进到西伯利亚的贝加尔湖畔，这块沙漠的国防意义，才归消失。

对中国影响最大的是散布在内、外蒙古高原上的瀚海沙漠群，这个大而无当的沙漠，坐落在万里长城和阴山之北，东起大兴安岭南端，西止于天山东麓，北到外蒙古中部，东西约两千公里，南北约一千公里或四百公里不等，面积大约有一百五十万方公里，恰可容纳四个日本或四十个台湾岛。它事实上由无数独立的各有自己名称的小沙漠组成，主要包括戈壁沙漠（蒙古南部）、腾格里沙漠、巴丹吉林沙漠（皆在内蒙西部）、浑善达克沙漠（内蒙锡林郭勒盟）。间隔地带往往是平坦的岩石原野，而且生有水草。沙漠之上是宁静的，商旅们在其中只能看到魔鬼一样引诱迷途者奔驰到死的沙蜃。

沿着瀚海沙漠群南部的边缘，排列着一系列的商业城市，如赤峰、张家口、包头、集宁、呼和浩特。我们如果把瀚海沙漠群当作一个真正的大海的话，这些城市就是陆地的港口。以张家口为例，它是万里长城最大的关隘之一，有一条穿过沙漠的小道，像航线一样，北通外蒙古的首府乌兰巴托。商旅必须在张家口置办行装，才能从事这个需时四十五日的商业性的沙海航程。而从乌兰巴托南来的商旅，也到张家口为止，把货物从骆驼上卸下后，交给代理店处理，即另行载货返航。塞北跟中国本部的划分，在此可看出显明的色彩。长城以南，农田相接，青葱千里。而出了张家口后，便景物全异，沙漠、骆驼、蒙古包、牛马羊群，完全是另一种天地。我们可借用诗人形容繁华和荒凉之界的诗句，说明旅人的心情："马后桃花马前雪，教人怎能不回头。"

瀚海沙漠群和它以北地区，因气候寒冷和求生艰难，促使游牧民族无休止地企图摆脱它，渴望进入遍地桃花的长城以南世界。从上古时代起，就发生数不清次数的南下侵略战争。中原人常大惑不解地责备他们不安于自己的乡土，但如果把位置调换一下的话，恐怕也免不了会有同样的行动。所以中原王朝的忧患，百分之九十五来自北方。

沙漠本身的不断南移，也带给中国很大的灾害。一世纪时，闻名西域的楼兰王国，还是一个水草茂盛的乐土。可是不知道什么时候，竟被库姆塔格沙漠吞没。充满咸质的罗布泊畔，只剩下它的故国残址。河西走廊在十九世纪末期，沙漠的威胁还很小。但二十世纪初叶，沙漠几乎抵达酒泉城下。酒泉古城西门上题有"西被流沙"的匾额，正是在沙漠侵蚀下人们心情沉重的呼喊。

来自北方无休止的长期侵略，迫使中原王朝建筑万里长城。

万里长城是华夏人抵抗沙漠游牧民族最艰苦和最伟大的军事防御工程。

公元前八世纪起,瀚海沙漠群上,陆续崛起山戎、北狄、东胡等强大部落,他们的武士骑在马背上,来去如风,使周王朝一些位于北疆,使用拙笨车辆作战斗工具的封国,大为狼狈。只好分别沿着各自的国界,修筑长城。从燕山山脉西端到辽东半岛,有燕王国长城。从燕山山脉西端到河套,有赵王国长城。从河套到陇西高原,有秦王国长城。公元前三世纪时,匈奴汗国统一了瀚海沙漠群,秦王朝也统一了中国,为了抵御新兴的匈奴南侵,秦王朝把各封国的长城连接起来,成为中国第一个完整的防线。

这个长城矗立在中国北疆一千余年。十世纪时,辽帝国乘中国本土小分裂时代,取得包括今北京在内的十六个州,进入长城之内,长城遂丧失作用。接着金帝国和蒙古帝国兴起,塞北是他们的本土,万里长城正位于他们的腹地,六百年间没有人关心它,甚至还嫌恶它妨碍交通,遂终于堕废。

一直到十五世纪,华夏人建立的明王朝把蒙古人逐回他们的老家瀚海沙漠群,他们在沙漠上几乎立刻就恢复祖先遗留下来的传统习惯,再度不断地向他们曾经控制过的中国内地抄掠。明王朝没有力量把他们逐向更北,只好再度乞灵于长城,重加修筑,东起渤海湾的山海关,西到河西走廊西端的嘉峪关,也就是现代我们所看到的万里长城。万里,是增强性的形容词,事实上只有两千三百公里,但仍然是有史以来人类建筑的最长的巨城。从前人们曾经臆测,在月球上回望地球,人造工程中,只能看到万里长城。二十世纪人类真的登陆月球,发现并看不到它,但这并不影响它的伟大。它像一条神龙一样,随着山势,蜿蜒盘旋,在峰头岭巅,奔腾飞驰,构成世界上苍凉的壮观。每隔一段距离,即有一个碉堡,上面设立烽火台。遇到军事情况,白天燃起狼烟(古华夏人认为用狼粪燃烧的烟有凝聚力,可作直线上升,其他的烟,遇风即散),夜间则燃起火光。像无线电一样,能把警报迅速地传到边防军司令部。

十七世纪中叶,明王朝覆亡,代替它的是来自北方的满洲人建立的清王朝,将内、外蒙古并入版图,这是中国疆域最大的一次扩张。万里长城再度位于腹地,也再度丧失它的国防价值。但它的历史意义和文化意义,仍然如昔,它象征中国人忍辱负重、永不屈服的精神。

五 城市

中国的城市,跟其他任何一个具有悠久历史国家的城市一样,价值不断地在改变。现代的重要城市，往往在历史上没有地位。像东部第一大港上海，十七世纪时尚是一个荒凉的渔村。西部边疆的伊宁，迟到十八世纪并入中国版图后，才成为重镇。以大雾闻名世界的重庆，二十世纪第二次世界大战时作为中国的战时首都，才突然重要，之前不过是一个闭塞的崎岖山城。而在历史上曾充当过非常重要角色的城市，现代却大都凋零。云南的大理，曾作为大理帝国的首都五百一十六年之久。黑龙江的阿城，十二世纪时是金帝国的首都，宋王朝皇帝赵佶父子就匍匐在它那简陋的宫阙之下。

我们先介绍古都部分：

从公元前二十七世纪，中国第一位国家元首、黄帝王朝一任帝姬轩辕开始，到二十世纪中国境内清王朝末任帝溥仪被逐下金銮宝殿为止，四千六百四十三年间，中国共出现了八十三个大小不同和寿命不同的政权，跟五百五十九个男女帝王——其中三百九十七个是皇帝，一百六十二个是国王。八十三个政权共建立了九十六个国都，那就是说，有九十六个城市之多，曾充当过发号施令的场所。我们用下表列出建都时间最久的最前十名：

顺序	古都今地	建都年数	昔日地名	建都王朝	时间（世纪）
一	西安（陕西）	1038	镐京、长安、常安、大兴、京兆、大安、晋昌、永兴、安西	周、西汉、新、玄汉、东汉、晋、汉赵、前秦、后秦、西燕、北魏、北周、隋、唐	公元前十二、十一、十、九、八、三、二、一、公元后一、二、四、五、六、七、八、九、十
二	洛阳（河南）	860	东都、王城、洛邑、成周、河南、雒阳、西京	周、西汉、玄汉、东汉、曹魏、晋、北魏、隋、唐、南周、后梁、后唐、后晋	公元前七、六、五、四、三、公元后一、二、三、四、五、六、七、八、十
三	北京	775	蓟城、幽州、幽都府、燕京、燕山府、析津府、大都、北平、广阳、顺天府	燕、前燕、桀燕、金、元、明、清	公元前四、三、公元后四、十、十二、十三、十四、十五、十六、十七、十八、十九、二十
四	夏县（山西）	440	安邑	夏	公元前二十三、二十二、二十一、二十、十九、十八

(续表)

顺序	古都今地	建都年数	昔日地名	建都王朝	时间（世纪）
五	南京（江苏）	429	江宁、建业、建康、丹阳、金陵、升州、集庆、应天	东吴、晋、南宋、南齐、南梁、南陈、南唐、明、太平天国	公元后三、四、五、六、十、十四、十五、十七、十九
六	江陵（湖北）	419	郢都、南郡、荆州	楚、南梁、南平	公元前七、六、五、四、三、公元后六、十
七	开封（河南）	349	大梁、汴州、汴京、东京、南京、北京	魏、后梁、后晋、后汉、后周、宋、刘齐、金、韩宋	公元前四、三、公元后十、十一、十二、十三、十四
八	商丘（河南）	271	梁郡、应天、宋州、亳邑、睢阳、南京、归德	商、桀宋	公元前十八、十七、十六、四、三
九	杭州（浙江）	220	钱塘、临安、余杭	吴越、宋	公元后十、十二、十三
十	新郑（河南）	205	有熊	黄帝、韩	公元前二十七、二十六、四、三

中国最早、最古老的国都，是居第十位的新郑，筑城时间在公元前二十七世纪，仅比西方世界萨尔贡帝国的阿卡德城，稍晚一百年。居第四位的夏县，筑城时间在公元前二十三世纪。居第八位的商丘，筑城时间在公元前十八世纪。居第六位的江陵，筑城时间在公元前七世纪。但这一系列的在古中国烜赫一时的权力中心，现在虽然仍有名称相同的城市存在，却很难再找到昔日光荣的残迹。

建都之久居第一位的西安，它所在位置的渭河流域和关中地区，是古中国的精华所在。八、九世纪时，受到吐蕃王国和叛军的攻击，灌溉系统破坏，人民逃散，不能再维持一个经济单元，才丧失继续作为国都的资格。但二十世纪使它复兴，成为重工业中心之一。它拥有最多的古迹，从公元前二世纪西汉王朝所建立的长乐宫遗迹，到绝世美女杨玉环沐浴过的华清池温泉，无一处不使人兴起怀古的幽情。

居第二位的洛阳亦然，公元前十一世纪，周王朝在此兴筑两个相距二十公里的双子城：西城称为王城，东城称为成周——成周也称洛邑、洛阳，不久就成为全国政治文化的中心，以美女和牡丹闻名于世。但它恰位于华北大平原的西方边缘，跟关中地区相接，成为内战中必争之地，再三再四地被大火焚毁，以致十世纪之后，终于没落为一个窄狭而又粗陋的小城，直到二十世纪末，才逐渐恢复它过去的光辉。它拥有跟西安同样多的古迹，洛阳城跟黄河之间的邙山，就隐藏着无数历史故事。

居第三位的北京，是中国古城中的钻石，自十三世纪起，一直都是中国大一统时代中央政府所在地。北京语在二十世纪初被定为标准中国语，北京居民的谦逊态度和文化素质的深厚，为全国所称道。它所拥有的古迹都是近代的，没有西安、洛阳那么古老，因之保存得也比较完整。北京在中国近代史上显示出它重要性的原因有二：一是它的位置，不但可照顾多灾多难的北疆，还有充分的热力，辐射到遥远的东北地区黑龙江流域和西北地区的新疆。在来自北方的侵略威胁消失前，国都设在北京，是一种倔强的面对挑战的态度。二是国民的心理状态，北京一连数百年都是全国政治文化中心，人们有一种向往的向心力，增加全国团结和统一的力量。

居第五位的南京，于三世纪东汉王朝末期筑城，被形容为具有龙盘虎踞的形势。但它充当国都的时代，几乎全是分裂时代。而且每一个王朝，都在短短的期间内，发生变化，包括令后人惋惜的悲剧。从前中国人口，集中在长江以北中原地区，不像现在，江南的人口密度反而较高，所以把南京作为首都，在过去那些时代，有它的困难。

居第七位的开封，是地理条件最差的古都，它四周连一个较为险要，可做初步抵抗外来军队、以待援军的关隘都没有。敌人从东、西、南三方任何一方进攻，都能长驱直入，径抵城下。北方虽然有黄河，但黄河是会结冰的，反而更有利于敌人的行军。而在不结冰时期，敌人又随时可以决堤灌城。所以凡是以开封作国都的政权，几乎全都以被屠杀作为结局。

居第九位的杭州，是中国最美丽的城市之一，但它比南京更偏东南，在交通不便的往昔，情形跟成都相同，只能充当分裂时代一个地区的重心。它近郊的西湖，是中国最美丽的胜景之一，湖畔全是引人入迷的古迹名胜，几乎每一个坟墓，每一条小桥，都是一部史诗。

除此之外，依照顺序，还有下列九个古城，充当国都的时间，都在百年之上。

十一、内蒙古巴林左旗，古称临潢，辽帝国的国都。跟新郑相同，历时二百零五年。

十二、河南安阳，古称殷邑。充当商王朝国都二百零四年。十九世纪时，附近的小屯村农民在耕田时掘出很多刻有奇怪古文字的甲壳和骨骼，才发现是三千年前的古都废墟。考古学家为研究那些以及之后不断出土的甲骨上的古文字，特别建立了一门专门学问，称为"甲骨学"，对公元前十二世纪商王朝的社会形态，做深入的探讨。

十三、宁夏银川，古称兴庆。充当西夏帝国国都一百九十六年。但西夏的文化程度太低，在亡于蒙古人时，又遭到彻底的毁灭，我们现在已很难寻觅到留下来的属于兴庆古城的遗迹。

十四、四川成都。它是中国分裂时代的宠儿，陆陆续续地充当割据状态下的一些短命政权的国都，共历时一百六十年，但却是保留古迹最多的城市之一，尤其是三国时代的古迹。成都以芙蓉花闻名，所以也称锦城，或称蓉城。

十五、山东淄博，充当战国时代齐王国国都一百三十九年。是公元前四世纪时中国两大超级巨城之一（另一是秦王国国都咸阳）。史籍上对它人口的稠密形容为："吐气成云，挥汗如雨。"

十六、河北邢台，古称襄国。充当商王朝跟后赵帝国的国都共一百三十五年。

十七、陕西咸阳，充当战国时代秦王国、以至秦王朝首都，共一百三十三年。咸阳位于另一名都西安西北二十五公里，它是中国第一个皇帝嬴政的国都。但当秦王朝覆亡时，推翻它的强人项羽，把当时最宏伟的阿房宫烧成一片焦土，咸阳遂永远丧失充当首都的资格。

十八、山西临汾，古称平阳。充当黄帝王朝第六任尧帝伊祁放勋，跟大分裂时代汉赵帝国的国都，共一百一十年。另外还有黄帝王朝第七任舜帝姚重华作为国都的山西永济（临汾西南一百七十公里），同是儒家学派所歌颂的伊甸园。

十九、甘肃武威，古称姑臧。也是中国分裂时代的宠儿，河西走廊的政治和经济中心，大分裂时代作为四个短命政权的国都共一百零八年。

除了这些古都，我们再介绍一些其他城市。事实上这些城市大半也都是古都，任何一个国家如果有中国这种拥有九十六个古都的话，都会发现，略具规模的城市，都有过这份光荣。

甘肃兰州 最早的名字是金城，古都之一，大分裂时代西秦王国曾在此建都十三年。兰州是现代中国地理上的几何中心，但在二十世纪之前，全国开发地区仅限于东南，所以包括西安在内，都一直被当作荒凉的西北边城。西安曾一度被定为西京，兰州更在西京五百公里之外。二十世纪之后，它才显出它所具有的全国中心的重要价值。

广东广州 同样也是古都之一，小分裂时代南汉帝国曾在此建都五十五

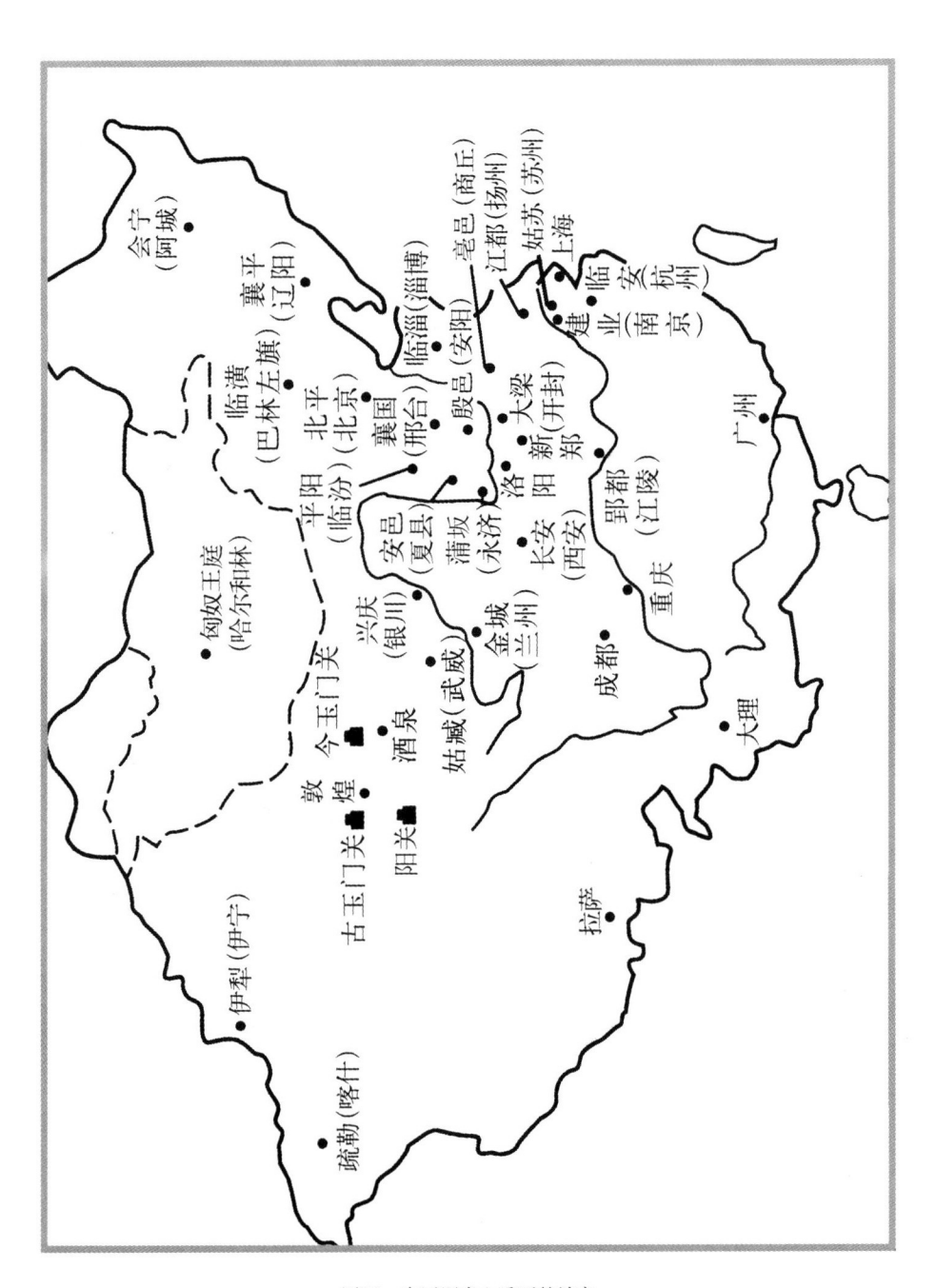

图四　中国历史上重要的城市

年。是中国跟外国人接触最早的通商海港之一，拥有巨大的财富和从贸易中产生的繁荣，直到十四世纪大黑暗时代来临，才告萎缩。十九世纪时，西洋的巨舰巨炮，首先在此敲开中国关闭紧紧的大门，以后即成为仅次于上海的中国第二大港。

江苏扬州　古称广陵、江都，是一个纯商业城市，位于南北大运河注入长江的地方，虽然不断受到战争的伤害，但始终保持它特有的繁荣。自命不凡的七世纪隋王朝皇帝杨广，对扬州就有一种强烈的感情，他选择了扬州作为他被绞死的刑场。

江苏苏州　古称姑苏，充当春秋时代吴王国国都八十八年。公元前五世纪吴王国国王吴夫差，在此筑城，从此即以美女闻名全国。有谚语说："上有天堂，下有苏杭。"即指苏州的美女和杭州的美景而言。

西藏拉萨　这是世界屋顶上最大的城市，古称逻些城，是古吐蕃王国的国都，喇嘛教的圣地，它神秘的程度跟童话中的魔宫一样。唐王朝所采取的"公主和亲"政策，在此收到意想不到的效果。强悍的吐蕃人，最后终于被嫁过去的大唐公主所信仰的佛教驯服，现在拉萨还存有吐蕃国王为大唐公主所建的宫殿。

辽宁辽阳　是东北地区最古老的城市，古称襄平，也称辽东。它至迟在公元前四世纪便已筑城，当时燕王国长达八百公里的长城，西起上谷（河北怀来），东端便经过此城之北。它在燕王国覆亡前夕，曾充当首都五年。大分裂时代曾一度被朝鲜半岛上的高句丽王国占领，引起以后杨广三次失败的征讨。后来辽、金、蒙古三个大帝国，都把它定为陪都，称为东京。十七世纪清王朝初兴起时——那时尚称后金汗国，也曾在此建都四年。东北所有的其他城市，都是它的晚辈。

甘肃敦煌　也属于古都之群，大分裂时代充当西凉王国国都八年。在十八世纪前，始终是中国西部边界上的重镇，现在敦煌西距边界线帕米尔高原一千七百公里。而从前敦煌西距边界线只不过一百公里。就在敦煌西北七十公里处，筑有要塞玉门关，探险家兼西域万王之王的班超，老年时思念故乡，渴望返国。当时的东汉政府依靠他安抚西域，拒绝他退休，他曾哀告说："我并不敢盼望回到酒泉郡，只愿生时进入玉门关。"后来库姆塔格沙漠和罗布泊南移，玉门关西去的道路断绝。于是在敦煌西南五十公里处，筑起另一个要塞阳关，代替玉门关成为西陲门户，唐王朝诗人曾形容说："劝君更进一杯酒，西出阳关无故人。"显示出敦煌历史上的形势。

在结束本节之时，我们发现，中国文明体系中，建筑文明似是最贫乏的一环。除了万里长城纯军事工程外，古中国缺少雄伟的城市、雄伟的宫殿，更缺少雄伟的民间房舍。宗教的寺院庙宇固然具有规模，但阴暗窒塞，只适合鬼神挤在一起，不适合人类正常生活。所谓飞檐琉瓦、雕梁画栋，以及亭台楼榭巧妙的庭院布置，跟中国这么一个庞大帝国应有的磅礴心胸和气吞山河的气魄相较，好像巨人戴着其小如豆的礼帽，非常的不相称。事实上，一直到二十世纪初叶，我们还可以看到，几乎所有的民间建筑，都非常矮小简陋，跟没有文明的边地民族相去无几。比中国最早的古都新郑还要早一千年的克里特岛迈诺斯王国的国都诺萨斯城，就比中国十九世纪时的任何一个城市，都壮观百倍。欧洲那种哥特式、希腊式、罗马式各型建筑，像雅典的万神殿、罗马的圣彼得教堂，古中国从没有产生过。

为什么会如此？

原因在于绝对君权思想下的政治形态，因为坚持尊君的缘故，不允许人民的房舍高过或好过政府官员们的房舍，也不允许政府官员们的房舍高过或好过帝王的皇宫。至少从第一个黄金时代——即大黄金时代结束时起，将近两千年的漫长岁月里，政府一直禁止人民在建筑上做任何改变和追求任何进步。历代王朝都有一种建筑法规，规定人民房舍的最高限度和最广限度，也规定只准使用什么质料、什么颜色和什么图案。如果有人不遵守这个规定，或拒绝传统的矮小简陋的形式，发挥他的想象力和创造力，建造一栋高大宽敞、空气流通的巨厦，他就犯了"违制"的条款，会受到跟叛逆一样同等惩罚，最严厉时可能全家老幼一律处斩。这种畸形的抑制，直到十九世纪还是如此。鸦片战争爆发的前一年，当时的清政府还下令禁止人民仿效西洋兴建两层以上的楼房。

另一种现象也使我们惊异，那就是中国历史上的新兴政权，对于焚烧旧政权的建筑物，怀有浓厚的兴趣。叛变成功的武装部队一旦攻陷大一点的城市（尤其是国都），第一件事几乎就是纵火。像公元前三世纪，西楚王国国王项羽，焚烧秦王朝国都咸阳（陕西咸阳），大火三月不绝。纵火的目的在于表示自己是爱民的，所以对暴政下的产品必须彻底扫除。可是新贵们当然不愿露天而居，烧掉后不久，他们就振振有词地再建筑属于自己的更豪华的宫殿。等到下一个叛变成功时，再被付之一炬。

结果是，中国的古城和古建筑，几乎全部毁灭，留下来的寥寥无几。诺萨斯城仍在，而新郑已数度化为废墟。罗马城仍在，而西安、洛阳，除了一些被挖掘过的帝王坟墓外，很少属于建筑物上的古迹。开封十世纪宋王朝的宫殿，二十世纪初只剩下一个砖砌的高台。南京十四世纪明王朝的宫殿，二十世纪初成为一个命名为"明故宫"的飞机场。只有北京的城市和宫殿仍保留着,但都是十五世纪后的建筑,而它的窄狭和阴暗,也使人失望。

——这些人为的禁忌符咒,在鸦片战争后终于被撕毁,西方发源的新兴文化的冲击,使中国人的灵性复苏。在现代中国巨厦林立的街头,我们无法思议古城窄狭拥挤的景象。

六 地理区域

每个国家对自己的国土,都有历史累积下来的识别,也就是习惯上的称谓。原则上依据自然山川和人文状况,但主要的还是依据历史发展的轨迹。所以地区的区分,并不一定完全合理,更没有明确的界限。中国亦然。我们必须把它一一介绍明白,然后在叙述历史活动时,才不致被这种不规则的地理区域所混淆。

中国主要的有下列九个地理区域:

一、河西走廊(甘肃中西部)

二、西域(新疆)

三、河套(内蒙古伊克昭盟)

四、塞北(内蒙古中部)

五、漠北(外蒙古)

六、东北(辽宁、吉林、黑龙江,及内蒙古东二盟)

七、云贵高原(云南、贵州)

八、青藏高原(世界屋顶)

九、中国本部

分别予以说明:

河西走廊 位于中国的中西部,北面是瀚海沙漠群西端的诸小沙漠和一连串较小的被称为"北山"的山系,南面是我们所介绍过的祁连山脉,也被称为"南山"。这个走廊从天山东端起,斜向东南,直到中国西部城市兰州,长达一千一百公里,但最狭窄的腰部宽度只一百公里。如同一条匹练,把一连串宝石——武威、张掖、酒泉、敦煌等大城,连缀在一起,是古中国通往西方诸国唯一的国际道路。第七、第八世纪时,沃野相接,被形容为"塞外

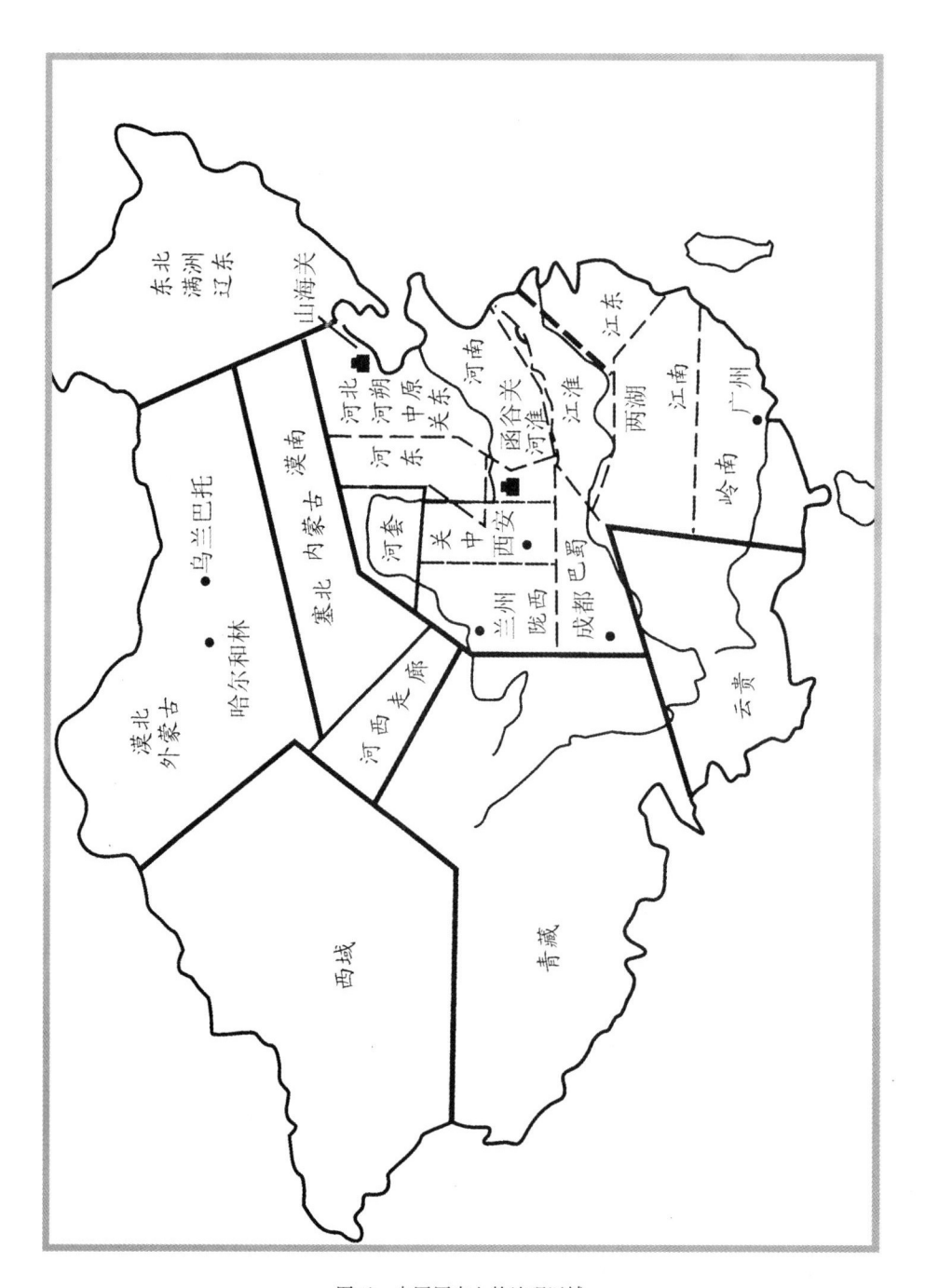

图五　中国历史上的地理区域

江南"。可是后来沦入吐蕃王国和回纥汗国溃散后的零星部落之手，遂变成一个荒凉贫苦地带。直到二十世纪，交通道路和水利工程复建，这个残破的匹练才再度发出亮光。

西域　指现在的新疆和中亚的东部，以及克什米尔地区。但大多数情形下，只指新疆。阿尔泰山、天山、昆仑山，三条高入云霄的巨大山脉，成一个"三"字形，夹着两块巨大的准噶尔盆地跟塔里木盆地。公元前二世纪张骞进入这个陌生的世界时，仅塔里木盆地塔克拉玛干沙漠四周，就有三十六个独立王国。七世纪一度被唐帝国并入版图，设立一百多个州。但到了八世纪，却被吐蕃王国夺去。一千年之后的十八世纪，才再回到中国版图，命名为新疆，成为中国最大的一省。

河套　即黄河"几"字地区。黄河穿过全国中心兰州后折向北流，流到阴山山脉之下，一连做两个九十度的剧烈转弯，好像天神抛的绳索，恰恰套住鄂尔多斯高原跟它上面的鄂尔多斯沙漠。这一带应该是贫瘠的，但因黄河跟阴山之间有完备的灌溉系统，所以人烟稠密，农产丰富。一个古老的谚语说："黄河百害，唯利一套。"二十世纪后，工业发达，使本区达到连梦都梦不到的繁荣。

塞北　塞，指要塞，万里长城当然是最大的要塞。所以"塞北"即指万里长城以北，也称"塞外"（历史上却没有"塞南""塞内"的相对称谓）。广义的塞北包括"漠北"，即包括从万里长城直到贝加尔湖的内、外蒙古全部地区。狭义的塞北则只到外蒙古边境，所以也称为"漠南"——瀚海沙漠群南部之意，也就是十七世纪之后的内蒙古中部的范围。本区跟中国本部虽只隔一线万里长城，但气候和地理环境，以及人文反映，都大不相同。塞北比较寒冷，缺雨而多风沙，只有少数沙漠的间隙地带，才有辛苦开辟的农田和作为沙漠港口的城市。塞北是中国历史上产生边患最多的地区，除八世纪吐蕃王国和十九世纪之后西洋海上诸国外，中国百分之九十五以上的边疆战争，都是抵御来自塞北的侵略。数不胜数的游牧民族，从塞北沙漠排山倒海般的涌出铁蹄。这跟罗马帝国的命运一样，但罗马人缺少华夏人的数量和华夏人所具有的弹性。

漠北　指瀚海沙漠群的北部，也就是狭义的塞北之北，包括外蒙古跟贝加尔湖，是北方游牧民族向中原发动侵略的根据地。哈尔和林就是匈奴汗国的王庭所在，回纥汗国曾修筑城垣，后来成为蒙古帝国早期的首都。华夏对侵略者反击时，远征军必须做艰苦的深入，穿越瀚海沙漠群，才能打击到侵略者的心脏。如果仅只在塞北地区取得胜利，只不过是一种假象。远征军一旦撤退，游牧民族的力量就会立刻再度集结。这是中原所感受的最大的威胁。漠北跟中原合而为一时，华夏人才有安全。跟中原分离时，华夏人不能安枕。

东北 也称辽东、满洲。因位于万里长城起点山海关之北，所以也称关外，而称山海关以南的中国本部为关内。是中国最寒冷的地区，大兴安岭下的免渡河，曾出现过使人失色的摄氏零下五十点二度的气温。本区拥有两个大的水系跟两个大的平原，即松花江平原和辽河平原。土壤肥沃，仅把泥土运到关内，就是上等肥料。公元前十二世纪时，松花江畔有一个肃慎部落，曾派人千里迢迢前来商王国朝贡。以后在这个古部落故土上，出现过很多独立王国。朝鲜半岛上的高句丽王国，也曾侵占过辽东半岛。七世纪末期崛起的渤海王国，更一度成为东北地区的强权。后来成为女真人的根据地，先后建立了强大的金帝国和加倍强大的清帝国。二十世纪，日本还在此制造一个傀儡政权伪满洲帝国。说明这个地区跟巴蜀地区一样，是一个完整的经济和军事单元，具有独立防御和独立进攻的能力。

云贵高原 包括云南和贵州，是由无数大山、无数急湍河流和无数险峻深谷所构成的广大高原。云南地区的山脉，大都由北向南的密密排列，像一道又一道的巨墙，紧夹着翻腾而下的咆哮河川。贵州地区则万山交错，难得看见稍大一点的平坦地面，有三句谚语可说明贵州在古中国微不足道的可怜地位："天无三日晴，地无三里平，人无三两银。"云南的气候较为适宜，但交通之不便，比贵州的"地无三里平"更为严重，直线距离只一日的路程，因必须翻山涉谷的缘故，常要三日四日才能到达。如昆明距大理二百五十公里，步行要走十四日。大理距腾冲一百九十公里，步行要走十五日。这种困难的交通情况和阻塞的地势，是云贵高原重大的特征。另一个特征是人种复杂，贵州丛山是苗民族的根据地，其他地区则星罗棋布着傣人、水人、侗人、布依人、土家人、仡佬人等等。华夏人对这些少数民族十分陌生，对被称为"瘴气"的空气污染和各种蛮荒地区所有的传染病，又深怀恐惧，所以在十九世纪之前，一直把本区当作遍地都是毒虫的穴窟，坚信每一位漂亮的苗族女郎，都会一种神秘的"下蛊"邪术（没有人知道"蛊"是什么，据说可藉饮食钻到肚子里，定时发作），能使欺骗她爱情的华夏族薄幸男子毒发不治。于是大家认为十人到此，至少有九人会不幸死亡。连被派到这里充当官员的华夏人，也都像绑赴刑场一样的悲哀。二十世纪后，铁路公路和重工业，以雷霆万钧的力量进入本区，一切都发生奇异的改变，成为一个崭新的现代化世界。

青藏高原 即吐蕃王国故地，亦即我们前面所介绍的世界屋顶，藏民族古老的生存空间。吐蕃于十四世纪称乌斯藏，十七世纪称图伯特，又称西藏。我们不知道它为什么如此不断改变称谓，也不知道这些称谓的意义。因为它是世界屋顶的缘故，所以空气稀薄而寒冷，夏天仍需穿着棉衣。山上遍是千年以上的积雪，地面遍是无法流到海洋里的短促河流所造成的内陆湖沼。藏民族七世纪时，曾在这里建立强大的吐蕃王国，征服西域，重创唐王朝，跟向东扩张的阿拉伯帝国不断战争而且获胜。王国因内战瓦解后，再不能复兴，人口也急剧减少。到了十九世纪，二百三十万方公里广大的吐蕃王国故地上，藏人只剩下二百万人，而且继续减少，目标直指灭绝。二十世纪后，藏人的觉醒和华夏人大量的移民，本区才获得新生力量。

中国本部 即中国最初的疆土，犹如英国最初的英格兰，美国最初的十三州。中国第一个王朝——黄帝王朝在公元前二十七世纪建立时，位于黄河中游跟支流的汾水下游，面积大概只有两万或三万方公里。经过不断的开拓，到了公元前三世纪，秦王朝嬴政大帝征服了林立的独立王国，又向北向南，做剧烈的扩张，国土遂膨胀到三百万方公里，北到万里长城，南到南中国海，西到黄河南岸的兰州，东到东中国海（包括渤海、黄海、东海）。此即我们所称的中国本部，不过有时候也包括河套和河西走廊，有时候也包括云贵两省和海南岛，有时候也包括十七世纪才并入版图的台湾岛。

中国本部复分为下列七个小区：

一、中原
二、河东
三、关中
四、陇西
五、江淮
六、巴蜀
七、江南

中原 就是现代所称的华北大平原，北到长城，南到淮河，西到函谷关，东到东中国海。其中黄河以北称为"河北""河朔"；黄河以南称为"河南""河淮"（河北、河南是地理区域，不同于行政区域的河北和河南）。全区因位于函谷关以东，所以四世纪时称为"关东"。又因位于崤山之东，所以公元前四世纪到公元后三世纪之间，也称为"山东"（不同于行政区域的山东）。因为是华夏民族的发源地和发展核心，所以也是中国历史的心脏地带，最大的特征是一望无际的肥沃平野。中国本部是中国历史舞台的重心，中原则又是中国本部的重心，中国的历史绝大部分在此演出。

河东 位于太行山脉跟黄河之间，因在黄河之东，所以称为"河东"。但它同时也在太行山脉之西，所以十四世纪后，改称为"山西"。它自成一个战斗单元，构成对河北、关中最大的威胁，中国古代很多王朝都建都于此，或在此崛起。

关中 指秦岭山脉以北和万里长城以南地区，因古都西安位于群关之中而得名。东有函谷关，西有萧关，南有大散关、武关，北有金锁关、秦关。公元前三世纪之前，已相当富庶，建都在咸阳（陕西咸阳）的秦王国，向外不断侵略。身为东方紧邻，建都在最古老的古都新郑的韩王国，无法抵抗，于是想出一个任何有大脑的人都想不出的奇异办法，派遣了一位卓越的水利工程师，去教秦王国开筑灌溉系统。认为如此就使秦王国民疲财尽和专心内部事务，不再向外扩张。这跟现在帮助敌人制造原子弹，以期他国库空虚，不再向外扩张同样地骇人听闻。在工程进行途中，秦王国发现了这个阴谋，但也立刻领悟到，这个阴谋太可爱了，对韩王国不过延长数年寿命；而对秦王国，却可享万世利益。从此关中更加繁荣，甲于全国达一千年之久，九世纪时才毁于吐蕃王国的入侵。直到二十世纪，大量的水利工程和大量的工业建设投入，关中才恢复它昔日的重要地位。

——世界上竟然有韩王国那种政治家，用增强敌人战力的手段，来换取暂时的苟安，而自己却没有把握时间，振作图强。历史上很多重大决定，似乎不能以正常的理智去了解，此不过一例。

陇西 指河西走廊跟关中之间地区，东是陇山，西是黄河南岸的兰州，也就是现在甘肃的东部和宁夏。万山起伏，跟关中、河东（山西），共同组成黄土高原。这里是历史上羌民族和氐民族主要根据地之一，也是关中的屏障，一旦被西方少数民族攻陷，关中便会一夕数惊。

江淮 指长江跟淮河之间的狭长地带，是一个小小的和最平坦的原野，事实上属于华北大平原的延伸。统一时代它是粮食仓库，分裂时代它是拉锯战的战场，若干决定性的战役和著名的战役，都在本区发生。

巴蜀 即现在的四川所在的四川盆地。巴，巴国，今重庆。蜀，蜀国，今成都。本区四面都是高山，当中是一块广达二十万方公里的巨大盆地，只有长江一线跟东方相连，但长江在本区跟东方地区交界之处，拥有二百零四公里长的三峡——三个险恶万状、窄狭如线的峡谷，山高水急，航行极度危险。全区面积有三十万方公里，跟日本大小略等。所以命名为四川的缘故，因它拥有四条注入长江的重要河川：嘉陵江、沱江、岷江、乌江。巴蜀本是一个蛮荒穷苦的地区，公元前三世纪时，秦王国所任命的蜀郡郡长（郡守）李冰，跟他的儿子李二郎，是两位创造奇迹的伟大水利专家，他们修筑河渠，筑坝引水，本区遂两千余年没有水患，成为沃野千里的"天府之国"。李冰父子逝世后，巴蜀人民坚信他们已升天成神，所以为他们建立庙宇，世世焚香膜拜。李冰父子所建的工程中，最有名的是都江堰——位于都江堰市的巨大水坝，保持到二十世纪的今天，仍完整无缺。使巴蜀在经济上和军事上，以及地理形势上，都成为具有雄厚实力的独立单元。谚语说："天下未乱蜀先乱，天下已治蜀未治。"每当改朝换代或分裂时代，巴蜀即成为野心家的乐园。从公元开始之后计算，在这里已产生过七个短命帝国和更多的半独立性的政治割据局面。二十世纪后，工业兴起，矿山开发，更使本区如虎添翼，成为现代中国的钻石地区。

江南 指长江以南和越南北部地区，也称"华南"或"南中国"。三世纪之前，这里还是一片荒芜。四世纪大分裂时代，华夏民族从中原南迁，定居在五岭山脉周围，因为是侨居身份，所以称为"客家人"，他们的后裔仍操着三世纪中原的古中国言语，可能是华夏民族中血统最纯的一支。九世纪时，军阀混战，华夏民族第二次南迁。十二世纪时，金帝国席卷中原，华夏民族第三次南迁。江南遂逐渐开发，成为中国水利最完善的稻米区和最富庶的农业社会。以致华夏人在习惯上，对任何富庶地区，都称之为"第二江南"。本区的东北角落，即太湖附近，因位于长江东南，在三世纪之前，称为"江东"。本区最南沿海地带，因位于五岭山脉之南，所以一向也称为"岭南"，当然包括海南岛在内。

七 演员

我们已经介绍了中国历史舞台的外貌，现在再介绍在这个舞台上出现的演员。

有一个故事可以帮助我们了解华夏人的种族成分，二十世纪一十年代中华民国初建立时，曾使用五色旗作为国旗，国旗上横列着红、黄、蓝、白、黑五种颜色，代表汉、满、蒙、回、藏五大民族。这个国旗只维持了十七年的寿命，原因之一是，还有同样重要一支的苗民族，未曾列入，同时也忽略了其他少数民族。

不过事实上，华夏民族居绝对多数，其他民族居绝对少数。二十世纪三十年代时，中国的人口，估计有四亿五千万，而华夏民族四亿两千万，占百分之九十四。其他各民族的总和只不过三千万，占百分之六。我们用下表说明（括号里的名称，指曾在历史上出现过，但现在至低在名称上已经消失了的民族）。

种别	族别	异称或支派	分布地区	百分比
黄种	华夏民族	汉人	全国	94%
	满民族	（乌桓人）、（鲜卑人）、（女真人）、（契丹人）、满洲人、锡伯人、索伦人、鄂伦春人	东北、新疆	6%
	蒙古民族	（匈奴人）、（羯人）、（氐人）、蒙古人	内蒙古、外蒙古、青海	
	回民族	（突厥人）、（回纥人）、（沙陀人）、（鞑靼人）、维吾尔人、哈萨克人	新疆、甘肃、宁夏	
	藏民族	（吐蕃人）、（羌人）、藏人、纳西人、倮倮人	青藏高原	
	苗民族	苗人、壮人、畲人	云南、贵州、湖南、五岭地区	
	其他民族	白人、土家人、朝鲜人、傣人、黎人、马来人、彝人、布依人、侗人、瑶人		

很显然的，华夏民族以绝对优势成为中国人的主干。

华夏人是黄种人的一支，与白种人和黑种人有一目了然的区别。中国人具有黄种人的共同特征，也具有唯有中国人才有的特征。最初到中国的西洋人，往往发现华夏人的相貌竟然完全相同，不禁担心中国人自己之间如何辨识。这说明华夏人自成一个血缘系统，虽经过无数混血，但华夏民族单一的元素仍然十分强烈。最显著的是体格方面，华夏人比较矮小，平均高度一百六十五厘米左右（北方人比较高，平均一百七十厘米，南方人平均只一百六十厘米），这个平均高度远低于白种人，以致跟白种人谈话时，不得不把头上仰，华夏人对这种现象当然非常的不高兴，在诸如篮球之类的竞赛上，华夏人可以说无力跟旗杆一样高的白种人对抗，但灵活的跳跃使华夏人在战场上得到相对的补偿。其次，华夏人的眼珠是黑色的（假如他有一双白种人的蓝眼珠或灰眼珠，他一定是一个瞎子）。头发也是黑色的，又直又硬，以致华夏人对黑种人卷曲的头发大惑不解。最显著的另一件事是，华夏人的鼻子比较低而体毛比较稀少，因之对白种人的高而大的鼻子和身上乱草般的体毛最为惊讶。

华夏人是什么时候在黄河流域出现的，以及他们为什么不在尼罗河出现，也不在密西西比河出现，而恰恰的在黄河出现，原因如何，我们一点都不知道。只知道当公元前六世纪时，古华夏文明已有高度成就，华夏人已建立了强大的政府组织达一千余年，而四周仍布满了使华夏人狼狈不堪的其他少数民族。那些被称为"戎""狄"的少数民族的若干部落，距当时周王朝的首都洛阳，最近不过三十公里。周王朝的国王有时还得跟他们结盟，有时还被他们赶出洛阳。

然而，大概就在那时候，华夏人形成他们特有的生活方式和特有性格。第一是确定了农业生活，世界上再没有第二个民族像华夏人这么喜爱耕种。华夏人足迹所到之处，必然会出现青葱的农田。一个华夏人就是一棵树，离不开泥土，而且紧抓着泥土，根深柢固。第二是华夏人喜爱和平，这是由泥土的芳香而来。游牧民族和商人先天地具有侵略的冲动，农民则根本不喜欢侵略，因为侵略行为和侵略结果都对他没有直接利益。只有长久的安定，才可以保障田中的庄稼收获。第三是华夏人日增的保守性，农村是世界上最少变化的社会，缺少刺激和竞争，不容易产生冒险的和开创的精神。从这种社会孕育出来的儒家思想在政治上和教育上取得控制权之后，更使保守的倾向加强。

华夏人是世界上最善良的民族之一，虽然在历史上不断出现战争，不断出现杀戮，但任何一个民族的历史都是如此，不同的是这都不是华夏人主动的追求。只有在受到外来民族过度的侵略，或受到贪暴官员过度的迫害时，才会发出壮烈的反击。华夏人真正的英雄气概和高贵的精神价值，在反击中全部显露，也在这种反击中，滚雪球般的不断壮大。

信史时代之后不久，华夏人即创造出中国第一个黄金时代——大黄金时代，自公元前五世纪到公元前一世纪，这正是华夏人的青春年龄，有无穷的澎湃活力去追求进步和胜利，他们使古华夏文明光芒四射。

华夏人最早的劲敌是瀚海沙漠上的匈奴人，经过三百年的战斗而终于把它击溃，匈奴一支向西逃亡，引起欧洲民族的大迁移和西罗马帝国的灭亡。一支于一世纪时向中国投降。四世纪时，匈奴人和散居在中国北部、中部各地的鲜卑人、羯人、氐人、羌人，五种少数民族，被称为"五胡"，乘当时的晋王朝因残酷、愚蠢和长期的自相残杀而失去控制力之际，纷纷叛变，跟若干华夏民族的野心家，先后建立了十九个独立王国，造成历时三百年的大分裂时代。

大分裂时代于六世纪结束，五胡全部被华夏人同化。一个含着五胡血液的新生的华夏人，昂然兴起，在七世纪时再度发挥他们强大的能力，创造出中国第二个黄金时代。但在匈奴人遗留下的真空地带上，又出现不知道是什么时候侵入的突厥人，他们先后建立了很多汗国，最著名的是突厥汗国和回纥汗国。

华夏人跟突厥人战斗，也历时三百年，突厥人的最后一个汗国回纥，于九世纪时瓦解。中国北方第一次没有边患，可是西南方位于世界屋顶的藏民族，居高临下地开始入侵。中国用尽了浑身解数，包括美女攻势，才把他们挡住。而北方转眼间又恢复原状，契丹民族崛起，统一了突厥故土上的零星小部落，建立辽帝国。

这时已是十世纪了，中原王朝开始衰微。在短暂的小分裂时代，人数不过十数万的突厥人的一支沙陀人，就建立了三个短命帝国，并且把以今北京为中心的十六个州，出卖给契丹人，使万里长城的功能全失。

小分裂时代匆匆结束后，华夏人再度统一中国，而且混合着突厥的血液。但是已不再像大分裂时代结束后那么蓬勃振作地立即复兴。这至少由于两个原因：

一、佛教的传入，使人认为痛苦是命中注定、无法避免的，但它却是来世欢乐的种子。反抗暴政、反抗侵略和追求幸福真理的意志，普遍消沉，有时候且被认为毫无意义。

二、儒家学派的主流理学兴起，士大夫阶层的结构更为坚固，他们运用政府的和礼教的力量，阻止任何改革。使公孙鞅于公元前四世纪时造成的因改革而突飞猛进的奇迹，不能再现。华夏文化已进入老境。

到了十二世纪，鲜卑一支的女真人，在东北松花江流域建立金帝国，以雷霆万钧的力量，把契丹人击溃，把华夏民族建立的宋帝国从华北大平原驱逐到长江以南。十三世纪，匈奴后裔的蒙古人在女真人的背后漠北崛起，如法炮制地把女真人击溃，再把局促在江南一隅的宋帝国消灭，将整个中国置于控制之下。

于是一向以天之骄子自命的华夏人，在蒙古帝国中，被列为次于蒙古人和西域人的第三等人和第四等人（淮河以北华夏人属于第三等，淮河以南华夏人属第四等）。这种遭遇是难堪的，和西罗马帝国灭亡的情形一样，反而把文明人当作劣等民族看待。

蒙古人统治中国本部不到一百年，于十四世纪时，被逐出万里长城。蒙古人跟一个深入宝山空手而回的粗汉一样，吸收华夏民族的文化太少了，所以在回到他们荒凉的故土之后，仍过着他们原始的游牧生活。

然而，混合着女真人和蒙古人血液的华夏人，仍不能精神饱满地一跃而起，因为他太过于衰迈。接替蒙古人统治的是华夏人建立的明王朝，这是中国有史以来最使人倒胃的一个政权，它采取一系列的窒息民族灵性、伤害人性尊严的措施，诸如：

一、严格的闭关自守，减少或根本断绝跟外国的贸易和交往，竭力拒绝吸收新的事物和新的文化。

二、建立八股文的科举制度，士大夫阶层范围扩大，定理学为官定思想，知识分子的头脑一天比一天僵化。

三、再加上，明王朝的皇帝，几乎全是低能、堕落，而又凶暴颟顸的无赖，他们依靠宦官和酷刑治理国家，政治制度和人性尊严被严重破坏。

于是，大黑暗时代来临，华夏人进入前所未有的悲惨境地，内部陷于长期混乱，疆域萎缩到公元前三世纪秦王朝所奠定的范围。这样一直苟延残喘到十七世纪，女真人后裔的满洲人，在东北女真人故土上建立清帝国，击溃明王朝，入主中原。

这是华夏人第二次当亡国奴，然而奇妙的是，中国却因祸得福。满洲人带来了秩序与和平，而且以生龙活虎的冲击力，为中国创造了第三个黄金时代，使疆土汹涌地膨胀，除了像嫁妆一样，把东北地区和内蒙古并入中国版图外，十七世纪合并外蒙古，十八世纪合并世界屋顶青藏高原和古西域的新疆，共开拓八百九十万方公里的国土，几乎超过明王朝三百五十万方公里的三倍，使当时中国的疆域达一千二百四十万方公里。六大民族以及其他少数民族，共聚一堂。

——华夏人必须永远感谢这个一度被詈为侵略者"鞑子"的满洲人，没有他们，中国只是一个明王朝时那种中等的农业国家。

满洲人不久就全部华夏化，同时因他们的固有文化太低，以致除了全盘接受明王朝的政治形态和儒家理学思想外，别无选择。接受的结果，使它无力拨开大黑暗时代残留下来的沉重压力，第三个黄金时代终被腐蚀。十九世纪时，西方崭新的现代文明东来，华夏人遂成为世界上被戏弄、被宰割、被作为笑料的丑角。在外国人眼目中，十九世纪时的华夏人，就是"辫子""苦力""宽衣大袖""吸食鸦片""自私贪污""马虎敷衍""得过且过"，而女人又都是缠足的残废。这是一个使人汗颜的图画，但事实却真是如此。

中国面临瓜分，华夏人面临淘汰灭绝。

华夏人终于觉醒，二十世纪初，占中国人口百分之九十四的华夏人，从满洲人手中夺回政权，建立中华民国。满洲这个伟大的民族，在完成为中国扩张领土的艰难任务后，消失于华夏民族同化熔炉之中。

中国像一个巨大的立方体，在排水倒海的浪潮中，它会倾倒。但在浪潮退去后，昂然地仍矗立在那里，以另一面正视世界，永不消失、永不沉没。就二十世纪，使人沮丧的大黑暗时代结束，五千年专制帝王制度结束，悠久的但已不能适应时代的生活方式和意识形态，也被逐渐抛弃。奄奄一息的华夏人返老还童，英姿焕发，创造出中国第四个黄金时代，在全世界万邦之中，充当忠实的和强大光荣的角色，而且成为最重要的主角之一。

第 2 章
神话时代

中国历史从什么时候开始，以及如何开始，我们不敢确定。

这是一个大而严肃的课题，将迫使我们不得不谈到我们了解很少的宇宙起源、人类起源和华夏人起源等问题。历史学家对这些问题至少分别的各有十种以上引经据典的伟大学说，但不能获得定论。普通情形是，从地下掘出了一点古董或骨骼，用以推断这些古董或骨骼的主人的生活情形。结果只能提供出一幅静态的说明：每一个民族的发展几乎都一模一样。好比说，他们都是先用石头，再用青铜。

所以我们决定采取另一种方式来处理历史数据。而把华夏人的活动历史，分为下列的四个时代：

一、神话时代

二、传说时代

三、半信史时代

四、信史时代

每一个古老的民族都有他们的神话，作为上述的宇宙起源和民族起源的答案，华夏人也不能例外。这些神话有它实质上代表的意义，至少可使我们的印象比较深刻。

现在，我们且看中国这个庞大的舞台如何揭幕。

一　开天辟地

不知道多少亿万年之前，太古时候，太空中飘浮着一个巨星，形状非常像一个鸡蛋，在无际的黑暗云雾中运行，万籁无声，一切死一样的沉寂。就在那巨星的内部，有一个名叫盘古的巨人，一直在用他的斧头不停地开凿，企图把自己从围困中解救出来。经过一万八千年艰苦的努力，到了公元前2760480年（注意这一年，这是神话学家用奇异法术计算出来的），盘古挥出最后一斧，只听一声巨响，巨星被他从当中辟开，分为两半。

盘古就是人类的祖先，至少是华夏人的祖先。

盘古头上的一半巨星，化为气体，不断上升。脚下的一半巨星，则变为大地，不断加厚，宇宙开始有了天和地。天每日上升三米，地每日加厚三米，盘古每日也高三米。天越上升，地越加厚，盘古也越高大（看情形，盘古是唯一的一位可以被称赞为"顶天立地"的英雄）。可是四周却黑暗如故，伸手不见五指，大地寂寞而寒冷。盘古十分忧伤，他说："这世界太可怕了，没有光、没有热、没有山、没有水，什么都没有。后代无法生存下去，我必须牺牲自己。"于是他死了。

盘古的死引起一连串新生命的诞生，世界在他死后大大的改变。他的右眼变成太阳，左眼变成月亮，血液变成江河海洋，毛发变成树木花草。呼吸变成风，声音变成雷。欢喜时的笑容变成晴天，烦恼时的愁容变成阴天。而他的四肢，则变成我们在第一章第三节中所介绍的五岳：头部变成东岳泰山，腹部变成中岳嵩山，左臂变成南岳衡山，右臂变成北岳恒山，双足变成西岳华山。盘古为人类创造了一个美好的世界。

——不过，华夏人心目中的天上主宰，却不是盘古。这跟犹太人不同，犹太人认为创造世界的耶和华，即主宰世界的耶和华。华夏人的盘古，他的任务只在创造世界，而主宰世界的却是另一位被称为玉皇大帝的神祇。玉皇大帝是道教发明出来的，民间称他为"天老爷"或"老天爷"，他在天上拥有一个庞大的政府组织，由道教、佛教中各种奇形怪状的神灵担任文武百官。因为他的形象是人间大多数帝王的投射，所以他永远是一个低能的脓包。

从公元前2760480年起，即从开天辟地那一年起，到公元前481年止

（这一年，一个小封国——当时的鲁国，发现一头麒麟，我们以后会谈到它），共二百七十六万年，神话学家把它分为十纪。每一纪二十七万六千年，各有特定的名称：

一、九龙纪
二、五龙纪
三、摄提纪
四、合洛纪
五、连通纪
六、序命纪
七、循飞纪
八、因提纪
九、禅通纪
十、流讫纪

十纪的划分，我们看不出有什么意义，但它说明了岁月是漫长的。盘古的子孙绵延繁殖，大地一天比一天热闹。神话学家说，就在第三纪摄提纪时，距盘古已五十五万年，陆续出现了下列的三位伟大的神祇，称为"三皇"。"皇"的原始意义就是神祇，但神祇稍次于盘古和玉皇大帝，我们可称之为第二级的神祇。

一、天皇
二、地皇
三、人皇

天皇是盘古后裔中第一位最有卓越成就的领袖，寿命一万八千岁，有十二个儿子，帮助他治理日益增多的人民。这些人民虽都是盘古的后裔，但年代太久远了，分散四方，布满五岳，互相间早已生疏，有的还因利害的冲突，而成为仇敌，纠纷争执，层出不穷。天皇就把他们分为若干部落，每个部落推选或指定一位能干的人担任首长。华夏人自此成为一个有组织的民族，具备国家的雏形。

天皇死后，经过若干万年，地皇在龙耳山（神话中的仙山）诞生，寿命也是一万八千岁，有十一个儿子。那时由盘古眼睛变成的太阳和月亮，以及由睫毛变成的星辰，运转的秩序忽然混乱。有时一连数天都是白昼，有时一连数天都是黑夜。而有些星辰又悬挂得很低，人们走路时，一不小心，头部就会撞伤。地皇用他无比的神力，逐项改善。他首先把太阳和月亮出现的时间加以固定，使他们做有规律的起落，昼夜才算分明。又规定三十天为一个月，十二个月为一年，使人们知道时间和年龄的计算方法。地皇又命所有的星辰上升，升到遥远的天空。星辰在那里当然非常无聊，地皇就特别允许他们白昼可以在家睡觉，而在晚上再出来探视他们留在地面上的老友。这就是我们白昼看不见星辰，必须晚上才看得见的原因。

人皇，诞生于刑马山（也是神话中的仙山），寿命一万五千六百岁。有九个弟弟，都神通广大，法术高强。人皇把中国分为九个州，命他的弟弟们各当一州的州长。他自己则住在九州岛的中央，时常出巡。出巡时坐着像云一样可以在空中奔跑的车辆，驾车的人有六个翅膀，行动闪电般的迅速。

二　五氏

经过三皇的努力，世界已有长足的进步，但人们的生活仍很困难。最初只会爬到树上摘吃果实，后来从摘食阶段进步到渔猎阶段（他们不能不进步，因为树上的果实会被摘完，而冬天又没有果实），但对于捉到的鱼虾和小动物，也只能生吞活剥，跟野兽没有分别。大家本都住在山洞里，后来人多洞少，实在挤不下而终于被挤出山洞的人，只好向平原发展。平原无法抵御突然而来的野兽和风雨的袭击，而且包括山洞里的人在内，大家又都无法抵御因寒冷和生食所引起的疾病，结果引起大量死亡。

伟大的各种神祇人物，应运而生。就在三皇之后，出现下列五氏，可惜我们无法知道他们出现的时代是第几纪和什么纪。

一、有巢氏
二、燧人氏
三、伏羲氏
四、女娲氏
五、神农氏

"氏"的原始意义也是神祇，不过神性比"皇"似乎更少，可把他们列入第三个等级。

最先出现的有巢氏，教导人民不要住在地面上。他在树上用树枝树叶建造出简陋的篷盖，作为示范，这就是原始的房屋了，至少可以躲避野兽和洪水。人们都学习他，并且在建筑的技能上一天天进步，后来即令把它移到地面，也有同样的效能。

其次出现的是燧人氏，他把天上最大的一个秘密泄露给人类，那就是"火"。火无所不在，但没有人知道如何才能得到它。燧人氏教人从木头里把它钻出来。人类有了火，就跟其他所有的动物，永远分道扬镳。其他动物始终不会用火，而人们却因之改吃熟的东西，生活方式呈现划时代的突破。

伏羲氏是第三位出现的神祇，他似乎比他前面的两位老前辈，还要法力无边。他教人如何用火烹饪，从此人们享受到香喷喷的饮食，这是艺术的萌芽。他又进一步制作八卦，八卦是中国最早的计数文字，后来被星相家用来占卜。又设立官员，管理人民。官员身上都画着一条龙，表示他们的高贵身份。又发明乐器。又教导男女固定他们的配偶。又制定夫妇制度，必须经过结婚仪式才可以生孩子，以使下一代得到父母很好的教养。又制造渔网，教导水滨的居民们捕鱼。又教导人们挖掘陷阱，捕捉活的动物，训练它们作为家畜。又教导人们种植桑树养蚕，抽丝纺织。

可是，使这个由盘古辛苦缔造，由玉皇大帝天老爷主宰的世界，免于被毁灭，而迄今仍然存在，我们必须感谢第四位神祇女娲氏。她是一位美丽的女神，身材像蛇一样的苗条，以致有些神话学家坚称她根本就是蛇身。当时有两位英雄人物：共工氏和祝融氏，在不周山（神话中的仙山）决斗——我们无法确定是不是为了争夺她的爱情。结果共工氏失败，他愤怒得发狂，用他的头猛烈地撞向不周山，一声可怕的响亮之后，不周山被从中撞断。不周山是天和地之间的主要支柱，支柱折断，天庭立刻裂开一条巨缝。大地失去平衡，向东南急剧倾斜。霎时狂风暴雨，日月无光，人类奔走呼号，眼看着就要像碎石子一样的滚落到地极的黑暗深渊里去了。女娲氏不忍心这个浩劫，她采取山上的五色石头烧炼，炼好之后，用它把天上的裂缝补住。现在天际那些灿烂耀眼的红霞，就是女娲氏补上去的那些五色巨石。她又杀死一只倒霉的神龟，用它的四只脚，当作四只支柱，重把大地支起。因天裂而漏下来的大水，女娲氏用芦草烧灰，把它吸干，这就是中原地区——华北大平原的成因，它们正是由芦草灰铺成，所以平坦而又肥沃。

当人类不再担心天塌地陷时，却又被另外两件事苦恼：一是不知道什么东西可以吃和什么东西不可以吃，一是对疾病不知道该如何治疗。于是第五位神祇神农氏出现，他采集各种花草果实，一一地放到口中咀嚼并一一吃下，藉以确定它们的性质功能。这种胡乱的什么东西都往肚子里塞的结果，即令他是一位神灵，有时候一天之内也会中毒七十余次。幸而他异于普通人类，总算没有被毒死。最后他终于分别出哪些可以吃和哪些不可以吃，以及哪些可以作为药物。他撰写了一本巨书，定名《本草》，在这部人类最早的著作上，他详细记载各种药物的性能。此书一直流传到二十世纪，是中国医学上最崇高最权威的经典。神农氏把一些可作为食用的植物，分别定名为"小麦""稻米""高粱""玉蜀黍"等，教人种植。又教人把若干性情驯顺的野兽，豢养到家里，就是我们现在所称的"狗""马""牛""猪"的始祖。中国农业社会，在这位伟大的神祇领导下完成。

东西方世界

——神话时代到此为止。

——有一些历史学家非常瞧不起神话在历史中的实质地位，但神话是一个民族的灵魂，一个民族的历史如果没有神话部分，这个民族不过是一群木偶而已。从神话的内容，我们可据以了解初民的生活背景和人文反映。所有的神话都是矛盾百出，有时候简直不知所云。中国的神话也是如此，但这更证实它是初民的产物。如果由近代小说家编造的话，包管无懈可击。

——当盘古为中国人开天辟地，创造出美丽世界之时，其他地区和其他民族的神祇，也都忙着为他们的民族，做同样的贡献。诸如：

——日本人，太古时候，天上的众神决心要创造世界。他们命伊弉诺跟伊弉冉兄妹二神，负责这个工作。兄妹受命之后，站在天庭的浮桥之上，把一支宝矛投进大海，再把它捡起来，高举空中。宝矛上滴下的水珠，立刻就变成神圣的岛屿。水珠共四千二百二十三滴，所以日本也就恰恰有四千二百二十三个岛。兄妹二神就在岛上定居，然后从妹妹伊弉冉的左眼生出天照大神，她就是太阳之神，日本人的祖先。

——犹太人，太古时候，宇宙一片混沌。上帝耶和华寂寞地在水面上行走，考虑如何创造一个世界。于是，第一日，他创造了白昼和黑夜。第二日，他创造了空气和天空。第三日，他创造了大地和海洋，以及各种植物。第四日，他创造了日月和星辰。第五日，他创造了鱼类和飞鸟。第六日，他创造了其他动物，又创造了一位模样跟耶和华相同的男人，命名亚当。第七日，也就是最后一日，耶和华感觉到疲倦，他就休息。亚当一个人在世界上太孤单了，耶和华就用亚当的肋骨创造一个女人，命名夏娃，作为亚当的伴侣。这对夫妇，就是犹太人的祖先。

第 3 章
传说时代

神话时代结束后,传说时代开始。

神话的虚构是一目了然的,用不着做任何考证就可以如此确定。传说则包含有事实成分,即令这成分很少,或这成分已经被歪曲而与原样不符,但总算多少有点事实存在。至少我们可以说,即令传说全属虚构,它也比神话的组织严谨。

中国的传说时代,就是中国第一个王朝——黄帝王朝时代。在这个王朝中,出现五位有名的领袖人物,史学家称之为"五帝",所以也可称之为五帝时代。

本时代起自公元前二十七世纪,终于公元前二十三世纪,约五百年。

一　黄帝王朝

公元前二十七世纪时，仅黄河中游跟汾水下游一带，就有一万个以上的大小部落。其中以三个部落最为强大，一个是正在没落中的神农部落，根据地在陈丘（河南淮阳），酋长姜榆冈，是五氏之一的神农氏的后裔。一个是强悍善战的九黎部落，根据地在涿鹿（山西运城），酋长蚩尤；他有九个儿子，都是万夫莫当的勇士，附近部落都臣服在他的控制之下。另一个是文化水平似乎较高的新兴起的有熊部落（这个部落显然的用熊作为图腾，再不然他们一定养有熊罴），根据地在有熊（河南新郑），酋长姬轩辕；他有很大的智慧和很大的能力，集政治家、科学家、军事家和魔法家于一身。

三个部落争霸。

在形势上，有熊部落夹在神农部落跟九黎部落之间，有两面作战的危险。所以姬轩辕决定先发制人，他首先突袭神农部落，在阪泉（河南扶沟）郊野的战役中，把神农部落击溃，俘虏了敌人全部人口和牛羊。接着姬轩辕乘战胜余威，挥军渡过黄河，一直挺进到九黎部落的根据地涿鹿。会战就在涿鹿郊野进行，这是历史上最早和最有名的大战之一，两军胶着，不分胜负。蚩尤跟姬轩辕一样，也是具有神性的人物。他张开大口，喷出滚滚浓雾，三日三夜不散，有熊部落的士兵都迷失了方向。姬轩辕就发明指南车，使他的部队虽在浓雾之中，仍能辨识道路。蚩尤又向风神雨神求援，立刻刮起倒山拔树的狂风，降下瀑布般的大雨，大地上波浪滔天，一片汪洋。姬轩辕也施展法力，召唤女神旱魃助阵。旱魃的相貌狰狞可怕，据说是僵尸变成的，眼睛生在头顶上，秀发全是一条一条的小蛇，身上长满白毛，所到之处，连一滴雨都不会有，往往一连大旱三年，赤地千里，所有生物，全部干渴而死。人们听到她的名字都会发抖，但请她出面对抗风神雨神，却最恰当。她一出现，风神雨神就狼狈逃走，霎时间风停雨住，大水消失，泥泞干涸。

姬轩辕乘机反攻，九黎部落大败，蚩尤战死，残余的民众向南逃窜，定住在现在贵州的万山之中，据说就是苗民族的祖先。

这一场大战展示了有熊部落所向无敌的兵力，使姬轩辕名震当时的世界。于是各部落那些心惊胆怕的酋长们，战战兢兢地拥护他当"天子"，尊称他为"黄帝"。天子的意义是天老爷的爱子，当然至高至上。"帝"的原

汾

水 平阳（临汾）
· （唐部落）

涿鹿（运城）
· （九黎部落）

黄 河

·曲阜
（金天部落）

羽山（临沂）·

蒲阪（永济）
（虞部落）

亳邑·
（偃师）
（高辛部落）

有熊
■（新郑）
（有熊部落）

·高阳（杞县）
（高阳部落）

▲阪泉
（扶沟）

·陈丘
（淮阳）
（神农部落）

禹州·
（夏部落）

长 江

九疑山（苍梧山）

图六　传说时代·黄帝王朝

始意义跟"皇""氏"的原始意义一样，同是神祇，不过神性再次减少，可以说属于第四等级。黄帝者，即黄颜色的神祇。这正是姬轩辕所盼望的地位，他把首都设在他部落的根据地有熊（河南新郑），建立黄帝王朝。他下令各部落间的争执，不准效法他那样用武力解决，改为向他控诉，由他以天子的身份为大家判断是非。

黄帝王朝建立的日期，古史学家说是公元前2698年。这是一个重要的日子，华夏人很多次想用这一年作为纪年开始，像西洋诸国用耶稣诞生之年作为纪年开始一样，以代替中国特有的以帝王个人为基础混乱不堪的年号制度。这主张屈服于专制政体的压力，没有成功。但它值得纪念的价值，至为显然。

我们将传说中黄帝王朝的世系，列为下表：

第一代 前2698 前2598	第二代 前2598 前2515	第三代 前2515 前2437	第四代 前2437 前2367	第五代 前2367 前2258	第六代 第七代	第九代 前2255 前2208
①黄帝 姬轩辕 （五帝之一）	玄嚣	蟜极	④喾帝 姬夋 （五帝之三）	⑤姬挚		
				⑥尧帝 伊祁放勋 （五帝之四）		
	昌意	③玄帝 姬颛顼 （五帝之二）	穷蝉	敬康	句望 桥牛 瞽叟	⑦舜帝 姚重华 （五帝之五）
	②己挚					

二　姬轩辕

姬轩辕（黄帝）在中国历史上受到无比的尊敬，他已代替了那位开天辟地的英雄盘古，成为所有华夏人的祖先。稍后的一些帝王，甚至包括匈奴人、鲜卑人，也都自称或被称为姬轩辕的后裔。一直到二十世纪，华夏人仍以"黄帝的子孙"自傲。主要原因，在于中国古文明被认为完成于他一人之手。他发明了人们希望是他发明的一切东西，大至社会制度，小至日常使用的零星对象。这些使世界大大突飞猛进的伟大发明，有下列数项：

一、房屋　姬轩辕教人建筑房屋，人们遂舍弃树枝树叶，改用泥土或石头，使自己的住所更为坚固实用，而且逐渐聚集成为村庄，再由村庄扩大成为城市。

二、衣裳 人们一向赤身露体，容易受到外界的伤害和感染疾病。姬轩辕教他们把兽皮剥下来做成衣裳。后来绸缎出现，尊贵的人又改穿绸缎。

三、车船 姬轩辕把木头插在圆轮子中央，使它运转，因而造成车辆。又把树木当中剖空，造成可以浮在水面上的小舟。从此人们能够走向较远的地方。

四、兵器 从前作战，只靠用手投掷石块。姬轩辕发明弓箭，遂成为最锐利的一种武器。人们一直使用它，直到十九世纪，才完全被火药代替。

五、阵法 从前作战，战士们一哄而上，杂乱无章。姬轩辕教给他的军队阵战方法，用各种不同的队形和兵力，应付各种战场情况。

六、音乐 姬轩辕同时还是一位伟大的音乐家，他发明了"笛""箫""琴""瑟"等乐器。把人类声音分为五个主音阶，每个主音阶各有专名。再分为十二个副音阶，使它们配合发声。

七、器具 姬轩辕又教他的人民用泥土塑成盆罐之类的用具，放在火上烘烤一个适当的时间，即成为陶器，可以使食物长久储藏。人们遂突破农业范围，向工业发展。

八、井田 姬轩辕制定闻名世界的井田制度，把全国土地重新划分，划成"井"字形状。周围八家都是私田，当中一块是政府财产，由八家合作耕种，收割的粮食归政府所有。

这些都是姬轩辕的伟大发明和伟大创举，如果他是一个普通的人，我们一定不会相信。但他既然是一个神祇，我们就不得不承认他有如此伟大的能力。黄帝王朝大概是一个发明狂的时代，几乎人人都会随时发明一些什么。如姬轩辕的妻子嫘祖和姬轩辕的大臣仓颉、隶首、容成，都有同样伟大的贡献：

一、嫘祖 发明养蚕抽丝。蚕看起来是一种丑陋的昆虫，经过嫘祖细心的观察，终于发现它们吐出来的东西可以织成绸缎。中国以丝织品独霸世界四千余年，完全是她开创的功绩。

二、仓颉 发明文字，即中国特有的直到二十世纪仍在使用，而且日本、韩国也在使用的方块字，也称汉字。仓颉看到鸟兽走过后留下来的爪印和蹄印而产生灵感。因为文字的出现将把人类带进一个更复杂和更难生存的世界，所以当他造字的那一天，天上就像落雨般的落下粮食。入夜之后，还听到鬼神痛哭。

——鬼神所以痛哭，大概是眼看着人类从此将日增自寻的烦恼而悲从中来。但我们不知道天上为什么要落下粮食。

三、**隶首**　发明算术。

四、**容成**　发明历法。

姬轩辕在位一百年，史籍上说，在此一百年中，中国没有盗贼，没有殴斗，人与人之间谦让和睦。适时的雨量和适时的风，使每一年都大大丰收。最使人惊奇的是，连虎豹都不胡乱吞噬其他动物，苍鹰飞鹞都拒绝捕捉地上的鸡鸭。总而言之，中国历史一开始就是一个乐园。

公元前二十六世纪的前 2598 年，姬轩辕一百五十二岁，但他仍仆仆风尘，离开他的首都，四出巡查。这一年他到了桥山（陕西黄陵），在山下铸了一个大鼎。鼎是一种巨大的锅，可能他想用以请各部落酋长大吃一顿，但大鼎铸成的时候，天忽然开了，降下一条黄龙迎接他。姬轩辕跟他的随从人员和宫女，共七十人，一齐跨了上去，然后，黄龙冉冉起飞。一些没有福气的人，赶来的太迟，只能抓住已经飞离地面的黄龙的胡须，胡须脱落，他们也掉下来。所以姬轩辕的结局不是死亡，而是白日升天，成仙而去。那些掉下来的人，懊丧而悲痛得把姬轩辕遗留下来的衣服，埋葬在桥山之下，即现在位于陕西黄陵的黄帝衣冠冢。

——姬轩辕不但是中国第一位君主，到了道家和道教创立之后，更把他推崇为道家的和道教的领袖人物之一，赋给他种种道家的思想和道教的法术，这位政治上的元首遂兼任伟大的哲学家和魔术师。在第一章我们介绍黄山时，姬轩辕所以忽然跑到那里去炼仙丹，原因在此。

姬轩辕升天，不但使他自己在人间消失，也使他所具有的神性在他后裔身上消失。自此之后，他的后裔再不能呼唤旱魃，再没有飞升成仙的机会。这些后裔虽然仍保持"帝"的称号，但意义已不再是神祇，而只是君主。

姬轩辕的儿子金天部落（山东曲阜）酋长己挚，继承了老爹的宝座。在位八十四年，默默无闻，史学家不把他列入五帝，公元前 2515 年，己挚逝世，他的侄儿高阳部落（河南杞县）酋长姬颛顼继位，他是五帝中的第二帝，号称玄帝，即黑颜色的君主。他也默默无闻，但在位七十九年中，却做了一件使天下所有男人都大为抚掌称快的事，就是他下令女人在路上遇到男人时，必须恭恭敬敬站在路旁，让男人先走，否则就流放蛮荒。

公元前 2437 年，姬颛顼逝世，他的侄儿高辛部落（河南偃师）酋长姬夋继位。姬夋是五帝中的第三帝，号称喾帝，即美酒样的君主。但他比他的叔叔姬颛顼还平庸，在位七十一年，连类似教女人避路的荒唐政绩都没有做过。公元前 2367 年，姬夋逝世，他的儿子姬挚继位。姬挚也不在五帝之列，而且荒淫昏虐——他应该是中国历史上第一个暴君。到了公元前2358年，在一场政变中被杀。

——我们无论如何也想不通，为什么史学家煞有介事的从黄帝王朝七个君主中，特别挑出五个，称之为五帝。姬颛顼、姬夋，他们既不突出，也无影响。而史学家既没有把他们神化，也没有多给他们涂抹一点脂粉，却硬着头皮说他们非常了不起。

三 伊祁放勋与姚重华

姬挚死后，他的弟弟唐部落（山西临汾）酋长伊祁放勋（唐尧）继位。伊祁放勋是五帝中的第四帝，号称尧帝，即好心肠的君主。大概除了被称为好心肠外，没有可取的才干。但他曾经派人测定过日月的位置。然后制定太阴历法，计算出一年三百六十五天的差数，创立闰月制度。

他在位的一百年期间，发生了空前可怕的大灾难。公元前2297年，天不停地落雨，河流泛滥，山洪暴发，房屋家畜和田亩都被漂没，中国成了一片汪洋，人们大批溺死饿死，残存下来的人逃到高山上嗷嗷待哺，这是中国第一次的大悲惨时代。伊祁放勋命夏部落（河南禹州）酋长姒鲧治水，姒鲧是一个很有名的水利工程专家，可是他使用治理小河流的方法来治理大河流，集中力量修筑堤防，以期约束水势。堤防不能阻遏洪水的冲击，仍不断地溃决，用了九年时间，洪水如故。

另一位雄心勃勃的虞部落（山西永济）酋长姚重华（虞舜），他抨击姒鲧治水的无功，唐尧帝伊祁放勋在姚重华的坚持下，宣布姒鲧应负起治水失败的责任，派人到羽山（山东临沂南），把仍在孜孜不息辛苦工作的姒鲧处决。姚重华是伊祁放勋的女婿，此时老岳父已不能抵抗女婿的压力，于是接着一连串杀掉另外三位大臣：三苗、共工、灌兜，加上姒鲧，宣称他们是罪大恶极的"四凶"。但夏部落是当时唯一拥有水利工程技术的部落，没有人能够代替。姚重华不得已，只好同意伊祁放勋任命姒鲧的儿子姒文命继续他父亲未完成的工作。

姒文命检讨他父亲失败的原因，决定以疏导方法为主，使水势向低洼的地方宣泄。他除了筑堤外，还同时开山，最著名的开山工程中，是凿通龙门——今山西河津跟陕西韩城之间的黄河峡谷，使黄河畅通。

自公元前2286年，到公元前2274年，共用了十三年时间，洪水才算平息。据传说，经过姒文命治理的，有下列九条河流：

一、弱水　发源于祁连山，注入居延海（内蒙额济纳旗嘎顺诺尔）
二、黑水　疏勒河，位于河西走廊的西端
三、黄河
四、渭水
五、洛水
六、济水　发源于太行山，与黄河平行，注入渤海湾
七、淮河
八、汉水
九、长江

九条河流中，八条河流直到二十世纪仍然存在，只有济水在若干年后被黄河并吞，成为黄河的下游，只剩下一个尾巴，改称小清河，还微留痕迹。

——仅从这九条河流的数目上，就使人大大的震惊。从黑水到长江口，航空距离有两千六百公里之遥，仅仅徒步游览一周，恐怕都需要几年时间。而且此时还没有铁器出现，完全依靠烧石浇水的原始方法去开山凿洞，姒文命不可能在如此短的十三年之内，完成这么多艰难工程。大概是，姒文命是姬轩辕的后裔，仍有残留的神灵附体，所以他能够顺利的成功，并受到华夏人长久的尊敬。

公元前2285年，伊祁放勋放弃政权，姚重华正式摄政。二十七年后的公元前2258年，伊祁放勋逝世，寿命一百一十九岁，姚重华顺理成章地坐上宝座。

——这是儒家学派所津津乐道的第一次"禅让"，坚称伊祁放勋是自动自发，非常愉快地把帝位传给姚重华。

姚重华的一生比伊祁放勋多彩多姿，他自称是姬轩辕的九世子孙。他的虞部落在蒲阪（山西永济），跟伊祁放勋的唐部落（山西临汾），相距只二百公里，两个部落一向通婚，伊祁放勋的两个女儿：伊娥皇和伊女英，同时嫁给姚重华。姚重华应该是中国早期历史上最成功的谋略家之一，他最使人精神恍惚的事迹是，据儒家学派说，他有一个可怕的、充满阴谋和杀机的丑恶家庭，他的父母兄弟全都比蛇蝎还要恶毒，只姚重华恰恰相反，仁慈而且善良，集字典上所有的美德于一身。他母亲早死，老爹瞎老头（瞽叟）续娶了一位妻子，生子名姚象。有一天，老爹命姚重华把仓房茅草盖好，可是等

姚重华爬到屋顶上之后，父母和弟弟三个人却在下面把梯子搬走，放起火来，企图把姚重华烧死。姚重华聪明地料到会有这种变化，早就准备了两个斗笠，就把这两个斗笠绑到手臂上当作翅膀，飘然而下。老爹又命他挖浚旧井，姚重华知道情形不妙，挖井时悄悄地在一旁凿出一条通到地面的坑道。果然，父母和弟弟一齐下手，把井填平，然后兴高采烈地把姚重华的财产瓜分，老爹和继母得到他全部牛羊粮食，姚象则得到他日夜思之的两位漂亮嫂嫂，而且马上搬过去居住，得意忘形地弹着姚重华的琴。就在这时候，姚重华在门口出现，姚象反而大吃一惊。

那位当天子的岳父伊祁放勋听到做父母的种种奇怪恶行，和做儿子的种种奇怪孝行后，大为感动，就把他召到中央政府，帮助自己处理事务，于是姚重华踏入政坛。

姚重华是五帝中的第五帝，号称舜帝，即孝顺友爱的君主。他把政府改组，设立下列九位高阶层官员：

一、司空（工程部长）

二、后稷（农业部长）

三、司徒（国防部长）

四、共工（矿业部长）

五、士（司法部长）

六、朕虞（水利部长）

七、秩宗（祭祀部长）

八、典乐（音乐部长）

九、纳言（监察部长）

姚重华鉴于领土的辽阔，把全国分为十二个"方"（州），每一个"方"设立一个最高行政首长，称为"方伯"（州长），为各部落解决纠纷，并征收赋税。又制定统一的法律，用铜铸成各种犯罪的模样和各种惩罚的动作，公开展览，使人知道警戒。

姚重华在位四十八年，就在第三十三年时，历史重演，姒文命挟着治水成功的威望，达到了当年姚重华达到的地位。公元前2208年，姚重华恰一百岁，不知道什么缘故，他孤独地深入蛮荒，跑到南方一千公里外的险恶的九疑山（湖南宁远苍梧山），并且死在那里，埋葬在那里。天子的宝座落到姒文命之手，黄帝王朝灭亡。

——这是儒家学派所津津乐道的第二次"禅让",坚称姚重华跟他的前任伊祁放勋一样,也是自动自发、非常愉快地把政权移交给姒文命。

东西方世界

黄帝王朝建立前:

——公元前三十八世纪,前3700年(黄帝王朝前一千年),印度河下游摩罕达约地方,印度人建立王国,已使用文字,是世界上最古老的国家(不过这些印度人早已灭绝,和现代的印度人无关)。

——公元前三十七世纪,前3600年(黄帝王朝前九百年),美索不达米亚苏马连人建立帝国,已使用文字和铜器。

——公元前三十六世纪,前3500年(黄帝王朝前八百年),尼罗河三角洲埃及人建立旧王国,定都孟非斯城,已使用文字和太阳历(埃及人跟古印度人的命运一样,早已灭绝,和现代的埃及人无关)。

——公元前三十五世纪,前3400年(黄帝王朝前七百年),克里特岛迈诺斯王国建立,筑诺萨斯城。

——公元前三十二世纪,前3100年(黄帝王朝前四百年),埃及旧王国第四王朝开始,诸王纷纷建造金字塔。

——公元前二十九世纪,前2872年(黄帝王朝前一百年),闪民族酋长萨尔贡入侵美索不达米亚,灭苏美尔帝国,筑阿卡德城。

黄帝王朝建立后:

——公元前二十六世纪,前2500年(玄帝姬颛顼在位),埃及内乱,旧王国亡,立国约一千年。印欧民族自里海北岸大草原,四散谋生。东行的一支进入波斯、印度,称雅利安人。西行的一支进入欧洲,成为希腊人、拉丁人。

——公元前二十四世纪,前2375年(喾帝喾夋在位),埃及底比斯王统一全境,建立王国。

第4章
半信史时代

传说时代结束后，半信史时代开始。

半信史时代中，事实成分大大地增多，而且一部分已得到考古学家发掘物的支持。但属于神话传说的史迹，仍然不少，有时很容易分辨，有时混淆过度，无法澄清。

半信史时代是一个松懈的时代，往往一连数百年一片空白。在此漫长的岁月中，黄河中游和渭河下游地区，顺序地兴起下列的三个王朝：

一、夏王朝公元前二十三世纪建立

二、商王朝公元前十八世纪建立

三、周王朝公元前十二世纪建立

——中国历史上有一个现象，即每一个政权建立时，都要宣布一个专属于自己政权的国号，当这个政权统治全国的时候，国号就成了王朝号。所以，分裂时代和混乱时代，国家林立，我们只好使用国号。全国统一时代，我们则使用王朝号。但必须了解，在中国历史上国号跟王朝号没有分别。

夏、商、周三个王朝是衔接的，所以史学家称为"三代"，我们也可以称半信史时代为三代时代。

半信史时代起自公元前二十三世纪，终于公元前八世纪，约一千五百年。

一　公元前二十三世纪

姒文命（大禹）继承了姚重华的位置，于公元前2205年建立夏王朝，称为禹帝，即天神般的君主。把首都设在安邑（山西夏县）。

姒文命决心使自己成为一个强有力的元首，不久他就召集全国各部落酋长到涂山（安徽蚌埠）开会，稍后又在会稽（河南伊川）举行第二次大会，霉运当头的防风部落（太湖流域）酋长到得太迟，姒文命就把他杀掉。但姒文命并不是一个残暴的人，他具有洞察入微的智慧。有一天，有人呈献给他一坛美酒，他喝得酩酊大醉，醒来后对大臣们说："酒太好了，正因为如此，后世一定有人为了它家破国亡。"他下令禁酒。但酒是世界上谁都无法禁绝的东西之一，于是姒文命的话在历史上不断应验，多少王朝帝国，包括他的夏王朝在内，最后都因君主沉醉在酒中而亡。

姒文命把全国分为五个"服"（区域），以首都安邑为中心，二百五十公里以内是"甸服"，由君主直接治理，人民直接向君主纳税。五百公里以内是"候服"，君主不直接治理，而仅控制酋长，由各酋长定期向君主进贡。七百五十公里以内是"绥服"，在这个区域里，君主已没有力量，但求天老爷保佑外族不要作乱，就心满意足了。一千公里以内是"要服"，这地区的人民根本不知道有中国。一千公里以外是"荒服"，完全是陌生的民族和化外之民。除了以统治力量的强弱，作为标准的"服"（区域）外，另有行政区域的划分。姒文命把中国分为下列九州：

一、冀州　河北平原与山西高原
二、兖州　黄河与济水之间
三、青州　山东半岛
四、徐州　河淮平原
五、豫州　中原
六、雍州　关中与陇西
七、梁州　秦岭以南与四川盆地
八、扬州　长江下游
九、荆州　长江中游

这是中国把行政区域正式称为"州"的开始，九个州的州名，以后一直沿用，部分到二十世纪仍在，只是所辖的区域却越来越小，最后小到只不过一个城市。

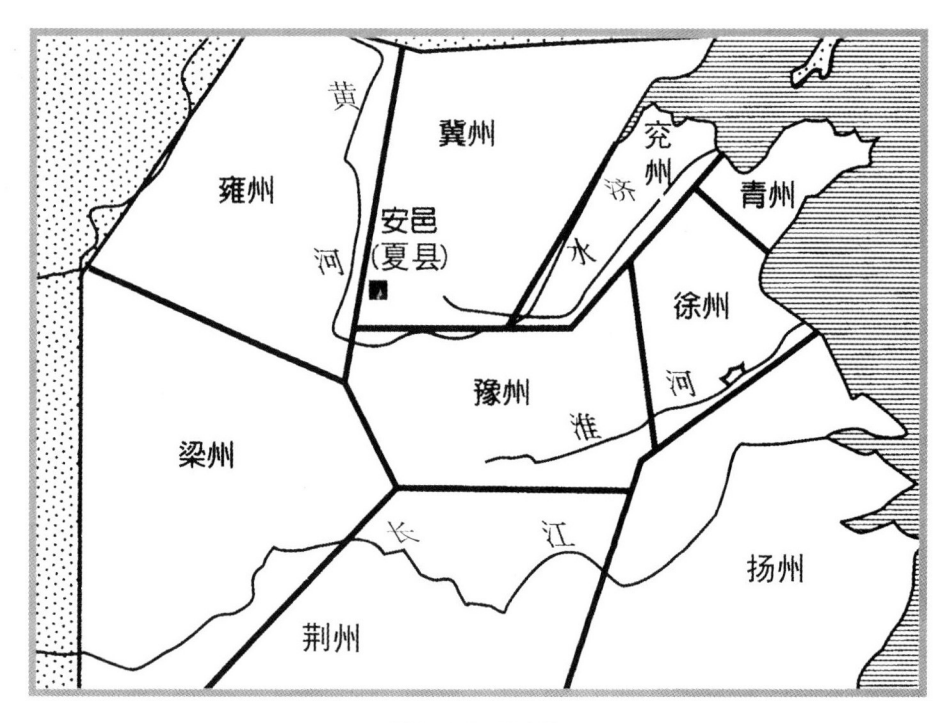

图七　夏王朝九州

二　公元前二十二世纪

姒文命在位只八年，头十年公元前2198年，他一百岁时，出巡到会稽（河南伊川），死在那里。儿子姒启继位。有扈部落（渭河流域中下游）首先不服，宣布独立，姒启就向它进攻，并在甘邑（河南洛阳南）会战，有扈部落失败。姒启的胜利稳固了自己的地位，也确定了另一件事：疑云重重的禅让方式取消，恢复了黄帝王朝初期父子相传的古老制度。

姒启死后，儿子姒太康继位。姒太康爱好打猎超过爱好政治，他最后一次打猎时，大概兴致太高，打昏了头，一直打到黄河以南。有穷部落（河南洛阳南）酋长后羿，乘着军民的愤怒，发兵切断了他的归路。姒太康在他的军队溃散后，逃到斟鄩（河南登封）。后羿立姒太康的弟弟姒仲康继位，大权当然握在后羿之手。

后羿是一位传奇人物，也是中国最早的神射手，百发百中。他的妻子嫦娥，是历史上最早的美女之一。我们在第一章介绍昆仑山时，曾述及女神王母娘娘赠给后羿一服长生不死药的故事。事情因此发生，嫦娥乘着丈夫不备，偷偷地把它吃掉。吃下去后，果然脱胎换骨，身体变轻，能够飞翔起来。她一则害怕丈夫发觉后向她追究，二则对这个人人都必然死亡的世界，也无所留恋，于是她飞到月球上去居住。据说，她现在仍住在那里，陪伴她的只有她带上去的一只她最喜欢的小白兔。

——二十世纪时，美国航天员登陆月球，把这个美丽的神话画面，破坏无余。因之神话学家只好说每当航天员登陆月球时，嫦娥就把她跟她的小白兔所住的广寒宫，用法术暂时隐蔽起来。

姒仲康死后，儿子姒相继位。后羿不再高兴总在幕后，就把姒相驱逐下台，自己坐上宝座。姒相向东逃亡，投奔遥远的斟灌部落（河南清丰）。不过后羿并不是一个十分有机心的人，他信任他认为最忠心的大将寒浞，把兵权交给他。结果寒浞发动兵变，杀死后羿，寒浞即位。

寒浞娶了后羿的妻子——当然已不是嫦娥了，生下两个儿子。等到这两个儿子长大，他派他们出兵讨伐斟鄩、斟灌，把两个部落灭掉。逃到斟鄩的姒太康早已逝世，逃到斟灌的姒相则在这一次战役中被杀，他那怀了孕的妻子从墙洞中逃走，生下遗腹子姒少康。

姒少康长大后，东奔西跑，最后他投奔蒲阪（山西永济）的虞部落（就是姚重华所属的部落）。虞部落酋长姚思，把两个女儿嫁给他，给他一块田让他耕种。姒少康不甘心当一辈子农夫，他秘密号召夏部落中仍怀念他父亲、祖父的遗民，集结了五百余人。

当本世纪（前二十二）结束时，姒少康正日夜操练人马，准备恢复河山。

——本世纪（前二十二）的东西方世界：

——七十年代·公元前2123年（夏王朝七任帝寒浞在位），闪民族另一位酋长汉谟拉比，征服阿迦德苏马连帝国，建立巴比伦帝国。

三 公元前二十一世纪

本世纪（前二十一）唯一的一件大事，是姒少康反攻复国，大功告成。二十年代·公元前2079年，姒少康准备成熟。蒲阪（山西永济）跟安邑（山西夏县），相距不过一百公里，那时还没有城寨沟壕之类的防御工事，所以当姒少康从他的根据地向首都发动奇袭时，很快地就冲进皇宫把寒浞杀掉。成功地夺回他父亲、祖父所失去的宝座。

——姒少康的故事，在中国流传不衰。尤其当一个政府受到严重打击、失去大量疆土、岌岌可危时，一定会强调这个故事，用以鼓励士气和增加信心。

——本世纪（前二十一）的东西方世界：

——头十年·公元前2100年（仍是寒浞在位），汉谟拉比大帝颁布《汉谟拉比法典》二百八十五条，刻在巴比伦城绿玉圆柱上，是人类第一部成文法典。

四　公元前十九世纪

历史寂寞了二百余年。

本世纪（前十九）末叶前1819年，夏王朝最后一位君主姒履癸（夏桀）即位。姒履癸文武全才，赤手空拳可以搏斗虎豹，又能把弯曲的铁钩用手拉直，看起来他是一位英明的君主。

——有一点是可以确定的，中国那时候还没有铁，更没有铁钩。铁钩不简单，它需要高级的冶金技术。

五　公元前十八世纪

本世纪（前十八）一开始，商部落（山东曹县）酋长子天乙（商汤）的力量，已经强大，他觊觎姒履癸的高位。

姒履癸把所有的聪明才智都用到暴虐和享乐上，他把皇宫改建得更豪华，用黄金铸成的柱子，就有九个。他又发明一种酷刑，称为"炮烙"，在铜柱上涂抹膏油，下面燃烧炭火，教犯人赤足在铜柱上走过。那是一定要滑下去的，滑下去便恰恰跌到火炭上烧死，姒履癸最喜欢看别人受这种酷刑时挣扎悲号的惨状。有一天，他一面看，一面问他的大臣关龙逄是不是快乐，关龙逄说："这种做法，好像春天走在薄冰上，危在眼前。"姒履癸冷冷地说："你只知道别人危在眼前，却不知道自己危在眼前。"下令把关龙逄炮烙处死，关龙逢是中国历史上第一个因进忠言而被杀的高级知识分子。

姒履癸最宠爱他的妻子施妹喜，施妹喜高兴听绸缎撕裂时发出的声音，姒履癸就命宫女在她身旁日夜撕裂绸缎。皇宫之内，肉堆积得跟山一样，在一个足有五方公里的巨大池塘里，盛满美酒，酒波浩荡，可以行驶船只。每次宴会时，都有三千余人，像牛群饮水一样，在鼓声中一齐从岸上伸下脖子狂饮（姒文命对酒所做的那一段评论，仍在我们耳际，但他的子孙却忘了个净光）。有莘部落（山东曹县西北莘冢集）酋长伊尹警告姒履癸："你再不接受规劝，恐怕会亡国。"姒履癸大怒说："你又妖言惑众了，人民有君主，犹如天空有太阳。太阳亡，我才亡。"于是全国人民喊叫说："太阳，你快亡吧，我们跟你一块儿亡。"

姒履癸后来发现了商部落酋长子天乙有点不可靠，他用迅雷不及掩耳的手段，把子天乙逮捕，囚在夏台（河南禹州）。可是不知道什么原因，又把他释放。三十年代公元前1766年，子天乙发动攻击，一直攻到首都安邑（山西夏县），在鸣条（河南封丘）把夏军击溃。姒履癸被俘，被放逐到荒远的南巢（安徽桐城）。夏王朝建立四百四十年，到此覆灭。

姒履癸消失了，但子天乙加到他头上的称号"桀帝"，却流传下来。桀帝，即凶暴的君主之意。

夏王朝既亡，子天乙称他的政权为商王朝，把首都建在他部落的根据地亳邑（山东曹县）。他之所以成功，有三个重要原因。一是他跟当时最强大的有莘部落酋长伊尹，缔结联盟。伊尹本是忠于夏王朝的，但姒履癸把他逼反，他便转过来跟子天乙合作。如果没有伊尹的合作，子天乙不敢单独行动。二是子天乙的卓见使他一直掌握主动。当联军总攻时，正逢夏王朝大旱，这虽然是一个好机会，但商部落地区同时也在大旱，他的人民反对冒险，子天乙因已经跟有莘部落约定会师日期的缘故，坚持出兵。三是子天乙宣传战的成功。以上所叙述的姒履癸的暴政，使人民产生愤怒的力量。同时子天乙又强调种种美德，如他曾禁止四面下网捕鸟之类，形容他的仁慈，不仅及于人类，而且及于其他生物。所以子天乙当了天子后，号称成汤帝，即救苦救难的君主。

——我们当然并不认为姒履癸是一个善良能干之辈，任何一个亡国之君，除非年龄太幼，仅只王朝的政权在他手中灭亡这一点，就足够证明他的无能和罪恶。

子天乙逝世后，两个儿子先后继位。五十年代公元前1748年，三任帝子仲壬逝世，元老政治家伊尹把法定继承人子天乙的孙儿子太甲，放逐到桐邑

（河南虞城），而自己坐上宝座。但子太甲不像伊尹那么软弱，他在桐邑秘密准备了七年，于公元前1741年，奇袭亳邑，把伊尹杀掉。因为有莘部落的力量太大，子太甲不得不仍任用伊尹的两个儿子，分别继承伊尹遗留下来的酋长和大臣的职位。

六　商王朝社会形态

子太甲之后，商王朝在政治上没有再发生波澜。

商王朝社会最初以游牧为主，后来逐渐也从事农业。他们有一个日益扩大的中央政府，政府中设有负责多方面复杂事务的各种官员，诸如：

一、御史（交通部长）
二、太宰（内政兼外交部长）
三、太史（天文兼祭祀部长）

中央政府之下，那时还没有地方政府的设置，而由君主直辖各个部落。军事行动，只有君主一个人可以决定。商王朝拥有一支强大的武装部队，操作弓箭戈矛之类的新式武器，使以抛弃石头为主要战事工具的夏王朝，无法抵抗。鸣条会战时，子天乙率领的远征军，达五千人之多，这是当时所能集结的最庞大的兵团。

天子是国家的最高元首，商王朝在初期时，帝位是传给弟弟的，最后由最幼的弟弟再传给长兄的长子，或径行传给自己的儿子。无论贵族或平民，大多数实行一夫一妻制，这是中国历史上唯一的一夫一妻制时代，所以商王朝的宫廷比较简单，家庭生活也比较融洽。一直到后期，大概公元前十五世纪之后，多妻现象才开始普遍。

商王朝人民崇拜祖先，因为崇拜祖先，所以也崇拜鬼魂和管理鬼魂的神灵，并连带崇拜鬼魂所居住的山岳河流。无论大事小事，从战争征讨到疾病婚嫁，都要征求祖先的意见，即向鬼神请示。请示的方法依靠占卜，占卜必须在隆重的祭祀典礼中举行，才能得到祖先的喜悦和赐福。于是祭祀遂成为国家的第一级要政，比军事政治都重要。

商王朝已能够使用文字，他们把占卜的结果，也就是祖先鬼神的重要指示，刻在乌龟甲壳上或其他兽类骨骼上，作为记录保存。十九世纪末叶，这些甲骨被人从商王朝故都之一的殷邑（河南安阳）挖掘出来，考古学家称之为"甲骨文"，它的内容则称之为"卜辞"，成为最珍贵的中国原始社会的史料。

商王朝的命运似乎一直坎坷，主要的是黄河不断泛滥，使他们不得不常常搬家，在立国的六百六十二年期间，迁都即达六次之多，成为王朝中最大的事件：

自从五迁到殷邑（河南安阳）之后，商王朝也同时称为殷王朝，或合并称为殷商王朝。当十九世纪在此挖掘出甲骨文时，遂称之为殷墟，即殷王朝故都的废墟。

次数	当时地	今地	起讫	年数	君主
原都	亳邑	山东曹县	（前十八·十七·十六世纪） 前1783—前1557	227	一任帝子天乙
一迁	嚣邑	河南荥阳	（前十六世纪） 前1557—前1534	24	十一任帝子中丁
二迁	相邑	河南内黄	（前十六世纪） 前1534—前1525	10	十三任帝子河亶甲
三迁	耿邑	河南温县东	（前十六世纪） 前1525—前1517	9	十四任帝子祖乙
四迁	邢邑	河北邢台	（前十六·十五世纪） 前1517—前1401	117	
五迁	殷邑	河南安阳	（前十五·十四·十三·十二世纪） 前1401—前1198	204	二十任帝子盘庚
六迁	朝歌 （行都）	河南淇县	（前十二世纪） 前1198—前1122	77	二十八任帝子武乙

——商王朝那种崇拜祖先和祭祀各种鬼神的意识形态，它的后继王朝全盘接受，并一直留传下来，成为华夏人不可破的风俗习惯之一。

七 公元前十七世纪

本世纪（前十七）的中国，没有重要的历史记载。

——本世纪（前十七）的东西方世界：

——五十年代·公元前1650年（商王朝八任帝子小甲逝世，九任帝子雍己继位），希伯来部落酋长亚伯拉罕，率领他那疲惫饥饿的部落，从阿拉伯半岛，进入埃及，在埃及定居。

八　公元前十三世纪

——八十年代·公元前1220年（商王朝二十六任帝子廪辛逝世，二十七任帝子庚丁继位），希伯来部落酋长摩西，率领他的人民，从已居住了四百三十年的埃及出走，进入流奶与蜜的迦南地（巴勒斯坦）。在西奈山上，上帝耶和华亲自授给摩西刻着"十诫"的金牌，信奉一神的犹太教自此诞生。

九　公元前十二世纪

一连五百年都很平静，到本世纪（前十二），发生了传奇的史迹。西方和中国，同时出现了两位绝色美女，也同时引起两场流血和覆国的战争。

——西方美女海伦，是希腊斯巴达王国的皇后，但她却跟土耳其半岛上特洛伊王国的王子私奔。这对希腊人民是一种绝大的耻辱，于是各城邦组织希腊联军，进攻特洛伊。自头十年公元前1194年开始，历时十一年，虽然希腊神话时代的神祇，几乎全部出动助战，却不能取胜。最后，到了一十年代公元前1184年，希腊联军乞灵于诡计，他们伪装撤退，留下一个巨大的木马，里面满装着希腊突击队。特洛伊人贪心地把这个木马当作战利品运到城中，特洛伊城遂告陷落，海伦被抢回去。当战争进行到第十年时，海伦亲自出来劳军，战士们震惊于她的美貌，失声说："我们为她再打十年也值得。"

东方美女苏妲己。事实上她姓己，名妲，苏部落酋长的女儿。她的遭遇没有海伦那么富于诗意，她是商王朝最后一位君主子受辛（商纣王）的妻子。

商王朝到了后期，一个纯农业的周部落，在渭河流域的关中地区，悄悄强大，并逐渐向东发展。两百年前的公元前十四世纪时，已进抵岐山（陕西岐山），本世纪（前十二）更进抵酆邑（陕西长安西南）。跟当初商部落对夏王朝虎视眈眈的情形一样，现在周部落也对商王朝虎视眈眈。

身为末代君主的子受辛，见多识广而力大无穷，不用武器，仅凭双手就可以格杀猛兽，又能把九条牛倒拉着走。他的聪明足够使他拒绝规劝，他的智慧也足够使他掩饰错误。苏妲己在他的宠爱下，共同掌握政权。宫廷建筑一日不停，仅只"瑶宫""瑶台"，就兴建了七年。皇宫中的肉像山林一样堆着，酒不是盛在瓶子里，而是盛在池子里。每次宴会，都七昼七夜大吃大喝，沉醉不醒，以致大家都忘掉是什么日子。

子受辛跟苏妲己同时还是一对有虐待狂的夫妇，有人赤脚走过结冰的小溪，子受辛夫妇命人敲碎他的脚骨，研究他为什么不怕冷。女人怀孕，子受辛夫妇又下令剖开她的肚子，看看胎儿是什么模样。最后，子受辛也使用了"炮烙"酷刑，镇压日益增加的逃亡和反抗情绪。子受辛有三个忠心的大臣：九侯、鄂侯、姬昌。九侯的女儿是子受辛的妃子之一，但是她不善于承仰颜色，子受辛就把她们父女剁成肉酱。鄂侯据理力争，也被剁成肉酱。姬昌听到消息，叹了一口气，于是把姬昌逮捕，囚禁在羑里（河南汤阴）。

姬昌（周文王）就是周部落酋长，他的部落因他有很高的才干而尊称他是圣人。他被囚禁三年，子受辛还把他的儿子姬考处决，做成肉羹给姬昌吃，姬昌只好吃掉。子受辛得意地宣称："谁说姬昌是圣人，连自己的儿子都吃。"等到周部落献上大批名马、美女、珠宝，子受辛才把姬昌释放。姬昌回去后不久逝世，他的儿子姬发（周武王）即位，积极备战。

商王朝大臣祖伊向子受辛提出警告，子受辛说："我应天命而生，不同于普通人，有什么可怕的。"他的叔叔子干（比干），也进言规谏，子受辛大怒说："我听说圣人的心有七窍，你好像是圣人，不知道有几窍。"下令把子干的心挖出来察看。

最后的日子终于来到，七十年代公元前1122年，周部落跟它的联盟部落，在盟津（河南孟津）会师，渡过黄河，向行都朝歌（河南淇县）进攻。子受辛也集结他的军队迎击，两方的主力在朝歌西南二十公里的牧野（河南卫辉）决战，这时周兵团只四万五千人，商兵团却有七十万人，但商兵团人心离散，结果大败。子受辛逃到满堆着金银财宝的鹿台，纵火自焚而死。

姬发以征服者姿态，进入朝歌。首先向已烧焦了的子受辛的尸首射了三箭，再用剑砍作数段，斩下头颅，悬挂到大白旗上示众。苏妲己听到兵败的消息，实时自杀。姬发也向她的尸首射了三箭，把头斩下，悬挂到小白旗上示众。

——关于苏妲己，民间却有另外一种传说：她并没有自杀，她自信她的魅力能够拯救自己。想不到她遇到的对头是已经九十岁而又铁石心肠的周兵团总司令姜子牙，终于下令把她绑赴刑场处斩。可是，她太美丽了，刽子手们无不失魂落魄，不忍下手。姜子牙就亲自执行，他自己也遇到同样困难。最后他下令把苏妲己美丽的面容用布蒙起来，才把她杀掉。

——海伦的故事，到了公元前九世纪，产生荷马的史诗《伊里亚特》和《奥德赛》。苏妲己的故事，直到公元后十五世纪，才产生许仲琳写的文学价值很低的小说《封神演义》。

——子受辛的叔父子胥余（箕子），于朝歌陷落时，逃到朝鲜半岛，建立朝鲜的第一个王朝，称箕子王朝，也称箕子朝鲜。

随着子受辛之死，商王朝灭亡，立国六百六十二年。子受辛被称为纣帝，即残害忠良的君主。他的罪状跟夏王朝亡国之君姒履癸的罪状，像是从一个模子浇出来的，当然也可能真是如此。不过，炮烙酷刑是姒履癸发明的，已登记有案，宣传家大概一时情急，忘了六百年前的往事，又教子受辛再发明一次。

一〇 周王朝封建制度

姬发建立周王朝，定都镐京（陕西西安西），抛弃"帝"的称谓，改称为"国王"，被人们尊称为"天王"，这显示一个迥异于前代的新时代的开始。——姬发是中国历史上第一位国王。

周王朝初期的文化程度很低，所以对商王朝大多数的意识形态，尤其是祖先崇拜，在相当尊崇的态度下，都承袭下来。但对商王朝的遗民，却是一副狰狞的面目。只有一小部分，即居留朝歌（河南淇县）的那个贵族支派，命子受辛的儿子子武庚继续担任首领，迁回他们祖先的老根据地商丘（河南商丘）。其他散居各地的商王朝的遗民，却没有这种好运，他们的财产被没收，男女老幼全部沦为颈子上系着绳索的奴隶。

周王朝的社会结构，分为四个阶层，如同下表：

国王高高在上，当然最为尊贵。其次是贵族，包括诸侯（封国君主）、卿（政府最高级官员）、大夫（政府次高级官员）、士（武官）。再其次是平民，即自由民，被称为"庶人"。最低一级是奴隶，即商王朝遗民跟其他被征服的部落或俘虏。

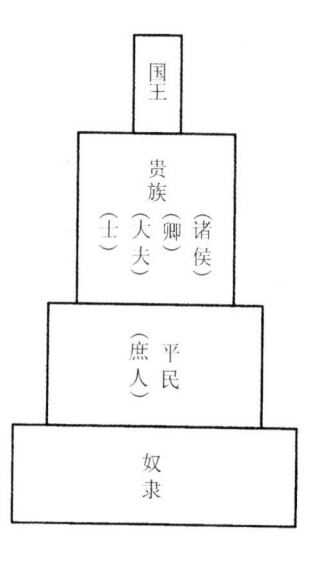

任何国家的奴隶都是悲惨的，中国的奴隶亦然。他们是人类中最不像人类的动物，身体和生命，都没有保障。阶层间的界限，不但是绝对的，也是庄严的，不允许逾越。这是周王朝从商王朝继承下来的事物之一，周政府除了用法律控制这种形态外，还特别制作礼教——若干世纪后，又称为名教，用教育的方法，以分别贵贱，使贵族永远是贵族，平民永远是平民，奴隶永远是奴隶。使奴隶们以及平民们了解，如果不安分守己，企图逾越已定的界限，不但违犯了法律，要受严厉的制裁；同时也违反了礼教，要被人所不齿。

在这种社会基础上，周王朝创立了它的封建政治制度。

封建政治制度的形态是，由元首分封贵族到各地建立封国，统治平民和镇压奴隶。周王朝的国王先以首都镐京（陕西西安西）为中心，沿着渭水下游和黄河中游，划出一块广大的土地，称为"王畿"，由国王直接统治。而把王畿以外的所有土地，全部分封。封国的面积很小，二十个或三十个封国联合在一起，也没有王畿大，所以中央政府对封国可以完全控制。诸封国像群星捧月一样，环绕拱卫着王畿。封国君主对封国内的平民奴隶，具有绝对的权力，对国王则每年到首都觐见（入朝），用进贡代替赋税。当中央政府征兵从事战争时，封国君主有率领部队、听候调遣的义务。

封国君主，绝大多数是国王的亲属，第一任国王姬发征服了商王朝后，迫不及待地就大肆分封起来，凡是姓姬的亲族，只要不是疯子和白痴，每人都分到一块土地和一群奴隶，如姬昌的儿子姬奭，封到燕国（河南郾城，后迁至北京附近）。少数是建立功勋的官员，如周兵团总司令姜子牙，封到齐

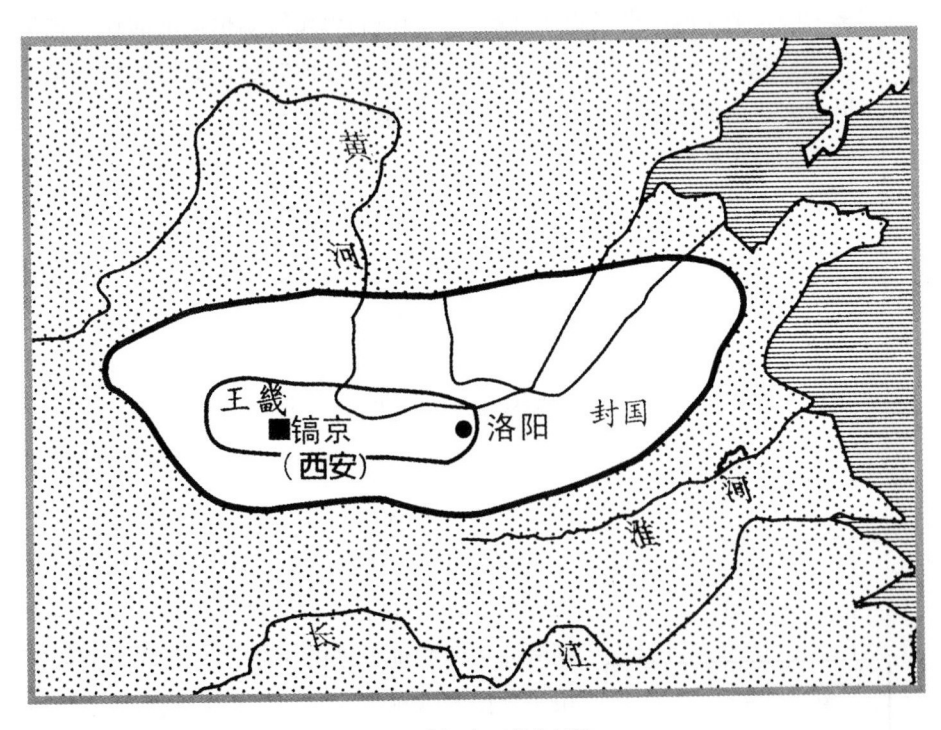

图八　周王朝王畿和封国

国（河南南阳西，后迁至山东淄博东）。第三类是由于政治上的原因，对不能征服或不能消灭的部落，就封他们酋长一个不费一文钱的爵位，安抚他不要捣乱，如夏王朝的后裔封为杞国（河南杞县），姬轩辕（黄帝）的后裔封为黄国（河南潢川），伊祁放勋（尧）的后裔封为唐国（山西翼城），姚重华（舜）的后裔封为陈国（河南淮阳）。

——从此，"部落"一词逐渐消失，都变成了封国。但我们必须记住，在前十二世纪周王朝初期，封国跟部落没有区别，一个简陋的土屋土墙的小院子，就是封国君主的皇宫。

封国的地位平等，直属于中央，谁也管不了谁。但封国的面积并不一样大小，国君的爵位也有高低。爵位，是周王朝新生事物之一，共分为五级："公""侯""伯""子""男"。当时总称所有的封国君主为诸侯，即很多侯爵之意，大概封侯爵的人特别多的缘故。五级之下，又有第六级"附庸"，附庸的土地更小，不属于中央政府，而属于附近较大的封国。我们用下表说明这种形势：

等级	爵别	法定面积	举例
第一级	公国	50方公里	宋国·陈国·杞国·齐国
第二级	侯国	35方公里	晋国·燕国
第三级	伯国		郑国·申国·卫国·曹国
第四级	子国	25方公里	莒国·楚国·祝国·温国·滑国
第五级	男国		许国·蒋国
第六级	附庸国	不满25方公里	极国·鄣国

封建制度最重要的问题是权力的继承，中国大概至晚从公元前十二世纪起，就实行诸子均分制度。父亲遗留下的财产，每一个儿子都有一份。但父亲遗留下来的如果是一个不能均分的宝座，或是一个不能均分的世袭爵位，只能由一个儿子继承时，问题就发生了。必须有适当的方法解决，才可以保持国家和家族的完整。否则的话，每一个国王或每一个有爵位的贵族死亡，都可能爆发一次骨肉残杀，因而导致国家和家族的崩溃。

周王朝的解决方法是宗法制度。这是一个非常复杂的制度，儒家学派的学者往往穷一辈子的精力，都弄不清楚它的细节。但如果一定要用一句话表达的话，我们可以说，即"嫡子继承制度"，也可以称为"亲属等差递减制度"。那就是以母亲的身份和出生的先后，把所有的儿子划分为"嫡""庶"。划分的标准，用下表举例说明：

妻妾	普通称谓	宗法称谓	继承
妻（正配）	四哥（14岁）	嫡长子	嫡子
	六哥（10岁）	嫡次子	
妾一（侧室）	二哥（18岁）	庶次子	庶子
	五哥（12岁）	庶四子	
妾二（侧室）	大哥（20岁）	庶长子	
	三哥（16岁）	庶三子	

诸子的"嫡""庶"既然分明，宗法制度规定：只有嫡长子才是唯一有权继承国王或爵位的人。庶子即令比嫡长子年龄大，比嫡长子有才能，都不能继承。嫡长子即令是一个白痴或神经病，宝座也只有他的屁股才能坐。这个继承法案，可归纳为两句话："传嫡不传庶，传长不传贤。"假使嫡长子死亡，则由嫡长子的嫡长子（即嫡长孙）继承。所有庶子固然不能问津，即令同母的胞弟嫡次子也不能问津，除非嫡长子无后。

嫡长子继承之后，庶子并不是全被逐出家门。他们只是不能坐到金銮殿上称孤道寡而已，但他们可以得到次于宝座的爵位。在术语上，嫡子是"大宗"，庶子是"小宗"。再用下表显示他们的全部关系位置：

第一代	第二代	第三代	第四代	第五代	第六代	第七代
大宗（嫡子）国王	大宗（嫡子）国王	大宗（嫡子）国王	大宗（嫡子）国王	大宗（嫡子）国王	大宗（嫡子）国王	大宗（嫡子）国王
	小宗（庶子）公爵	大宗（嫡子）公爵	大宗（嫡子）公爵	大宗（嫡子）公爵	大宗（嫡子）公爵	大宗（嫡子）公爵
		小宗（庶子）侯爵	大宗（嫡子）侯爵	大宗（嫡子）侯爵	大宗（嫡子）侯爵	大宗（嫡子）侯爵
			小宗（庶子）伯爵	大宗（嫡子）伯爵	大宗（嫡子）伯爵	大宗（嫡子）伯爵
				小宗（庶子）子爵	大宗（嫡子）子爵	大宗（嫡子）子爵
					小宗（庶子）男爵	大宗（嫡子）男爵
						小宗（庶子）平民

宗法制度最大的功能是，为继承顺序，提出一个可行的标准。它虽然不能根绝阴谋、流血和战争，但它至少已成功地阻止或避免更多次的阴谋、流血和战争。

——这个宗法制度，被此后历代王朝所接受，一直到二十世纪清王朝覆亡，才跟着消灭。它的力量控制中国社会达三千年之久。

一一　瓶颈危机

夏王朝和商王朝建立的初期，都曾爆发过致命的政治灾难。

夏王朝第五任君主和商王朝第三任君主时；也就是，当夏王朝开国后六十年左右和商王朝开国后四十年左右时。夏王朝政权接连被后羿和寒浞夺取，商王朝政权也落到伊尹之手。结果虽然传统的当权人的后裔取得胜利，但已经杀人千万，血流成河，而且这些后裔并不一定十拿九稳地可以得到胜利。

中国历史上每一个王朝政权，都有这种类型的场面。这使我们发现一项历史定律，即任何王朝政权，当它建立后的四五十年，或当它传位到第二、第三代时，就到了瓶颈时期。——所谓若干年和若干代，只是为了加强印象而设，当然不会有人机械地去解释。在进入瓶颈的狭道时，除非统治阶层有高度的智慧和能力，他们无法避免遭受到足以使他们前功尽弃，也就是足以使他们国破家亡的瓶颈危机。历史显示，能够通过这个瓶颈，即可获得一个较长期的稳定；不能够通过或一直胶着在这个瓶颈之中，它必然瓦解。

发生瓶颈危机，原因很多，主要的是，王朝建立伊始，人民还没有养成效忠的心理惯性作用。新政权就好像一个刚刚砌好的新砖墙，水泥还没有凝固，任何稍大的震动都会使它倒塌。一旦统治者不孚众望，或贪污腐败，或发生其他事故，如外患内哄之类，都是引发震动的炸药。不孚众望往往促使掌握军权的将领们兴起取而代之的欲望。贪污腐败则完全背叛了建国时的政治号召，跟当初赖以成功的群众脱节。外患内讧之类的伤害，更为明显。

周王朝的瓶颈危机于第二任国王姬诵即位后出现。

公元前十二世纪八十年代的公元前1116年，第一任国王姬发逝世，儿子姬诵（周成王）继位，只有十二岁，还不能主持政府，由他的叔父姬旦（周公旦）摄政。姬旦是一个非常有才能的政治家，周王朝一切礼教和政治制度，包括前节所叙述的那些宗法制度之类的各种事项，据说都是他一手制定。他摄政后，把十二岁的侄儿挤到一旁，而自己以国王自居，这自然引起贵族的猜疑，认为姬旦终于会把侄儿杀掉。远在东方新被征服的土地上，有四个最强大的封国，联合起来反对他。这四个封国是：

一、管国（河南郑州）国君姬鲜（姬发之弟）

二、蔡国（河南上蔡）国君姬度（姬发之弟）

三、霍国（山西霍州）国君姬处（姬发之弟）

四、殷国（河南安阳）国君子武庚（子受辛之子）

姬鲜等三人是姬发特别分封的三个封国的国君，拥有强大兵力，组成一条互相呼应的防线，防范并监视商王朝的残余子武庚，称为"三监"。可是现在三个监视残余敌人的封国反而跟残余敌人结盟，子武庚当然非常高兴周王朝发生内战，他希望打得越厉害越好。"三监"把武器发给子武庚，又联络附近一些始终未被周王朝征服的奄夷部落（河淮平原）、淮夷部落（江淮平原），起兵讨伐姬旦。他们声势浩大，以致周王朝的东方疆土全部陷落，人心恐慌，中央政府动摇。姬旦只好做孤注一掷的亲征，天老爷保佑他，自公元前1115年，到公元前1113年，经三年苦战，终算把"三监"联军打垮。子武庚跟姬鲜被杀，姬度被贬谪到蛮荒地区，姬处被废为平民。

——这是中国历史上第一次出现"被废为平民"的惩罚，即从贵族阶层开除，剥夺掉一切只有贵族才有的特权。降为平民，在宗法制度中的严重性，仅次于砍头。

瓶颈危机结束，姬旦乘胜加强在东方的统治力量。公元前十二世纪九十年代的公元前1109年，姬旦把他所得到的新奴隶——再度失败的商王朝遗民和奄夷、淮夷俘虏，全部迁到黄河以南、洛水以北地区，兴筑两个相距二十公里的东西双子城，东称王城，西称成周——也称洛阳，城筑好后，即用这批奴隶开垦荒地，他们被称为"殷国顽劣的奴隶"，颈子上的绳索恐怕要系很长时间。

然而，就在洛阳筑城时，十九岁的国王姬诵，向他那劳苦功高的叔父姬旦下手，剥夺姬旦的一切权力。两年后的公元前1107年，姬诵又将有所行动，姬旦星夜向东逃走，投奔他儿子鲁国（山东曲阜）国君姬伯禽，又是两年后，公元前1105年逝世。

一二 公元前十一世纪

本世纪（前十一）是周王朝最富强的时代，史籍上说，全国社会安定，经济繁荣。四十年间，民间连普通轻微的诉讼纠纷，都没有发生。不过，在对外战争上却倒了大霉。就在本世纪（前十一）中叶，远在南方长江流域的少数民族之一，被封为子爵的楚部落，日益膨胀，周王朝的四任王姬瑕（周昭王），于六十年代公元前1034年御驾亲征，结果所率领的六军全部覆没，大败而还。他不甘心这种结局，于九十年代公元前1002年，就是本世纪（前十一）结束的前两年，再度南征，楚部落吃了败仗，可是却用极易溶解的一种胶质材料，做了一条大船，泊在汉水上恭送国王，姬瑕坐了上去，行到中流，胶解舟沉，活活被淹死。

——本世纪（前十一）的东西方世界：

——进入迦南地（巴勒斯坦）的希伯来部落，政治跟宗教终于分家。七十年代公元前1025年（周王朝四任王姬瑕在位），扫罗被推举为国王，建立希伯来王国。九十年代公元前1010年（姬瑕溺死汉水的前八年），扫罗战死，大卫继位国王，四出侵略，领土大大的扩张。

一三　公元前十世纪

中国在本世纪（前十）发生一件大事，周王朝五任王姬满（周穆王），命他的大臣吕侯，制定刑法。这是中国第一部成文法典，史学家称为《吕刑》。比《汉谟拉比法典》晚一千二百年。

——在西亚洲。希伯来国王大卫，于二十年代公元前974年逝世（周王朝五任王姬满在位），儿子所罗门继位。这位以所罗门箴言闻名于世的伟大君主，把希伯来王国带入黄金时代三十余年。六十年代公元前937年（周王朝六任王姬繄扈［周共王］仍在位），所罗门逝世，王国分裂为二：北部称以色列王国，南部称犹太王国，互相攻击，战斗不止。

——仍在西亚洲。腓尼基人发明字母。字母的重要性，越到近代越是增加，打字机和计算机发明后（二者是只有拼音文字才能够灵活使用的工具），整个人类文明，都为之改观。

本世纪（前十）结束时，半信史时代还没有结束，要延到下世纪（前九）中叶才结束，然后紧接着开始信史时代。

第5章
信史时代

在公元前九世纪五十年代，半信史时代结束，信史时代开始。

周王朝经二百余年安定后，第十任国王姬胡（周厉王），在公元前九世纪五十年代激起政变。半信史时代随着他逃命的慌乱足迹而终止。此后因文字记载获得妥善的保存，中国历史遂进入信史时代。

我们从信史时代开始，以世纪为叙述单元，目的在于了解历史事件时间上的距离位置。为了更明确起见，我们再把一个世纪划分为十个年代，自头十年至九十年代。每一年代，包括十年。因公元前的年份都是倒着数的数字，不易计算，这种年代的划分，似更有必要。我们特地在下面列一个简表，作为说明，以后各章都依此类推。

头十年　　前900——前891

一十年代　前890——前881

二十年代　前880——前871

三十年代　前870——前861

四十年代　前860——前851

五十年代　前850——前841

六十年代　前840——前831

七十年代　前830——前821

八十年代　前820——前811

九十年代　前810——前801

一　公元前九世纪

周王朝第十任国王姬胡（周厉王）所以闯下大祸，主要是他任用一位财政专家荣夷公主持政府。荣夷公采取专卖政策，把贵族赖以谋生的大大小小的各种行业，全部改由政府经营，这当然引起贵族们的怨恨，他们用各种方式反抗。

姬胡采取的是高压手段，他派人去卫国（河南淇县）聘请很多巫师，在首都镐京（陕西西安西）建立秘密警察。据说卫国巫师有特殊的法术，只要看人一眼，就可立即判断对方心里所想的是什么事。这些巫师川流不息地巡回大街小巷，凡经他们指认为反叛或诽谤的人，即行下狱处决。

不久，镐京一片升平，再没有人反对国王了，也再听不到批评政府的声音。后来贵族们索性连话都不说，亲戚朋友见面时也只敢用眼睛示意。姬胡大喜说："怎么样，我终于使反叛和诽谤停止。"他的大臣召公说："这只是堵别人的嘴而已，仅只堵嘴，不能解决问题。"但姬胡却认为已经解决了问题。五十年代公元前842年，政变发生，贵族们率领国人（平民）攻进皇宫，巫师全部丧生，姬胡只好出奔，逃到西方彘邑（山西霍州），在那个以养猪出名的地方，养他的晚年。

姬胡逃走后，贵族们还要杀他的儿子姬静（周宣王）。幸而召公和另一位大臣周公保护，才免一死，但形势已不允许姬静立即继承王位。就由召公、周公二人，共同摄政，主持没有元首的中央政府，史学家称为"共和政治"。

五十年代公元前841年，即共和政治第一年，中国历史的文字记载，开始获得保存。一直到二十世纪，没有间断，这是华夏人对人类文明最伟大的贡献之一。因为同时代的其他所有的文明古国，或者根本没有记载，或者虽有记载而记载已经湮没，全靠考古学家辛苦的发掘，才能得到片段。

共和政治历时十四年，到七十年代公元前828年结束。那一年，姬胡在流亡中逝世，姬静乘机即位，恢复君主政治。

——半信史的史迹，因为是史学家的回忆和追溯，无法避免不真实的成分，有待于专家考证。进入信史时代之后，史迹都出于当世的记录，所以可信的程度很高。不过记录不一定忠实，也不一定完整，反而常常发生故意曲解和故意掩饰的事情，也常常发生同一史迹却有种种不同甚至相反的说法，那就要靠我们的分析判断和选择。

——信史时代自本世纪（前九）起，到二十世纪，仅两千九百年，却占我们百分之九十的篇幅。这是无可奈何的事，只怪我们对以前的史迹知道的太少。我们在叙述信史时代时，虽然越到近代史料越多，但我们仍力求保持各世纪的篇幅不要太过悬殊。希望藉此显示史迹跟时间的坐标图面。

东西方世界

——头十年·公元前900年（周王朝八任王姬辟方在位），希腊诗人荷马诞生。

——五十年代·公元前850年（周王朝十任王姬胡在位，共和政治前九年），腓尼基人在北非洲建立迦太基帝国。

第6章
公元前第八世纪

本世纪是中国信史时代的第二个世纪。

周王朝在本世纪受到西北犬戎部落的攻击,几乎灭亡。第十二任王姬宫涅(周幽王)被杀,首都从镐京(陕西西安西)东迁洛阳(河南洛阳)。国王的尊严和中央政府的权威,迅速衰退。封国逐渐脱离中央掌握,各行其是。

七十年代,中国历史进入历时二百余年的"春秋时代",也就是中国式城邦时代,直到公元前五世纪末叶。

一　周政府的东迁

姬宫涅是好不容易才爬上宝座的十一任王姬静的儿子，他把他的王朝巨船驶进多灾多难、满是礁石的浅滩。

二十年代公元前 780 年，发生两件大事：一是岐山（陕西岐山）崩裂，一是三川干涸。三川：泾水、渭水、洛水。民间坚信，这是大旱灾将要发生的前奏，赵国（山西洪洞北）国君姬带提醒姬宫涅说："山崩川竭，显示人的血液枯干，肌肤消失。岐山又是周王朝创业之地，一旦塌陷，更非同小可。大王如果求贤辅政，还可能消除天怒。如果仍然只一味地找美女、觅艳妇，恐怕要生变乱。"这些话不是任何一个暴君听得进耳朵的，于是姬宫涅大怒，把姬带逐回他的封国。褒国（陕西汉中西北）国君褒珦进谏说："大王既不畏惧上天的警告，又舍弃忠良，国家如何能够治理？"姬宫涅更大怒，把褒珦囚入监狱。

褒珦的儿子褒洪德用尽方法，都不能把父亲营救出来，最后他想起在四百年前周王朝开山老祖姬昌被子受辛囚禁在羑里的故事，于是训练一批以褒姒为首的美女，献给姬宫涅。这个谋略果然成功，皇宫里成了褒国女子的天下，姬宫涅不久就对褒姒言听计从。不但释放了褒珦，还采取步骤要立褒姒当王后。二十年代公元前 773 年，姬宫涅把原配妻子申后废掉，又把申后所生的太子姬宜臼贬为平民，发配到三百七十公里外的申国（河南南阳），命他的外祖父申国国君管教，遂即宣布褒姒为正式王后。不过褒姒性情严肃（也可能是她对硬把她困在宫廷的国王丈夫怀恨至深），很少露出笑容，于是就发生以下高度戏剧化的故事。

姬宫涅千方百计引逗褒姒发笑，她总是不笑，使他既生气又焦急。于是一位忠心耿耿的大臣献计说："如果燃起烽火，包管王后会笑。"连小孩子都知道绝不可以乱燃烽火，但姬宫涅认为偶尔玩一次没有关系。他就带着褒姒，前往镐京东方四十五公里的骊山，举行盛大宴会。欢宴到深夜时，姬宫涅下令燃起烽火。刹那间火焰直冲霄汉，像一条逃命的巨鲸一样，不断地一股一股喷出火柱，向黑暗的远处奔腾而去。王畿附近的封国国君们，从梦中惊醒，以为镐京已被犬戎部落包围，国王老命危在旦夕，立即集合军队，率领驰援。姬宫涅和褒姒居高临下，准备欣赏这场自以为使人出丑的伟大节目。黎明时分，那些身披重甲、汗出如雨、衔枚疾进的勤王之师，果然进入视界。不久就抵达骊山脚下，封国的部队虽经过一夜急行军，仍精神抖擞，面上呈现着即将献身国王、为国战死的忠义颜色。姬宫涅大为满意，派人宣布圣旨说："谢谢各位，没有什么外寇，我只不过用烽火稍稍解闷一下罢了。请你们原路回去，另候犒赏。"那些封国国君好不容易才相信自己的耳朵后，纷纷偃旗息鼓，狼狈而去。褒姒一一看到眼里，不禁嫣然一笑，这一笑使她更加美如天仙。姬宫涅大喜说："王后一笑，百媚俱生。"

就在褒姒百媚俱生的时候，姬宫涅又下令申国杀掉姬宜臼，申国国君写了一道奏章，提出严厉的抗议。姬宫涅的反应十分迅速而强烈，他颁下圣旨，撤销申国国君的封国，并集结军队，准备出兵讨伐。申国国君知道单独不能抵抗，就跟位于镐京（陕西西安西）附近的犬戎部落联盟，要求犬戎采取行动。犬戎部落早就对镐京的财富和美女垂涎三尺，乘着周王朝内讧、申国派人在镐京埋伏内应的机会，立即进攻。姬宫涅急燃烽火向诸封国求救，但这正符合《伊索寓言》"狼来了"的故事，牧童第一次喊"狼来了"，大家飞奔来救，他笑大家傻瓜，等到狼真的来了，牧童再喊时，他自己就成傻瓜了。姬宫涅虽然年老，但年龄不一定带来智慧，他做出的竟是只有寓言里牧童才做出的事。烽火狼烟，日夜燃烧，封国国君们都拒绝再被戏弄。镐京于是陷落，宰相姬友战死，姬宫涅被杀，褒姒被犬戎掳去，不知道下落。

申国国君得到姬宫涅死亡的消息，就联合若干重要封国，拥立他的外孙姬宜臼（周平王）登位。但镐京经犬戎部落一场焚烧和劫掠，人民流离，一片断瓦残垣，无法居住。姬宜臼只好将首都迁到东方三百二十公里外的洛阳（河南洛阳）。因洛阳在镐京之东，史学家遂称之为"东周"，追称镐京时代为"西周"。

这是一个重大的转折点，巨变已经开始，旧秩序结束，出现的是一个混乱、不安、分裂，内战频仍的另一个局面。

周王朝的版图现在只剩下中原地区，王畿也跟着缩小，只剩下洛阳周围不过两万方公里的弹丸之地。而在此弹丸之地中，又要安置在西方不能立足，而随着东迁的一些残破封国。各封国当然一如往昔地直属于国王，但王畿缩小之后，国王的财源、兵源都大大地减少，而且一天一天地趋于枯竭，再没有力量支持原有的威风和尊严，各封国遂产生自行扩张领土的野心。

第一个发难的是位于黄帝姬轩辕故都（河南新郑）的郑国国君姬掘突，他不满意自己狭小的疆域，在阴谋诡计之下，他把女儿嫁给邻近只一百公里的胡国（河南漯河）国君。三十年代公元前763年，姬掘突召集会议，讨论应该先向谁用兵，霉运当头的大臣关其思说："胡国最近，是最好的目标。"

姬掘突义愤填膺，大吼说："郑、胡两国有长期的友谊，胡国国君又是我的女婿，你竟有这种不仁不义的想法，天理不容。"立即把关其斩首。胡国国君大为感动，不再在边界设防。于是，姬掘突发动奇袭，把胡国灭掉。

周王朝中央政府对这种封国兼并封国的震天大事，毫无反应，郑国吞并胡国遂成为周王朝土崩瓦解的信号，从此封国与封国间，诈欺火并，层出不穷，形成一种险恶的国际社会。各封国都了解，国王的光荣和权力已经成为过去，永不复返，再不能保护自己，封国唯有凭借本身的力量，才能生存。

二　春秋时代

七十年代，中国进入春秋时代。

——周王朝所属的每一个封国，都有自己完整的本国史，但只有鲁国史留传下来。鲁国史称为"春秋"。留传下来的部分，起于本世纪（前八）公元前722年。史学家就从这时候起，直到公元前五世纪前481年，共二百四十二年间，称为"春秋时代"。这是一个人工的划分——犹如"世纪"也是一个人工的划分一样。事实上整个社会剧烈的变动，应起自周政府东迁。但中国历史学者在二十世纪前，全部属于儒家学派，他们一直使用这个称谓，在没有发现这种划分有重大害处之前，我们仍顺应这个习惯。

春秋时代的前二十年，正是本世纪（前八）的最后二十年。由郑、胡两国事件为主要精神的国际社会，显示出这个时代的特色。

八十年代公元前719年，卫国（河南淇县）政变，这是有文字记载的第一次封国内部发生的政变。卫国国君卫完，要到洛阳觐见国王，他的弟弟卫州吁跟智囊石厚，在饯行宴会上，把卫完杀掉，卫州吁即位。石厚的父亲石碏，也是大臣之一，决心消灭叛逆。他利用儿子的关系，向卫州吁提出转弯抹角的建议。他说："你虽然当了国君，但没有国王的认可，恐怕人心不服。"如果想得到国王的认可，石碏说："莫过于你亲自去洛阳朝拜，国王接见了你，就等于认可你的继承是合法的，传播天下皆知，你的地位就稳固了。问题是万一国王拒绝接见，反而弄巧反拙。"石碏接着提出使国王非接见不可的方法。他说："陈国（河南淮阳）国君妫鲍，对国王十分恭顺，国王也十分尊重他。卫陈二国，一向敦睦。你最好去陈国访问，请妫鲍先向国王疏通，一切都会迎刃而解。"因为石碏是石厚父亲的缘故，所以他的意见，卫州吁完全相信。没有想到石碏跟妫鲍已秘密安排陷阱，等卫州吁一到陈国，连同石厚一齐被陈国逮捕处死。

卫国政变虽然失败，但政变却像瘟疫一样传染开来，在各封国接二连三发生，不可遏止。

七年之后，八十年代公元前712年，以礼教传统自傲的鲁国（山东曲阜），也发生政变。国君姬息姑（鲁隐公）的父亲老国君姬弗湟逝世时，嫡子姬允还是一个婴儿。姬息姑虽是庶子，但年龄已长，又有贤能的名誉，贵族们就拥立他继位。姬息姑很忠厚，所以常常自言自语说："这宝座是我弟弟的，等他长大，就让给他。"姬息姑在位十二年，姬允已十多岁了，姬息姑在郊外建筑别墅，准备退休后在那里隐居。不料就在他决定退休的那一年，大臣姬翚向姬息姑要求当宰相。姬息姑回答说："我弟弟马上要上台了，你不妨直接求他。"姬翚误会了他的意思，于是献计说："古人有句名言：'利器在手，不可给人。'你弟弟年龄渐大，恐怕对你不利，不如把他杀掉，以除心腹之患。"姬息姑大惊说："这是什么话，你一定疯啦。别墅完工，我就退休。国君的位置是我弟弟的，我岂可有非分之想。"姬翚立刻发现自己已经坐到火炉口上，一旦姬允即位，听到他有这种阴谋，他就要掉到火炉里了。于是他乞助于恶计，乘夜告诉姬允说："主上见你长大，今天特地唤我进宫，教我杀你。"但他保证说："我当然不会做出这种肮脏龌龊的事，不过你如果打算自救，只有先下手为强。"姬允感激涕零说："我幸而不死，一定请你当宰相。"姬翚大喜若狂，率军突袭皇宫，杀掉姬息姑。

两年后，九十年代公元前710年，宋国（河南商丘）政变。宋国国君子与夷（宋殇公）跟他的国防军总司令（司马）孔父嘉是好朋友，而孔父嘉的妻子非常美丽。有一天，大臣华督看见了她，立刻神魂颠倒，可是她具有高贵身份，使华督不能像对待平民和对待奴隶一样，直接抢夺而去。那时子与夷的堂弟子冯正流亡郑国，华督派人跟他联络。恰好孔父嘉积极训练军队，准备出猎。华督散布谣言说："孔父嘉跟郑国作战，每次都被打败，现在又要前往报仇。这只是他私人的怨恨，宋国人民何罪，受这种苦难。"在有计划的煽动下，士兵们祈求华督伸出援手，华督就率领他们攻杀孔父嘉，并顺便把子与夷一齐杀死。然后子冯得到国君的位置，华督得到孔父嘉的妻子。

——因妻子过于漂亮而引起丈夫杀身之祸的，孔父嘉是历史上的第一人。但因美女而引起政权转移、王朝瓦解和国家覆亡，却不是第一次，以后更经常出现。我们应注意到这种漂亮的女子在历史上冲击性的力量所造成的悲剧景观和它所含的意义，以及启示。

三　周郑交战

宋国政变后第三年，衰退中的周政府，又受到致命的一击。

郑国国君姬掘突（郑武公）是骊山之役殉难宰相姬友的儿子，他继承了父亲封国国君和父亲在中央政府宰相的双重位置。他日夜不停地东征西讨，扩张领土，把郑国造成本世纪（前八）最强大最光辉的一个封国。也正因为如此，他很少去洛阳中央政府办公，偶尔去一次，也飞扬跋扈，不可一世。姬掘突逝世后，儿子姬寤生（郑庄公）的作风更加恶劣。老国王姬宜臼念及姬友的壮烈牺牲，也念及中央政府力量薄弱，勉强忍耐。姬宜臼逝世后，他的孙儿姬林（周桓王）继位，年轻气盛，不管三七二十一，解除了姬寤生中央政府的职务。这对姬寤生的声望是一个打击，他立即向国王报复，派遣军队进入王畿，把边界麦田里的小麦刈割而去。稻米熟时，再把稻米刈割而去。姬林除了七窍生烟外，别无他法。

郑国跟宋国连年战争，一直不分胜负。姬寤生打算利用国王的剩余价值帮助自己，这才到洛阳朝觐。姬林问他："郑国粮食收成如何？"姬寤生说："托大王洪福，五谷丰登。"姬林显出如释重负的模样说："那就好了，王畿的粮食，我可以留下自己吃了。"然后送给姬寤生十车黍米——杂粮之一，色黄粒小，北方人称为"小米"，而对色白粒大的稻米称为"大米"。告诉姬寤生说："请你收下，郑国如果有荒年时，请不要再抢。"

姬寤生是一个有谋略的人，能够化羞辱为荣耀。他发了一阵脾气后，立刻冷静下来，用绸缎把十车黍米密密包住，招摇过市，宣传说："宋国久不朝贡，国王赐下十车绸缎，命我们讨伐宋国。"结果鲁国、齐国（山东淄博东）都派出军队，会同郑国作战。宋军在总司令孔父嘉率领下，屡次战败，而且埋下孔父嘉被杀的种子。

在假传圣旨引起血流成河的战祸之后，姬寤生拒绝再跟国王姬林见面。依周王朝规定，封国国君三年不入朝进贡，即被视为叛逆。姬林终于大大的光火，以致忘掉了他的政府已不是当年的政府。九十年代公元前707年，他亲自率领直属部队，又征调蔡国（河南上蔡）、卫国、陈国三个封国的军队，讨伐郑国。如果在镐京时代，郑国只有投降认罪，听候处分。可是现在是春秋时代，一切都大大的不同，郑国不但不投降认罪，反而出兵应战。一经接触，中央联军（王师）大败特败，姬林在逃命中被郑国大将祝聃一箭射中左肩，眼看就要被俘，幸而姬寤生有政治头脑，急急鸣金收军。祝聃抱怨说："我差一点就把他捉住。"姬寤生说："笨蛋，他是国王，我是诸侯，捉到手怎么发落？"当天晚上，姬寤生派人送大群牛羊到姬林御营之中，一面谢罪，一面请求赦免。姬林损兵折将，身负箭伤。没有别的选择，只好发布赦书，狼狈而回。

郑国这一箭，摧毁了四百余年周王朝国王的最高权力和威望。周王朝中央政府已降低到跟各封国政府同等的地位。高不可攀的国王，经过这一次以及稍后不断贬值后，逐渐从人们脑海中消失，只有在野心家企图利用他时，才想到他。周王朝本是一个组织松懈的王朝，现在各封国林立，每一个封国都是一个最高权力单位，再没有可干涉他们的人。

但郑国的黄金时代也告过去，姬寤生不久逝世，父子两代辛苦建立起来的霸权，跟着瓦解。他的儿子姬忽（郑昭公）继位，大臣祭仲当宰相。姬忽是一位名将，在他独当一面时，光芒四射。可是他不是一个政治家，所以他一旦总揽全局，面对比军事要复杂万倍的政治情况，即不能胜任。

姬忽的弟弟姬突，在他哥哥继位时，逃到宋国，跟宋国国君子冯缔结密约，企图夺取宝座。稍后姬忽的大臣祭仲出使宋国，子冯跟祭仲缔结密约。祭仲回国后，遂向姬忽提出最后通牒："你继承大位，并不是先君的意思，只因我一再劝告，才这样决定。宋国乘我出使之便，把我囚禁，逼我立下盟誓，迎立姬突当国君，我恐怕空死无补于大局，只好应许。现在宋国大军已经压境，群臣都已前往迎接。你不如暂时退位，以后如有机会，当接你回国。"姬忽曾统率郑国最精锐的兵团南征北战，生龙活虎般帮助老爹建立起一等强国，想不到当了国君，反而一筹莫展（我们奇怪他对军队竟连一点影响力都没有），只好逃往卫国。他的弟弟姬突（郑厉公），如愿以偿。

这样逐君型的不流血政变，是春秋时代才有的特征。春秋时代过去之后，大多数成功的政变，旧君都免不了被砍掉头颅——运气最好的也免不了终身囚禁。

四　楚王国

当周王朝势力萎缩，中央政府丧失统御力量之际，长江中游的楚部落更加强大。跟当初周部落沿着渭水逐渐东移一样，楚部落沿着长江也逐渐东移。

楚部落跟周王朝是两个不同的民族，楚部落可能（我们不敢十分确定）是苗民族的一支，因之具有特别的属于自己的语言和文化。例如楚部落把"吃奶"叫"谷"，把"老虎"叫"於菟"，以致周王朝讥嘲他们是"南蛮鸟舌的人"，指他们讲话像鸟叫般的难懂。楚部落崇拜火神，周王朝崇拜农神。楚部落崇拜命运，周王朝崇拜祖先。华夏民族已有政府组织数百年或千余年（假如把传说时代也加进去的话），楚部落还只是一个部落，自然十分落后。他们也自己承认落后，并且骄傲地以本土民族自居。他们原先定居在今湖北西部一带——没有人知道他们从什么地方来到该地区。最后东迁到丹阳（湖北秭归）。本世纪（前八）九十年代，势力已越过汉水，到达淮河。它是一个新兴的力量，人数众多而又骁勇善战，当它的势力在汉水、淮河之上出现时，它已强大到没有一个封国能阻挡它。

九十年代公元前706年，他们的酋长芈熊通（楚武王）进攻汉水东岸的随国（湖北随州），随国大败。为了缓和来自楚部落的压力，随国向芈熊通谄媚说，他可向周王朝中央政府请求封芈熊通为国王。这件事在逻辑上就说不通，周政府的国王不过也是国王，根本没有资格封别人再当国王，而且周王朝也绝不会傻到无缘无故去鼓励另外冒出一个新的中央政府。芈熊通不久就听到拒绝的消息，大怒说："周王算什么东西，我想当王，就自己当王。"

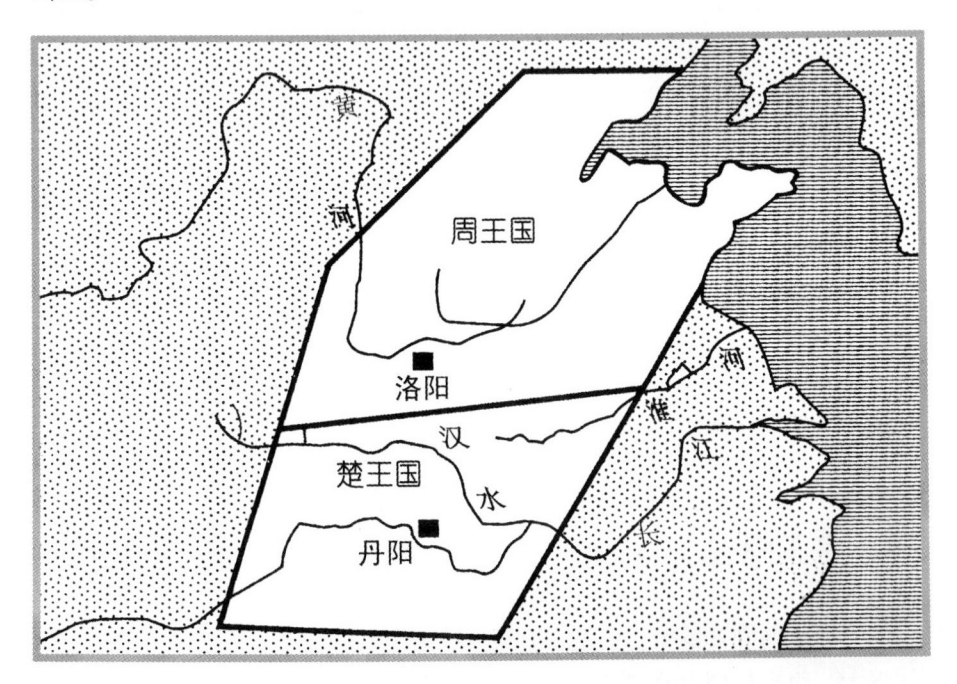

图九　周王国与楚王国对抗

公元前704年芈熊通宣布建立楚王国，定都丹阳，势力范围西到巴蜀，东到淮河上游，面积广袤，不亚于北方的周王朝。周王朝当然不承认这个新王国，新王国也不在乎这种承认。

——在这种情形之下，我们不得不改变称谓，把周王朝改称为周王国。因为在当时已知的世界上，周政府已不是中国唯一的中央政府，楚政府起而跟它并存。同时，因为周王国事实上已不能控制和代表全体封国，所以在此后我们提到周王国时，不再是指从前那种统一局面的周王朝，而只是指洛阳附近那一小块日益缩小的王畿土地，它跟封国的地位平等，不再超过封国之上。

芈熊通建立王国后就立即展示威力，在沈鹿（湖北钟祥）地方，召集一次他影响力所及的封国会议。一些早已臣服的封国，如巴国（四川重庆）、庸国（湖北竹山）和一些新归附的封国，如申国（河南南阳）、邓国（湖北襄樊北）、鄙国（湖北安陆）、都国（湖北宜城），都来参加，像觐见周王一样的觐见楚王，确定楚王国的霸权。只有随国，在上次用请求封王的方法解围之后，仍倔强如故，拒绝参加这次类似给楚王奉上王冠的会议。会议之后，楚兵团立即出击，随国军队再度大败，只好沦为楚王国的附庸。

——我们应注意申国的行动，申国跟周王朝皇族，是舅父跟外甥的关系，姬宫涅和褒姒的被杀，以及周政府的东迁，都由申国引发。现在也因周王朝衰落，不得不向一个风俗习惯不同、言语不通的少数民族屈膝。

楚王国建国过程中，最大的一件事是接受了华夏民族的方块文字。他们可能在上世纪（前九）之前就已经接受，但我们注意的不是时间，而是他们终于接受的事实。此一事实使华夏、楚两大言语相异的民族，因文字类别统一的缘故，最后终于融化为一个民族。假使那时候中国跟腓尼基人一样使用拼音文字，楚王国必然用字母拼出他们的文字，经过七百余年的对抗，各自发展各自民族的和乡土的文学，两个民族只会越离越远。这是方块文字第一次显示它的功能。这功能在大分裂时代再次显示，在满洲民族的清王朝入主中原后，第三次显示。

五　卫国新台丑闻

本世纪（前八）最后一年（前701），卫国发生新台丑闻。

八十年代卫州吁死于反政变之后，卫国即由卫州吁的弟弟卫晋（卫宣公）继任国君。卫晋在年轻时已经十分荒唐，跟他的庶母夷姜私通，生下一个儿子，名卫急子，意思是急急而来的儿子，这件严重背叛礼教的乱伦事件，当然绝对秘密，所以只好把孩子寄养在民间。等到卫晋当了国君，具有不再在乎抨击干预的权力时，才向外公开，并且立为太子。

卫急子成年之后，老爹卫晋遣使臣前往齐国，礼聘齐国国君的女儿宣姜，作为卫急子的妻子。事情就出在这位多嘴的使臣身上，他从齐国回来后，把宣姜的美貌大加渲染，老爹卫晋听了，神魂飘荡，就在淇水河畔，建筑一座非常豪华的宫殿，命为"新台"，然后教卫急子出使宋国。卫急子一走，卫晋就派人去齐国迎亲，把宣姜直接迎到新台。等到卫急子回国，宣姜已由妻子变成庶母。宣姜最初以为她的丈夫是一个英俊青年，忽然出现一个老汉，当然大失所望。不过失望之后，跟那种势利眼的女人一样，只要能掌握现实富贵，也就十分快活，而且连生了两个儿子：卫寿、卫朔。有了两个儿子，宣姜开始考虑到未来，感觉到她的前任未婚夫的存在，是一个定时炸弹，必须排除。老爹同意她的见解，兽性再度发作，对儿子兴起杀机。

恰巧齐国攻击纪国（山东寿光南纪台村），要求卫国出兵相助，老爹卫晋命卫急子前往齐国约定会师日期。一面却暗中派出武士，伪装做强盗，埋伏中途，吩咐说："看见悬挂白色牛尾的船只，即行动手，杀死之后，凭牛尾领赏。"

——白色牛尾，当时是一种代表封国使节的标识。

这个阴谋属于高度机密，然而却被宣姜的大儿子卫寿探知，他对邪恶的老爹老娘无可奈何，但他却把这消息通知长兄卫急子，劝他逃走。卫急子拒绝相信父亲会杀死亲生儿子。卫寿不得已，设宴给他饯行，把他灌醉，留下一张字条说："我已代你前往，请快逃命。"然后将白色牛尾插在自己船头出发，到了埋伏地点，"强盗"是只认白色牛尾不认人的，当然把他杀掉。卫急子酒醒之后，大惊说："我应该追上救他。"可是当他追到，弟弟已死。他放声痛哭，责备"强盗"杀错了人，"强盗"自不能允许正主仍然活着，于是再把卫急子杀掉。

新台丑闻所以重要，在于它说明：多妻制度下的中国宫廷，是一个黑暗的、人性沦丧的毒蛇穴窟。父母夫妇和兄弟姊妹儿女，在忠孝仁爱礼教喊不绝口之下，为了淫欲或继承，而互相猜忌陷害，互相残杀吞食。并且随着历史的发展，一个王朝比一个王朝更穷凶极恶。

东西方世界

——二十年代·公元前776年（周王朝十二任王姬宫湦被杀前五年），希腊人在奥林匹克平原举行竞技大会，以纪念天神宙斯。奥林匹克运动会自此始，希腊信史时代也自此始，较中国晚六十五年。

——四十年代·公元前753年（春秋时代前三十一年），罗马王国建立，由母狼喂养长大的弟兄二人：罗慕路斯、勒莫斯，兴筑罗马城。

——五十年代·公元前745年（晋国国君姬伯，封他的叔父姬成师于曲沃），亚述部落灭巴比伦帝国，建亚述帝国。

——七十年代·公元前722年（春秋时代开始），亚述攻陷以色列首都撒马利亚城，以色列王国亡。

第7章
公元前第七世纪

本世纪,封国间的战争级别升高,战败者只有两条路可走:一是向战胜国乞和,当战胜国的尾巴国,即所谓接受"城下之盟"。一是想当尾巴国而不可得,被战胜国并吞。周王朝初期,各封国的面积,相差不大,经过不断的并吞之后,就呈现悬殊的现象。强大的封国不断吃下弱小的封国而日益膨胀,小封国的数目因不断被吃而日益减少,未沦亡的小封国也因不断被蚕食而更加缩小。

封国内部,受到诸侯各国的冲击和土地兼并的影响,国君不断地被敌国或被本国政变所放逐或杀戮。

然而,无政府状态的诸侯各国,不久即被纳入霸权秩序。一个超强的封国,用他强大的兵力和威望,代替没落的周王朝的中央政府,行使职权。一方面保护弱小的封国不受其他强大封国的侵略,一方面保护国君的传统利益不受国内新兴力量的冒犯。这种霸权形态,成为本世纪最大特征。

一 封国的并吞与逐君杀君（上）

周王朝所属封国，到底有多少，没有人知道。仅在末期，只就有记载的而言，就有一百七十余国。这些封国除了国王下令撤销，或子孙断绝自然消灭外，永不会灭亡。然而上世纪（前八）时，胡国却亡于郑国。进入本世纪（前七），强大的封国更大批并吞无力自卫的一些相邻的小封国，诸如：

一、齐国并吞——谭国（山东章丘），郕国（山东宁阳），郭国（山东东平东障城乡），阳国（山东沂南），纪国（山东寿光南纪台村），遂国（山东肥城西南），宿国（山东东平东）。

二、晋国并吞——霍国（山西霍州），魏国（山西芮城），耿国（山西河津），虢国（河南三门峡），樊国（河南济源），虞国（山西平陆）。

三、狄部落并吞——卫国（河南淇县，不久迁于漕邑，即河南滑县复国，后再迁楚丘，即河南滑县东，不久又迁于帝丘，即河南濮阳），温国（河南温县），邢国（河北邢台，不久迁于夷仪，即山东聊城复国）。

四、秦国并吞——西虢国（陕西宝鸡），梁国（陕西韩城），芮国（陕西大荔），滑国（河南偃师东南），鄀国（河南淅川。不久于上鄀，即湖北钟祥西北复国），蜀国（四川成都）。

五、楚王国并吞——息国（河南息县），弦国（河南息县南），黄国（河南潢川），夔国（湖北秭归），江国（河南正阳南），六国（安徽六安），庸国（湖北竹山），巴国（四川重庆），申国（河南南阳），吕国（河南南阳北），宗国（安徽庐江），蓼国（河南固始东北），舒国（安徽庐江西南），舒蓼国（安徽舒城南），邓国（湖北襄樊北）。

六、邾国并吞——须句国（山东东平西须句城，不久复国）。

七、卫国并吞——邢国（山东聊城）。

八、鲁国并吞——项国（河南沈丘），须句国（山东东平西须句城），戎国（山东曹县西北）。

一百七十余封国，大部分太小和太不重要。它们有些仅只在史料上出现一次或数次，便如石沉大海。所以事实上，只有下列十一个封国和一个王国，在春秋时代扮演重要角色：

一、晋国首府鄂邑（山西乡宁），稍后迁至绛城（山西翼城）

二、齐国首府临淄（山东淄博东临淄镇）

三、秦国首府平阳（陕西宝鸡东），稍后迁至雍邑（陕西凤翔）

四、郑国首府新郑（河南新郑）

五、宋国首府商丘（河南商丘）

六、鲁国首府曲阜（山东曲阜）

七、卫国首府帝丘（河南濮阳）

八、陈国首府宛丘（河南淮阳）

九、蔡国首府上蔡（河南上蔡）

十、曹国首府陶丘（山东定陶）

十一、许国首府许丘（河南许昌）

十二、楚王国首都枝江（湖北秭归），稍后迁至郢都（湖北江陵）

从前的封国，只不过仅有一个城市或一个村落。本世纪（前七）开始后，疆域膨胀，所拥有的城市和村落渐多，各封国才有首府的建立，逐步向独立王国迈进。

封国间的互相并吞和封国国内因之引起的紧张情势，使本世纪（前七）就发生了四十余起逐君杀君的事件。我们不能一一叙述，只把它列为下表，代替说明。

——表中所称"公子"，是指封国国君的儿子，所称"王子"，是指王国国王的儿子。不过并不一定是指现任国君国王的儿子，他可能是前任国君国王的儿子或几代之前某一位国君国王的后裔；所谓"公子""王子"，只是表示他的贵族身份。

年代	年份	国别	事变
头十年	前698	秦国	诸大臣使强盗袭杀国君嬴出子（秦出公）。（不知道什么原因。）
	前697	郑国	大臣祭仲逐国君姬突（郑厉公），迎立上世纪（前八）被罢黜的国君姬忽（郑昭公）复位。（姬突上世纪好容易爬上宝座，他不但不感谢祭仲，反而嫌他专权，打算杀祭仲，他不是老奸巨猾的祭仲的对手。）
	前696	卫国	诸公子逐国君卫朔（卫惠公），立他的弟弟卫黔牟。（卫朔是新台事件的幼子，为贵族们所不容。）
	前695	郑国	大臣高渠弥杀国君姬忽，立他的弟弟姬亹。（姬忽太庸碌了，他没有从打击中学到一点东西。）
	前694	鲁国	国君姬允（鲁桓公）赴齐国，被齐国国君姜诸儿暗杀。（又是一件宫廷丑闻，下一节我们将谈到它。）
		郑国	国君姬亹应邀到齐国开会，被齐国国君姜诸儿杀掉。（姜诸儿宣称，为了主持正义，对弑君的人，必须惩处。）

(续表)

年代	年份	国别	事变
一十	前 688	卫国	齐、宋、陈、蔡、鲁五国联军强送前任国君卫朔返国复位,现任国君卫黔牟逃亡。
	前 686	齐国	将领连称杀国君姜诸儿,立公子姜无知。(连称是边防军司令,驻防期满而姜诸儿拒绝履行自己的诺言把他们调回,宣称国君有权做任何决定,下一节我们也将谈到它。)
	前 685	齐国	大臣雍廪杀国君姜无知,立公子姜小白(齐桓公)。(去年动乱的延续。)
	前 684	蔡国	楚王国掳蔡国国君蔡献舞(蔡哀侯),不久又释放。(这是有名的"息夫人"的故事,蔡献舞对美丽的小姨息夫人无礼,息国国君乃跟楚王国结盟,设计掳蔡献舞报复。蔡献舞即向楚王芈熊赀[楚文王]极力称赞息夫人美貌绝伦,楚遂灭息国,掳息夫人而去。)
	前 682	宋国	大将南宫万杀国君子捷,立公子子游。诸公子又杀子游,立公子子御说。(子捷跟南宫万原是好友,南宫万曾被郑国俘虏,子捷嘲笑他是囚徒,严重地伤害了南宫万的自尊,激起杀机。)
二十	前 680	郑国	大臣傅瑕杀国君姬婴,迎立头十年被罢黜的姬突(郑厉公)复位。(姬突原用贿赂买通傅瑕,复位后第一件事就是把傅瑕杀掉。)
	前 679	晋国	公子姬称(晋武公)起兵攻杀国君姬缗,自立。(姬称自祖父起,经五十余年的奋斗,终于篡夺到政权。)
	前 675	周王国	王子姬颓起兵逐国王姬阆(周惠王),自立。(卫国、南燕国[河南延津],帮助姬颓。)
	前 673	周王国	郑、虢两国联军攻杀现任国王姬颓,迎立被罢黜的前任国王姬阆复位。
	前 672	楚王国	王子芈熊頵(楚成王)杀国王芈熊艰,自立。(二人本是兄弟,当哥哥的企图杀弟弟,反被弟弟先行下手。)
三十	前 662	鲁国	公子姬庆父杀国君姬般,立姬般的弟弟姬启(鲁闵公)。(姬庆父是姬般、姬启的叔父。)
四十	前 660	鲁国	公子姬庆父又杀国君姬启。(姬庆父最后的目的是坐上宝座,但他连弑二君,做的太过火了,以致触怒全体贵族,只好逃亡。)
		卫国	狄部落攻杀国君卫赤。(卫赤养有庞大鹤群,每只都有优厚的俸禄。狄军来攻时,人民和武装部队一哄而散。)
	前 656	蔡国	齐国掳蔡国国君蔡肸(蔡穆侯),不久又释放。(齐国国君姜小白[齐桓公]的宠妃蔡姬,是蔡国女儿,一次发生口角,把她送回,蔡国迫不及待地就把她另行嫁人,姜小白怒不可遏,乘远征楚王国之便,顺便报仇。)
	前 651	晋国	大臣里克杀国君姬奚齐,姬奚齐的弟弟姬卓子继位。里克再杀姬卓子,迎立公子姬夷吾(晋惠公)。(里克连弑二君,目的就是迎立姬夷吾,他的情形跟卫国的傅瑕不同,但结果相同,姬夷吾一上台便翻脸告诉他:"当你的国君太危险了。"里克只好自杀。在第四节时,我们会再谈到。)

(续表)

年代	年份	国别	事变
五十	前645	晋国	秦国掳晋国国君姬夷吾,不久又释放。
	前643	齐国	诸公子起兵互斗,国君姜小白饿死,他的儿子姜无亏继位。
	前642	齐国	贵族们杀国君姜无亏,迎立前太子姜昭(齐孝公)。(齐国这才算安定下来。)
	前641	滕国	国君姬婴齐到曹国会盟,迟到,宋国予以囚禁,不久又释放。(宋国国君子滋甫[宋襄公]打算称霸,用此展示他的威风。)
		鄫国	国君到曹国会盟,宋国把他绑到次睢之社(山东临沂)杀掉祭天。(我们不知道他的罪状,同是封国,子滋甫却把别的国君像猪一样宰掉,国际社会的形态,一目了然。)
六十	前639	宋国	国君子滋甫到孟邑(河南睢县)会盟,楚王国把他囚禁,半年后才释放。(子滋甫是一个凶恶的笨伯,这一次形势恰恰翻了过来,楚王国就在会场上把他逮捕。)
	前636	晋国	公子姬重耳(晋文公)杀国君姬圉,自立。(参考第四节。)
		周王国	王子姬带逐国王姬郑(周襄王),自立。(又是一件宫廷丑闻,姬带是姬郑的弟弟,弟弟跟嫂嫂王后私通,姬郑把王后囚禁,姬带就采取军事行动。)
	前635	周王国	前任国王姬郑得晋国大军相助,攻杀现任国王姬带,复位。
	前632	曹国	晋国掳曹国国君曹襄,不久又释放。(晋楚争霸中城濮之役的前奏。)
		卫国	晋国攻卫,卫国国君卫郑(卫成公)出奔楚王国,命他的弟弟卫武继位乞和。晋命卫郑返国,卫郑却射杀卫武,复位。晋国掳卫郑,立公子卫瑕。(这是城濮之役前后国际纵横捭阖的大事件之一。)
七十	前630	卫国	前任国君卫郑再返国,杀现任国君卫瑕,复位,首府迁往帝丘(河南濮阳)。(卫郑是一个典型恶棍,但他的谋略和贿赂使他胜利,终于摆脱晋国的盛怒。)
	前626	楚王国	太子芈商臣(楚穆王)杀他的父亲现任国王芈熊頵,自立。(老爹打算废掉芈商臣而另立幼子当太子,密谋泄露,芈商臣是中国历史上第一个弑父的君王。)
八十	前620	宋国	诸公子杀国君子御,立公子子杵臼(宋昭公)。(宋国国君子王君逝世,他的弟弟子御把太子杀掉,自立,贵族们不接受这种篡夺。)
	前613	齐国	公子姜商人(齐懿公)杀国君姜舍,自立。(齐国国君姜潘逝世,儿子姜舍继位,姜潘的弟弟姜商人把侄儿杀掉,自坐宝座,他的篡夺完全成功。)
	前611	宋国	祖母王姬,杀她的孙儿国君子杵臼,立他的弟弟子鲍(宋文公)。(子杵臼过度荒唐,咎由自取。)

(续表)

年代	年份	国别	事变
九十	前609	齐国	大臣杀国君姜商人，立公子姜元（齐惠公）。（姜商人凶暴，众叛亲离。）
		莒国	太子己仆杀他的父亲现任国君己庶其，后逃亡鲁国。贵族立公子己季佗。（己庶其宠爱幼子己季佗，又对国人无礼。）
	前607	晋国	大臣赵穿杀国君姬夷皋（晋灵公），立公子姬黑臀（晋成公）。（姬夷皋是春秋时代最大的暴君，当他想杀宰相赵盾时，赵盾的侄儿赵穿先行动手。）
	前605	郑国	公子姬宋杀国君姬夷（郑灵公），立公子姬坚（郑襄公）。（这是有名的"食指大动"故事。姬宋每食指动时，必尝异味，当他觐见姬夷时，食指大动，恰巧姬夷在吃异味鼋肉，姬宋以为会请他吃，姬夷故意不给，用以表示所谓食指大动并不灵验。姬宋大怒，伸手到锅子里沾起肉汁尝一下，扬长而去。姬夷也大怒，准备杀他，结果反断送残生。）

现在，我们可以看出封国统治者的恐慌之情，他们不但面临随时被邻国并吞的威胁，也面临随时被国内反抗力量赶走和杀掉的威胁。国王和中央政府既无力维持旧有的秩序，它的那些礼教因之也不能发生拘束的作用。现实的现象是，无论国际社会或国内社会，力量决定一切。

封国统治者都渴望有一位主持正义的英雄人物出现。他们所谓的正义，当然是指保护现存的封国不再被并吞和保护他们自己不再被逐被杀。于是一些野心勃勃的国君开始往这个目标奋斗，而且脱颖而出。他们并不希望建立自己的王朝，也不希望统一中国，只是希望建立霸权，成为一个霸主，诸封国以他的马首是瞻，就大大地心满意足了。在这种霸权政治形态之下，霸主代替周王朝国王和中央政府的地位。封国本应朝见国王的，现在改为朝见霸主。本应向国王进贡的，现在改为向霸主进贡。纠纷争执本应请国王审理的，现在改请霸主审理。受侵略时本应向国王控诉求救的，现在改向霸主控诉求救。霸主唯一的依靠是武力而不是法理，所以职位不能世袭。武力衰弱时，霸权转移，霸主资格即行消失。

二 五霸

春秋时代，先后兴起五个霸权，史学家称为"春秋五霸"，即齐国、晋国、秦国、楚王国、吴王国。前四国在本世纪（前七）出现，后一国在下世纪（前六）出现。我们归纳为下列一表：

霸国	创业霸主	霸权起讫	时间
齐国	国君姜小白（齐桓公）	本世纪（前七）二十年代—五十年代	约40年
晋国	国君姬重耳（晋文公）	本世纪（前七）六十年代—再下世纪（前五）一十年代	约160年
秦国	国君嬴任好（秦穆公）	本世纪（前七）五十年代—七十年代	约30年
楚王国	国王芈侣（楚庄王）	本世纪（前七）九十年代—下世纪（前六）九十年代	约110年
吴王国	国王吴光（阖闾）	下世纪（前六）九十年代—再下世纪（前五）一十年代	约30年

每一个霸权都曾烜赫一时，但没有一个霸权能伸展到全中国——犹如十九世纪和二十世纪没有一个霸权能伸展到全世界一样。他们只能在它自己的周围建立势力，齐国霸权限于东方，晋国霸权限于北方，秦国霸权限于西方，楚王国和吴王国霸权限于南方。当齐国称霸时，秦国不受影响。楚王国称霸时，燕国也不受影响。齐秦两国是短期霸权，霸主身死，霸权即归消失，吴王国也不过父子两世，倏兴倏灭。只有晋楚二国是长期霸权，陆续绵延一百余年，斗争十分激烈。霸权决定于武力，武力显示于战争。一场大战下来，晋国胜则晋国霸。又一场大战下来，楚王国胜则楚王国霸，所以春秋时代也是国际争霸时代。

五霸的第一霸齐国，他的国君姜小白（齐桓公）是一位充满传奇故事的人物。

姜小白上一任的国君是他的哥哥姜诸儿，姜诸儿冥顽不灵而又一意孤行，他最荒唐的一件事是跟妹妹文姜通奸。文姜嫁给鲁国国君姬允，头十年公元前694年，姬允夫妇到齐国访问，一对狗男女重温旧梦。姬允发现了丑闻，大怒之下，立即辞行回国。兄妹当然想到回国后会发生什么事，于是命大力士彭生，在扶姬允上车时把他扼死。鲁国明知道内情，因军事力量太弱，无可奈何。只好单单指控彭生，要求惩凶。姜诸儿就把彭生杀掉，一则推卸责任，一则灭口。但人们已经嗅到一种不祥的气味，诸公子纷纷逃亡。其中一位是姜诸儿的弟弟姜纠跟他的智囊管仲，投奔鲁国；另一位也是姜诸儿的弟弟姜小白跟他的智囊鲍叔牙，投奔莒国（山东莒县）。

彭生死后第八年（一十年代前686年），姜诸儿到郊外打猎，发现一头野猪，姜诸儿连射三箭，都没有射中。那野猪却忽然举起前蹄，像人一样的站起来，发出惨叫。姜诸儿惊恐中看那野猪竟然是已死的彭生，魂不附体，

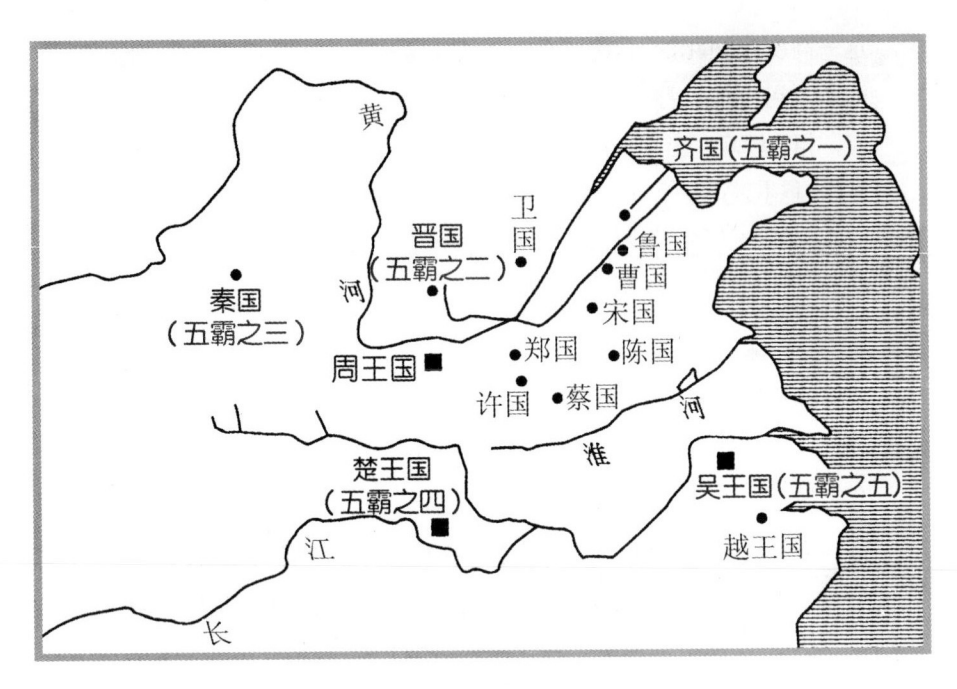

图一〇　春秋时代主要封国

一头就从马上撞下来。等到救起时，一只鞋子却不见了。当天晚上，就发生大将连称指挥的兵变，当叛军怎么找都找不到姜诸儿，正要放弃努力时，在一个暗道旁边看到那只鞋子，于是把姜诸儿抓出来，乱刀杀死。民间坚信这只鞋子是彭生的鬼魂放在那里的。

连称立姜诸儿的堂弟姜无知当国君，不久又发生政变，连称跟姜无知一齐被杀。远在外国的姜纠和姜小白得到消息，分别由他们所居留的封国，派遣军队，护送他们回国。这是一个长距离赛跑，谁先到首府临淄（山东淄博东），谁就能成为一国之主。管仲深恐姜小白先到，他单人独马先行追赶，途中听说莒国军队护送着姜小白已经过去了，他快马加鞭，终于赶上，他假装着恭顺，上前拜见姜小白，然后猛地向姜小白射出一箭。姜小白大叫一声，口吐鲜血，从车子栽下来。管仲大喜过望，上马逃走。

然而姜小白并没有死，那一箭正射中他腰皮带上的铜钩。管仲是有名的神射手，姜小白恐怕他再来一箭，所以立刻故意栽倒，这是他超人的机智。等他到了临淄，坐上宝座，姜纠才赶到，已来不及了。鲁国军队发动攻击，又被击败，不得不接受这个现实，向姜小白要求和解。姜小白的条件是：杀掉姜纠，缚送管仲——因为他那一箭，要对他做最严厉的惩处。鲁国答应了，姜纠身死，管仲被囚入戒备森严的囚车，送回临淄。任何人都不会想到，姜小白对管仲所做的最严厉的惩处，是任命他担任齐国的宰相。

这一高度戏剧化的举动，缘自智囊鲍叔牙。姜小白最初请鲍叔牙当宰相，鲍叔牙竭力推荐管仲。姜小白把管仲从囚车中放出，促膝长谈，连续三天三夜，相见恨晚。当宰相的命令发表时，国内国外无不震惊，尤其是鲁国，马上就警觉到受了愚弄。齐国霸权从此开始，姜小白的霸业即管仲的霸业，姜小白只是躯壳，管仲才是灵魂。但姜小白更为伟大，因为他能任用管仲。

三 齐国霸权的兴衰

姜小白是最受赞扬的一位霸主，在他称霸的四十年中，曾召集过国际和平会议二十六次，出动军队二十八次，一直保持着春秋时代初期那种兵农合一的朴实气氛和贵族骑士风度，而这些在以后的霸主中便不再见。姜小白的兵力并不是压倒性的，他曾经两次进攻鲁国，两次都被击败。但他终于使鲁国领悟到跟一个强大的邻国为敌，虽然胜利也是一种不幸，因而承认齐国的霸主地位。

姜小白的政治号召是"尊王攘夷"，即尊奉周王朝国王跟排斥外族。冷落在洛阳一隅的国王，已经没有几个人记得他了。现在姜小白重新把他从废物箱里找出来，放到尊贵的神坛上，每次会盟和每次军事行动，都宣称是奉中央政府之命，并由国王的特使坐在首席，以证明确实如此。这种做法对任何人都没有害处，却可以减少嫉妒，减少各封国的自卑。统治阶层因他们的既得利益又回到从前的那种被尊重的好日子，所以很乐意接受这种假国王真霸主的领导。

至于排斥外族，在当时最严重的是戎狄部落的侵略。周政府没落之后，戎狄部落的压力全部落到相邻的封国身上。单独一个封国的力量，很难抵抗。这种必须集结更大力量才能救亡的艰苦责任，现在由霸主承担，姜小白遂成为华夏文明的保护人。"尊王"是容易的，只要在仪式上做出热中姿态就够了，姜小白做的最好也最热闹。但"攘夷"是沉重的，那需要实力，不过至少有四件事，是他的成就。

第一，北方山戎部落于三十年代公元前664年，进攻燕国（北京），燕国向齐国求救。姜小白亲自赴援，把山戎部落击溃。这是一次决定性的胜利，使燕国在未来的一百余年间，再没有严重的外患。姜小白在胜利后，即行撤退，燕国国君送客，不知不觉送到齐国国境，姜小白根据"国君不出境"的古老规则，立即把那一块土地割给燕国。

第二，狄部落于四十年代公元前 660 年，进攻卫国（河南淇县）。卫国国君卫赤，是一位优秀的爱护动物协会的会员，但不是一位优秀的国君。他最爱养鹤，每一只鹤都有一个官位，享受丰厚的俸禄，而人民却穷苦不堪，当狄部落发动攻击，卫赤征集人民入伍时，人民喊说："让鹤去打仗吧。"狄部落攻陷卫国后，竟把卫赤煮了吃掉。卫国溃败得太快，霸主都来不得及救援，但姜小白仍为它的残民，在东方四十公里的漕邑（河南滑县）地方，另筑一个新都。

第三，狄部落于大获全胜后的明年（四十年代前 659），再进攻邢国（河北邢台），邢国又陷落。齐国也为它在夷仪（山东聊城）地方，另筑新城，收集残民。

第四，齐国和他的加盟国联军，于四十年代公元前 656 年，远征到汉水，向不断向北推进的楚王国，展示威力。楚王国的使节屈完到联军司令部质问说："齐国在北海，楚国在南海，风马牛各不相干。你们找上门来，有什么贵干？"姜小白说："楚国既然自称是中国的封国之一，为什么不肯进贡？国王姬瑕南征时，死因不明，请你们答复！"

——姜小白的问话必须加以批注。楚王国为了执行北进政策，跟华夏民族猛拉关系，曾经宣传他们是黄帝王朝的官员祝融（后来成为火神）的后裔，曾被周王朝封为子爵，规定每十年进贡一车茅草。而姬瑕溺死，则是三百多年前古老的故事了。

屈完回答说，进贡这件事很抱歉，一车茅草算不了什么，他们马上就拉一车去。至于那位伟大的国王姬瑕之死，他们不知道原因，齐国一定要调查原因的话，屈完建议直接去问汉水。姜小白显然不敢跟楚王国作战，所以只提出两项属于闲扯的、不关痛痒的问题。所以他立刻表示对屈完的回答十分满意，胜利凯旋。这是有名的"召陵之会"（召陵，河南郾城），虽然虎头蛇尾，却使楚王国的北进政策，第一次受到阻挠。

五十年代公元前 645 年，管仲逝世。

管仲病危时，警告姜小白说，他的三位亲信竖刁、易牙、卫开方，绝不可使他们掌握政治权力。

——竖刁，是姜小白最亲信的宦官，他本来不是宦官的，为了能贴身服侍他所敬爱的国君，自愿接受宫刑。易牙，是一位精于烹饪的专家。有一天，姜小白说："什么肉我都吃过，只没有吃过人肉。"当天晚餐，就有一盘蒸肉，异常的鲜美。姜小白大大的赞赏他，易牙说："这是我三岁儿子的肉，我听说忠臣不顾惜他的家人，所以奉献给国君。"卫开方，是卫国的一位贵族，他追随姜小白十五年，都没有回家。对这三位人物所表演的一脸忠贞，姜小白至为感动。

管仲分析说："人性是这样的，没有人不爱自己超过爱别人，如果对自己身体都忍心残害，对别人岂不更忍心下毒手！没有人不爱自己的儿女，如果连自己的儿女都能下得了狠心，他对谁下不得狠心？没有人不爱自己的父母，如果十五年之久都不想见父母一面，连父母都抛到脑后，对其他的人又有谁不会抛到脑后？"姜小白问："这三个人在我身边很久，你从前怎么不提？"管仲说："国君在私生活中，应该享有他的癖好，否则当国君便没有丝毫乐趣了，但这些癖好必须不干扰到国家大事。我死之前，还可以防止他们。我死之后，恐怕他们会像洪水一样的溃决。"姜小白一生都在管仲指导之下，只有这件事他大大的不以为然。

两年后，五十年代公元前643年，姜小白生病沉重，不能起床。竖刁、易牙发现姜小白已没有利用价值，效忠已不能带来利益，于是决定杀掉太子姜昭，拥立姜小白的另一个儿子姜无亏，这样他们就可以顺理成章地取得宰相的高位。于是下令禁止任何人出入寝宫，三天之后，姜小白仍然不死，竖刁、易牙勃然大怒，把姜小白左右服侍的人，全部逐走。又在寝宫四周，筑起围墙，隔绝内外，姜小白不得不饿死在他的病榻上。饿死之后，苍蝇云集，尸体腐烂生蛆。一直等到蛆的数目多到爬出围墙之外，人们才想到这位英雄已死。

以后发生的事是，太子姜昭逃到宋国（河南商丘），竖刁、易牙拥立姜无亏，卫开方拥立另一位公子姜潘，其他又有两位公子姜商人、姜元，也纷纷自称国君，四位国君各自宣称是合法继承人，就在首府临淄厮杀混战，一直混战到明年（前642），宋国军队护送姜昭回国，才算结束乱局。然而齐国的霸权却告终止。唯一的安慰是，靠着管仲建立下来的法治基础，齐国虽然军事力量不振，但始终是一个政治大国和一等强国。当晋国霸权鼎盛时，也只能把齐国当作同盟国，不敢把齐国当作尾巴国。

四　晋国长期霸权

齐国霸权没落后，晋国霸权兴起。

晋国国君姬诡诸（晋献公），有三个儿子，长子姬申生已立为太子，次子姬重耳，三子姬夷吾。后来姬诡诸又娶了骊姬姊妹，生下姬奚齐、姬卓子。骊姬怀着掌握大权的野心，决定夺嫡——夺取嫡长子继承人的位置。夺嫡一定引起流血，但骊姬甘愿冒这个危险。而年老的丈夫几乎很少有人能逃出年轻貌美后妻的手心，姬诡诸同意骊姬夺嫡，于是把姬申生杀掉。姬申生的两个弟弟姬重耳和姬夷吾，一看老爹已疯狂得丧失了人性，就分别逃亡外国。四十年代公元前651年，姬诡诸逝世，十一岁的姬奚齐继位。骊姬的作风早引起贵族们的愤怒，老爹一死，冰山倒塌，只两个月，大臣里克发动政变，姬奚齐被杀。骊姬再立姬卓子，也只两个月，里克发动第二次政变，姬卓子和骊姬同时被杀。

逃亡在梁国（陕西韩城）的姬夷吾听到消息，唯恐怕逃到翟国（山西吉县西北）的哥哥姬重耳比他先行回国，就向秦国国君，也是他的妹夫嬴任好求助，允许割五个城市作为酬劳。嬴任好（秦穆公）派军队护送姬夷吾回去。可是姬夷吾（晋惠公）坐上金銮殿后，立即食言。五十年代公元前645年，秦国大举进攻，姬夷吾兵败被俘，幸而他的妹妹为他求情，没有把他杀掉，反把他放回，除了照割五城外，还送太子姬圉到秦国作为人质。

嬴任好待姬圉像亲生儿子，把最心爱的女儿怀嬴嫁给他。可是，五年后的六十年代公元前638年，姬圉听说老爹病危，恐怕其他兄弟乘老爹死时夺取宝座，心急如焚，就抛下怀嬴，私自逃回晋国，这使嬴任好大为震怒，认为他们父子全是忘恩负义之徒。恰巧姬重耳流亡到秦国，嬴任好就再把怀嬴嫁给姬重耳。怀嬴本是姬重耳的侄媳，为了政治利益，姬重耳也顾不得最尊贵的礼教名分了。明年（前637），姬夷吾逝世，姬圉继位。又明年（前636），强大的秦国兵团护送姬重耳，强渡黄河，攻陷晋国首府绛城（山西翼城），姬圉被杀。姬重耳即位，他这时候已六十二岁了，距他四十三岁时逃亡，流浪了二十年。

姬重耳（晋文公）是五霸中的第二个霸权的创业霸主，在晋国内部不断的动乱之后，本没有这个可能性。但他当上国君不久，就碰上两个机会——正应了中国一句谚语："好运气来了山都挡不住。"

第一，周王国的宫廷发生丑闻，第二十任王姬郑（周襄王）的妻子翟后，跟姬郑的弟弟姬带私通，被姬郑发现。没有几个男人对绿帽子不起剧烈反应的，何况他又是一个国王。姬郑把翟后废掉，还要逮捕姬带，姬带逃到翟国（山西吉县西北），凭他的三寸不烂之舌，把翟国国君说得大大光火，派出军队随姬带前往洛阳，去搭救囚禁中的女儿。姬带于是攻陷洛阳，立翟后当王后，自己称王。姬郑既失去妻子，又失去宝座，狼狈地逃到郑国的氾城（河南襄城），四顾茫然，前途暗淡。在过去他可以向霸主姜小白呼吁，现在姜小白去世，已没有霸主，他面临的是一个绝望的局面。姬重耳迅速地抓住这个机会，发兵勤王。姬带不提防这个奇袭，于是跟翟后一同被杀，姬郑复位。

第二，周王国内乱平息后的第二年，楚王国率领它的加盟国联军，进攻宋国。宋国向晋国乞援，这是推尊霸主的一种强烈表示。姬重耳面临抉择，这一次的对象不是花花公子姬带，而是庞然大物的楚王国。但是他如果畏缩，他便得安于第二流国家的地位。最后，他决定出兵。为了先解宋国之围，他径行攻击楚王国的东方尾巴国卫国（河南滑县东）和曹国（山东定陶）。两国原来都是齐国的尾巴国，现在却成了楚王国的尾巴，可看出楚王国在姜小白死后只不过九年时间内的凌厉发展，这种发展只有军事上的胜利才能遏止。楚兵团总司令成得臣放弃宋国，西上捕捉晋军的主力。六十年代公元前632年，两国在城濮（山东鄄城）决战。楚王国大败，成得臣自杀。史学家称这场决战为"城濮之役"。

晋国霸权自此确定。

姬重耳于七十年代公元前628年逝世，在位只九年，只有姜小白在位四十三年的五分之一。但姜小白身死霸灭，姬重耳身死之后，霸权仍然继续。因为姜小白所仗恃的只有一个管仲，管仲和管仲的继承人都先姜小白而死。而姬重耳死后，当初跟随他流亡在外的一批干部，称为"六卿"的六大家族所组成的统治集团，却一直稳定地存在。所以晋国霸权不像齐国那样，一堕即碎。而是长期的，屡堕屡起，虽有衰退的时候，却不断重振。

五　秦国短期霸权

五霸中的第三霸是秦国，国君嬴任好（秦穆公）介入国际社会，比姬重耳早，但他的逝世却在姬重耳之后。

姬重耳逝世后的明年（七十年代前627年），嬴任好命他的总司令百里孟明，统率精锐的秦兵团，向郑国发动突袭。原来秦国有一小部分军队驻在郑国协防，他们看到郑国转向晋国亲善，大为吃醋，就向秦政府密报说，他们现在正保管着郑国城门的钥匙，如果突袭的话，就可以把郑国并吞。然而这件事在那个时代有极大的困难，秦国首府雍邑（陕西凤翔）跟郑国首府新郑（黄帝王朝姬轩辕的故都，河南新郑），航空距离六百公里，沿途尽是穷山恶水和羊肠小道，急行军也要三十天以上，不可能完全保密。果然，秦兵团到了距郑国还有八十公里的滑国（河南偃师东南），消息已经传播开来。郑国一位商人弦高正赶着一批牛群去洛阳贩卖，立即伪装为郑国的使臣，把牛群赶到秦兵团军营，宣称奉了郑国国君的命令，前来犒军。百里孟明大吃一惊之余，只好支支吾吾告诉弦高说，他的目标不是郑国而是滑国。为了证明他不是说谎，就突袭倒霉的滑国，把它灭掉，然后撤退。

惨剧发生在撤退途中，洛阳以西一直到关中地区，有一座东西绵延一百八十公里的崤山山脉（二百年后公元前五世纪，秦国完全控制崤山后，在它的西端筑起闻名天下的函谷关，作为秦国东方的大门）。崤山山脉主峰一千八百五十米，峰下群山开裂一线，悬崖绝壁，世称"崤山峡谷"，只有一条仅可容纳一辆战车的小道，傍着万丈深渊，盘旋曲折，下不见谷底，上不见天日。秦兵团进击时没有遇到阻拦，而现在却埋伏下晋国大军。秦兵团三百辆战车和三千余骁勇的士兵，到此无用武之地，全军覆没。

——世界上假如有一个国家，存心忠厚地不断救助另一个国家的危难，最后反而被凶恶地反噬一口，那就是秦国对晋国了。晋国这次出境邀击，不但是忘恩的，也是不明智的，从此跟秦国结下世仇。

这对嬴任好的霸权是一个挫折，幸好晋国国君姬欢（晋襄公）在嫡母怀嬴（嬴任好的女儿）要求下，把被俘的百里孟明以及几个高级将领释放，才再给秦国一个机会。三年后（七十年代前624年），百里孟明的军队训练完成，向晋国报复，晋国不能抵抗。百里孟明再度进入崤山，埋葬那些被屠杀的秦国战士的尸体。接着几年之间，秦国征服邻近的封国达十二个之多——大部分国名已无法查考。连驱使周政府东迁的犬戎部落，也被消灭，秦国向西方开扩疆土达二百公里。

然而，秦国的霸权也是短期的。七十年代最后一年公元前621年，嬴任好逝世，霸权终结。这是人才被摧残馨尽的必然结果。秦国地处偏僻，崛起的时代很晚，教育不发达，民智闭塞，高级知识分子本已寥寥无几。嬴任好之能够终于建立霸权，主要原因在于他任用了两位有行政才能的宰相百里奚和蹇叔，但他们都是外国人，而且都已去世。百里孟明曾推荐出生于本国的三位高级知识分子：车奄息、车仲行、车针虎，他们是弟兄关系，因之人们称为"车家三良"。嬴任好死后，他的继承人把百里孟明和车家三良全部殉葬，这种愚蠢的措施，使秦国又回到嬴任好之前的草昧时代。

六 楚王国问鼎事件

楚王国自上世纪（前八）起，即以雷霆万钧之势，闯入中原的国际社会,并且一天也不停留地向东和向北侵蚀,只有两次碰壁——一是本世纪(前七)四十年代"召陵之会",一次是六十年代"城濮之役"。

——非常奇怪的一种现象,北方寒带民族总是向南发展的,可是楚王国和稍后兴起的吴王国和越王国,却向北发展。大概北方在当时已高度开发,繁华世界具有更大的诱惑力,所以对尚是一片蛮荒的江南,视为畏途。

两次碰壁都不是致命打击,楚王国雄厚的国力,不久就完全恢复。八十年代公元前614年,第六任王芈侣(楚庄王)即位,发愤图强。不久,晋国发生内乱,国君姬夷皋(晋灵公)过度暴虐,被他的大臣杀掉,新君姬黑臀(晋成公)初立,跟宰相赵盾,正全力安定内部,在国际上采取低姿势态度。这是天赐给芈侣的机会,他开始使他的王国成为五霸中的第四个霸主,而且是长期霸权。九十年代公元前606年,芈侣准备完成,远征北方陆浑(即河南嵩山地区,距洛阳仅六十公里)的戎部落,把戎部落灭掉之后,顺便率领大军到洛阳近郊,向那可怜的周王展示威力,惊惶失措的国王姬瑜(周定王)急忙派他的大臣姬满,携带大批慰劳品,前往探听消息。在谈话中,芈侣询问九鼎的大小轻重。九鼎是九个三只脚的大锅。用当时最贵重的金属青铜铸成,据说每一个鼎代表夏王朝时代的一个州。周王朝掌有它,是作为中国最高统治者的一种凭证。芈侣不过好奇,但姬满立刻紧张起来,回答说:"周政府虽然衰弱,但天老爷仍支持它,九鼎的轻重,不宜过问。"芈侣马上发现他已触及这个残余政权神经中最衰弱的一环,不禁大笑说:"请放心,我不会要你们的九鼎。仅只楚王国民间的挂钩,就够铸出九鼎。"

——这么尊贵的九鼎,应该是国宝中的国宝,但它的结局却大大的出人意外。四个世纪后的公元前三世纪,周王国最后一任王姬延,他被称为"羞愧之王"(赧王)。那时国土更小,政府更穷,姬延靠着向新兴的商人们借债度日,负债累累,无法支持。他就悄悄地把九鼎熔化,陆续出卖还账。等周王国被秦王国灭掉时,九鼎已卖了个净光。

东西方世界

——三十年代·公元前668年(齐国国君姜小白救燕国前四年),亚述帝国名王阿述尔巴尼拔即位,重建尼尼微城,创立大图书馆。

——四十年代·公元前660年(狄部落攻陷卫国,把卫国国君卫赤吃掉），日本帝国开国，神武天皇即位。

——五十年代·公元前650年（姜小白逝世前七年），希腊开始霸主政治。

——七十年代·公元前621年（秦国国君嬴任好逝世，车家三良殉葬），雅典执政官德勒可编纂法典，用刑残酷，偷一把蔬菜，即处死刑，被称为"血法"。

——八十年代·公元前612年（楚王国六任王芈侣在位），闪族迦尔底亚部落攻陷尼尼微城，亚述帝国亡。迦尔底亚建都巴比伦故城，称后巴比伦帝国。

——九十年代·公元前605年（芈侣向周王国问鼎的次年），后巴比伦帝国名王尼布甲尼撒二世即位。

第8章
公元前第六世纪

本世纪进入春秋时代后期，封国继续不断地被并吞，国君继续不断地被杀被逐。南方的楚王国跟北方晋国，两大长期霸权，也继续不断地对抗，焦点集中在争夺位于中原的郑国、宋国，战争不息。

太多的战争促成两件大事：一是和平运动；一是晋国为了打击楚王国，在楚王国背上悄悄插上一把利刃——扶植吴王国兴起。和平的呼声反映人心趋向，吴王国的兴起促使楚王国的霸权终结。

一　封国的并吞与逐君杀君（中）

本世纪（前六）被大国并吞的小国，有记录的有下列的二十国，其中包括十二重要封国之一的许国。各灭亡之国能在临覆亡时留下名字，说明它们当时已具有相当规模。

一、楚王国并吞——萧国（安徽萧县），舒庸国（安徽舒城西南），舒鸠国（安徽舒城舒鸠城），赖国（湖北随州东北），陈国（河南淮阳，不久复国），蔡国（河南上蔡，不久于河南新蔡复国），唐国（湖北随州西北）。

二、晋国并吞——潞氏国（山西潞城），偪阳国（山东枣庄西南），鼓国（河北晋州），肥国（河北藁城）。

三、莒国并吞——鄫国（山东苍山）。

四、齐国并吞——莱国（山东平度）。

五、鲁国并吞——邿国（山东济宁东南），鄟国（山东郯城）。

六、蔡国并吞——沈国（河南平舆）。

七、吴王国并吞——徐国（江苏泗洪），巢国（安徽巢湖），钟吾国（江苏新沂）。

八、郑国并吞——许国（河南鲁山）。

逐君杀君事件，跟上世纪（前七）一样的层出不穷：

年代	年份	国别	事变
头十年	前599	陈国	大臣夏征舒杀国君妫平国（陈灵公）。（在第二节，我们将叙述这件事。）
	前598	陈国	楚王国逐陈国国君妫午（陈成公），但不久又准他复位。（去年动乱的延续。）
	前591	鄫国	邾国（山东邹城南）杀鄫国国君。（不知道什么原因。）
一十	前582	郑国	晋国囚郑国国君姬睔（郑成公），诸公子立他的庶兄姬繻。（这是晋楚争霸中的一幕，郑国倾向楚王国，于是晋国乘郑国国君朝见时，把他囚禁起来报复。）
	前581	郑国	诸公子杀国君姬繻，立其侄姬髡顽。晋国出兵驱逐姬髡顽，送前任国君姬睔回国复位。（这次政变，可以想象到跟晋国有关。）
二十	前576	曹国	晋国掳曹国国君曹负刍（曹成公），明年才释放。（这是得罪霸主的惩罚。）

(续表)

年代	年份	国别	事变
二十	前573	晋国	大臣栾书杀国君姬寿曼（晋厉公），立公子姬周（晋悼公）。（姬寿曼听他亲信的话，杀掉大臣郤至全族，栾书、中行偃联合起来再杀掉姬寿曼。）
三十	前566	郑国	公子姬骃杀国君姬髡顽，立他的儿子姬嘉（郑简公）。（姬髡顽粗暴傲狠，自以为不可一世，对贵族毫无礼貌。这一年，在赴国会议途中，又对姬骃端架子，姬骃就杀了他。）
四十	前559	卫国	大臣孙林父逐国君卫衎（卫献公），立公子卫秋（卫殇公）。（卫衎跟姬髡顽犯同一毛病，他约孙林父午宴，孙林父赴宴时，卫衎却在园子里射天鹅，不理不睬。）
五十	前548	齐国	大臣崔杼杀国君姜光（齐庄公），立他的弟弟姜杵臼（齐景公）。（姜光跟崔杼的妻子私通，崔杼在现场把他捉住。）
	前547	卫国	大臣宁喜杀国君卫秋，迎立四十年代被罢黜的前任国君卫衎，晋国把卫衎囚住，但不久就释放。（这跟上世纪［前七］前680年郑国傅瑕迎立姬突复位的事件，一模一样。晋国本来要惩罚卫衎的，但卫衎把他的女儿献给晋国国君姬彪［晋平公］当妾，才被释放，霸主的意义已跟姜小白［齐桓公］时代大不相同。）
	前544	吴王国	守门人杀国王吴余祭，他的弟弟吴夷昧继位。（不知道什么原因。）
	前543	蔡国	太子蔡般（蔡灵公）杀他的父亲、现任国君蔡固（蔡景公），自立。（又是一件宫廷丑闻，蔡般的妻子是楚王国国王的女儿，老爹跟她私通，儿子就杀了老爹。）
	前542	莒国	太子己展舆杀他的父亲、现任国君己密州（莒比公），自立。（上世纪［前七］前626年楚王国芈商臣杀父事件的重演。）
		鲁国	公子季孙宿杀国君姬野，立他的弟弟姬裯（鲁昭公）。（夺嫡阴谋。）
	前541	莒国	公子己去疾（莒丘公）逐国君己展舆，自立。（己去疾是己展舆的弟弟，去年老爹死时逃亡，今年返回发动政变。）
		楚王国	王子芈围（楚灵王）杀国王芈麇，自立。（芈麇卧病在床，身为叔父的芈围到寝室问疾，乘机把侄儿缢死。）
六十	前539	燕国	诸大臣逐国君姬款（燕简公），立姬悼公。（姬款准备使他的亲信当权，大臣们联合起来把他的亲信杀掉，姬款大惧而逃。）
	前534	陈国	公子妫招发兵围国君妫弱（陈哀公），妫弱自缢死，立他的儿子妫留。楚王国发兵讨伐陈国内乱，妫留出奔郑国，陈国亡。（妫招是妫弱的弟弟，他跟庶子妫留结盟，杀掉太子妫偃师。这是一场夺嫡的斗争，结果把国斗亡。幸而五年后楚王芈围死掉，陈国才复国。是超级强国干涉尾巴国内政的普遍形态。）
	前531	蔡国	楚王芈围杀蔡国国君蔡般，蔡国亡。（芈围虽然自己弑君杀侄，却义正词严地宣布蔡般弑君杀父，必须加以惩罚。两年后芈围死掉，蔡国才复国。）

(续表)

年代	年份	国别	事变
七十	前529	楚王国	王子芈弃疾政变,国王芈围(楚灵王)自缢死。他的哥哥芈比继位,芈弃疾再逼芈比自杀,芈弃疾(楚平王)自立。(我们在第五节将谈到它。)
	前528	莒国	诸公子逐国君己狂,立他的叔父己庚舆(莒共公)。(不知道什么原因。)
	前521	蔡国	诸公子逐国君蔡朱,立公子蔡东国(蔡悼侯)。(蔡东国是蔡朱的叔父,楚王国当权大臣费无极接受了蔡东国重贿之后,宣称:"蔡朱背叛楚国,楚国希望立蔡东国当国君,蔡国如果不自己处理,楚国将采取行动。"蔡国贵族大为惊慌,只好逐走蔡朱。这是超级强国干涉尾巴国内政的又一种形态。)
八十	前519	周王国	王子姬朝逐国王姬匄(周敬王),自立。(姬朝是姬匄的哥哥,又是一场夺嫡斗争,但突出的是,"百官""百工"都起来反抗姬匄领导的政府。)
		莒国	贵族逐国君己庚舆,迎立七十年代被罢黜的前任国君己狂。(己庚舆喜欢铸剑,剑铸成就用人试它利不利,他逃走时吓得要死,试剑时的英雄气概没有了。)
	前517	鲁国	"三桓"逐国君姬裯(鲁昭公)。(鲁国政府早已被三大家族分割,姬裯企图恢复原状,用武力讨伐,兵败逃走。他逃走后,鲁国即由三家共同主持政府,不再设立国君,直到七年后姬裯客死他乡,才立他的弟弟姬宋[鲁定公]。可看出鲁国国君地位,已低到可有可无的程度。)
	前516	周王国	晋国逐周王姬朝,使三年前被罢黜的前任国王姬匄复位。(姬匄完全靠外力才再坐上宝座。)
	前515	曹国	国君曹午(曹悼公)被宋国囚死,他的弟弟曹野(曹声公)继位。(曹午到宋国朝见,宋国国君栾把他囚禁,曹午就死在囚所。宋国在当时不过是二等强国,对三级国家,已是如此态度。)
		吴王国	王子吴光(阖闾)杀国王吴僚,自立。(他们是堂兄弟关系,吴僚待吴光很友爱,但政治是无情的。)
九十	前510	曹国	公子曹通(曹隐公)杀国君曹野,自立。(曹通是曹野的叔父。)
	前509	蔡国	楚王国囚蔡国国君蔡申(蔡昭侯),三年才释放。(蔡申到楚王国朝见,楚王国宰相芈囊瓦,向他索取重贿,蔡申拒绝,于是把他囚禁,达三年之久,蔡申不得不屈服,献出贵重的皮衣和玉环,楚王国才把他释放。蔡申回国后就跟吴王国结盟,发兵向楚王国夹攻,促成前506年楚王国的崩溃。)
	前507	唐国	楚王国囚唐国国君唐成侯,不久释放。(跟蔡申的情形,从头到尾,完全相同。不过芈囊瓦这次索取的是名马,时间没有拖得那么久。)
	前506	楚王国	吴王国逐楚王芈轸(楚昭王)。(在第五节中我们将再叙述。)

(续表)

年代	年份	国别	事变
九十	前506	曹国	公子曹露（曹靖公）杀国君曹通，自立。（曹露是前任国君曹野的弟弟，向这个杀兄的叔父复仇。）
		杞国	公子姒遂（杞釐公）杀国君姒乞（杞隐公），自立。（不知道什么原因。）
	前504	周王国	郑国逐周王姬匄，明年才返国复位。（去年，姬匄派人把流亡在楚王国的哥哥姬朝暗杀。姬朝的拥护者联合郑国军队，进攻姬匄，姬匄逃到晋国。明年，再靠晋国的力量回来。）
	前502	陈国	国君妫柳（陈怀公）被吴王国囚死，儿子妫越（陈潸公）继位。（吴王国是短期的超级强国，刚兴起就马上学会霸主的这一套。）

在国君们被逐被杀的浪潮中，最有趣的是周王国的国王，这个已经沦落为蕞尔的小国，它连自己的问题都无力解决，完全仰仗霸主的脸色。上世纪（前七）姜小白（齐桓公）"尊王攘夷"时代已经过去，现在，再没有人想到尊王这回事，"王"反过来还要尊霸主。而霸主对国际上的侵略行为和封国内部的政变，也丧失阻吓的力量，事实上霸主自己还在那里制造事端。霸权只是超级强国维护自己利益的工具，不再含有初起时那种以保护弱者自居的骑士的意义。

二 楚王国霸权的隐忧

楚王国知道，要想恢复上世纪（前七）六十年代"城濮之役"丧失的霸权，必须再通过一次战争。

本世纪（前六）头十年公元前597年，楚王芈侣（楚庄王）向晋国的尾巴国郑国进攻。合围之后，猛攻十七昼夜。郑国仗恃着晋国支持，拒绝投降。城角一处被攻破，芈侣正要下令攀登时，听到城中哭声震天，心里忽然不忍，反而下令撤退。可是郑国却误以为晋国援军已到，立即堵住缺口，男男女女蜂拥到城上继续作战。楚兵团看和平方法不能解决，再度进攻，郑国终于陷落。

芈侣并没有把郑国并吞，因为并吞后就直接跟晋国接壤，不如留一个小国作为缓冲。他取得郑国城下之盟后，即行退出。而此时晋军才缓缓赶到，楚兵团回军迎战。两国在邲城（河南荥阳北）决战，晋军像山崩一样的溃败。兵士们狼狈奔窜，跳进黄河，向北游泳逃命。在激流中他们争着攀住本国的船舷或抓住船桨，刹那间三十几艘战舰被攀沉没。晋军总司令荀林父下令："凡攀船抓桨的，砍断他的手指。"霎时血淋淋的手指堕满各船，船上兵士一掬一掬地把它们抛进黄河。

邲城之役使楚王国的霸权确定，晋国的霸权中落。距城濮之役三十六年。晋国的尾巴国纷纷转到楚王国的屁股之后，只有宋国、卫国、曹国、鲁国，还没有变，但卫鲁二国不久就暗中向楚王国飞媚眼。

楚王国下一个目标是宋国。两年后（头十年前595年），王子芈侧率领楚兵团发动攻击。宋国向北方的旧霸主求救，晋国刚刚战败，没有力量出兵。宋国首府睢阳（河南商丘）被围九个月，城里粮秣吃光，人民大批饿死，做父母的含着眼泪互相交换子女烹食，陷落在即。宋国宰相华元用一种只有春秋时代才行得通的办法来解决这个危机。一天晚上，他化装成楚王国的兵士，缒城而下，一直混进芈侧的寝帐（由此可看出楚兵团戒备的松懈和芈侧的低能），就在床头把匕首逼到芈侧的咽喉上，要求楚兵团撤退。华元表示，宋国可以投降，但必须楚兵团先行撤退十五公里，使宋国在外表上看起来不像是投降的样子。芈侧答应了，宋国也纳入楚王国阵营。

楚王国的霸权达到极峰，然而也就在这时候，一把刀子已暗中在它背后举起。这渊源于一个比三流作家笔下的言情小说还要荒唐离谱的男女恋爱故事，但它是事实。开始于本世纪（前六）头十年，而发作于本世纪九十年代。

女主角陈国大臣夏御叔的妻子夏姬，是郑国国君姬兰（郑穆公）的女儿，生子夏征舒之后，丈夫逝世。夏姬是一位绝色美女，从她的沧桑经历和因她引起的国际战争，我们可以肯定，她一定是世界上最最具有魅力的女子之一。她首先跟陈国大臣孔宁、仪行父私通，经过二人的介绍，陈国国君妫平国（陈灵公）也加入情夫的行列。最糟的是，他们还戏谑夏征舒像他们的共同儿子。头十年公元前599年（邲城之役前两年），夏征舒杀掉妫平国。孔宁、仪行父逃到楚王国向霸主告状，楚王芈侣听了一面之词，而且逢上他正要展示他的霸权，而声讨"乱臣贼子"恰是一个理想的发动战争的堂皇理由。于是他灭掉陈国，把夏征舒处决。

夏姬的美貌使芈侣动心，就要自己带回皇宫。但大臣巫臣向他提出警告："大王仗义兴兵，全世界谁不尊敬。如今却把祸首收做妃子，人们就会抨击你贪色好淫，恐怕对霸权有不利的影响。"芈侣认为他的话有很深的道理，大为佩服。王子芈侧（就是那位攻宋国时被敌人混到寝帐的总司令）请求把夏姬送给他，巫臣说："这女子是不祥之物，为了她，已死了一个国君，灭亡了一个国家。如果娶她，一定后悔不迭。"芈侣说："果然是不祥之物，少惹她为妙。"芈侧大怒说："我不要她可以，但巫臣也不能要。"巫臣用一种委屈万状的声调说："这是什么话，我怎么会有这种邪恶的念头，我只是一心为我们的国家。"恰巧另一位大臣连尹襄老的妻子逝世，芈侣就把夏姬送给连尹襄老，而夏姬不久就跟连尹襄老前妻的儿子私通。

两年后（前597），邲城之役中，连尹襄老阵亡。夏姬跟嫡子私通的丑闻渐渐传开，在首都郢都（湖北江陵）住不下去，要求返回她的娘家郑国。巫臣早已派人通知郑国国君姬坚（郑襄公）迎接他的姊姊，姬坚自然听从霸主国的命令。一十年代公元前589年，晋国与齐国去鞍邑（山东济南）会战，齐国大败，向楚王国寻求同盟。芈侣派人去齐国缔约，巫臣自告奋勇前往。公元前584年，巫臣出发，却在经过郑国的时候，宣称奉了楚王的命令前来跟夏姬结婚。然后他连齐国也不去了，缔约的事更抛到脑后，他知道不能再回到楚王国，就带着夏姬，双双投奔晋国。巫臣是楚王国有名的智囊人物，以富于谋略闻名于世。晋国大喜过望，把他当作上宾招待。巫臣为了夏姬，千方百计，辗转曲折，总算达到目的。

——我们假设夏姬第一次结婚时十六岁，儿子夏征舒十六岁时杀死妫平国。那么头十年公元前599年，她已三十二岁。到一十年代公元前584年跟巫臣结婚时，至少已四十八岁。真是不平凡的女性，不仅仅驻颜有术而已。可惜处在那个时代，她只能被她所不能控制的命运摆布。

但巫臣跟妫平国一样，也付出可怕的代价：王子芈侧和巫臣的另一位政敌芈婴齐，在巫臣娶了夏姬，投奔晋国后，妒火中烧，把巫臣留在楚王国的家族，不分男女老幼，全体处斩。巫臣痛心地写了一封信给二人说："我固然有罪，但我的家族是无辜的，他们并没有背叛国家，你们如此屠杀，我要使你们马不停蹄死在道路之上。"两位王子对巫臣的恐吓嗤之以鼻，他们低估了巫臣的智慧、能力和复仇的决心。

早在本世纪（前六）初期，太湖之北的吴部落酋长吴寿梦，就建立吴王国，自封为第一任国王，定都梅里（江苏锡山）。不过他的王国十分落后，作战时军队仍停留在赤身露体的阶段。巫臣发现吴王国在地缘政治上的无比价值，于是他向晋国政府献出"联吴制楚"的战略，晋政府接受，派遣巫臣的儿子巫狐庸，率领一个军事顾问团，去教吴王国加强政府的组织和训练他们的军队现代化——如何使用马匹、战车、弓箭和各种战术。从此吴王国不但阻止了楚王国的东进，更成为楚王国背后的致命敌人，楚王国第一次面临本土有被攻击可能的威胁。

十年之后（二十年代前574年），吴王国开始向楚王国用兵，而且保持连续不断的攻势，使楚王国每年都要出兵七八次之多。芈侧提前死于下一节我们所介绍的鄢陵之役，芈婴齐则死于跟吴王国一次战役后的道路上，楚王国的力量被消耗殆尽。

三 鄢陵之役

晋国同样也知道，要想恢复霸权，必须反过来击败楚王国。

二十年代公元前575年，晋国国君姬寿曼（晋厉公）亲自统率大军，攻击郑国。郑国向楚王国求救，楚王芈审（楚共王，芈侣的儿子）也亲自统率大军赴援。两国在鄢陵（河南鄢陵）决战，这一次轮到楚兵团大败了。芈审的眼睛还被射中一箭，他的儿子芈熊伐，被晋兵团俘虏。

然而，楚兵团虽然大败，却不像上次邲城之役晋军那样溃不成军。芈审集结残兵，重整旗鼓，预备再打一个回合。可是得到消息说，鲁国、卫国已倒向晋国，派军参战，晋兵团已下令明天发动拂晓总攻。芈审大为震惊，急派人去请总司令芈侧会议，想不到芈侧却喝得酩酊大醉，用尽方法都呼唤不醒。芈审失望地说："军事情况如此紧急，总司令却醉成这种模样，怎么还能作战。"教人把人事不省的芈侧绑到车上，全军撤退。行到中途，芈侧方才酒醒，惭惧自杀。

——芈侧性格凶残而尤其酗酒，每次出兵，楚王芈审都严令他戒酒。这一次因战场失利，芈侧心情恶劣，在营帐中徘徊到深夜，考虑如何扭转局势。但他是一个能力有限的庸才，所以除了忧愁外，别无他法。他的亲信侍从官谷阳同情他，把私藏的一瓶酒拿出来，斟一杯送过去，芈侧尝了一口，惊愕地说："好像是酒。"谷阳说："不，是冷茶。"芈侧会意地一饮而尽，急问："冷茶还有吗？"谷阳又斟上一杯，芈侧大喜说："谷阳真正地爱我。"等到芈审一连派人来请他时，一瓶"冷茶"已全下了肚，芈侧像死人一样颓卧在营帐之中。谷阳垂泪说："我本是爱总司令才献酒的，谁知道反害了他，国王一定会追究这件事。"星夜逃走。

鄢陵之役距邲城之役二十三年，晋国又夺回霸权，尾巴国又回到它的阵营。但楚王国的主力并没有受到严重伤害，所以仍虎视眈眈，不断发动侵略如故。晋国霸权没有城濮之役后那么强大坚固。

四　国际和平会议

楚晋之间两百年来不断的战争，促使和平运动兴起。就在本世纪（前六），曾经召开三次国际和平会议，所有的封国都希望两个超级强国能够和解，安于它们的现状，保持现有的均势，不再用军事行动解决问题。

第一次和平会议，由宋国宰相华元发起邀请。二十年代公元前579年，在宋国首府睢阳（河南商丘）举行，晋国和楚王国都派代表参加，签订一份盟誓，这恐怕是世界上最古老的和平条约之一。盟誓上说："晋楚二国，同意永远摒弃战争，同意互相救助灾难危急。楚王国如受到第三国攻击，晋国就帮助楚王国与第三国作战。晋国如受到第三国攻击，楚王国也帮助晋国与第三国作战。两国政府同意保持道路畅通，经常派遣使节来往，随时磋商，共同讨伐叛逆。如果违背这个誓言，神明就降祸给他，使他国家的军队溃散，国命不长。"这个盟誓文字太美了，美得像一首诗，所以不能在实际政治中实行。签约后第四年，即爆发鄢陵之役。

第二次和平会议，由宋国大臣向戌发起邀请，地点仍在宋国首府睢阳，时间是鄢陵之役后三十年（五十年代前546年）。各国明知道和平会议没有用处，但没有人敢公开反对谋求和平的努力。这次参加和平会议的共有十四国，包括当时所有的重要的国家。晋国代表是宰相赵武，它的集团有郑国、卫国、曹国、宋国、鲁国。楚王国代表是宰相屈建，它的集团有陈国、蔡国、许国。另有秦国和齐国，属于独立的一等强国，不列入尾巴国之内。还有邾国（山东邹城东南）、滕国（山东滕州）；邾国是齐国的附庸，滕国是宋国的附庸（可称之为"尾巴的尾巴"），只能列席当观察员，没有资格在盟约上签字。这份名单跟实际情形一样，壁垒分明，显示出晋楚两大超级强国瓜分世界的蓝图。——当时人看起来，中国就是世界。

在会议席上，楚王国坚持当盟主，晋国说："凡国际会议，晋国一向当盟主。"楚王国说："正因为晋国一向当盟主，所以这一次楚王国应该也当一次。"晋国代表只好接受，会议才没有破裂。不过盟誓依旧没有具体内容，只规定了一项作为和解象征：即尾巴国本来只向所属的霸主进贡的，现在改把礼物分成两份，分别向两个霸主进贡。在这方面，楚王国显然得到便宜，因为它的尾巴国只有三个，晋国的尾巴国却有五个。

五年后（五十年代前541年），第三次和平会议在郑国虢城（河南荥阳北）举行，会议正在开得起劲之时，莒国（山东莒县）派使节飞奔到会议所在，控告鲁国正向它侵略，已攻陷了郓城（山东郓城）。这真是尖锐的讽刺，楚王国代表芈围下令把鲁国代表叔孙豹斩首。但晋国代表赵武坚决反对，又把他释放。芈围急于回国夺取政权，无心为这种抽象的原则付出更大的力量，会议于是草草结束，鲁国用战争手段所造成的现实没有人能够变更。

第三次和平会议后，进入六十年代，晋楚两国之间，果然再没有战争。不过这不是和约的功效，而是两国接着都发生内部问题，无暇对外。两国霸权也相继凋零，无力量也无必要发动战争，历史重心开始转移到新兴的吴王国身上。

五　伍子胥鞭尸事件

第三次和平会议后不到三个月，楚王国发生政变。出席和平会议代表的芈围（楚灵王），回国之后，杀了他的侄儿楚王芈麇，自己即位。他是楚王国的暴君之一，最爱纤纤细腰的女子，以致很多宫女为了培养细腰而饿死——或许出于自愿减肥，也或许出于强迫。七十年代公元前529年，芈围的弟弟芈弃疾再发动政变，芈围走投无路，上吊而死。芈围的另一个弟弟芈比继位后，也被芈弃疾逼得自杀。芈弃疾（楚平王）就当了国王，立他的儿子芈建当太子。

芈弃疾为了联秦制晋，曾为他的儿子芈建聘下秦国国君的妹妹孟嬴做妻子。孟嬴，即小说家笔下的无祥公主。七十年代公元前526年，芈弃疾派遣大臣费无极前往迎娶。费无极是一个小聪明层出不穷的野心政客，急于爬上宰相的位置。当他把孟嬴迎接到郢都（湖北江陵）后，立即向芈弃疾打小报告，渲染孟嬴绝世美丽，天下无双，建议芈弃疾自己娶她，芈弃疾欣然接受这个建议。费无极就告诉秦国护送大臣说，楚王国的风俗，新娘要先到皇宫拜见公婆，才可以正式举行婚礼。于是，孟嬴进宫，老爹就留住不放。而把一位陪嫁的齐国少女，冒充孟嬴嫁给芈建。一年之后，孟嬴生下一个儿子芈轸，丑闻也开始泄露。

——这是一百年前公元前八世纪卫国新台事件的重演，剧情不差分毫，只是男女主角换由楚秦两国担任罢了。中国有一句古老谚语说："有奇淫的人，必定有奇祸。"当然这不是定律，偶尔有逃得过去的，但大多数都逃不过去。芈弃疾奇淫招来的灾难，比卫晋，以及姜诸儿、蔡同所招来的灾难，更加悲惨。

孟嬴跟新台事件的宣姜一样，是一个被牺牲的女子，她没有力量阻止这种事情发生。但她比宣姜善良忠厚，她没有杀害前任未婚夫而夺嫡的意思。可是费无极却紧张起来，如果芈弃疾死掉，芈建继位，他可想象得到他会吃不了兜着走。即令芈建不杀他，他也再没有前途，他的前途寄托在孟嬴跟她的儿子芈轸身上。于是在他的怂恿下，芈弃疾把芈建驱出郢都，派到北方边疆，镇守城父（安徽亳州）。然后费无极诬陷芈建谋反，建议把芈建杀掉，改立芈轸当太子。

——费无极在这方面是一个发明家，他发明了"诬以谋反"的秘密武器，专门供当权派打击要排除的人之用。自此之后，它在中国历史上占重要地位，这种摧残人权、毁灭人性、破坏法治，甚至反过来可能颠覆自己政权的手段，跟"封神榜"上的"翻天印"一样，随时随地都会被祭出来，发挥它的恶毒功能，成为中国文化最大的污点之一。

芈弃疾对孟嬴有一种歉疚的心情，他用种种方法，百般献媚，可是他苦于无法解开这个结。费无极的设计虽然丧尽天良，但总算可以把这个结解开。七十年代公元前522年，芈弃疾召回芈建的宫廷教师伍奢，好像是真的一样，质问说："太子谋反，你为什么不检举？"伍奢当面拆穿这个老畜生的假面具："大王已经夺去了儿媳，如果又要谋杀儿子，你于心何忍？"这话当然使芈弃疾发疯，他下令把伍奢囚禁。芈建在城父得到消息，就逃到宋国。芈弃疾遂顺理成章地立芈轸当太子，任命费无极做太子的宫廷教师。在习惯上，当太子登极之后，宫廷教师通常都会担任宰相，费无极长久的经营，现在一切都依照他的愿望实现。

然而伍奢必须处死。他的长子伍尚、次子伍子胥，都有超人的智慧，芈弃疾命伍奢写信给他的两位儿子："等你的两个儿子到来，我一齐赦免你们。"伍奢照写了，伍尚是一个不懂政治的人，看到信非常高兴。但伍子胥警告他："我不相信任何昏君和暴君。"于是弟兄分开，伍尚跟着使臣去郢都，伍子胥逃亡。伍尚到了郢都，父子同时斩首。伍子胥逃到宋国，跟芈建会合，偏又逢上宋国内乱，两人再逃到郑国。在郑国时，芈建牵涉进一场失败的政变，郑国把他杀掉。伍子胥抱着芈建跟齐国少女所生的四岁儿子芈胜，侥幸地逃出虎口。可是天下虽大，却找不到立足之地，只有新兴的吴王国远在楚王国背后，正在跟楚王国对抗，肯收容他们。

从郑国到吴王国首都姑苏（江苏苏州。前560年从梅里迁都于此），航空距离七百二十公里，还要穿过楚王国的领土，这是一段杀机四伏的路程。当伍子胥抱着芈胜到达吴楚交界的昭关（安徽含山北）时，街头已贴出悬赏缉拿逃犯的告示，盘查极严。伍子胥躲到郊外田野里露宿，苦无办法通过。过度的愁闷忧虑，一夜之间，使他的头发全白。正因为头发全白，相貌改变，反而得以混出国境。

吴王国在巫狐庸，以及巫狐庸的后台——晋国有计划的全力援助下，已经强大。楚王国在它的东界早已改攻为守，沿着边疆一连筑起三座巨城：州来（安徽凤台）、居巢（安徽巢湖）、锺离（安徽凤阳），企图阻止吴王国西进。但楚王国那种老式装备的军队抵抗不住现代化的吴兵团，三城陆续陷于吴王国之手，楚王国的疆域自开国以来第一次萎缩。

七十年代公元前522年，伍子胥进入吴王国，孤独又贫穷，以致沦落为姑苏街头的乞丐，沿街吹箫讨食。向一个君王报仇，已是世界上最困难的事，对一个乞丐而言，那更是一场幻梦。尤其是吴王国内部的权力斗争，这时正面临爆发阶段，更不可能为一个外国的乞丐而去攻击一个超级强国。伍子胥的前途暗淡，他已注定这样流浪下去，最后倒毙在大街之上。幸而王子光收容了他，送给他几亩田地，使他耕种。王子光深知道伍子胥的才能，把他引做亲信，参加机要密谋。

六年之后（八十年代前516年），芈弃疾逝世，孟嬴的儿子芈轸（楚昭王）继位。伍子胥捶胸痛哭，他失去了向芈弃疾面对面复仇的机会。

明年（前515年），王子光（阖闾）发动政变，把国王僚刺死。王子光继位，命伍子胥出任宰相。而也就在这一年，那位楚王国"新台丑闻"的大导演费无极，在郢都（湖北江陵）被愤怒群众殴毙，全家被屠。

九十年代公元前506年，距楚王国"新台丑闻"二十年，距伍奢被杀、伍子胥过昭关十六年。吴王国向楚王国发动历史上空前的大规模总攻击，吴王光自任总司令，伍子胥担任参谋总长。从姑苏到郢都直线距离八百公里，吴兵团水军分别沿长江、淮河，逆流而上，陆军则从昭关向西挺进，三路大军节节胜利，不久进抵郢都，楚王芈轸逃走。

伍子胥进入郢都后，把芈弃疾的尸体从坟墓里掘出来，亲自抽打三百皮鞭，直到尸体粉碎。这是中国历史上有名的鞭尸事件，数千年以来，每一个时候，都有人为伍子胥这项艰难的英雄事迹，发出感叹和歌颂。

吴王国不能把楚王国并吞，因为楚王国的面积太大了。等到次年（前505年），楚王国大臣申包胥，率领秦国战车五百辆的救兵，向郢都进发。

恰巧吴王国又发生内乱，吴王光的弟弟夫概率领他的直属部队，径自回国，打算袭击首都姑苏。吴王光只好撤退，当然满载着抢掠到手的金银财宝。

——申包胥是一个可敬的楚王国的爱国志士。据说秦国国君本来拒绝赴援，但申包胥站在皇宫门前恸哭，七日七夜不进一点饮食，秦国君臣们为他的忠心深深感动。

芈轸总算复国，但楚王国遭到这种亡国的浩劫，已残破不堪，首都迁至郢都北一百二十公里的都城（湖北宜城），长期霸权也到此结束。

吴王国，这个五霸中的最后一霸，由这一战而确定它的霸权。

六　鲁国的"三桓"政治

春秋时代，对中国历史发生最大和最悠远影响的封国，不是五霸，而是一个其小如豆、位于山东半岛泰山脚下的鲁国。它跟齐国紧邻，为了争夺交界处汶水一带农田，不断跟齐国冲突。冲突的结果，总是鲁国吃亏，因为它既小且弱，而且迂腐颟顸，不求进步。

鲁国是首创周王朝一切文物制度的姬旦的儿子姬伯禽的封国，所以收藏的图书和文献最多，贵族们的文化水平也最高。周王朝的首都镐京（陕西西安西）于公元前八世纪被犬戎部落攻陷后，图书文献全部失散，只有鲁国的图书文献仍在。它的首府曲阜（山东曲阜）遂成为当时全世界唯一的文化巨城。再加上鲁国从没有遭受过劫掠焚烧的厄运，对周王朝初期的文物制度，保持得也最完整。这些丰富的文化遗产中，最重要的是一些周王朝初期所实行或拟定的各种法令规章和各种典礼时使用的仪式程序。——被人总称之为"仪礼"。各国知识分子和知名的文化人，都必须到鲁国亲自查考，才能了解。因为就在本世纪（前六），这些复杂繁琐的老古董，已无人记忆。

周礼的内容很多，仅只仪式程序这一部分，就有祭礼、葬礼、婚礼、冠礼（男子成年时戴帽子）、笄礼（女子成年时戴簪子）等等，以及阶级性专用的国王之礼、国君之礼、贵族之礼。——没有平民之礼，因为礼只是为贵族而设，不是为平民而设，对贵族才用得着礼，平民根本不被看在眼里，奴隶更不用说了。这是一种专门知识，必须专家才能胜任。从事这种以主持典礼为职业的专家，当时被称为"儒家"。他们按照古老的规定，办理各种重要仪式，小自埋葬死人，大至国君访问。国君访问时或国君相见时，通常都聘请儒家担任"傧相",他的任务跟二十世纪结婚典礼时被称为伴郎或伴娘的"傧相"完全相同;服侍在国君左右,随时提醒国君应该做什么或应该说什么。在普通的贵族场合,儒家则被雇担任司仪、总管之类的职位。我们在此可以了解,儒家的原始意义就是典礼仪式的顾问人员,他们最荣誉的高位是在外交场合,被雇为国君傧相。

——注意"傧相"这个位置,中国的"宰相"制度起源于此。我们在本书一开始时就使用"宰相"一词,但事实上要到下世纪(前五),傧相才由纯礼仪事务性的顾问,而蜕变为政治性的宰相;才从临时性的雇员,蜕变为国君专任的高级助理。不过中国正式官称上并没有"宰相"一词,宰相只是民间的口语,历代王朝对它的名称不断改变,有时候更奇形怪状,花样百出。当我们叙述时如果一一写出,不但无聊,而且更加糊涂。所以我们自始至终都使用"宰相"一词,以保持对此一职位清晰的印象。

儒家因职业上的需要,对产生"礼教"的那个古代,有一种强烈的崇拜感情,对于非古代的事物,则加排斥。问题是古不能复,在小场合的典礼上,人们还可以勉强遵守。但在大场合的典礼上,便格格不入,因而产生出许多不必要的笑柄和纠纷。用一个例子可做说明,下世纪(前五)二十年代公元前478年,齐国国君姜骜,跟鲁国国君姬蒋,在蒙邑(山东蒙阴)举行高阶层会议,二人见面时,姜骜向姬蒋叩头(在八世纪之前,中国人席地而坐——正确地说,是坐在自己的小腿上。所以所谓叩头,只是深深地把头俯下,跟八世纪后必须屈辱地先行双膝跪地的叩头不同),这是所有礼节中最尊敬的一种。可是,鲁国国君姬蒋却双手一拱,只作了一个揖。这情形跟现代社交场合你伸出手,对方却不伸手,只微微点一下头一样。姜骜跟他的随从大臣,都怒不可遏,鲁国宾相引经据典地说:"按'礼教'的规定,国君见国君,不过作揖,国君只有见国王时才叩头,你们怎么连这都不懂!"齐国确实不懂,不过不久就懂了。四年后公元前474年,两国国君又在顾邑(山东鄄城东北)会盟,齐国早就准备妥当,届时一声令下,跳出几个壮士,抓住姬蒋,强迫他向姜骜叩头。这时"礼教"派不上用场,姬蒋只好叩头。齐国为这件事,曾编了一诗歌:

> 鲁国人冥顽不灵,
> 多少年都不清醒,
> 使我们难以为情。
> 他们死守着那可怜的儒书,

引起无谓的纷争。

儒书,即儒家赖以吃饭的书——专门记载古代繁琐复杂礼仪的书。

就在这种浓厚的崇古社会中,中国古代思想家之一,儒家学派的创始人孔丘诞生。孔丘是宋国贵族的后裔,公元前八世纪九十年代因妻子太美而丧生的宋国宰相孔父嘉,就是孔子的六世祖父。孔父嘉的儿子政变后逃到鲁国住下来,遂成为平民。孔丘的父亲孔纥,曾在鲁国军队中当一名军官,但他逝世得太早。孔丘是一个遗腹子,在母亲颜征辛苦的养育下长大。孔丘年幼时,刻苦地学习儒书,成年后即成为一个十分渊博的"礼教"专家,而且声名鹊起,后来甚至得到"三桓"之一的仲孙觉的注意。仲孙觉临死时,曾嘱咐他的两个儿子仲孙无忌和仲孙敬叔,去向孔丘学习这种知识。这是一个契机,使孔丘跟鲁国特殊形态的"三桓"政治结合。

我们试在下面列出鲁国"三桓"政治系统的简表:

父 前八世纪 八十年代	子 上世纪(前七) 三十年代	改姓 上世纪(前七) 四十年代	"三桓"政 治之始 本世纪(前 六)头十年	三都 ("三桓"封地)	孔丘同时 "三桓" 本世纪(前 六)九十年代	三都宰 (三都 首长)
十五任君 (桓公) 姬允	十六任君 长子姬同 (庄公)		二十二任君 姬倭(宣公)		二十七任君 姬宋(定公)	
	次子姬庆父	仲孙(孟孙)	仲孙蔑	郕城 (山东宁阳)	仲孙无忌	公敛处父
	三子姬牙	叔孙	叔孙豹	郈城 (山东东平)	叔孙州仇	公若藐
	四子姬友	季孙	季孙行父	费城 (山东费县)	季孙斯	公山不狃

鲁国第十五任国君姬允(死于齐国姜诸儿之手的那一位),有四个儿子,长子姬同是嫡子,继承国君的宝座。次子、三子、四子,都是庶子,只能担任政府的高级官员。姬允被尊称为桓公,即威武的国君,所以他的三位庶子,被称为"三桓"。"三桓"的后裔,分别改姓(封国内全体贵族和全体官员,都是国君的后裔,跟国君同姓。所以庶子的后裔必须改姓,否则熙熙攘攘,挤来挤去,全国只有一个姓,分辨起来就很困难)。次子姬庆父的后裔改姓仲孙(有时候也称孟孙或孟),三子姬牙的后裔改姓叔孙,四子姬友的后裔改姓季孙。

本世纪（前六）头十年，仲孙蔑（仲孙觉的父亲）当宰相，他引进叔孙和季孙两家，由三大家族轮流掌握政权，世代相传，遂开始鲁国著名的达四百年之久的"三桓"政治。"三桓"从国君手中夺取到政权和广大土地的所有权，并在自己的封地上建筑都城，即表上所称的"三都"。鲁国国君遂跟周王国的国王一样，被冷落在一旁。八十年代时，第二十六任国君姬裯（鲁昭公），曾发动一次军事攻击，讨伐"三桓"，结果被三大家族赶走，在国外流浪至死。

问题是，"三桓"虽然联合起来夺取了鲁国国君的权力，但"三桓"也各有他们自己的助手和干部，当时称为"家臣"，这些家臣的力量，也日形膨胀。其中最杰出的一位是季孙斯的家臣阳虎，他代表一种反对割据的力量，不但把季孙压下去，把其他二桓也压下去。阳虎在稍后出任鲁国的宰相，负责实际政治三年之久。他谦卑地延揽专家，曾亲自拜访过孔丘，邀请孔丘任职，但孔丘怀疑他政权的稳定性，没有接受。

本世纪（前六）最后第二年（前502年），季孙斯向阳虎反攻胜利，阳虎逃亡。"三桓"对孔丘拒绝跟阳虎合作这一点有深刻的印象，于是任命孔丘担任中都（山东汶上）县长（中都宰），开始孔丘的政治生涯。

东西方世界

——头十年·公元前597年（夏征舒杀陈国国君妫平国后第二年），后巴比伦王尼布甲尼撒攻耶路撒冷，犹太国王约雅敬出降。尼布甲尼撒立约雅敬的儿子约雅斤为王，不久又把约雅斤废掉，立约雅敬的弟弟西底家为王。

——头十年·公元前594年（郯城之役后第三年），雅典执政官梭伦，建立公民会议跟司法陪审制度。世界各国平民参政和陪审团设立，这是首创。是雅典人对人类文明最伟大的贡献之一。

——一十年代·公元前588年（齐晋两国鞍城之役次年），犹太国王西底家背叛后巴比伦帝国，尼布甲尼撒围耶路撒冷。

——一十年代·公元前586年（吴王国建国前一年），耶路撒冷陷落，尼布甲尼撒挖出西底家的双目，下令焚城，把犹太人全部掳到巴比伦当奴隶，犹太王国亡。

——五十年代·公元前550年（齐国大臣崔杼杀国君姜光前二年），波斯帝国崛起，灭里海南岸米提亚帝国，兵力益强。

——五十年代·公元前546年（第二次和平会议举行），吕底亚王国和波斯帝国，在提力亚会战，吕底亚王国大败。又在首都萨迪斯城外会战，吕底亚的战马看见波斯的军用骆驼，既怪又臭，惊骇狂奔，遂又大败。国王克罗伊斯被掳，吕底亚王国亡。

——六十年代·公元前539年（第三次和平会议后第二年），波斯居鲁士大帝攻陷巴比伦城，后巴比伦帝国亡。居鲁士定都苏萨，释放后巴比伦掳掠的犹太人返耶路撒冷，犹太人在巴比伦为奴四十八年。

——九十年代·公元前509年（伍子胥鞭尸前三年），罗马王国改建为共和国，设立执政官和元老院。开始信史时代。

第9章
公元前第五世纪

中国第一个黄金时代——大黄金时代,于本世纪来临,直到公元前一世纪(那时,中国从分裂纷乱中终于凝结成一个庞大的国家,奠定中国的基本疆土,更奠定华夏人的一项伟大的传统价值——大一统的心理基础)。在学术思想上,大黄金时代是中国最光荣,最长期的百花怒放、百家争鸣时代。这项灿烂的景观,要到两千三百年后的二十世纪初叶,才再重现。所以大黄金时代的学术思想,在文化史上具有空前的重要地位。

春秋时代于本世纪一十年代结束,吴王国亡于暴发户的越王国,五霸遂成为历史上的陈迹。一个新型的为时二百六十年的战国时代揭幕,越王国在消灭了强大的吴王国后,即从重要的历史舞台上若隐若现。久困于内部纷争的晋国,最后也被三大家族瓜分为三个独立封国。

国际权力开始以一种前所未有的姿态出现,即战争更多,战争的规模更大,引起社会结构的变动更巨。

一　封国的并吞与逐君杀君（下）

本世纪（前五）跟上两个世纪一样，大国继续疯狂地并吞小国，强邻继续疯狂地并吞弱邻，国君被逐被杀的事件，继续疯狂地不断发生。

并吞的记录：

一、楚王国并吞——顿国（河南项城），胡国（安徽阜阳，不是公元前八世纪被岳父灭掉的那个胡国），陈国（河南淮阳），蔡国（安徽凤台），杞国（山东安丘），莒国（山东莒县），密国（河南新密）。

二、吴王国并吞——越王国（浙江诸暨，不久复国）。

三、宋国并吞——曹国（山东定陶）。

四、晋国并吞——泫国（山西高平），代国（河北蔚县），仇由国（山西盂县）。

五、越王国并吞——吴王国（江苏苏州），郯国（山东郯城）。

六、秦国并吞——密国（甘肃灵台）。

逐君杀君的记录：

年代	年份	国别	事变
头十年	前497	薛国	贵族杀国君任比，立公子任夷。（不知道什么原因。）
	前494	越王国	吴王国掳越王姒勾践。（在第四节，我们将再叙述。）
	前491	蔡国	大臣杀国君蔡申（蔡昭侯），立他的儿子蔡朔（蔡成侯）。（两年前，吴王国把蔡国从新蔡[河南新蔡]迁到州来[安徽凤台]，以避免楚王国的报复攻击。今年，蔡申去吴王国朝见，贵族们恐怕他再迁国，雇人把他射死，然后再把凶手杀掉灭口。）
一十	前489	齐国	大臣田乞杀国君姜荼（齐晏孺子），立他的哥哥姜阳生。（姜荼是最小的庶子，母亲又不是贵族出身。田乞因之发动政变，实际上是打击姜荼的拥护者国姓家族和高姓家族。）
	前488	邾国	鲁国掳邾国国君曹益（邾益公），明年才释放。（曹益是个暴君，鲁国乘民怨沸腾，出兵把他捉住。）
	前487	曹国	宋国杀曹国国君曹阳，曹国亡。（曹国是一个三等小国，弹丸之地，可是曹阳野心很大，听了亲信大臣公孙强的建议，图谋称霸，于是背叛晋国，又跟宋国冲突。宋国大举进攻，晋国拒不救援，曹国遂亡。世界上确实有曹阳这种不照照镜子的国家领袖人物。）
		邾国	吴王国囚邾国国君曹益，立他的儿子曹革（邾桓公）。（曹益靠着吴王国的力量，刚刚复位，就又施展凶暴，连吴王国都为之震惊，大军再临邾国，把他逮捕。）

(续表)

年代	年份	国别	事变
一十	前485	齐国	大臣鲍牧杀国君姜阳生（齐悼公），立他的儿子姜壬（齐简公）。（这是鲍姓家族跟田姓家族夺权的斗争。）
	前483	卫国	吴王国囚卫国国君卫辄（卫出公），不久又释放。（因卫国曾杀了吴王国使臣的缘故。）
	前481	齐国	大臣田恒杀国君姜壬，立他的弟弟姜骜（齐平公）。（田姓家族终于击败了其他家族，自此齐国政权全部落到田姓之手。）
二十	前480	卫国	国君卫辄的父亲卫蒯聩（卫庄公），逐他的儿子现任国君卫辄，自立。（十六年前［前496］，卫国国君卫元最宠爱他的妃子南子，南子跟当时的太子卫蒯聩发生冲突，卫蒯聩要杀她，结果失败，逃亡到宋国。十三年前［前493］，卫元逝世，由卫蒯聩的儿子卫辄继位。今年，卫蒯聩突然返国，把儿子赶走。）
	前478	陈国	楚王杀陈国国君妫越（陈湣公），陈国亡。（陈国乘楚王国内乱——王子芈胜政变失败，进攻楚王国，楚王国等内乱平息，即行反击。我们可以发现一项历史定律：横挑强邻，必然引起可怖的打击，甚至亡国。）
		卫国	贵族杀国君卫蒯聩，立公子卫般师。齐国发兵问罪，又把卫般师捉去，立公子卫起。（卫蒯聩在外流浪十六年，仅比晋国国君姬重耳少三年，却什么都没有学会，他靠孔悝、浑良夫二大臣的支持才复位，刚复位就杀一个逐一个，傲狠凶暴，不可一世。今年，晋国大军临境，卫国大臣乘势把他诛杀，立卫般师。碰巧齐国远征军到达，便发动突袭，把卫般师俘虏，另立卫起。）
		杞国	公子姒阏（杞哀公）路杀国君姒维（杞湣公），自立。（不知道什么原因。）
	前477	卫国	大臣石圃逐国君卫起，三年前罢黜的国君卫辄复位。（卫起到底是外国强立的。）
	前475	代国	晋国杀代国国君，代国亡。（晋国大臣赵无恤企图并吞代国，就把姊姊嫁给代国国君，然后请姊夫赴宴，在宴会上杀了他。）
	前473	邾国	被罢黜的前任国君曹益，逐他的儿子现任国君曹革，复位。（吴王国在今年灭亡，曹益得越王国帮助回国。）
	前471	邾国	越王国囚邾国国君曹益，立他的儿子曹何（邾简公）。（曹益跟卫蒯聩都是同一类型人物，坚决拒绝接受教训。这是他第二次复位了，暴虐更甚，越王国只好把他囚禁，直囚到死。）
三十	前470	卫国	大臣褚师比逐国君卫辄，明年，立公子卫黔。（卫辄也暴虐，贵族把他逐走，但卫辄的外交手段很成功，越、鲁、宋三国联军压境，强迫卫国接纳卫辄复位。卫国一败再败，最后不得已，大开城门，盛怒相迎，卫辄竟不敢入城，三国只好罢休。）
	前469	宋国	诸公子逐国君子启，立他的哥哥子得（宋昭公）。（灵姓家族拥护子启，乐姓家族跟皇姓家族拥护子得，三大家族夺权斗争。）
	前468	鲁国	"三桓"逐国君姬蒋（鲁哀公），立他的儿子姬宁（鲁悼公）。（姬蒋打算借越王国军队铲除三大家族，这是鲁国国君最后一次挣扎。）

(续表)

年代	年份	国别	事变
四十	前458	晋国	四卿逐国君姬凿（晋出公），姬凿死于道路，公子姬骄（晋哀公）继位。（在第六节，我们将谈到他。）
	前455	郑国	贵族杀国君姬易（郑哀公），立公子姬丑（郑共公）。
五十	前444	义渠国	秦国掳义渠（甘肃庆阳）国王。（不知道进一步情形。）
	前441	周王国	王子姬叔袭杀国王姬去疾（周哀王），自立。另一王子姬嵬（周考王）又杀姬叔袭，自立。
七十	前426	卫国	公子卫亹（卫怀公）杀国君卫纠（卫昭公），自立。
	前425	秦国	诸大臣攻国君嬴怀公，嬴怀公自杀，他的孙儿嬴肃（秦灵公）继位。
	前423	郑国	晋国杀郑国国君姬已（郑幽公），他的弟弟姬骀（郑缥公）继位。
	前422	晋国	国君姬柳（晋幽公）的妻子秦嬴杀姬柳，立他的儿子姬止（晋烈公）。（姬柳荒淫，这不足为奇，奇的是秦嬴。这一天，姬柳又出去跟别的女子幽会，秦嬴命人在中途杀了他。）
八十	前415	卫国	公子卫颓（卫慎公）杀国君卫亹，自立。
九十	前402	楚王国	强盗袭杀国王芈当（楚声王），他的儿子芈疑（楚悼王）继位。（这时国君和国王的警卫已很森严，恐怕不是普通强盗。）

本世纪（前五）被并吞的封国数目，跟逐君杀君的数目，看起来似乎比从前减少。事实上是大多数封国的灭亡，都没有记录可寻。小封国如此，较重要的封国有时也如此。

被并吞的不仅仅是小封国，强大的五霸之一吴王国，以及十二重要封国中的陈国、蔡国、曹国，也都不能幸免。显示出一种现象，即强国不再以霸权为满足，不再以拥有尾巴国为满足，它要直接控制土地。不再以国君臣服为满足，而要把国君排除，直接统治人民。封国数目减少，国君数目也跟着减少，灭它们杀他们的事件自然也跟着减少。

二　中国第一个黄金时代——大黄金时代

在不断战争和不断政变声中，出现中国第一个黄金时代，从本世纪（前五）起，直到公元前一世纪，绵延四百余年，它包括下列一个较短的时代、一个较长的时代和三个强大的王朝（王国）：

一、春秋时代末期　　本世纪（前五）

二、战国时代　　　　本世纪（前五）—前三世纪
　三、秦王朝　　　　　前三世纪
　四、西楚王国　　　　前三世纪
　五、西汉王朝　　　　前三世纪—前一世纪

中国社会结构，在本世纪（前五）之前，至少有一千年以上的时间，是一种广大的奴隶群和贵族并存的社会。因为土地权来自分封，也就是只有国君跟贵族才有土地，而奴隶是主要的生产工具。奴隶不但没有土地所有权，而且连自由权也没有，他们来自战争时的俘虏，获罪于贵族的平民和奴隶的后裔——奴隶的后裔永远是奴隶。奴隶所以在社会结构上占重要地位，是因为耕田系使用木犁，木犁必须使用很多人力才能拉动。大黄金时代开始时，铁器开始普遍，除了用于战争外，也用于把木犁改为铁犁。尤其是不知道由于什么契机，人们发现如果使用牛马拉动铁犁，会比使用奴隶耕种的速度更快，收获也更多。这就跟十九世纪内燃机出现，终于代替了牛马一样。不仅产品大量增加，也引起社会巨变，促使奴隶制度没落，土地所有权开始从国君和贵族手中滑出，重新分配。两种新兴的事物：都市商业阶级和土地重新分配后的地主阶级，向旧日的木耕人耕时代的奴隶主，也就是世袭的贵族阶级挑战，世袭的贵族们不断地挣扎反攻，也曾不断地获得胜利，但发展到公元前三世纪时，失败已成定局。

在这种社会结构巨变之下，思想学术界呈现出百花怒放的奇观。这些怒放的百花好像生长在火山灰上一样，火山爆发时的震撼固然惊天动地，甚至造成大量伤害，但它喷出的火山灰却是世界上最肥沃的土壤。世袭贵族千余年对图书和知识的垄断，随着他们走下坡而失去控制。平民阶级——包括奴隶，过去绝对不允许，也绝对不可能获得图书和知识，而且即令获得也没有用，社会和政府全是封闭的，平民永不能脱离他们的阶级。大黄金时代中的平民却可重新获得知识技能，爬到贵族地位，担任政府官员和累积财富。新的社会形态是，一个人的权力，决定于他的思想和能力，不再完全决定于他的祖先成分，这是从前连做梦都梦不到的事，遂使贵族阶级固有的知识分子认为名分大乱，七窍生烟。但中国所有的古哲学思想和文化创造，却因此而在这个时代中萌芽成长。最主要的有四大学派，即儒家、道家、墨家、法家。另外还有其他各种美不胜收的社会科学和自然科学，纷纷出现，光芒四射，使华夏人的思想学术，进入空前的辉煌时代。

春秋战国式的国际并吞战争，在公元前三世纪结束时，大黄金时代达到

巅峰。秦王朝把中国建立成为一个现代国家，统一而强大，具备强有力的中央政府，奠立了中国广达三百万方公里的基本疆域，世界上没有一个古文明国家或民族，能在一开始时即拥有这么广大完备的规模，而且置于有效率的管理之下。除了华夏民族之外，还包括其他多种民族，如苗民族、瑶民族、戎民族等等，成为世界上最早的多民族的国家之一。接着是公元前二世纪开始，西汉王朝给中国带来长期的和平跟秩序，使华夏人凝聚力更强，各民族到最后都成为华夏民族的一分子，永不可分。

最重要的是，大黄金时代一些伟大的成就，几乎全由华夏民族单独完成。这是华夏民族生命力最活泼旺盛、最朝气蓬勃的时代，像一头不停撞树的牛犊，从不后看，而只勇敢向前。

所以我们称中国第一个黄金时代是大黄金时代——黄金时代中的黄金时代。

三 儒家

儒家学派对中国人的影响，至为深远，它的创造人是上世纪（前六）末，才从事政治生涯的孔丘。现在让我们继续叙述他的事迹。

本世纪（前五）第一年（前500），鲁国国君姬宋（鲁定公），跟齐国国君姜杵臼（齐景公），在夹谷（山东新泰）会面，孔丘以礼仪专家身份，被任命为姬宋的傧相。于是儒家学派最津津乐道的一件事发生了，会见之后举行的娱乐节目中，齐国演出莱部落（山东平度）的土风舞，孔丘根据儒书，指责齐国不该使野蛮人表演，而应使用传统的宫廷舞。齐国立刻演出传统的宫廷舞，不过却是宫廷中平时演出的轻松喜剧。孔丘再根据儒书，认为犯了"平民轻视国君"的大罪，立即指挥鲁国的卫士把那些无辜的男女演员，驱到台阶之下，砍断手足。据孔丘的门徒事后面不改色的宣称，孔丘这次凌厉行动，不但没有引起国际冲突，反而使齐国国君发现自己做错了事，大为恐惧，就把从前侵占鲁国汶水以北一带土地（汶水以北、龟山以北之田）还给鲁国。

头十年公元前498年，孔丘建议"三桓"拆除他们的都城，以求鲁国国君重振久已失去的权威，这就是著名的"堕三都运动"。"三桓"对于家臣们不断地占据都城跟他们对抗，很早以来就深为苦恼，孔丘的建议似乎是釜底抽薪，根绝家臣擅权的有效方案，所以一致赞成。可是，当叔孙家的郈城（山东东平）和季孙家的费城（山东费县），都拆除了城堡，要更进一步拆除仲孙家的郕城（山东宁阳）时，仲孙家的态度忽然改变。不但仲孙家的态度改变，连都城已拆除了的二桓，也忽然警觉到不对劲。拆除都城固然可以阻止被家臣利用，但也毁灭了保护自己对抗国君的力量。孔丘当然不肯中止，他请国君姬宋亲自率领军队前去讨伐，结果大败而回，只好眼睁睁看着二桓把已拆掉了的那两个都城重建起来。这是孔丘企图恢复传统秩序所受的最大挫折。

"堕三都"的第二年（前496），孔丘被赏识他的国君姬宋任命为代理宰相（摄相事），"三桓"已经大为光火，而孔丘却不到三个月，就把一位很有名望的文化人少正卯逮捕，立即处死。然后宣布少正卯有五大罪状，这五大罪状是："居心阴险，处处迎合人的意思。行为邪恶，不肯接受劝告。说出的全是谎话，却坚持说的全是实话。记忆力很强，学问也很渊博，但知道的全是丑陋的事情。自己错误，却把错误润饰为一件好事。"这种烟雾蒙蒙的抽象罪名，说明凡是有权的人，都有福了，他们可以随时把这顶奇异的帽子扣到任何一个人头上，而仍能振振有词。恰巧遇到君主主持对天老爷的大祭典，在分祭肉的时候，"三桓"故意不分给孔丘。这是周礼社会中最严重的一种处分，表示已被深恶痛绝。孔丘只好流亡，出奔卫国。

孔丘的政治生涯到此结束，但对他却是幸运的，他可以把全副精力用在教授门徒上。他曾经访问过齐国、陈国、蔡国，寻求一个能实行他古老的政治理想——周礼的国度，但他无法找到。最后，公元前484年，他再回到鲁国定居，在外共流亡了十三年。

孔丘回国时已六十三岁，继续教授门徒，传播他对公元前十二世纪周王朝初创时代的怀念和崇拜。又对下列五部当时已经存在的古老书籍，用他的观点，加以编纂删订：

一、《易经》
二、《春秋》
三、《诗经》
四、《书经》
五、《礼经》

注意这五部书，它们被合称为"五经"，大黄金时代结束后，儒家学派在政府中当权，这五部书支配华夏人学术思想近两千年之久。

《易经》是一部暧昧不明的形而上学的玄书，它所用的字句简单而模棱，因之使它显得好像十分深奥，读者们可以站在各种角度，做各种不同的解释。只因它是公元前十二世纪周王朝初期的著作，而且据说出自周王朝开国英雄姬昌（周文王，第一任国王姬发的老爹）的手笔。所以孔丘怀着敬畏的心情，小心翼翼地避免太多地触及它的实质问题，他感叹自己生命的短促，没有时间深入研究。可是，星相家却不像儒家那么尊重它，老是不客气地用它来推测未来，一直到二十世纪，仍把它当作一部占卜吉凶的巫书。

春秋周王朝所属各封国，都有本封国的历史记载，而且各有各的名称。如楚国史名《梼杌》，晋国史名《晋乘》，鲁国史名《春秋》。孔丘对鲁国史重予编纂，目的不在提供一部真实的史实，而在用来发挥他的恢复传统秩序的政治理想，努力暴露对新兴事物的排拒，更努力隐瞒或抹杀，甚至曲解贵族的罪行。举一个例子可以说明孔丘的苦心，楚部落建立王国已三百年，但孔丘仍拒绝称它的君主为国王，而只称他为子爵，这个可怜的老人企图用精神胜利的法宝来否定现实。于是，《春秋》遂脱离历史的范围，变为"褒善贬恶"评论性的经典。孔丘的门徒坚持说，经过他们开山老祖删订过的《春秋》，每一个字都有神圣的和深奥的意义。这些门徒中后来曾有三部著作《左传》、《公羊传》、《谷梁传》，专门诠解《春秋》。其中最教人惊奇的是，《公羊传》和《谷梁传》，是用一种自问自答的方式来诠释的，幼稚的程度，能引人失笑。然而，儒家学派的门徒却不承认有什么可失笑的，严肃地当作一本圣书。

《诗经》出现于公元前十二世纪，是中国最早的一部诗歌选集，包括贵族作品和平民作品。孔丘把它做一次重大删定，依孔丘的标准，只保存了他认为有价值的三百首，其他的都被淘汰——这是华夏文化最大的损失。《诗经》里的诗篇，包罗人生万象，从战争到和平，从闺房到宫廷，从农田到政府，从政治到恋爱，并且有很多其他书籍上所没有的情调和鸟兽草木的名称。贵族阶层的知识分子在谈话中必须经常引用上面的诗句，以显示他的高深学问，才能受到尊敬，而孔丘更把它当作辞典运用。孔丘的门徒再加发挥，索性把所有的诗篇，都赋予政治的和道德的生命，跟《公羊传》、《谷梁传》赋予《春秋》政治的和道德的生命一样。这部诗选，遂被尊为经典，脱离了文学的范围，成为儒家的五种经典之一。连男女间的情歌，都被形容为圣人们庄严的政治意识（这使我们想起基督教《旧约》中《所罗门之歌》被诠释为上帝的预言一样，两部著作似乎具有同一的奇遇）。

《书经》又名《尚书》，是中国最早的一部政治文献选集，包括公元前二十七世纪黄帝王朝，公元前二十三世纪夏王朝，公元前十九世纪商王朝，公元前十二世纪周王朝，各王朝帝王的一些文告或宣言。在孔丘的观念中，古代帝王，尤其是开国的帝王，几乎统统都是圣人，比英雄还要高一级，所以他们的文告宣言自然成为经典。知识分子也必须经常引用其中的字句，才能为自己的意见找到权威论据。

《礼经》内容全部是公元前十二世纪周王朝初期的礼节仪式。孔丘认为，礼节仪式也是一种教育，使贵族、平民、奴隶，都各自固守自己的名分，不相逾越。只要大家自觉地甘心于现状，安分守己，不去追求他名分所不应有的东西，好比说，奴隶如果不妄去追求他名分所不应有的自由权力，平民如果不妄去追求他名分所不应有的政治权力，社会就会永远和平。所以孔丘认为礼的教育——礼教，可以办到用血腥镇压手段所办不到的事，能够使社会恢复到公元前十二世纪时那种贵族的乐园时代。正如一个政党的政纲政策一样，儒家的中心思想和具体方案，全在这部经典之中。后来这部经典分为下列三书：《礼记》、《仪礼》、《周礼》，内容更详尽，范围更扩大，但主旨不变。

——这五部因为孔丘编纂删订而被尊为经典的古书，在大黄金时代结束后，一直到十九世纪，中国几乎所有的知识分子，都在这五部古书里团团打转。所谓华夏人的思想学术著作，在二十世纪之前，百分之九十都是对这五部古书的研究和再研究，所谓学者、专家、思想家，差不多都是为这五部古书做批注，或为其中某一句某一字做考证的人。知识分子从事这种工作也够艰苦的，大家互相抄录，辗转引据，数据随着时间而越增越多，从幼年到白发苍苍，一生都跳不出这个圈圈。

一十年代公元前481年，孔丘正在删订《春秋》时，有人报告他说，鲁国国君姬蒋打猎时捉到一只麒麟。麒麟是中国古老传说中一种最仁慈不过的野兽，连蚂蚁都不忍心践踏。孔丘叹息说："古人有言，世界和平，上有圣明的君王，麒麟才会出现。现在世界大乱，它却出现了，真是怪事，我的智慧已经干枯。"就此停笔。

——历史上的春秋时代，因麒麟的出现而终止。明年（二十年代前480年），战国时代开始。

又明年（前479），孔丘逝世。

孔丘没有写下任何著作，在他逝世之后，他的门徒把他平日的言论，摘要地记录下来，名为《论语》，跟"五经"一样，也被列为经典。一个以崇古尊君为中心思想的儒家学派正式建立起来，众门徒分散四方，各为这个理想奋斗。《论语》所记载孔丘的言论是片段的，所以儒家学派缺少一个完整的哲学体系和一个为一种观念概括统摄而前后一贯的逻辑。但孔丘是一个经验丰富和洞察人生的智慧老人，他所说的那些格言隽语，已能充分表达他思想的要领。若干世纪后，儒家学派发现杀少正卯这件事不太光彩，所以曾竭力证明根本没有少正卯这个人。不过孔丘壮年时的政治生涯，似乎不应该影响他老年后的学术贡献。当他回到鲁国的时候，已有很大改变，他和蔼可亲，严肃而诚恳，对学生的教诲从不疲倦。严格地说，与其说孔丘是一位思想家，毋宁说他是一位教育家，他只做叙述，而很少创见。但他对人际关系的深刻了解，使他对人性的弱点抱浓厚的同情态度。所以他提出做人的基本道理"忠"和"恕"，尤其重视"恕"——自己不愿意接受的，绝不勉强别人接受。"恕"是人生永远不变的最高贵的情操。

在崇古的大前提下，黄帝王朝的伊祁放勋（尧）和姚重华（舜），孔丘开始刻意地美化他们，这是一个大契机，他为华夏人提出一个美丽的回顾——而不是美丽的前瞻。从此儒家学派即以效法伊祁放勋和姚重华，为君主或人民的奋斗目标。如何达到这个目标，孔丘肯定"仁"是唯一的动力，"仁"的内容是"爱人"，即一种真挚的纯洁感情，忠和恕就是完成"仁"的手段，这手段优先地表现在孝顺父母的行为上。所以"孝"是一切行为的最低起步。

孔丘的政治生涯是失败的，但他的教育精神则绝对的可贵而且成功。他是一位伟大的教师，被儒家学派尊崇为"万世师表"，他那些精辟的处理人际关系的言论，留传下来，成为中国最珍贵的文化遗产的一部分。

四　道家·墨家·法家

在孔丘的同时或稍前稍后，另有三位伟大的思想家兴起。并从他们身上，产生另外三个伟大学派：

一、李耳道家学派
二、墨翟墨家学派
三、李悝法家学派

李耳，宋国苦县（河南鹿邑）人。他所生的时代，没有定论，有人说他是本世纪（前五）人，有人说他是上世纪（前六）人，有人说他是下世纪

（前四）人，甚至有人说根本没有这个人。李耳在只剩下弹丸之地的周王国首都洛阳，担任图书馆管理员（藏室史）。孔丘曾到洛阳向他探询过关于《周礼》的若干细节问题，李耳用一种教训的语调回答："你问的那些人，骨头都已腐烂，只剩下言论。英雄人物遇到可以施展抱负的机会，立即献身。没有这种机会时，不必勉强追求。我认为珠宝一定要保藏严密，有才能的人不必外表精明。把你的骄傲去掉，再把你的欲望去掉，这些对你无益。"这段话毫无系统，而且答非所问，但正击中孔丘的要害，同时也显示出李耳自己的思想。本世纪（前五）一十年代前484年——伍子胥被"诬以谋反"自杀的那一年，李耳忽然辞职，骑着一头青牛，向西而去。穿过秦国的散关（陕西宝鸡西南）时，镇守关隘的司令官（关令）尹喜说："你就要隐居了，盼望能给我们留下几句话。"李耳就在那里写下了举世闻名的《道德经》，然后出关而去，从此不知影踪。《道德经》也称为《老子》，只是一篇五千字的短文（在那个时代，写字是用刀刻在烧烫的竹片上，五千字已够这位老头受的了），李耳把宇宙发展的自然法则，命名为"道"，这就是道家学派的起源。不过李耳跟孔丘不同，他没有野心，也没有门徒，因之也没有发自门徒口中对自己的一些颂扬。但他仍被后世的学者尊奉为道家学派的始祖，《道德经》也被尊奉为道家学派的经典。李耳的思想是对强梁世界的一种消极反映，是人类遇到不可理喻，而又无法抗拒的压力时的一种自解自慰的心理状态。他曾从他的老友常从那里，得到最大的启示。有一次，常从张开口问李耳说："我的舌头在吗？"李耳回答说："在。"常从又问："我的牙齿在吗？"李耳回答说："不在了。"于是他立刻领悟到柔弱者存在，刚强者灭亡的道理。李耳的全部思想是：清静，不要作为，任凭事物自然发展。李耳说，这样做在表面上看起来是柔弱的，会马上倾覆，可是实际上不但不会倾覆，反而更为坚强，因为它的发展是辩证的，极弱即是极强，后退即是前进，酒杯太满了必定溢出来，月亮太圆时必定缺下去。所以，李耳主张不要进取，只要耐心，不作为就是有作为，自然演进就是纳入规律。也就是说，什么事都不要做，就是已经做了很多重要的事。

墨翟，鲁国人，孔丘的同乡，但他在宋国（河南商丘）的时候居多，从没有当过官，也从不去追求当官。他的中心思想是博爱、和平、反浪费、反享受、反侵略——不是反战，而只是反侵略。跟孔丘一样的是，他也拥有数目庞大的门徒。跟孔丘不一样的是，他的门徒有严密的组织。孔丘的门徒全力从事于歌颂孔丘，而墨翟的门徒则全力从事于实践墨翟的理想。所以墨翟不仅建立了被称为墨家的学派，还建立了墨党——为实行墨家学说的行动集团,这应该是中国历史上第一个民间政治性的组织。有一次,楚王国在科学家公输般的协助下,制造云梯,准备征服宋国。墨翟听到消息,为了拯救他的第二祖国,他从鲁国首府曲阜(山东曲阜),狂奔十昼夜,赶到楚王国首都郢城(湖北宜城)。曲阜到郢城航空距离六百一十公里,千山万水,盘旋弯曲,即以最低限度两倍计算,也有一千四百公里,只走了十天(那时代还没有马匹,全靠徒步),可看出支持他拼命奔跑的爱心。到了郢城,就在楚王面前设置沙盘,演习攻防。公输般用九种方法攻击,墨翟用九种方法防御。公输般不能取胜,最后,公输般说:"我还有最后的一着,但我不说出来。"墨翟说:"我知道你还有最后的一着,但我也不说出来。"楚王听不懂他们的哑谜,墨翟说:"公输般不过以为杀了我就可以解决问题,但我的三百余门徒在禽滑厘率领下,已进入宋国,登城协防,等待作战。"楚王于是下令取消这次军事行动。

正因为博爱与和平之故,这位思想大师提出若干问题。诸如:为什么在街上杀一人是犯罪,而在战场上杀一万人是英雄?为什么抢夺别人的鸡鸭是盗贼,而抢夺别人的国土是名将?为什么人民要忍饥挨饿去供养统治者享乐挥霍?为什么人民要把政权交给一家人世代相传?为什么一个人死后要用活人殉葬?为什么埋葬一个死人,要花费那么多钱?为什么父母死了,儿子要守丧三年,不去从事劳动生产,却平白受人供养?这些问题的提出,都冒犯到被隐蔽着的社会上的既得利益阶层,显示墨翟的高度智慧和高度勇气。同时也显示出墨家学派跟儒家学派恰恰相反,墨家学派追求的是一个新的社会秩序,和新的人际关系。

墨翟死后(不知道他什么时候逝世),他的门徒把他生前的言论编纂为一本书,命名《墨子》,作为墨家学派的经典。

李悝,我们对他所知道得太少,只知道他在本世纪(前五)末叶,担任晋国高级官员。晋国分裂后,继续担任魏国高级官员。他指出米价太贵对消费者有害,米价太贱则对农人有害,他创办"平籴法",即控制米价在一个水平程度,使魏国成为战国时代初期的超级霸权国。李悝又参考各国的法律,综合成为一部法典,命名为《法经》,是中国最古老的成文法典之一,内容全是刑事范围,有"盗法""贼法""囚法""捕法"。法家学派认为,君主拥有绝对的权威,法律是帮助君主治理国家的重要手段。

儒家、墨家都有创始人。他们虽没有宣称他们创造了一个学派,但孔丘和墨翟很明确地被承认是领袖人物。道家虽没有创始人,但以后思想相同的学者却追认李耳是道家的始祖。法家则真正是一个没有首脑的思想巨流,李悝只不过时代最先，我们姑且用他来加强印象，事实上更先的还有五霸中第一霸齐国宰相管仲，他是一个典型的法家，而且用法家的政策使齐国强大。但所有被称为法家的学人，并无意自称一个学派，更无意组成一个类似儒家、墨家那样的门徒集团。他们只是共同具有法治思想，这思想跟上述三家思想相异，尤其是跟儒家，几乎针锋相对。

我们可以用几句简单的话作为总结，儒家思想是保守的，认为社会是退化的，最好的永远是最好的，而最好的时代已经过去。现在不如过去，未来不如现在，所以必须事事以古为法，至少也要保持现状。道家的思想是逃避的，把人生的富贵尊荣，看得都像天际的浮云，绝不追求，也不跟人竞争，如果有人竞争，他们就立刻退让，使对方在没有对象之下自行崩溃。墨家思想是宗教的，像一个苦行僧，无条件为他人分忧，在人类未能全部快乐之前，他们不单独快乐。法家思想是一种统御术，认为崇古是一种罪恶，最好的时代不是过去，而是现在。只有君主严厉地实行法治，才能发挥国家的功能，完成秩序与和平。

五　诸子百家

儒、道、墨、法四家思想，是大黄金时代四种重要的思想。

然而，不仅此四家而已，当时曾有"诸子百家"的称谓，以形容新思潮的蓬勃奔放。不过在历史上留下记载的重要思潮，包括儒、道、墨、法在内，只有十一家。我们把它列出一表，注明它们的主要学者和主要著作，以代替长篇累牍的叙述：

百家	创始人或主要人物	诸子（主要学者）	诸子（主要著作）
儒家（崇古思想）	孔丘（前五）	曾参（前五）·卜商（前五）·左丘明（前五）·公羊高（前五）·谷梁俶（前五）·颜回（前五）·孟轲（前四）·孔伋（前四）·荀况（前三）·董仲舒（前二）	《论语》·《大学》·《中庸》·《孟子》（以上著作称"四书"）《左氏春秋》·《虞氏春秋》·《李氏春秋》·《春秋公羊传》·《春秋谷梁传》·《荀子》·《景子》·《公孙尼子》·《宁越》·《曾子》·《徐子》·《子思子》·《世子》·《芈子》·《宓子》·《羊子》·《鲁仲连子》·《王孙子》·《漆雕子》

（续表）

百家	创始人或主要人物	诸子（主要学者）	诸子（主要著作）
道家（退让思想）	李耳（前五）	姬轩辕（黄帝，前二十七）·列御寇（前五）·关喜（前五）·庄周（前四）·杨朱（前四）	《老子》（《道德经》）·《关尹子》·《庄子》·《列子》·《文子》·《鹖冠子》·《倡子》·《力牧》·《公子牟》·《黔娄子》·《田子》·《捷子》·《长卢子》·黄帝君臣·郑长者·王狄子
墨家（博爱思想）	墨翟（前五）	禽滑厘（前五）·公尚过（前五）·孟胜（前四）	《墨子》·《田俅子》·《我子》·《随巢子》·《胡非子》
法家（法治思想）	李悝（前五）	管仲（前七）·慎到（前五）·吴起（前四）·公孙鞅（前四）·申不害（前四）·韩非（前三）·李斯（前三）	《法经》·《管子》·《商君书》·《韩非子》·《申子》·《李子》·《处子》·《慎子》
名家（逻辑方法）	惠施（前四）	邓析（前六）·公孙龙（前三）	《惠子》·《邓析子》·《公孙龙子》·黄公·毛公·《尹文子》·成公生
兵家（军事思想）	孙膑（前四）	田穰苴（前六）·司马错（前四）·孙武（前六）·王廖（前四）	《孙子兵法》·《司马兵法》
阴阳家（玄学思想）	邹衍（前四）	邹奭（前四）	《邹子》·《冯促子》·《黄帝泰素》·杜文公·关丘子·周伯·南公
纵横家（外交技术）	苏秦（前四）	鬼谷子（前四）·张仪（前四）	《苏子》·《张子》·《阙子》·《蒯子》·《鬼谷子》·零陵·令信
杂家（综合思想）	吕不韦（前三）	尸佼（前四）·刘安（前二）	《吕氏春秋》·《尸子》·《淮南子》·《尉缭子》
农家（农业技术）	许行（前五）	辛计然（前五）	《神农》·黔老
小说家（文学著作）	屈原（前四）	宋玉（前四）	《离骚》·《九辩》·《神女》·《高唐》

　　诸子中的"子"字，在大黄金时代最为流行，它有两种意义，称人时意义是"先生"，称著作时意义是"全集"。如"孟子"，称人时指"孟轲先生"，称著作时指"孟轲全集"。如"公孙龙子"，称人时指"公孙龙先生"，称著作时指"公孙龙全集"。——只有李耳，据说因为他太老了的缘故，特别尊称他为"老子"，同时也用此称他的大作《道德经》。"诸子"，即"众

先生"，也即"各种著作全集"。有时候对各种著作，统称为"诸子书"，这就比较清楚多了。在大黄金时代之后，为了表示推崇，对人偶尔还有"子"的称呼，但对著作，称"子"的混乱风气才全部绝迹。

前四家我们称它是一种学派，后七家实质上是一种专门知识或一种专门行业，跟哲学无关。但虽然跟哲学无关，却跟学术思想有关，每一种都有它的理论基础和重要著作，全部是大黄金时代新兴的思潮，从前根本没有，以后也很少出现——即使偶有出现，也被已经定为正统思想的儒家所排斥轻视。

促成这个伟大景观的原因，大概有下列两项：

一、社会结构剧烈变动中所产生的纷乱、黑暗、贫富不均和平民生活的痛苦，一些平民阶层的知识分子，遂有高级情操上的反映，各人按照着各人认为正确的方向，提出拯救世界、消灭贫穷的方法。

二、传统的权威，即世袭贵族统治的瓦解，像从苗圃上搬开了沉重的石头一样，新的花草容易勃兴。各国政府为了保持生存，不但不再支持旧的权威，反而打击旧的权威，帮助新兴力量建立新的权威。如各国国君大多数都抛弃贵族政治，竞争着从平民和奴隶群中，选拔人才——包括政治家、军事家。对新兴思潮，是一种强大鼓励。

不仅仅百花怒放，百家争鸣而已，华夏人的思想已进入无涯的空间，充满了想象力，奔腾驰骋，彩虹四起，处处是活泼的灵性和丰富的生命。大黄金时代是华夏人最兴奋的时代。

六 战国时代

让我们从学术思想的天地中走出来，回到战争的和政治的世界。

上世纪（前六）结束时，春秋时代五霸的最后一霸吴王国，夺取到霸权。但就跟从前它在楚王国背后悄悄举起利刃一样，正当它气焰万丈时，一个文化程度更落后的越王国，也在它背后悄悄举起利刃。

越民族的来历没有人知道，它的部落设在诸暨（浙江诸暨），酋长姒勾践宣称他们是夏王朝开国君主姒文命（大禹）的后裔。实际上他们比楚民族距中国文化更远，血统也更不相干。他们使用一种比楚王国更难懂的言语，过着一种更奇异更野性的风俗习惯生活。吴王光对这个名不见经传的草昧部落，当然看不上眼。头十年公元前497年，姒勾践宣称他不再是酋长，而是越王国的国王。明年（前496），吴王光向他进攻，越王国在欈李（浙江嘉兴）迎战，吴王光大败，脚趾中了越军的毒箭，溃烂而死。儿子吴夫差继位，他每顿饭都命卫士大声问："夫差，你忘记杀父之仇了吗？"他肃然回答："誓死不忘。"两年后（前494），夫差做第二次进攻，取得决定性的胜利，生擒了姒勾践。

对越王国如何处理，吴政府发生歧见，那位忠心耿耿、鞭尸案的主持人伍子胥，坚决主张把越王国并入版图。而另一位高级官员伯嚭，则坚决主张把越王国收为尾巴国，他们都有非常充分的理由。当时吴、越两国的形势，跟上世纪（前六）鞭尸时吴、楚两国的形势不同，那时吴王国没有力量并吞楚王国，现在吴王国已有足够的力量并吞越王国了。可是，姒勾践是一个可怕的敌人，他靠着谄媚和贿赂，使伯嚭提出与伍子胥相反的意见，并使夫差采纳那个意见。夫差允许越王国存在，但越王姒勾践必须拘留在吴王国的首都姑苏（江苏苏州），当作人质。姒勾践对这种苦难，只好接受，但他握有更重要的秘密武器——忍耐。有一次，夫差病了，姒勾践亲自去尝夫差的粪便，然后用一种唯恐怕别人没有听到和传播不广的惊喜声调喊："病人的粪便如果是香的，性命就有危险。如果是臭的，表示生理正常。大王的粪便是臭的，一定会马上痊愈。"

世界上只有少数像伍子胥那种智慧人物，才能抵挡住谄媚和贿赂，夫差不过一个平凡角色而已，他被姒勾践装模作样的爱心深深感动。于是，只三年光景，就在头十年最后一年公元前491年，把姒勾践释放回国。姒勾践回国后第一件事就是挑选美女送给吴夫差，其中有一位西施，是中国历史上著名的美女之一，吴夫差特地在姑苏（江苏苏州）城外建筑一座最豪华的宫殿姑苏台，让西施居住。据说西施有一种"心痛"的病，大概是现代人称的胃痛。每逢西施病发，她用手"捧心"（掬在胸前）的时候，正是她最美丽的时候，夫差会魂魄消散，忘掉军国大事。姒勾践正要他如此，越王国在姑苏台的歌舞声中，秘密重整军备。

只有伍子胥洞察到这个危机，但有远见的人往往是悲哀的，他的警告没有人听，太多的警告反而使人憎恶。一十年代公元前484年，吴王国进攻齐国，在艾陵（山东莱芜）地方把齐国击败。夫差兴高采烈地向大臣们夸耀他的本领，伍子胥说："越王国才是我们的大患，齐国不过小毛病罢了。这次我们如果失败，大王可能生出戒惧之心，反而是吴王国的福气，如今不幸胜利，大王一定心高气傲，再向中原进发，跟古老的晋国争霸。那时越王国乘我们国内空虚，发动突击，吴王国危在旦夕。"永无止境的忠言规谏，使夫差对元老大臣的容忍达到最后限度。伯嚭于是适时地揭发伍子胥的叛国罪行——伍子胥预见吴王国不可避免的沉沦,在数年前出使齐国时,曾把儿子托付给齐国的大臣鲍息。通敌的证据没有比这更确凿的了,伯嚭用沉痛的表情指出:"无怪伍子胥总是反对进攻齐国,原因在这里。"夫差像一只被挑怒了的疯狗一样,狂怒起来,下令伍子胥自杀。

伍子胥死后第二年(前482),夫差果然率领大军北上,抵达黄池(河南封丘)这是南方霸权兵力到达北方最北的第一次,在那里大会各国国君,争取盟主。当晋国稍微表示犹豫时,夫差就下令他的兵团擂起战鼓,晋国立即屈服。姑苏到黄池航空距离七百公里,急行军也要二十天左右,而经过二十天之久急行军的部队,紧张疲惫交集,根本不能作战。姒勾践抓住这个机会,向吴王国发动突袭,包围姑苏,焚烧姑苏台,大火一月不熄。夫差狼狈回军救援,就在姑苏城外,他的兵团一经接触,即被击败。夫差不得已,向越王国求和,姒勾践接受了,因为这时候他的力量还不够强大。

明年(一十年代最后一年前481),春秋时代结束。

——两千年后的十九世纪,一个新的属于世界性的更庞大的春秋时代,再度来临,而且直到二十世纪,甚至可能延伸到二十一世纪。跟公元前古中国已逝去的春秋时代,无论在实质上和形态上,都有几乎全部相似之点。诸如:一、小国林立。二、大国争霸。三、政变不断发生,国家元首不断被逐被杀。四、不断有旧国灭亡,新国兴起。五、一次大战调整一次霸权。六、新生事物、新生思想、新生意识形态,如雨后春笋,不断向旧事物、旧思想、旧意识形态挑战,而且节节胜利——像民主终于战胜君主。七、因之卫道之士更艰苦、更痛心欲绝,用尽所有手段,企图阻挡历史前进的巨轮。

又明年(二十年代第一年前480年),战国时代开始。顾名思义,这是一个国际战争更趋激烈的时代。

吴夫差堕落了,他沉醉在以西施为首的温柔乡中,再没有当年报杀父之仇时的英雄气概,一败之后,不能振作复兴。二十年代公元前473年,距姑苏城外挫败整整九年,距生擒姒勾践整整二十一年,越王国发动全面总攻击,吴军崩溃,姑苏陷落。夫差逃到阳山(江苏苏州西北万安山),向姒勾践请求仿效二十年前的故事,准许吴王国降格为越王国的尾巴国。姒勾践答复说:"从前天老爷把越王国赐给你,你不接受。现在天老爷把吴王国赐给我,我不敢拒绝。"

夫差只好自杀,临死时用布把脸蒙起来,因为他在地下无颜再见伍子胥。吴王国立国一百一十四年，到此灭亡。

五霸也到此结束。

七　晋国的分裂

姒勾践是一个可怕的敌人，更是一个可怕的朋友。他是中国历史上最著名的忍辱负重的君主，也是最著名的忘恩负义的君主。吴王国覆亡之后，姒勾践的两位智囊中的一位——范蠡（他一直在姑苏城陪伴姒勾践受苦受气），即行逃走，临逃走时写了一封信给另一位智囊文种（他担任宰相的职务，负实际政治责任，越王国在他手中复兴），信上说："飞鸟射尽，良弓收藏。狡兔死尽，猎狗被杀。姒勾践颈项特别长而嘴像鹰嘴，这种人只能共患难，不能共安乐，你为什么还不离开呢？"文种不相信世界上会有这种冷血动物，但他不久就相信了，姒勾践亲自送一把剑给文种，质问他说："你有七个灭人国家的方法，我只用了三个，就把吴王国灭掉。还剩下四个方法，你预备用来对付谁？"文种除了自杀外，别无选择。当时的越王国跟上上世纪（前七）五霸之一的秦国一样，都是刚刚脱离草昧时代，人才极端缺乏。秦国是国君嬴任好死后车家三良才殉葬的，而姒勾践还没有死，政治家已被翦除罄尽。

三十年代公元前468年，姒勾践把首都从诸暨迁到北方六百五十公里外的琅琊（山东胶南），距齐国首都临淄（山东淄博东），只一百九十公里，这使齐国和鲁国，都大为震恐，不得不谨慎而恭敬地对待这位言语不通、衣服不同，礼仪也相异的"野人"头目。

——姒勾践于迁都后逝世，他的后裔没有能力继续维持一个现代化的政府制度，各部落酋长纷纷拔帐而去，越王国迅速没落。勉强支持到下世纪（前四）二十年代前379年，只好放弃琅琊，南迁到会稽城（浙江绍兴）。六十年代前333年，第七任也是最后一任国王姒无疆，攻击楚王国，兵败被杀，部众溃散，立国一百六十五年。

越王国像暴风下的沙堆，不断地层层吹散，最后一扫而光。晋国却像烈日下的冰山，经过漫长的时间，最后全部蒸发。晋国在二百年前上上世纪（前七）国君姬重耳（晋文公）即位时，追随他流亡的那些大臣，就组成了一个世袭的贵族统治集团，这个统治集团曾为晋国建立长期霸权。但他们的后裔不能像祖先们那样和睦相处，百余年排挤倾轧的结果，上世纪（前六）

五十年代，只剩下六个大的家族：范家、中行家、荀家、韩家、赵家、魏家。六大家族共同掌握权力，成为鲁国"三桓"政治的复制品，晋国国君跟鲁国国君一样，地位越降越低。再经过百余年的排挤倾轧，到本世纪（前五）四十年代，六大家族又发生火并。范家、中行家在火并中失败，被驱逐出国，于是只剩下四大家族，各拥有强大的私家军队和广大的领土，晋国国君姬凿（晋出公）忍受不住这种压迫，采取鲁国国君曾经采取过而终于失败了的行动，他秘密向齐国借兵，企图用外力解决内忧。四家得到消息后，立刻把姬凿赶下宝座，姬凿死在逃亡的中途。

然而四大家族间的均势不久破裂，荀家是四大家族中力量最强大的一家，族长荀瑶，一位非常聪明，因而也自命不凡的花花公子，兴起并吞其他三家的念头。他开始向其他三家勒索土地，韩、魏两家不敢不答应，但赵家族长赵无恤拒绝。荀瑶大怒，四十年代公元前455年，他邀集韩家族长韩虔、魏家族长魏驹，联合进攻赵家的根据地晋阳（山西太原），约定把赵家灭掉之后，三家瓜分它的土地。晋阳城很大而且很坚固，围攻了两年，都无法攻下。到公元前453年，联军决开汾水的堤防灌城，水势浩大，仅差两三块板的厚度就灌到城里去，情势危急万状。

就在这个时候，出现外交史上最大的奇迹。赵无恤派遣密使潜入联军营帐，向韩虔、魏驹分析当前的形势："荀瑶的欲望没有止境，人人皆知。在力量相等的时候，韩、魏二家还要割地给他，如果赵家灭亡，你们有什么把握能分到土地？即令分到，你们又有什么把握不再吐出来？即令不吐出来，你们又有什么把握不再被继续勒索？不如我们三家联合，瓜分荀家。赵家死而复生，永远感激你们救命大恩，你们也自此永远免除被并吞的恐惧。"两家同意密使的见解，这个决定是明智的。于是，一夜之间，形势发生一百八十度的转变。韩、魏、赵三家联军向睡梦中的荀家兵团发动突击，本来灌城的汾水汹涌地奔向荀家防地，荀家兵团全军覆没，荀家全族被屠，赵无恤把荀瑶的人头拿来当作尿壶。

现在，晋国只剩下三大家族。史学家为了方便，像称"三桓"一样，称韩、魏、赵三家为"三晋"，晋国国君就更没有分量了，反而到三家去朝见。

本世纪（前五）结束前三年（前403），那个早被人遗忘了的，住在洛阳穷苦王宫里的周王国第三十八任国王姬午（周威烈王），在收到三家的巨额贿赂后，龙心喜悦，下令擢升三大家族为国君，就在他们现有的地盘上建立封国。于是在一片灭国声中，三个强大的新封国在国际舞台上出现。不过可怜的晋国国君依旧存在，只剩下首府新田（山西侯马）和另一个城市曲沃（山西闻喜）。而这两个城市，也由三个新兴的封国派人管理。

东西方世界

——头十年·公元前500年（夹谷会盟，孔丘当鲁国宾相），希腊南部诸城邦组"伯罗奔尼撒联盟"，推斯巴达为盟主。

——一十年代·公元前490年（吴王国掳妫勾践后四年），第一次波希战争爆发，波斯大败。

——二十年代·公元前483年（战国时代开始之前三年），释迦牟尼逝世。

——二十年代·公元前480年（战国时代第一年），第二次波希战争爆发，波斯海军全军覆没。

——二十年代·公元前479年（战国时代第二年），第三次波希战争爆发，波斯大将马都尼被俘，从此波斯再没有力量西进。

——二十年代·公元前477年（齐国壮士强迫鲁国国君姬蒋叩头的前三年），希腊诸城邦组"提洛联盟"以防波斯。

——三十年代·公元前469年（妫勾践杀文种后三年），希腊哲学家苏格拉底诞生。

——五十年代·公元前450年（晋国三大家族瓜分荀家后三年），罗马公布十二铜牌法。

——六十年代·公元前431年（楚王国灭莒国），第一次伯罗奔尼撒战争爆发，延续十年，雅典不能支，乞和。

——七十年代·公元前427年（李悝实行"平籴法"），希腊哲学家柏拉图诞生。

——八十年代·公元前415年（越王国灭郯国的前一年），第二次伯罗奔尼撒战争爆发，延续十二年。

——九十年代·公元前404年（三晋擢升为封国的前一年），第二次伯罗奔尼撒战争结束，雅典战败，城被拆除。斯巴达命三十人组织政府，史学家称"三十暴君时代"。

第10章
公元前第四世纪

本世纪是一个战争的世纪。

国际形势完全改观,各封国纷纷宣布改为独立王国,各封国国君也纷纷改称国王——跟从前管辖他们的周王朝的国王站在平等地位。

但奇迹发生在秦国身上,这个最落后、最不惹人注目的偏僻小国,在法家巨子公孙鞅主持下变法成功,就像一条闯进瓷器店的蛮牛一样的闯进了国际社会,各国惊骇失措之余,不知道自己也变法图强,而只一味地乞灵于外交政策,有些国家主张联合起来抵抗,用武力把它制服。有些国家主张跟它和解,以求避免眼前的伤害。

国家间外交战激烈。

一　封国的消失与蜕变

本世纪（前四）开始后，三个重要的封国相继灭亡。

第一个是齐国。跟鲁国"三桓"、晋国"三晋"一样，齐国政权在上世纪（前五）便落到田姓大臣的家族手中，经过数十年的经营，到本世纪（前四）发展成熟，一十年代公元前389年，田姓家族的族长田和，仿效"三晋"的办法，把贿赂送给洛阳周王国的国王姬骄（周安王），姬骄发挥了周王朝国王最后一次剩余价值，下令擢升田和当齐国国君。齐国原来的国君姜贷，则被放逐到海边的一座小城。十年后的二十年代公元前379年，姜贷逝世，姜姓齐国灭亡。

其次是晋国，晋国的分裂使人惋惜，因为在所有的封国中，晋国的面积最大，力量最强，最有资格统一当时乱糟糟的中国。二十年代公元前376年，晋国最后一任国君姬俱酒，被三晋逐出宫廷，废为平民。仅余的两个城市，也被三晋瓜分。晋国灭亡。

再其次是郑国，它位置在华北大平原的中央要冲，春秋时代是晋楚两大长期霸权必争之国。晋国灭亡的次年（前375），韩国向它进攻，首府新郑（河南新郑）陷落，郑国灭亡，韩国就把首府从平阳（山西临汾）迁到新郑。

三个重要封国的灭亡，国际上没有一个国家说一句支持的或同情的话，好像一片枯叶在激流中沉没，连一个涟漪都不能引起。

本世纪（前四）中期之后，当时中国版图上只剩下下列八个重要的国家。这八个重要的国家中，除了楚王国外，其他七国，在理论上仍然是周王朝的封国，国君仍然只能称"公爵"称"侯爵"。但他们早已不满意这种低一级的身份。于是，从六十年代起，国君们一窝蜂地摆脱封国的名义，一律改称国王，建立跟周王国地位完全平等的独立王国。下表是他们的王国名称和王国的首都：

　　　　楚王国　郢都（湖北江陵）
　　　　齐王国　临淄（山东淄博东临淄镇）
　　　　魏王国　安邑（山西夏县）（不久迁都大梁·河南开封）
　　　　宋王国　睢阳（河南商丘）

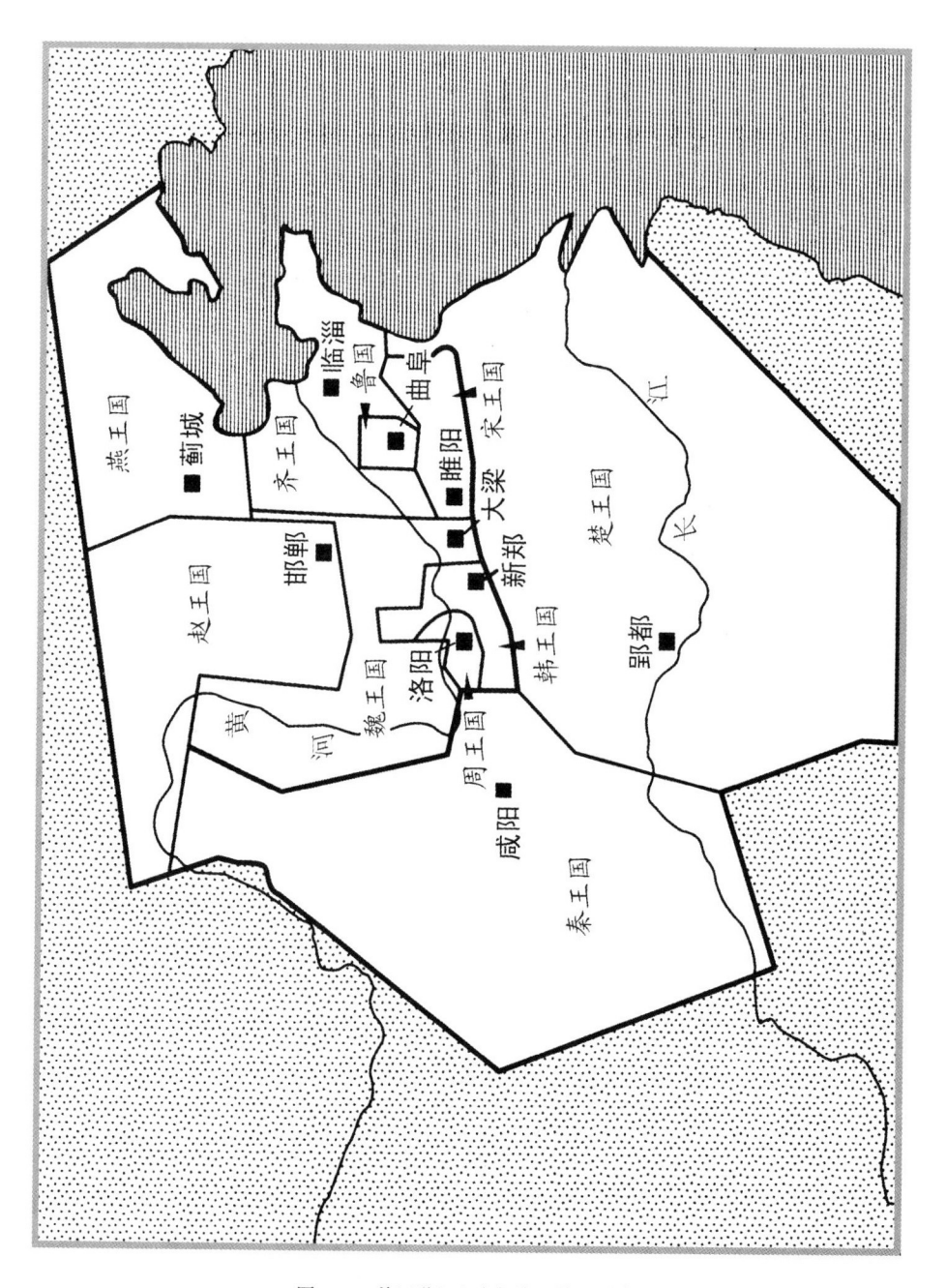

图一一　前四世纪六十年代·战国时代

秦王国　咸阳（陕西咸阳）
韩王国　新郑（河南新郑）
赵王国　邯郸（河北邯郸）
燕王国　蓟城（北京）

其他仍存在的还有越来越小的卫国（河南濮阳），儒家大本营的鲁国（山东曲阜），苟延残喘的邹国（山东邹城）、滕国（山东滕州），历史模糊的中山王国（河北定州），以及古老的周王国（河南洛阳），但一个比一个微不足道。尤其是周王国，从前它还可以在精神上自我陶醉，关着门宣称他是天下的共主；中国的元首，至少还有一旦被利用的价值，如分封"三晋"跟分封田和之类。现在连这点自我陶醉也告终结，只剩下可怜的空壳，国王穷困潦倒，每天忙着内部斗争，跟一个部落酋长相差无几。

魏国是战国时代前期的超级强国——犹如郑国是春秋时代前期的超级强国。魏国在没有建立王国之前即以霸主的姿态出现，称雄国际舞台六十余年。它的开国国君魏斯，一连任用了三位法学派人物，一位是前面叙述过的李悝，一位是镇守邺城（河北临漳）的西门豹，一位是开辟并镇守西河地区（黄河以西·陕西北部）的吴起。魏国位于中原的中央，拥有最肥沃的耕地，农产品的收入在各国之上。李悝当宰相期间，制定法律，调整赋税，使社会得到长时间的安定。西门豹在邺城一带兴办灌溉工程，使魏国更富上加富。吴起不仅是杰出的政治家，而且是一位杰出的军事家。在他镇守西河期间，像泰山压顶一样，紧压住秦国的北疆，如果再多给他十年时间，秦国可能会被他片片蚕食。

本世纪（前四）四十年代，尚是封国的魏国，国力达到巅峰。公元前354年，大将庞涓进攻赵国的大城邯郸（那时赵国的首府仍在晋阳——山西太原）。赵国向齐国求救，明年（前353），齐国派出援军，总司令田忌、参谋长孙膑，采取攻击敌人所必救的战略，统率齐兵团直接进入魏国本土。庞涓果然回救，在桂陵（河南长垣）陷入埋伏，大败而归。

——这里面包括一个著名的出卖朋友的故事，庞涓和孙膑同是鬼谷子的门徒，也是最要好的朋友。庞涓先离开老师，当了魏国的大将，最初还怀着纯洁的友情，向魏国国君魏䓨（魏惠王）推荐孙膑。可是庞涓不久就发现孙膑的才干远超过自己，可能被国君赏识而夺取自己的位置，他没有鲍叔牙对国家和对管仲那种高贵的情操，他决心采用冤狱手段，排除孙膑。于是，他命人告发孙膑谋反，当然是证据确凿，然后再由庞涓虚情假意的一再哀求，国君魏䓨才勉强赦免孙膑一死，但仍砍断他的双足，以防逃亡。从此孙膑不能走路，只能在地上爬行。庞涓所以没有杀他，是为了要他写出记忆中鬼谷子所传授的一部兵法。孙膑感激老友的救命之恩，当然愿意写出。但写了一半，他发现了被陷害的真相，就伪装疯狂，啼笑无常，有时候连屎尿都吃下去。等到庞涓的防范稍微松懈，孙膑就逃回他的祖国——齐国，被齐国最高军事首长田忌，任命为参谋长（军师），作战时他不能骑马，就坐在特制的车子上指挥。这个故事的另一意义是，大黄金时代中，政权不再是世袭的花花公子们的私产，有才能的平民可以很容易地擢升为政府的高级官员，思想学术自由的天地中，一定拥有一个生气蓬勃的开放社会。

五十年代公元前341年，魏国再发动第二次侵略战争。由太子魏申亲自担任总司令，庞涓担任参谋长，进攻韩国。韩国也向齐国求救，田忌、孙膑仍然使用攻击敌人所必救的老战略，统率齐兵团再度进入魏国本土，直指魏国的东方重镇大梁（河南开封），一面在马陵道（河北大名）布下埋伏。魏兵团不得不回军应战，结果又第二度大败，魏申被俘自杀，庞涓在黑夜中被引到一棵上面写着"庞涓死此"的大树之下，当他命卫士燃起火把，察看上面写的是什么时，伏兵向着火光，万箭俱发，把他射死。庞涓是一个典型的卑劣人物，他临死都没有丝毫对他的负义行为感到惭愧，反而诟骂孙膑侥幸成名。

二　吴起与楚王国

魏国的开国国君魏斯（魏文侯），是一位英明的领袖，这由他能任用三位法家巨子，可作为证明。而吴起是三巨子中更为杰出的一位，他是卫国人，在鲁国当过低级军官，然后投奔魏国，立下开辟河西（陕西北部）广大疆土的功勋。有一次，魏斯跟吴起一齐在龙门（山西河津西北）渡黄河时，魏斯不禁赞赏说："山川如此险要，正是魏国的珍宝。"吴起说："一个国家的存在，在政治修明，不在山川险要。夏王朝末代君主姒履癸（夏桀），东有济水（发源于太行山，东流注入渤海，现在河道已被黄河所夺），西有华山（五岳之一），南有伊阙（洛阳南郊关隘），北有羊阳阪（山西平顺东），结果被商王朝灭掉。商王朝末代君主子受辛，东有泰山（五岳之一），西有孟门（河南辉县西太行山关隘），南有黄河，北有恒山（五岳之一），结果被周王朝灭掉。魏国如果政治腐败，同舟共济的人，都可能成为敌人。"魏斯欣然接受这个十分不顺耳的勉励。

头十年公元前397年，魏斯逝世，他的儿子魏击——庞涓丧师辱国时国君魏䓨的父亲继位，这时吴起的声望很高，魏击（魏武侯）准备任用他当宰相，现任宰相公叔大为恐慌，公叔是一个精明透顶的政客，他像演戏一样进行他的权力斗争。公叔的妻子是一位公主——魏斯的女儿，公叔在新王魏击面前，竭力赞扬吴起，认为吴起是一个了不起的角色，足有资格担任魏国的宰相。问题是，吴起是卫国人，恐怕他不能专心忠于魏国。不过这也容易解决，公叔建议说，如果选一位公主嫁给吴起，就把吴起的心拴住了。魏击认为这是一个好办法。

于是，公叔夫妇在精密的设计下，摆下筵席，邀请吴起，筵席上，公叔的妻子以公主的身份，鼻孔朝天，把公叔像牛马一样喝来叱去，百般凌辱。吴起看到眼里，大为震骇，暗暗庆幸自己幸而没有跟公主结婚。不久，国君魏击向吴起说，愿意把女儿嫁给他，吴起紧张起来，婉转但坚定地表示不敢当。公叔就向魏击警告："娶公主是一般人做梦都梦不到的荣耀，吴起竟然拒绝，恐怕他的志向高于公主，我们必须提防。"魏击遂对吴起改变态度。

吴起这时才知道中了公叔的圈套，但已不是可以用口舌解释的了。他只好逃亡，逃到楚王国。国王芈疑（楚悼王）用盛大的诚意欢迎他，并任用他当楚王国的宰相。楚王国自从上世纪（前六）伍子胥鞭尸之后，已二百年之久，不能恢复昔日的威势，芈疑把希望寄托在吴起身上，交给他大权。

吴起对这个庞大古老，内部已腐烂不堪的王国，先从整理法律规章着手，使它简明切实，然后严格执行，把一些政治垃圾——只发议论不做事和贪污腐败的官员，以及花花公子型的贵族，全部免职，逐出政府，任用有才干的干部，提高行政效率，把节省下来的经费，用到武装部队上。吴起身为总司令，但他经常跟最低级的士兵生活在一起。只几年工夫，楚王国骤然强盛。影响力向南直到百越（广东、广西、福建及湖南、江西南部），向北则阻止新兴的魏、韩两国南下，向西攻击秦国，深入汉水上游（陕西南部）。国家间都感觉到问鼎中原的古老灾难又要重演。

然而，那些失去官位权势和失去贪污机会的政治垃圾，跟附在他们身上的寄生分子，宁愿国家衰亡，也不愿自己的既得利益丧失，于是一个很明显的现象发生，那就是怨声载道。一十年代公元前381年，芈疑逝世，吴起失去了保护人，愤怒的垃圾迫不及待地群起向吴起攻打——箭如雨下。吴起的谋略到底高人一等，他逃到芈疑停尸的所在，躲在尸体底下，乱箭固然射死了吴起，但也射中了芈疑的尸体。等到芈疑的儿子芈臧（楚肃王）即位，下令逮捕射死吴起和射中老王尸体的叛徒,七十余家被屠杀。

吴起对楚王国的贡献是一个奇迹,可惜不过六年的短短时间,不能做更大的发挥,基础也不稳固,吴起一死,光芒又熄。

但吴起不过就原有规模认真地加以整顿而已,二十年后,更大的一个奇迹在秦国出现。

三 历史上最大的魔术——秦国变法

历史发展到现在,本世纪(前四)已过去三十余年。位于西方蛮荒的秦国,还默默无闻。没有人看出这个落后而贫穷的小国有什么前途,能维持现状,不被魏国并吞,已算上等运气了。

两位伟大的政治家使历史改观,一位是秦国国君嬴渠梁(秦孝公),一位是吴起的同乡,祖籍卫国的法家学派巨子公孙鞅(商鞅)。嬴渠梁主持的虽然是一个贫穷的小国,但他雄心勃勃地想恢复三百年前公元前七世纪时他祖先嬴任好(秦穆公)的霸业。他在即位的明年(三十年代前361年),就发出征求贤能人才的文告,欢迎能使秦国富强的知识分子,光临秦国。在那个时代,各国延揽政治人才,犹如二十世纪各国延揽科学人才一样。嬴渠梁确认,人才决定国家的命运。

公孙鞅虽是卫国人,但卫国太小,不能作为凭借。很早就到魏国,在魏国宰相公叔痤手下做事。公叔痤很了解他,正要向魏国国君魏䓨推荐他,而公叔痤一病不起。魏䓨亲自前往探望,向他询问后事。公叔痤说:"公孙鞅的才干,高我十倍,我死之后,请把国政交给他。魏国前途,在他身上。"魏䓨不禁大吃一惊。迟了一会儿,公叔痤又说:"大王如果不能用公孙鞅,那么请把他杀掉,不要让他出境。一旦被别的国家延揽,将成为魏国第一大患。"魏䓨告辞出门后,对左右说:"公叔痤病势沉重,已经语无伦次了,竟然教我把国家大权交给公孙鞅。而且一会儿工夫,又教我杀了他。"大臣魏昂深知公孙鞅的才能,也向魏䓨推荐,魏䓨一笑置之。魏䓨只是一个普通的庸才,不是一个革命性人物。

公孙鞅在魏国绝望,他适时地前往秦国。

嬴渠梁跟公孙鞅促膝长谈,这是姜小白(齐桓公)跟管仲促膝长谈历史镜头的重演,嬴渠梁对公孙鞅相见恨晚。公孙鞅告诉嬴渠梁说:"对一项学问怀疑,绝对不能成功。对一件措施怀疑,也绝不能成功。一个有真知灼见的人，必被世人排斥。不可跟愚昧的人讨论进取开创，只可使他们看到丰富的收获。高度智慧的见解，跟世俗不同。成大功的人只跟少数人相谋，不去征求多数人的意见。要国家强盛，只有彻底地改革。"于是这块魏国扔掉的石头，成了秦国墙角的盘石。嬴渠梁把大权交给这个素不相识的客卿，命他依照他的计划和步骤，进行彻底改革——当时的术语称为"变法"。

公孙鞅在颁布变法令之前，先把一根十米长的木棍立在首府栎阳（陕西临潼）南门，下令说："把它拿到北门的人，赏十两黄金。"当大家惊疑不定时，他又提高赏金为五十两。一个好奇的青年姑妄把它拿过去，竟然如数地得到赏金。这是公孙鞅的第一步，他先要人民信任并尊重政府，政府在得到人民信任尊重之后，才能有所作为。

公孙鞅所做的改革，可归纳为下列十一个主要的具体项目：

一、强迫人民学习最低程度的礼仪。父子兄弟姊妹，不准同睡一个炕上，必须分室而居。（炕，用土坯或砖砌成的大床，设有灶门，冬天可以在其中烧火。北方冬天严寒，一家老幼全睡在上面取暖。）

二、统一度量衡制度。强迫全国使用同一标准的尺寸、升斗、斤两。

三、建立地方政府系统。若干村组成一乡，若干乡组成一县，县直属中央政府。

四、建立社会基层组织。十家编为一组，互相勉励生产和监督行动，一家犯法，其他九家有检举的义务。而检举本组以外的其他犯罪，跟杀敌的功勋一样，有重赏。藏匿犯人，跟藏匿敌人一样，有重罚。

五、强迫每一个国民都要有正当职业，游手好闲的人，包括世袭贵族和富商子弟，如果不能从事正当职业，一律当作奴隶，送到边疆垦荒。

六、用优厚的条件招请移民。不分国籍，凡到秦国从事垦荒的，九年不收田赋。以求人口迅速增加，而人口就是兵源。

七、鼓励生产。人民耕田织布特别好的，积存粮食特别多的，免除他的赋税和劳役。

八、一家有两个成年男子，强迫分居。（这是增加生产和增加人口的手段。）

九、人际争执，必须诉诸法庭裁判，不准私人决斗。私人决斗的人，不论有理无理，一律处罚。

十、对敌作战是第一等功勋，受第一等赏赐。

十一、必须作战有功才能升迁。贵族的地位虽高，商人的财富虽多，如果没有战功，不能担任政府官职。

从这十一个项目，可看出秦国那时还处在半原始状态，落后、穷困、腐败和一片混乱。也可看出变法意义不仅是单纯的改变法令规章，不仅是单纯地只改变上层建筑，而是彻底的改变——军事改变，政治改变，政府组织和社会结构、风俗习惯改变，甚至道德价值标准和人生观念都要改变。"变法"是人类智慧所能做的最惊心动魄的魔术，它能把一个侏儒变成一个巨人，把一个没落的民族变成一个蓬勃奋发的民族，把一个弱小的国家变成一个强大的国家。

只用了十九年时间，秦国继魏国之后，崛起为超级强国之一，但它比魏国的实力雄厚百倍。

——这是中国历史上唯一的一次辉煌变法，只有在大黄金时代中才会有这种伟大的成就，但公孙鞅也付出跟吴起所付出的一样使人沮丧的代价。丧失既得利益的既得利益阶层，永远把改革恨入骨髓。六十年代公元前338年，嬴渠梁逝世，他的儿子嬴驷（秦惠文王）继位，怨声载道的愤怒垃圾群，包括嬴驷的皇家教师公孙贾和嬴虔，他们乘机反扑，指控公孙鞅谋反，公孙鞅遂受车裂的酷刑处决。儒家学派一直用这个悲惨结局，告诫后世的政治家，万万不可变法。

——两千二百年后，日本帝国效法公孙鞅，实行变法，即著名的"明治维新"，使一个跟当初秦国同样落后的古老日本，也魔术般的崛起。历史已显示一个定律，处在巨变的时代，有能力彻底改变的国家强，改变而不彻底的国家乱，拒绝改变的国家则继续没落，直到灭亡。

四 合纵对抗与连横和解

五十年代公元前350年，公孙鞅把秦国的首府从栎阳（陕西临潼），迁到咸阳（陕西咸阳）。六十年代公元前340年，即魏国马陵道大败的次年，公孙鞅率领大军，做变法后最重要的一次武力展示，向疮痍未复的魏国进攻，魏军再度大败，魏国总司令魏昂被公孙鞅俘虏。魏国国君魏䓨搥胸打跌说："我懊悔不听公叔痤的话。"以魏䓨的平庸和当时对公孙鞅的痛恨，他不可能懊悔失去这个人才，恐怕是懊悔没有杀掉他。魏国这次受的打击，十分沉重，把吴起辛苦开辟的河西疆土（陕西北部），全部丧失给秦国。首府安邑（山西夏县）跟秦国只隔一条黄河，失去安全保障，只好向东迁到三百公里外的重镇大梁（河南开封）。

这一战距公孙鞅四十年代公元前359年开始变法，只十九年，秦国已强大到迫使超级强权的魏国一蹶不振，割地迁都，这种声势立即引起各国的震恐。

国际上从此出现一种从来没有过的长期紧张局面，旧传统的意识形态和政治知识，都不能应付这个雷霆万钧的压力。于是以秦国为对象，产生了两种崭新的但也恰恰针锋相对的战略思想和外交政策。一是合纵对抗政策，即围堵政策，主张从北到南，各国缔结军事同盟，共同抵御秦国的侵略，秦国如对某一国发动侵略，即等于向所有的盟国侵略，各国同时出兵作战。另一是连横和解政策，即和平共存政策，主张从西到东，各国同时跟秦国签订友好条约，保持双边的和平关系。

这两种政策，由两个平民出身的学人苏秦、张仪提出。

苏秦是周王国人，家庭贫苦，他曾向秦国国君嬴驷推销过统一中国的策略。嬴驷刚刚杀了公孙鞅，正在讨厌所有的外国人，苏秦碰了一鼻子灰，把旅费耗尽，几乎是乞讨着回到故乡。正在织布的妻子看见久别的丈夫落魄归来，连身子都没有移动。苏秦向他正在煮饭的嫂嫂索饭充饥，他嫂嫂好像没有听见。苏秦惭愧之余，改变他的意见，主张对秦国采取合纵对抗政策。再下工夫研究国际局势跟君主们的心理，疲倦的时候，他用铁锥猛刺自己的双腿，血流遍地。六十年代公元前333年，他再度出发，先去见燕国国君姬文公，这一次他获得突破性的成功。姬文公介绍他去见赵国国君赵语（赵肃侯），赵语万分高兴这个建议，于是连锁介绍，苏秦一连到了韩国、魏国、齐国，最后再到楚王国。六国完全同意签署这个盟约，并一致任命苏秦为他们的宰相，使他担任"纵约长"——南北合纵对抗盟约组织的秘书长，围堵政策完成。

——最戏剧性的一件事接着发生，当苏秦从楚王国返回赵国报命时，经过洛阳，周王国的国王姬扁（周显王），诚惶诚恐地隆重接待他，沿途扫除街道，准备官舍。苏秦已不是上次回家那种可怜兮兮的模样了，他以六国宰相之尊，鲜衣怒马，随从如云，他的祖国同胞真是又敬又羡。那位使他挨饿的嫂嫂，也匍匐路旁，连头都不敢抬。苏秦问她："你从前怎么那样轻视我？而今天又怎么如此恭敬？"那位嫂嫂老老实实说："只因为你今天位尊而多金。"这位嫂嫂在公元前四世纪就一语道破一个属于人性上的秘密，想得到别人的尊敬，尤其是想得到这种嫂嫂型势利眼的尊敬，其他什么都不需要，只要地位高而又有钱就够了。

张仪是魏国人，苏秦的同学好友，也是一位贫穷的学人。当他在楚王国游说时，曾因为太穷的缘故，被认定偷了东西，几乎被殴死。后来到了秦国，推销他的连横和解政策，秦国国君嬴驷正在懊悔失去了苏秦，以致国际上被苏秦孤立。一旦得到张仪，就像得到了珍宝一样。张仪的谋略是，把参加合纵对抗盟约的盟国，各个击破，使他们个别地跟秦国和解。

——站在当时东方各国的立场，合纵对抗政策是唯一的生存之路。可是，只有大政治家才能看到十年之后，只有历史学家才能看到三十年之后。各国有各国眼皮底下的现实利益，他们不但不能团结，反而互相残杀。

第一次合纵对抗盟约，于六十年代公元前333年签订。秦国立即采取反应。明年（前332），秦国向魏国表示让步，愿把从前侵占魏国的襄陵（山西襄汾）地区七个城市归还。那七个城市距魏国前首府安邑（山西夏县）八十公里，是防务上最需要的屏障，如果能把它们收回，安邑就可安枕。魏国不能抵抗这个诱惑，于是同意脱离合纵。而且为了扩张土地，还向赵国发动攻击。齐国在秦国的鼓励下，认为可以从赵国瓜分到土地，就也参加魏国这一边。两国军队虽然被赵国击退，但第一次合纵对抗盟约，只维持一年便告瓦解。苏秦在赵国无法解释魏齐两国的叛盟的行动，只好前往燕国，专任燕国宰相。秦国等到合纵对抗盟约瓦解了之后，却拒绝归还襄陵七城，魏国在大怒下攻击秦国，又被秦国击败。

合纵对抗盟约固然瓦解，但这种观念仍被认为是正确的指导原则。所以十五年后的八十年代公元前318年，这时各封国都已改制为独立王国，魏、楚、韩、赵、燕五个王国痛恨秦王国乘着盟约瓦解，不断向东扩张，于是再缔结第二次合纵对抗盟约，推举楚王芈槐（楚怀王）担任纵约长，集结五国联军，进攻秦王国东方边界重镇函谷关（河南灵宝东北）。这是一次声势浩大的军事行动，人人都预料将爆发一场大战。可是，秦王国守关大将樗里疾，大开关门，出兵迎战。五国联军震于秦军的声威，竟面面相觑，谁都不敢先行攻击。僵持了几天之后，楚兵团粮道被秦王国切断，在惊恐中第一个撤退。其他五国军队也跟着仓皇拔营回国，合纵对抗盟约又一次瓦解。

楚王国虽然失去吴起，因之也失去当超级强国的机会，但它仍是领土最广大、人力最雄厚的大国，秦王国不敢轻视它，尤其恐惧楚王国跟东方的另一个强国齐王国联合。函谷关那场类似儿戏的战役中，齐王国没有参加，秦王国宰相张仪对此有深刻印象，他决心使楚齐两国更加分开。

函谷关战役后第五年（八十年代前313年），张仪到楚王国访问，向楚王芈槐建议："只要贵国跟齐王国断绝邦交，秦王国愿把从前占领你们的商、于（陕西商县与河南内乡一带）六百华里地区归还。"芈槐，这个世界上最大的糊涂虫之一，十分高兴，认为这是天下最便宜的事了，立即宣布跟齐王国绝交，为了表示他态度坚决，还派人到边界上对齐王国的国王大肆辱骂，然后由使臣随同张仪到秦王国接收土地。再也想不到，张仪交出的只是他自己的封地六华里。使臣吃惊说："我奉国王之命来此，言明六百华里。"张仪也吃惊说："你们国王一定听错了，秦王国每一寸土地都从血战中得来，岂能平白送掉六百华里。"

芈槐不能忍受这种骗局，命大将屈丐向秦王国进攻，结果大败，屈丐被俘，汉中地区（陕西南部）三百公里疆土，反而全部丧失。芈槐更气得发疯，动员全国兵力，向秦王国做最猛烈的一击，这一次锐不可当，一直进攻到距秦王国首都咸阳（陕西咸阳）只四十公里的蓝田（陕西蓝田），秦王国岌岌可危。可是楚王国错误的外交政策发生恶果，当秦王国向齐王国求援时，齐兵团立即攻入楚王国本土，韩、魏两国也分别集结军队，准备乘机南下，瓜分楚王国这个肥佬。楚军不得不忍痛撤退。

秦王嬴驷很大方地宣称不采取任何报复行动，而且仍愿继续和解，并且提议用商、于地区的六百华里，交换楚王国黔中地区（贵州）的六百华里。芈槐把张仪恨入骨髓，他回答嬴驷说："我不要交换商于，只要交换张仪。"嬴驷拒绝，但张仪表示他愿意交换。嬴驷说："芈槐会杀了你。"张仪说："杀了我而国家可得到黔中地区六百华里，死也值得，何况芈槐也杀不了我。"张仪一到楚王国，芈槐就把他投入监狱，准备选择一个好日子行刑。而张仪的谋略——主要的还是贿赂，适时发生力量。芈槐最宠爱的美人郑袖向芈槐哭泣说："张仪是秦王国的宰相，秦王最得力的智囊，你轻率地把他杀掉，秦王国岂肯罢休。一旦大军临境，我跟孩子死无葬身之地，不如早一天向南逃生，免得受秦军凌辱。"芈槐最亲信的宦官靳尚也秘密建议说："人臣各为其主，本身并没有什么恩怨。杀了张仪，秦王国不过少一个人罢了，我们却要失掉黔中地区六百华里。"芈槐考虑的结果，决定把张仪释放，而且跟张仪做了好朋友。

秦王国一再得到甜头之后，对东方诸国的侵略，更加凌厉。九十年代公元前304年，楚、齐、韩三国第三次缔结合纵对抗盟约，可是盟约刚刚签订，芈槐又第一个变卦，秦王嬴稷（秦昭王，嬴驷的儿子）邀请芈槐在黄棘（河南新野）相会，当面把从前占领的上庸（湖北竹山）土地，归还楚王国。芈槐十分满意这一次外交上的胜利，合纵对抗盟约就第三次瓦解。

五　齐宋两国的侵略战争

就在五十年代，齐国一连两次击败当时的超级强国魏国，遂在东方建立霸权。六十年代改建王国之后，国势更蒸蒸日上。当秦王国在西方不断向邻国蚕食鲸吞的时候，齐王国在东方也不断地向它的邻国蚕食鲸吞。

八十年代，位于偏僻北方的燕王国，发生内乱。

燕王国的内乱是儒家思想的产物，儒家系统为了政治上的目的，在它的思想体系内，把公元前二十四、二十三世纪黄帝王朝第六、第七两位君主在位的时代，形容成为空前美好的世界——三十余年惨重水灾，死人千万的史实则一笔抹杀。第六任君主唐尧帝伊祁放勋和第七任君主虞舜帝姚重华，简称"尧舜"，也被形容为比天老爷、比耶稣还要仁慈完善的圣人，他们之间权力转移方式，更美化为一首抒情诗一样的自动"禅让"制度。燕王国国王姬哙是一个跟芈槐一样的糊涂虫，他真的相信了这一套。于是就在八十年代公元前316年，如法炮制，把王位禅让给他的大臣子之，自己非常谦卑地走下宝座，参加官员的行列。

可是，子之的谋略虽夺取了王位，却不能控制夺取王位后的局势。另一位大臣市被和姬哙的儿子姬平先后起兵反抗，首都蓟城（北京）陷于混战。子之在位三年，内战就打了三年，死亡数万人，在那个地广人稀的国家中，是一个庞大数字。

齐王田辟疆（齐宣王）兴奋地抓住这个机会，八十年代公元前314年，齐兵团侵入燕王国本土，没有遇到任何抵抗就占领了蓟城，把混战的各派军队击溃，姬哙、子之一齐死在乱军之中。田辟疆宣布合并完成，得意洋洋地宣称："一万辆战车的国家攻击一万辆战车的国家，只五十天工夫，就全部征服。"燕王国人民反抗合并，两年后，新崛起的民间武力把齐军驱逐出境，拥立太子姬平继任国王。但齐王国并没有什么损失，从燕王国劫掠回来的财物珠宝，仍然俱在，国力更富。不过齐王国这次不成功的侵略行径，跟燕王国结下无法和解的仇恨，种下燕王国必然报复的种子。

在齐王国向外扩张的同时，宋王国也向外扩张。我们从地理位置上可以了解，宋王国最没有扩张的资格，它唯一的立国之道应该是追求长期而稳定的和平，即令含有屈辱性的和平，也必须忍受。因为它的四境无险可守，而又全是一等强国，任何纠纷都足以导致自己无力承担的战争。可是宋王国的国王宋偃，却认为并不如此，他跟上世纪（前五）曹国末代国君曹阳一样，雄心勃勃，不自量力地要想成为居领导地位的霸权。为了展示他的威力，他把盛血的皮囊挂到树上，用箭射它，当血流下来的时候，他认为射天胜利。宋偃又教他的侍卫人员和摇尾系统，经常大声喊叫："万岁"，一个人先在宫里喊，宫外的人接着喊，然后全城喊，"万岁"的声音震耳欲聋，好像全国上下都一心一意地向他效忠。凡规劝他的人，一律当作叛乱分子处决。国际上愕然地称它是"桀宋王国"。桀，凶暴的意思，公元前十八世纪夏王朝最末一位君主姒履癸，便被人加上这个恶劣的称号。宋偃不在乎别人的评论，他像一只瞎了眼的野兽，向四面八方狂咬猛噬。当齐王国侵略燕王国时，宋偃乘虚向齐王国背后攻击，占领五个城市。又在西界跟魏王国冲突，夺取两个城市。在南方楚王国交界处，把楚王国的边防巡逻队击败。

一连串的军事胜利，使宋偃踌躇满志，他跟遥远的西方秦王国建立密切的外交关系，互相呼应，俨然如愿以偿地成为东方新兴的超级强国。不过，横挑强邻的历史定律又要再一次应验了。宋王国不但横挑一个强邻，而是横挑东西南北四周所有的强邻，灭亡迫在眉睫。

六　三位巨子

我们再回到学术的领域。

大黄金时代百花怒放，光芒四射的学术界，各种哲学和各种政治思潮，在本世纪（前四）更为辉煌灿烂。吴起、孙膑、公孙鞅、苏秦、张仪，一系列英雄人物的际遇事迹，说明新的思潮中最进步的一部分已经得到付诸实施的机会和发生推动社会的力量。

传统的贵族统治在迅速崩溃，平民中高级知识分子的地位，在国内和国际，开始成为政府的主要支柱。以致各国君主都以延揽他们作为重要的国策。齐王田辟疆，当他在位的八十、九十年代期间，在首都临淄（山东淄博东）稷门附近，建筑一个庞大的国际学人区，称为"稷下馆"，专用来招待各种专家。这个稷下学人区中，街道宽广，楼厦相连，每位学人都有一份等于政府国务官（大夫）的薪俸。所以在本世纪（前四）后期，齐王国的文化水平最高，人才最盛。

学术不但已获得自由研究的环境，也获得社会的尊敬，各家各学派都有突飞猛进的发展。我们无法详细叙述，因为它是中国思想史上的精华，大黄金时代的主要成就之一,有千万种专门著作表达它。我们只能具体地介绍在本世纪(前四)后期出现最有影响力的三位巨子,作为代表。

这三位巨子是:儒家孟轲、道家庄周和诗人屈原。

孟轲,邹国(山东邹城)人,鲁国"三桓"之一的孟孙的后裔,是孔丘的第四代门徒,属于稷下学人的行列。他富有财产(这财产来自奴隶或来自土地,还不得而知),生活豪华,当他游说各国时,乘车数十辆,仆从和门徒百余人,声势夺人,纵使宰相出巡,也不过如此,这跟苏秦、张仪以及其他平民出身的贫穷学人,迥然不同。

儒家学派的理论体系,发展到孟轲而完全成熟。修正是有的,如孔丘的正名主义在孟轲学说中已被贬为次要,因为贵族没落,平民(包括奴隶)升起已成定局,硬把"楚王"正名为"楚子"的时代已经过去,再不能维持固有的名分了。但孔丘的崇古精神,孟轲却全部继承,而且更发扬光大。

孟轲最主要的政治思想,是分辨"义""利",即坚持一切以仁义为基本,强烈地反对功利。我们不能单凭字典上孤立的解释去了解仁义功利的区别,必须在实践中去了解它。

八十年代公元前320年,孟轲觐见魏王国国王魏䓨,魏䓨问他说:"你老人家不远千里而来,有什么利于我们国家的吗?"孟轲回答说:"大王何必说利,只要说仁义就够了。大王说:'怎么利我的国家?'大臣们说:'怎么利我的家族?'平民说:'怎么利我自己?'上下都争夺利,你的王国就危险了。万辆战车的王国,杀他君主的,必是拥有千辆战车的大臣。千辆战车的王国,杀他君主的,必是拥有百辆战车的大臣。假如大家只讲仁义,不讲功利,就不会有这种事情发生。"

魏䓨当时的反应是可想而知的,孟轲在魏王国的游说彻底失败。

从上面这番对话,可看出孟轲反对功利,但他的仁义理论却仍然建筑在功利的基础之上。孟轲又说:"为国家开辟土地,充实国库的人,现代人称他们是英雄,古人称他们是民贼。为国家缔结联盟,攻战必胜,现代人称他们是英雄,古人称他们是民贼。"这种民贼必须排斥,于是孟轲声言:"勇敢善战的将领,应处死刑。能广结盟国的外交家,应处次一等的刑。垦荒拓地的移民,应处再次一等的刑。"孟轲这段话,可能是对某一种特定的事情有感而发。但一旦实行起来,结果将是一种悲惨的场面,那就是:为国家图富强,为人民谋福利和为抵抗侵略,捐躯战场,折冲国际的英雄和外交家,都成了民贼,要被铲除。

崇古是儒家的中心思想,既是目的,也是手段。九十年代时,滕国(山东滕州）国君姬定公逝世，他的儿子姬文公即位，向孟轲请教：他应该为他的国家做些什么？孟轲指示姬文公首先应该"服三年之丧"，必须为死去的老爹穿三年孝服，在此三年期间，不准吃肉饮酒，不准听音乐，不准跟妻子同房，不准参加任何社交活动，不准处理任何公私事务——这一项最重要，一处理公私事务，便是功利，不是仁义了。更不准从事任何劳动，只准穿粗布衣服，盖粗布被，睡在草地上或木板上，专心专意地悲哀，最好是悲哀到骨瘦如柴，口吐鲜血，或昏迷不醒。这种行为被称为"孝道"，是达到仁政的必要步骤，也是仁政的具体表现，国家由此即可治理。

但孟轲的基本思想是民本主义的，他严厉地谴责暴君，他认为暴君并不是君主，而只是一个"独夫"，人民推翻他，甚至杀掉他，都是合理的。——孟轲这种突破时代的主张，曾引起以后很多帝王的不悦，直到公元后十四世纪末叶，明王朝的开国皇帝朱元璋，还为了孟轲这种激烈的思想，大发雷霆，下令把孟轲逐出圣庙。

孟轲卓越的贡献在于他强调经济成长的重要性，认为经济衰退，道德即跟着衰退；道德衰退，社会秩序即不能维持，国家即受到伤害。政府和君主的第一桩重大的责任，是使人民安居乐业。如何使人民安居乐业，孟轲提出"仁政"，他主张尽量少用刑罚，尽量减少赋税，使人民安息。他厌恶他所处的战国时代，希望回到古时候儒家学派所称颂的伊祁放勋和姚重华时代。

孟轲在下世纪（前三）初逝世，跟当时大多数失败的游说之士一样，没有人注意他。可是他的言论被门徒们记载，定名《孟子》。大黄金时代结束后，被儒家学派尊为经典之一，孟轲才被人记起来，而且尊奉到仅次于孔丘的地位，被称为"亚圣"——第二位或次一等的圣人。

庄周，宋国人，曾经在他的故乡蒙县（河南商丘）当过低级的地方官员（漆园吏）。他跟李耳（老子）没有丝毫渊源，但他大体上尊崇李耳的学说，而在程度上更为极端。李耳的思想是逃避的，认为逃避即进攻。庄周的思想则是颓废的，认为凡是存在的，都是合理的，凡是发生的，都是正当的。他说："鸭子的腿虽然太短，你给它接长，它必然害怕。白鹤的脖子虽然太长，你给它截短，它一定悲哀。凡是长的不要强迫它短，凡是短的不必强迫它长。"所以连逃避都懒得去做，而只求苟且地活下去，任凭外在形势的宰割辱弄，自己只保持精神胜利。

庄周反对对任何事情认真，因为世上根本没有真。他说："我们两个人争执，你胜了我，就是你对了吗？我胜了你，就是我对了吗？可能两个人都对了，也可能两个人都错了，没有人能做公正的判断。使赞成你的人判断，他既然赞成你，怎么能公正。使赞成我的人判断，他既然赞成我，怎么能公正。使反对我们的人判断，他既然反对我们，那就更无法公正。我们连谁是谁非都不知道，怎么能依靠是非。"

是非无法肯定，善恶自然也无法肯定，所以也不必发扬善和反对恶。不但抽象的事物如此，庄周认为他自己这个人是否存在，同样的也都无法肯定。有一天，他做了一个梦，梦见变成蝴蝶，飞来飞去，十分快乐。醒来之后，他就宣称他弄不清是他在梦中变成了蝴蝶，还是蝴蝶在梦中变成了他。据说楚王芈商曾请他去当宰相，他不肯去，他说，他宁愿当一个在污泥中爬行的活乌龟，而不愿当一个被敬奉在神庙里的死乌龟。庄周的妻子逝世，他并不悲哀，反而敲着盆子高歌。在他看来，死亡跟生存没有差异。

庄周没有门徒，他的著作《庄子》，据说是由他自己写出来的。后世崇拜他的学人，拿来跟李耳的《老子》——《道德经》，并列为道家的经典。他们的学说，并列称为"老庄哲学"。道家学派发展到此，也完全成熟。

——孟轲把公元前二十四、二十三世纪黄帝王朝第六任唐尧帝伊祁放勋和第七任虞舜帝姚重华，纳入儒家系统，努力崇拜。不知道从什么时候开始，道家学派的学者把公元前二十七世纪黄帝王朝第一任黄帝姬轩辕也纳入道家系统——以后便把他纳入道教炼金术、长生术的巫师系统，并替他写出相当多的著作。所以除了"老庄哲学"外，对道家思想也称"黄老哲学"。伊祁放勋、姚重华、姬轩辕，在地下如果知道他们被化妆得如此伟大，一定乐不可支，恐怕要大大地干上一杯。

屈原，楚王国人，中国历史上第一位留下名字的文学家和诗人。他在楚王芈槐（楚怀王）政府中担任高级官员，负责文书方面工作，楚王国的文告法令，都由他执笔。但他得罪了最有权势的宦官靳尚——张仪所以能把芈槐像呆瓜一样玩弄于手掌之上，全靠贿赂这位宦官。屈原反对芈槐的这种外交政策，使靳尚大不愉快，他告诉芈槐说："屈原太轻浮了，你吩咐他做的事，他常夸口说非他不行，闹得全国皆知。"芈槐把屈原贬黜，命他担任较低的职务（三闾大夫）。下世纪（前三）第二年（前299）秦王嬴稷邀请芈槐到武关（陕西商南）会谈，屈原反对，芈槐也不想去，但他的幼子芈兰恐怕开罪强邻，力劝老爹前往。结果芈槐在武关被囚，屈原就对芈兰抨击，芈兰老羞成怒，把屈原贬窜到南方蛮荒地区。屈原走到汨罗江（湖南汨罗），痛恨政府的腐败无能，感伤自己因太忠心而获罪，于是把石头绑在自己身上，投水而死。

——这是一个爱国诗人之死，他投水的那一天是阴历五月五日，后来华夏人称这一日为"端五节"——当时人们称初一日初二日……为端一端二……每逢端五节，江南一带广泛地举行划船竞赛，表示对屈原的营救工作，一直进行不辍。

屈原的长诗《离骚》，叙述他对国家的热爱和悲愤，大部分使用楚王国的方言，即在当时，虽然仍用的是汉字，但不经过注释，一般人也不容易了解。屈原以后的诗人还有宋玉、景差，后人把他们的作品集成一书，名为《楚辞》，即楚王国诗歌选集，《离骚》是其中的第一篇。跟北方文学《诗经》对称。

《楚辞》是具有异域情调的南方乡土文学，保留着楚王国的风俗习惯和特别的语法。

东西方世界

——头十年代·公元前399年（韩国宰相韩傀被聂政刺死前二年），希腊哲学家苏格拉底被政敌诬陷，狱中服毒自杀。

——一十年代·公元前388年（吴起从魏国投奔楚王国前一年），高卢王布棱那斯攻陷罗马城，罗马共和国用黄金一千磅赎城。分批缴纳时，对数量计算，总有争执。布棱那斯大怒说："战败的人应该承认他的不幸。"

——一十年代·公元前384年（秦国首府自雍城迁至栎阳的前一年），希腊哲学家亚里士多德诞生。

——五十年代·公元前347年（秦国首府自栎阳迁至咸阳后三年），希腊哲学家柏拉图逝世。

——六十年代·公元前338年（公孙鞅被杀），马其顿王腓力二世统一希腊半岛。

——六十年代·公元前336年（苏秦游说失败，狼狈回家的次年），腓力二世被刺身死，他的儿子亚历山大继位。

——六十年代·公元前334年（苏秦任六国宰相前一年），亚历山大东征，侵入小亚细亚。

——六十年代·公元前333年（苏秦任六国宰相，嫂嫂赞扬他地位高而又有钱），马其顿兵团跟波斯帝国大军在伊苏斯会战。马其顿死四百五十人，波斯死十一万人。波斯王大流士三世逃脱，皇太后、皇后、公主，全部被俘。

——六十年代·公元前332年（第一次合纵对抗盟约瓦解），亚历山大回军攻入埃及，筑亚历山大城。此城直到二十世纪，仍巍然矗立在尼罗河口。

——六十年代·公元前331年（第一次合纵对抗盟约瓦解的次年），亚历山大再攻波斯，陷波斯首都苏萨城。

——七十年代·公元前330年（第一次合纵对抗盟约瓦解后二年），波斯大将比苏斯于骡车中刺杀现任国王大流士三世，以阻止他向马其顿投降。比苏斯继位称王，在巴克拉尼城集结残军，续与马其顿作战。

——七十年代·公元前328年（秦王国任命张仪当宰相），亚历山大攻陷巴克拉尼城，生擒比苏斯，鞭打后交给故王大流士三世的家属处置。

——七十年代·公元前323年（韩、燕同时宣布建立王国），亚历山大痛饮狂醉，暴死。

——七十年代·公元前322年（秦王国宰相张仪出任魏王国宰相），亚里士多德逝世。

第11章
公元前第三世纪

本世纪，东方各国在秦王国磨刀霍霍声中，毫无警觉地继续争城夺地，互相攻击。结果，到了七十年代，全被秦王国并吞。砍砍杀杀的二百六十年的战国时代告终，崭新的大一统局面出现，秦王国建立中国第一个中央集权，具有法家思想的强大王朝。

可是，这个王朝皇帝的继承人没有领导能力，以致到了九十年代，倏然灭亡。短命的西楚王国代之统一中国。经过短时间血流成河的内战，到本世纪最后第二年，西楚王国也灭亡，另一个新兴的西汉王朝代之再度统一中国。

本世纪结束时，战争跟着结束，进入长期的和平。

一　东方各国互相缠斗

秦王国的军事力量，进入本世纪（前三）已强大到无可匹敌的程度，它已使楚王国受到一连串创伤，现在它更要加强对这个邻居的打击。

头十年公元前299年，秦王嬴稷（秦昭王）邀请楚王芈槐（楚怀王）到武关（陕西商南）举行高阶层会议，芈槐冒冒失失地去了，秦王国把他当作俘虏一样捉到咸阳（陕西咸阳），命他用臣民的礼节觐见嬴稷，又强迫他割让黔中（贵州）土地，芈槐这个被秦王国玩了一辈子的糊涂老爹，到这时候噩梦才醒，愤怒地拒绝，秦王国就把他囚禁起来。

楚王国得到事变消息，立即拥立芈槐的儿子芈横（楚顷襄王）继任国王。嬴稷发现不能利用芈槐勒索，大失所望，就由武关出击，楚军又被打败，但仍坚持不再割地。芈槐曾经逃脱过，但中途又被捉回，三年后病死在咸阳，秦王国把他的尸体送返。

——乘着会见或觐见的机会，把友邦君主囚禁甚至杀掉，在春秋战国时代，是一件稀松平常的事。参考前数世纪弒君杀君的记录，便可证明。楚王国就常使用这种无赖的手段，而秦王国似乎还是第一次。不过用来对付像楚王国这种强大国家的国王，却使各国汗流浃背。

嬴稷压制了楚王国后，一十年代公元前288年，他宣称他是西方大帝（西帝），派人去齐王国，请齐王田地（齐湣王）当东方大帝（东帝）。这明显地表示两个超级强国将瓜分世界，田地欣然接受，但他的大臣们认为国王的地位已经够高了，改称帝号，并没有实质上的利益，反而给其他国家不必要的刺激。所以田地称东方大帝只两天工夫，就自动取消。嬴稷也只好跟着把他的西方大帝的招牌悄悄拿下来，但他对已经一蹶不振的楚王国没有放松，二十年代公元前278年，他命他的大将白起率大军向楚王国进攻，给楚王国一个致命伤害，攻陷首都郢都（湖北江陵），焚烧楚王国历代国王的坟墓。楚王国的正规国防军全部溃败，芈横仓皇迁都陈丘（故陈国，河南淮阳），暂时喘息。

齐王田地虽然取消了帝号，却没有取消野心。在取消帝号的两年后（前286），他向宋王国进攻，那位射天胜利、横挑强邻的国王宋偃，兵败被杀，宋王国灭亡。这是八个大国中首先灭亡的一国，各国对它的灭亡，毫无反应。

远在北方的燕王国，念念不忘上世纪（前四）齐王国的那次蹂躏。经二十八年的埋头苦干，于本世纪（前三）一十年代，准备完成。公元前284年，即齐王国并吞宋王国后第二年，齐王田地在国际上的威望，正达最高峰时，燕王国秘密跟赵、秦、韩、魏缔结盟约，五国联军在燕王国大将乐毅率领下，向齐王国发动总攻，齐王国军队全部覆没，全国土地和重要城市，包括首都临淄在内，像落叶一样，被五国联军的暴风，一口气扫光。只剩下即墨（山东平度）、莒城（古莒国，山东莒县）两个边远城市，仍由残军据守。乐毅送回了其他四国远征军之后，自己率领燕王国军队留下来，围攻即墨。

齐王田地，这个卡通电影上的丑角人物，从临淄逃出来后，东方大帝的尊严架子，仍然不变。他先投奔卫国（河南濮阳），卫国盛大而周到地接待他，田地却像他仍坐在宝座上一样，对卫国国君颐指气使，卫国国君就停止供给他饮食。田地只好投奔鲁国（山东曲阜），鲁国派使臣到边境迎接，田地询问鲁国怎么接待他，使臣表示当然把他当作国宾。但田地要求用国王的礼节，那就是说，鲁国国君必须从早到晚，站在堂下，伺候田地吃饭和听候呼唤，因为他是国王，鲁国仅把他当国宾是不够的，必须把他当主人。鲁国不由得吓了一跳，下令封闭边境。田地再投奔邹国（山东邹城），恰巧邹国国君逝世，田地宣称他要以国王的身份吊丧，邹国告诉他："我们是小国，不敢当您国王的御驾。"田地走投无路，听说莒城仍在固守，就逃到莒城。

田地最初曾向楚王国求援，现在楚王国援军在大将淖齿的率领下，也抵达莒城。淖齿奉有楚王芈横的密令，如果齐王国还有希望，就支持田地。如果齐王国没有希望，就参加燕王国那一边，占领莒城。淖齿不久就发现田地是一个脓包，过去那些声誉，不过是时势造成的虚名。于是他邀请田地阅兵，就在阅兵台上把田地捉住，用极残酷的方法处死：田地的筋被抽出来，悬挂到梁上，哀号三昼夜才气绝。

——中国历史上总共有五百五十九个帝王，其中约有三分之一，即一百八十三个帝王死于非命，而以田地死得最惨。不知道淖齿为什么对他如此残忍，只有一个可能的解释，即田地的尊贵架子太刺伤淖齿。

不过楚王国并吞莒城的目的也没有达到，莒城民众暴动，驱逐楚军，杀掉淖齿，拥立田地的儿子田法章（齐襄王）继任国王。

乐毅围攻即墨五年，不能攻下，他改用怀柔政策，企图使即墨自行崩溃。可是燕王国内部发生变化，二十年代公元前279年，那位有如勾践优点，而没有如勾践缺点的英明老国王姬职（燕昭王）逝世了，少不更事的年轻儿子姬乐资（燕惠王）继位，认为乐毅这个人的忠贞大有问题。齐王国以超级强国的庞然大物，在一个月之内全部瓦解，而即墨一个孤城，却围攻了五年，显然像姬乐资左右亲信所形容的，一定潜伏着某种阴谋。于是姬乐资下令把乐毅免职，另派亲信大将骑劫代替他。骑劫立即强行攻城，即墨守将田单用他新发明的秘密武器"火牛阵"反击。火牛阵是将利刀绑到牛角上，然后燃烧它的尾巴，这一群尾巴着了火的牛群，就成了无数坦克车，排山倒海般的冲进燕军阵营，燕军被这种从没有见过的武器吓坏了，霎时间大败，骑劫被杀。燕军这一败像一场连锁的雪崩，齐王国人民群起响应，向燕军攻击，只几天工夫，就把所有的燕王国占领军全部赶走。

这是历史上著名的一次奇迹胜利，齐王国复国。不过，跟三百年前公元前六世纪鞭尸事件楚王国复国一样，因为残破太重的缘故，齐王国虽然恢复了国土，却不能恢复力量，它从超级强国的地位上跌下来。现在中国只剩下一个霸权——秦王国霸权。

二　崭新的外交政策——远交近攻

本世纪（前三）三十年代开始，秦王国的外交政策，发生剧烈而重要的转变。秦王嬴稷采用宰相范雎"远交近攻"的建议，对一些距离遥远的或较远的国家，如齐王国、燕王国和新被击败正在萎缩中的楚王国，一律笑脸相迎。而对跟自己接壤的魏、韩、赵三国，则断然诉诸武力。

这个外交政策是可怕的，事实上使所有的国家都陷于孤立，以便于将敌国各个击破。它的制订者范雎却不是秦王国人，而是一个魏王国人，他热爱他的祖国，一直在魏王国宰相魏齐手下，做一个低级官员，唯一的希望是能有机会得到长官的赏识，逐步升迁。他永没想到有一天当秦王国的宰相，献出这种高度智慧的谋略，这是一场冤狱逼出来的奇迹。

当范雎仍是魏王国低级官员时，有一次，他奉派做外交使节须贾的随员，出使齐王国。齐王田法章欣赏他的才能，秘密邀请他出任齐王国的官职，范雎不愿背叛祖国，田法章十分失望，赠送给他黄金五公斤和酒菜一席。范雎拒绝了黄金，只接受了酒菜。须贾听说后，既妒且怒，一口咬定范雎一定是泄露了什么重要机密，否则齐王国不会对他有如此重酬。回国后报告魏齐，魏齐也怒不可遏，不分青红皂白，立即召集全体官员跟全体宾客，举行盛大宴会，把范雎绑到堂下，教他招供。当范雎的供词不能使魏齐满意时，魏齐认为他坚不吐实，空言狡辩，下令苦刑拷打，范雎的肋骨折断、牙齿脱落，而拷打不止，范雎假装气绝身死，魏齐才命人把他拖到厕所，下令所有的官员跟宾客都向那满身血污的尸体轮流撒尿，用以表示对国王的忠贞和对卖国贼的痛恨。

范雎等到凌辱他的官员群散去之后，他哀求并贿赂狱卒救他，狱卒在奉命把范雎拖出埋葬时，暗暗送他回家疗养。范雎的伤势好不容易复原，逃亡到秦王国，向秦王嬴稷提出远交近攻的外交政策，嬴稷大喜，任用他当宰相。

不久，须贾出使秦王国，范雎化装成一个乞丐，向须贾求食。须贾对范雎仍然活在人世大为惊愕，但仍怜恤老友的沦落，送给他一件皮袍。当范雎告辞之后，须贾发现了真相，他魂不附体（在那个时代，杀掉一个外国的使节，跟杀掉一只麻雀一样），脱掉衣服鞋袜，赤身露体，光着双足，跪到宰相府门前请罪。范雎也依样画葫芦地召集政府官员和宾客，大摆筵席，告诉匍匐在地的须贾说："你本来是死定了，你所以不死，不过念你送给我那件丝袍，还有一点故人之情。"命他回国告诉魏王国的国王，如果不立即把魏齐处斩，即将向魏王国攻击。魏齐在流别人的血表示他的忠贞时，非常慷慨激昂，现在需要流自己的血来维护国家安全，他却卑劣地弃职潜逃。不过逃来逃去，逃到最后，没有一个国家敢为他这么一个蠢人去开罪愤怒的秦王国的宰相，他仍然被迫自杀。不过他的灵魂要比庞涓高贵，他临死时承认他的错误。

——魏王国地居中原，物产丰富，教育发达。当时最杰出的政治家、军事家、思想家，半数以上出生在这里或集中在这里。可是魏王国颟顸的统治阶层，不但不能用他们，反而凌辱迫害，逼使他们投奔敌国。我们不能想象：如果魏王国任用了吴起、公孙鞅、孙膑、范雎、乐毅（他也是魏国人），历史的发展会变成什么样子。

在秦王国新的外交政策下，远东三国因此得到暂时的安定，近东三国却噩运当头。它们只有接受不断的痛击而呼救无门，既没有霸主可以申诉，又没有另一个超级强国可以跟秦王国制衡。其中最悲惨的一次宰割，是使赵王国陷于万劫不复的长平战役。

三十年代公元前264年，秦王国攻击韩王国，沿着黄河北岸向东挺进，占领南阳（河南修武以西）。两年后（前262），又占领野王（河南沁阳），把韩王国跟北方的领土上党郡（山西长子）的联系隔断。上党郡郡长（郡守）冯亭，向赵王国投降。这是把烫手的山芋抛给赵王国，赵王国无法拒绝这个广达两万平方公里的土地的诱惑，仍兴高采烈地接住，一面祈祷老天爷保佑它不是一块烫山芋。

秦王国当然不允许已到口的肥肉被别人挖去，两年后（四十年代前260年），大将王齕向上党进攻，等到赵王国大将廉颇率援军到达，上党已经陷落。而秦军仍锐不可当，廉颇节节失利，最后退到长平关（山西高平王报村），构筑营垒，坚守不出。廉颇认为秦军远来，一定不能持久，他将等到秦军撤退时，再行邀击。秦王国看出，如果不除掉这老谋深算的廉颇，就不可能歼灭赵王国的野战兵团。范雎所建立的间谍系统，及时地在赵王国首都邯郸（河北邯郸）向当权人士散布耳语说："廉颇太老了，已经丧失了锐气，所以屡战屡败。上党失陷对他的打击很大，他自知不是秦王国的对手，已成为一个懦夫，不敢出战，恐怕终有一天在压力下向秦王国投降。秦王国最害怕的是赵王国少壮派将领赵括，只要赵括不出来当统帅，秦王国就铁定胜利。"在全国上下一致的要求下，国王赵丹（赵孝成王）把廉颇免职，任命赵括继任总司令。

赵括是赵王国名将赵奢的儿子，有绝顶的聪明和绝顶的口才，自以为他的军事才能天下无双。赵奢在世时，父子们谈论兵法，老爹往往被儿子批驳得哑口无言。赵括的母亲高兴地说："将门虎子，真是不错。"但老爹不以为然，他说："战争是致人于死的大事，他说起来却十分轻松，一旦担任大将，必定失败。"所以当赵括被任命为总司令后，老母立刻上书给国王赵丹说："赵括事实上是一个书呆子，只会读父亲的书，而不会灵活运用，不是大将之才，请不要派遣。"赵丹以为老母谦让，老母说："他父亲当总司令时，所得到的赏赐，全部分给部下。命令发布的当天，就住进军营，跟士兵同甘共苦，不再过问家事。遇到困难，必定征求大家意见，从不敢自以为是。可是赵括刚被任命为总司令，就威风凛凛，军营之中，没有人敢对他仰视。赏赐给他的财物，全运回家。他父亲死时曾一再嘱咐，无论如何，不可使赵括指挥大兵团作战。"赵丹当然不肯因老母一人之言而改变主意，老母请求："如果一定要用他，万一丧师辱国，但求赦免我们全家。"赵丹允许。

秦王嬴稷得到赵括当总司令的消息，高兴得几乎发狂，他任命各国所最畏惧的大将白起当总司令，原在前方担任总司令的王齕降为副总司令。唯恐怕白起的威名使赵括恐惧，不敢出战，那就捕捉不到赵王国的主力了，嬴稷下令，有敢泄露总司令姓名的，立即斩首。然后动员全国所有的后备兵力，把十五岁以上的男子，全部投入战场。世界上最大的一场会战，秘密布置完成。秦王国所要的不仅仅是战场上的胜利，它还要彻底摧毁赵王国的战力。

赵括采取中央突破战术，他厌恶防御，他认为最好的防御就是攻击，要取得胜利，必须发动继续不断的攻击，楔入敌人阵地之后，左右展开，促使它全线崩溃。他就任之后，即撤除防御工事，亲自率领精锐，向秦军最弱的营垒进攻，白起下令退却。赵括突破秦军阵地之后，仍保持猛烈的攻势以扩大战果，白起下令再退，然后派出两万五千人的奇袭部队，切断正在锐进的赵括的退路。于是赵王国的大军被分割为二，赵括和一部分精锐部队被隔在前方，留守的军队仍在长平关阵地。接着白起又切断赵军的粮道，赵军霎时间发生粮食恐慌，而且跟中央政府失去联络。赵括发动数次最猛烈的攻击，希望突出秦军的包围，但秦军坚强抵抗，毫不动摇。赵括那些说起来头头是道、曾使老爹闭口的军事理论，全部失效，他不得不效法廉颇的办法，改攻为守，等待援兵。可是现在的形势改变，兵力既被分开，粮秣又尽，守已不可能，而且又无法把紧急情况报告邯郸。赵括勉强支持了四十六天，士兵们饥饿得发疯，最初是杀掉战马充饥，等到战马杀尽，就互相攻杀，煮食战友的尸体。赵括被迫做最后的冲刺，分兵为四队，轮流突击，但始终突不破秦军钢铁般的防线。到此，赵括束手无策，他亲自挑选敢死队做最后一次突围，结果全军覆没，他自己也死在乱箭之下。赵军还剩有四十万人，全部投降。

惨剧发生在赵军投降之后，白起命这四十万饥饿疲惫、得庆再生的俘虏，进入长平关附近一个名为"杀谷"的深谷之中，把谷口两端堵塞。预先埋伏在山顶上的秦军，像暴雨一样的抛下土石，四十万人，全被活活埋葬，只有二百四十人被释放回国，传布这场恐怖消息。赵王国举国大哭，声震天地，他们的青年这一代，全在这一役牺牲，赵王国从此没落。

长平关战役四年后（前256），当秦王国的军队再度攻击韩、赵两国时，穿过洛阳那个可怜而古老的周王国的领土，如入无人之境。周王国最末一位国王姬延（周赧王），赫然震怒，亲自号召各国恢复早已无人再谈的合纵对抗盟约，组织讨伐秦王国的国际联军。周王国的命脉不绝如缕，既小又穷，连神圣不可侵犯的立国之宝的九鼎，都熔化了卖掉过日子。如今竟去碰撞人人畏惧的侵略大王，真是把头伸到饿虎口中的壮举，比曹阳、宋隞还要荒唐。

姬延好不容易招募了五六千人，又苦无粮饷，只有向地主们跟富商们借贷，约定凯旋之日，用战利品奉还。楚、燕二国倒是派遣了军队赴约的，但发现再没有其他国家军队时，就惊惶地撤退。周王国那五六千人的乌合之众，当然不能单独行动，热闹了一阵之后，只好解散。既没有战利品，债也无法清偿，债权人日夜索债，姬延无法应付，就躲在一个高台之上，不敢跟人见面。但他这种儿戏举动，秦王国听到后大不高兴。派出一支军队到洛阳，把姬延捉住，废为平民。这个立国八百七十九年，被儒家学派赞不绝口的周王朝，在没有一声叹息中灭亡。

周王国灭亡的次年（四十年代前255年），楚王国军队进入曲阜，把鲁国最后一位国君姬雠（鲁顷公）放逐。六年后（五十年代前249年），再把他废为平民，鲁国也灭亡。

现在，中国境内，七大强国并立。

三　吕不韦·韩非

秦王国的王位，到了五十年代公元前247年，传给了十三岁的少年嬴政，由嬴政父亲嬴异人的老友吕不韦摄政。

吕不韦是赵国人，他是历史上最有政治头脑的资本家之一。嬴异人曾在赵王国当过人质，他父亲嬴柱是秦王国的太子。嬴柱跟当时的任何贵族一样，姬妾很多，嬴异人的母亲不过其中之一。他的母亲既不受宠爱，因之他也不受重视。在赵王国首都邯郸（河北邯郸）那段时间，穷困潦倒，跟一个流亡的难民差不多。吕不韦看上了他，把他当作奇货，投下大量赌注。又亲自去咸阳，靠谋略和贿赂，说服嬴柱最宠爱的华阳夫人——她偏偏没有儿子。在华阳夫人的要求下，嬴异人排挤了所有的弟兄，被立为太子的法定继承人。不仅如此，吕不韦还把自己最宠爱的姬妾送给嬴异人，这位姬妾一年后生了一个儿子，就是嬴政。吕不韦的运气不错，不久，老王嬴稷逝世，嬴柱继位。嬴柱当王只三年就一病而死，嬴异人继位。嬴异人当王也只有三年，也一病而死，嬴政遂坐上宝座。吕不韦这场精彩的政治投资，收到可惊的利润。

东方各国乘秦王国一连串权力转移之际，再度组成一次为时过晚的合纵对抗联盟。五十年代公元前241年，楚、赵、魏、韩、卫（齐、燕两国拒绝参加，这是远交近攻的效果），推举楚王芈完当纵约长。芈完命宰相黄歇代表，统率五国联军，抵达函谷关外。这是合纵对抗联盟第二次进逼函谷关挑战，距上世纪（前四）第一次进逼挑战，已七十七年。不过这一次比上一次更糟，当秦军大开关门，擂鼓出战时，五国联军魂飞魄散，稍后望见秦军的旌旗，就好像一群老鼠望见了猫的耳朵一样，霎时间惊慌失措，一哄而散。

尤其是仍然庞大的楚王国,好像惹下了什么滔天大祸,抛弃了已定都三十八年之久的陈丘(河南淮阳),把首都再迁到更东方,距秦王国更远的寿春(安徽寿县)。这是东方诸国最后一次团结,不过这次团结不如不团结,它们的丑态毕露,鼓励秦王国兴起更大的野心,开始认真地考虑早日动手消灭它们。

六十年代公元前 237 年,嬴政二十三岁,他不高兴吕不韦专权,把他免职。嬴政自己亲政,用法家学派的李斯当宰相。嬴政非常喜欢读书,在博览群书中,他发现了《孤愤》、《五蠹》,反复诵读,佩服得五体投地,叹息说:"我能见到这本书的作者,跟他交游,虽死无恨。"李斯告诉他,作者韩非,是韩王国的贵族,因为患有口吃的毛病,所以不善于言词辩论,但他的智慧全在他的著作之中。嬴政十分兴奋,通知韩王国,邀请韩非到秦王国访问。

六十年代公元前 233 年,韩非到了咸阳,作为国王的贵宾,受到盛大的尊敬与欢迎。然而天下事往往并不都是向正面发展的,庞涓、孙膑的故事,在秦王国重演。李斯为自己的职位起了恐慌,决心杀掉韩非。他向嬴政提出警告说:"韩非是韩王国贵族,不是普通平民,绝不可能忠于秦王国。与其用他,冒着被背叛的危险,不如送他回国。但与其送他回国后变法图强,成为大敌,不如杀了他以绝后患。"专制帝王大多数都是翻脸无情、喜怒无常的,而且无论干什么丧尽天良的事,都会得到摇尾系统的支持。

于是嬴政把韩非从贵宾位置上拉下来,投入监狱,虽然嬴政后来改变主意,下令把韩非释放,但李斯却在他改变主意之前,在监狱中把韩非毒死。

韩非,这个集荣耀与悲剧于一个焦点的学人,是法家学派的总汇。他的思想中心是,君主应拥有强大的权力,不必希望人民感恩,也不在乎人民怨恨,只要赏罚严明,就可以使政府成为万能。

韩非死后,崇拜他的学人把他的作品,集成一部书,命名《韩非子》。嬴政和李斯虽然杀了韩非,却接受了韩非的全部思想,建立他们的日益扩张中的帝国。

四 六国覆灭

本世纪(前三)七十年代,东方六个王国灭亡的内在和外在条件,都已具备。内在条件是，统治阶层日益腐败无能，人民的贫穷日益加重，渴望着早一点变天的心理状态日益强烈。外在条件是，秦王国统一当时世界的决心与强大实力，日益膨胀。于是就在七十年代的十年之中，像一根铁棒捣碎六个鸡蛋一样，轻而易举地把六个王国全部征服。它们灭亡的顺序，列于下表：

顺序	国别	亡国年代	亡国年份	立国年数
1	韩王国	七十	前230	104
2	魏王国	七十	前225	145
3	楚王国	七十	前223	519
4	燕王国	七十	前222	111
5	赵王国	七十	前222	105
6	齐王国	七十	前221	139

第一个遭到厄运的是国势始终没有振作过的韩王国，韩非死后的第三年（前230），秦王国大军攻陷它的首都新郑（河南新郑），韩王国最末一任国王韩安投降。

韩王国的灭亡引起其他各王国震恐，赵王国在过度紧张中，跳进秦王国间谍布置下的圈套，把那位唯一可以挽救国家、忠心耿耿的名将李牧，逼得自杀而死，秦王国那些将军们从此再没有可以较量的对手。两年后（前228），秦王国继白起之后的名将王翦，即对赵王国进攻，国王赵迁投降。赵迁的哥哥赵嘉向北逃走，在代郡（河北蔚县），集结残军，继续抵抗。

燕王国更手忙脚乱，燕王姬喜的太子姬丹主持国政，大臣们劝他跟齐、楚、魏再组合纵对抗联盟，姬丹认为那已不切实际，而且缓不济急。他决心采取左道旁门的手段，派遣刺客去胁迫嬴政，命他承诺退还侵略的土地，并保证不再继续侵略。如果他拒绝，就把他刺死。姬丹选择的刺客是著名的勇士荆轲，整个计划是：燕王国向秦王国请求合并，派遣荆轲献上燕王国的地图，嬴政一定会亲自接见，当荆轲双手展开地图时，一柄短小而锋利的匕首就在地图中出现。

公元前227年，荆轲到了秦国首都咸阳（陕西咸阳）。一切都照计划进行。可是，当荆轲右手拿起匕首，左手抓住嬴政的袖子，正要说话的时候，嬴政挣脱了荆轲的手，绕着柱子奔逃。荆轲在后面追赶，很显然的，机会已失。嬴政拔出腰剑，把荆轲左腿砍断。荆轲栽倒到地上，勉强坐起，右手把匕首向嬴政掷去，击中铜柱，射出火花。嬴政再用剑砍他，荆轲用手去接，五个手指应声而落。他面露微笑，对嬴政说："我本打算劫持你，逼你退还侵略邻国的土地。不幸失败，大概天意如此。"他死于乱剑之下。

秦王国大军立即向燕王国做惩罚性的攻击。明年（前226），攻陷首都蓟城（北京），姬喜向东逃到襄平（辽宁辽阳）。秦军继续追击，姬喜不得已，把太子姬丹缢死，将头献给秦军，秦军才撤退。但秦军并不是宽恕了燕王国，而是急于回去献上主凶的人头。

秦王国大规模的统一中国的军事行动，不会停止。缢死姬丹的次年（前225），秦军进攻魏王国，决开黄河的堤防，使从天而降的河水灌入首都大梁（河南开封），最末一位国王魏假被擒，就地处决。

两年后（前223），秦王国名将王翦率领倾国的兵力，六十万人的精锐兵团，进攻仍然地广人众的楚王国，一连串决定性的歼灭战后，最末一位国王芈负刍投降。

明年（前222），秦王国大军向北扫荡，进攻襄平，生擒姬喜，燕王国灭亡。秦军在回军途中，攻陷代郡，赵嘉自杀，但他总算延长赵王国五年的寿命。

又明年（前221），轮到那唯一还存在的齐王国。

范雎的远交近攻政策，在齐王国身上发挥最高的效果。足足五十余年的时间，齐秦两国的邦交极为敦睦，政府使节和民间商旅，络绎于途，十分密切。齐王田建，曾于六十年代公元前237年，前往秦王国访问，嬴政用极尊贵的礼节欢迎他。在首都咸阳（陕西咸阳）设置盛大筵席，秦王国的高级官员和各国使节，匍匐在田建脚下，诚惶诚恐，不敢抬头。田建深为感动，跟嬴政结拜为异姓兄弟，两个王国自然也成为最亲密的兄弟之邦。齐王国派到咸阳的使节，每个人都得到亲切的招待和可观的贵重礼物，无不心花怒放，对秦王国的坚强友情，赞不绝口。秦王国也不断派遣各种使节，包括其他各国国籍的客卿在内，携带大量黄金珠宝，前往齐王国首都临淄（山东淄博东），一面游说统治阶层不要改变外交政策，一面诱使他们堕落，跳入贪污腐败的陷阱。因此，齐王国对任何形式的合纵对抗行动，一概拒绝参加。而且每逢秦王国征服一国，田建就派遣特使前往咸阳道贺。当全世界都在为保卫祖国血战之际，只齐王国隔岸观火，置身事外，连享半个世纪以上的繁荣与和平。

然而，末日终于到来，七十年代最后一年（前221），东方六个王国中的五个王国都已消灭，只剩下齐王国孤独地陷在秦王国四面八方的重重包围之中。田建跟那位被秦王国收买了三十年的宰相后胜，他们麻木的神经系统才感觉到有点不对劲，但一切都已太迟。秦王国大军于灭掉赵王国之后，转头南下，没有遇到任何抵抗，就占领了临淄。齐王国在糊里糊涂中断送。

以后的事是，嬴政把受贿最多的后胜处决，把昔日如手足的结拜老哥田建流放到共城（河南辉县）。当了四十五年的太平国王，享尽了人间荣耀的田建老爹，在荒凉的太行山松柏林中，筑屋定居。随从他的宫人们不久就纷纷逃走，老爹只有一个儿子，年纪还小，这位王位继承人每夜啼哭，使老爹心碎。而地方官员的供应又时时断绝，以致金枝玉叶的一家人常受饥寒，老爹更加伤感，一病而死，幼儿不知道下落。齐王国的遗民听到消息，曾为他作一首悼歌：

满耳松树的涛声，
满目柏树林。
饥饿的时候不能吃，
口渴的时候不能饮。
谁使田建落得如此结局，
是不是那些——
围绕着他的客卿大臣。

东方六个王国到此全部结束，为时二百六十年的战国时代也到此终止。只有一个封国仍然存在，那就是卫国（河南沁阳）。可能是它太小了，小到被嬴政把它忘掉。直到十二年后九十年代公元前209年，嬴政的继承人嬴胡亥大概忽然间想起了它，才下令把它取消。

五 辉煌的八十年代

尘埃已经落定，封国和独立王国长期的混战局面，已经过去，中国又统一于一个中央政府，成为一个单一的国家，而且出现中国历史上第一个最强大的王朝。在它强有力的指导推动下，一个奇异而庞大的帝国建立起来。

嬴政大帝是这个空前伟大事业的总工程师，几乎就在征服六国的同时，他立即就把军事上蓬勃的破坏动力，转变为政治、经济以及文化上的建设动力，在八十年代成为大黄金时代的高峰。

我们叙述嬴政大帝为中国做了些什么事时，必须了解一点，他的每一项措施，无论后世的人高兴或不高兴，赞美或诅咒，却几乎件件都影响中国历史至少两千年之久。

他先从一件小事情上开始，那就是他不再称为国王，而改称皇帝，这是"皇""帝"二字第一次结合为一个专有名词，从此它的地位比国王高一等，代表国家最高元首和不受任何限制的最高权力。嬴政大帝又规定，皇帝的命令称为诏书，皇帝并用一种特别的字作为自己的代名词，即不再称"我"而改称"朕"。并废除周王朝最得意的谥法制度，皇帝的区别以简单明了的数字作标准，如嬴政大帝自己称秦王朝的创始皇帝，他的后裔称"二世皇帝""三世皇帝"以至"万万世皇帝"。不过中国民间却把嬴政大帝的称号简化，一致称他为"秦始皇"。

——周王朝有两种专属于贵族阶级的文字游戏，第一种是避讳制度，依儒书的规定，地位高贵的人的名字，神圣不可侵犯。地位低微的人必须提心吊胆地不去触及它，即令同音的字也不允许在文字上出现，有时候更不准说出口，否则便是"犯讳"，凡是"犯讳"的人，轻者要受处罚，重者可能处斩。嬴政大帝所以没有明令取消这个制度，大概它在本世纪（前三）还没有造成特别灾害的缘故。第二种就是谥法制度，依儒书的规定，一个尊贵的贵族死后（不够尊贵的贵族，如官职稍小和普通平民，都没有资格），他的儿子或部下，即根据他生前的行为特征，给他一个恰如其分的绰号，如周王朝第一任国王姬发，被称为"武王"，即武功盖世之王。如第十二任国王姬宫涅，被称为"幽王"，即黑暗不明之王。周王朝认为谥法制度是礼教的一部分，一个人为了顾虑死后的恶劣绰号，会主动地约束自己的行为。这个构想太天真了，它没有想到，满身罪恶的死者，如果权势仍然存在，便没有人敢提出恰当的形容词，而摇尾系统还会把字典上所有的高贵字句，全部堆到他头上。秦王朝灭亡后，儒家当权，谥法恢复，遂成为一个小丑表功制度。我们举一个例子作为说明，十七世纪明王朝那位吸毒的断头政治皇帝朱翊钧，他的绰号是："范天合道哲肃敦简光文章武安仁止孝显皇帝"，二十世纪那位把清王朝搞垮了的老太婆那拉兰儿，她的绰号是："孝钦慈禧端佑康颐昭豫庄诚寿恭钦献崇熙显皇后"，这种必须喘一口气才读得完的头衔，使人倒尽胃口。

废除谥法制度只是一件小事，但它显示一种动向。嬴政大帝跟他的政府已完全摆脱儒书里那些周王朝的重要传统，眼前展开的是一个自由自主的新的天地。在这个基础上，中国疆域开始轰轰烈烈地向外扩张。周王朝只限于黄河中游，战国时代七个强大的王国各自开疆拓土，几乎每一个王国都膨胀到有周王朝那么庞大。嬴政大帝完成统一的工作后，疆域已包括了黄河、长江、以及桑干河三大流域的大部分，这已是够大的帝国了，然而有一个新兴的威胁使他不能安枕，就是北方沙漠上，强大的匈奴民族，悄悄崛起。当秦王国刚刚扫平六国、收兵回营的时候，匈奴那个毛茸茸的阴影，忽然笼罩下来。匈奴最南的边界，在被称为"河南地"的河套北部，距秦王朝的华夏帝国的首都咸阳，只四百公里，骑兵一天就可以抵达城下。这使嬴政大帝决心把匈奴逐出河套。

这项任务由大将蒙恬胜利完成，秦兵团而且越过黄河，挺进到阴山山脉（高阙·内蒙乌拉特后旗东南）。沿着固有的边界一带，战国时代各国为了抵御北方民族的劫掠，都建有属于自己的边防长城，现在，蒙恬为了阻止匈奴的反攻复仇和南下侵略，他发动军队和民众，把它衔接起来。这个在当时长达两千余公里而被称为"万里"的长城，东端起自辽东半岛辽东郡（辽宁辽阳）的东南，西端到临洮城（甘肃岷县），使本来分为三段的长城：燕王国长城，赵王国长城，秦王国长城，联而为一。这对匈奴以及后来代之而起的其他北方民族，是一个阻挡力量，他们必须承受重大的死伤损失之后，才能攻破长城，进入中国本土。

在南方，有两块广袤的蛮荒土地，等待开发，那就是"闽中地"和"陆梁地"。闽中地即现在的福建跟浙江南部。陆梁地包括现在的广东、广西和湖南、江西的南部，陆梁的意义是"陆地上的强梁"，形容土著民族的强悍善战。我们不知道什么原因促使嬴政大帝决心征服这两个地方，反正是当北方的河套被并入版图后，秦兵团立即排山倒海般南下，投入这个燠热难当，到处崇山峻岭和恶雾毒虫的原始地带。

秦兵团一面开路一面前进，完成两项伟大的工程，一是打通了大庾岭，一是开凿了灵渠运河。大庾岭属于五岭之一，它有效地把南中国分隔为二，秦兵团用双手在岭上辟出一条山道，使长江流域跟珠江流域豁然相通。灵渠运河连接长江的支流湘江跟珠江桂江，穿过土著部落和巨山峡谷，使南北交通发生戏剧性的变化，船只可由帝国首都咸阳（陕西咸阳）出发，直达南方的海口番禺（广东广州）。

闽中地散处着越王国瓦解后残存的部落，所有的酋长们都以国王自居，但他们跟秦兵团一经接触，即行投降。陆梁地的一些强悍民族的激烈抵抗，在配备现代化武器的秦兵团水陆夹攻下，也被粉碎。

这是一个空前广袤的帝国，过去从没有过。比上世纪（前四）西方的亚历山大帝国还大，而且亚历山大帝国只昙花一现，秦王朝建立的华夏帝国却一直矗立不坠。帝国面积大约三百万方公里，包括当时中国人已知的全部世界。嬴政大帝再摆脱周王朝最洋洋得意的另一个制度——封建制度，把帝国划分为四十一个郡。郡是地方行政单位，直属中央政府，郡下再划分为若干县，县下再划分为若干乡。完全遵照公孙鞅变法时在秦国所定的制度。

四十一郡是：

内史郡（首都咸阳）
上郡（陕西榆林南鱼河堡）
北地郡（甘肃西峰）
陇西郡（甘肃临洮）
汉中郡（陕西汉中）
蜀郡（四川成都）
巴郡（四川重庆）
河东郡（山西夏县）
上党郡（山西长子）
太原郡（山西太原）
雁门郡（山西右玉）
九原郡（内蒙包头）
云中郡（内蒙托克托）
代郡（河北蔚县）
黔中郡（湖南沅陵）
象郡（广西崇左）
上谷郡（河北怀来）
渔阳郡（北京密云）
右北平郡（内蒙宁城西南）
辽东郡（辽宁辽阳）
辽西郡（辽宁义县）
巨鹿郡（河北平乡）
邯郸郡（河北邯郸）
东郡（河南濮阳西南）
琅琊郡（山东胶南西南）

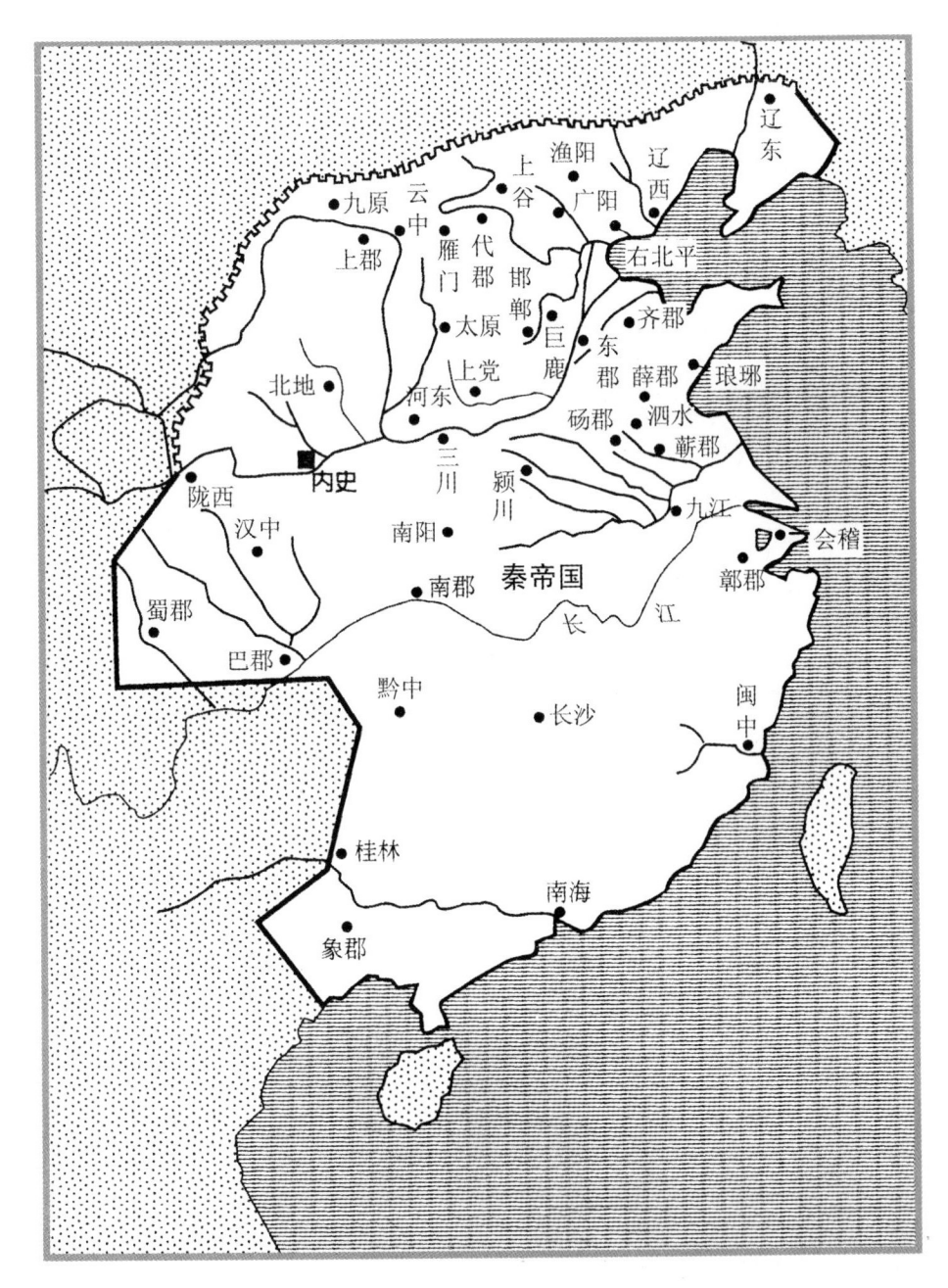

图一二　前三世纪八十年代·秦王朝四十一郡

泗水郡（安徽淮北）

九江郡（安徽寿县）

闽中郡（福建福州）

南海郡（广东广州）

齐郡（山东淄博东临淄镇）

薛郡（山东曲阜）

砀郡（河南商丘）

三川郡（河南洛阳东）

颍川郡（河南禹州）

南阳郡（河南南阳）

南郡（湖北江陵）

会稽郡（江苏苏州）

鄣郡（浙江安吉）

长沙郡（湖南长沙）

桂林郡（广西凌云）

广阳郡（北京）

这是一个划时代的突破和最骇人听闻的政治结构，没有封国封爵，没有公侯伯子男。当时没有一个人敢于想象皇帝的儿子们竟会跟平民一样，竟没有拥有土地，更没有拥有奴隶群。尤其是崇古的儒家学派的学者，面对着这么大的巨变，大感不解，而且不久就大起恐慌，这简直是敲碎他们的饭碗了。

六　嬴政大帝

嬴政大帝的生命是多彩多姿的，充分显示他强力的独立人格和独立思考。他面对的是包罗万象的庞大帝国和充满陌生的人民。

然而，大黄金时代的光芒正在普照。大黄金时代最主要的特征之一，是一种只向前看的心理状态，人们逐渐地从周王朝那种崇古守旧的传统中脱颖而出，而以坚决的态度，发挥创造未来的倔强精神。嬴政大帝正是这种主流思潮的代表人物，他是中国最勤劳的帝王之一，不分昼夜地为他的帝国服务。

在政府组织上，嬴政大帝给中国历代王朝奠定了权威性的规范，使得以后几百个帝王只能在他所想到的圈子里做小小的修正，而无力做巨大改变。秦政府跟周政府大大地不同，周政府不过是一个国王亲属和大部落酋长们住的大庭院，秦政府则是真正的中央集权的政治机构。在皇帝之下设立宰相，宰相之下设立九卿——九位部长级官员。我们用下表说明：

元首	宰相级官员	部长级官员（九卿）	以后王朝改称
皇帝	丞相（政治）	奉常（祭祀部长）	太常·太常卿
	太尉（军事）	廷尉（司法部长）	廷尉卿·大理卿
	御史大夫（监察）	宗正（皇族事务部长）	宗正卿
		卫尉（皇城保安司令）	执金吾·卫尉卿
		太仆（交通部长）	太仆卿
		少府（宫廷供应部长）	少府卿
		典客（外籍官民接待总监）	大鸿胪·鸿胪卿
		治粟内史（粮食总监）	大农令·大司农·司农卿
		郎中令（宫廷禁卫官司令）	光禄勋·光禄卿

秦政府的组织精神，是政治、军事、监察，三权分立，互不统摄。政府跟军事不结合，可避免皇帝的权力被剥夺。监察是皇帝的耳目，它主要目的在查看官吏和人民是否效忠或是否尽职。

九卿的官制，是秦政府的又一发明，我们在括号中所注释的现代官称，实际上并不恰当，但不如此便无法加强印象。主要原因是，政府官员和宫廷官员，在秦王朝时还无法划分。所有官员都为皇帝做私事，也同时为国家做公事。这就跟现代若干独资经营的小店铺，跟老板家庭之间，无论财务和管理，往往混合为一的情形一样。到了后来，为皇帝办私事的官员另成一个宫廷系统，九卿才成为政府系统。历代王朝中央政府的组织虽不断有变化，但九卿的官称不变，一直保持两千余年，直到二十世纪，才随着帝王制度的消灭而消灭。

我们可以假设一个问题，假设现在某一个国家，把地球上所有的其他国家都用武力征服，成立一个强有力的世界政府，它最迫切的政治措施，将是什么？这正是嬴政大帝在公元前三世纪八十年代所面临的课题，他为了巩固他的帝国所从事的努力，大概分为两个项目：

其一，开凿运河和建筑公路。除了灵渠运河外，秦政府又在黄河跟淮河的支流颍水之间，开凿另一条同样重要的运河，即鸿沟运河，也即现在的贾鲁河，它接连黄河跟淮河，再从淮河转入长江，航运灌溉，都有高度价值。

公路从首都咸阳（陕西咸阳）出发，做辐射形状，直达各郡，北到辽东郡（辽宁辽阳），南到长沙郡（湖南长沙），像蜘蛛网一样密布全国。公路宽五十步，每隔十米，即种植一棵松树或柏树，这恐怕是世界上最早出现的林荫大道，构成"条条大路通咸阳"的壮观，不仅有利于武装部队的机动性，更促进各地经济文字的交流，使相异的差距日益缩小。

其二，统一文字和度量衡制度。各封国和各王国经过长期的政治独立，犹如西方罗马帝国崩裂后的欧洲一样，每一个国家都发展成为一个文化的和经济的社会单元，互不相同。齐王国写出的字与楚王国写出的字不一样，韩王国的升斗跟燕王国的升斗不一样，赵王国的里程也跟魏王国的里程有大大的差异。各国车辆，各有宽度，也就是说，车辆只能在本国行驶，一出国境，因为不能合辙的缘故，寸步难行。嬴政大帝要求把这些全部划一，首先他下令采用一种新文字，也就是一种简体字，把周王朝及六个王国所使用的那些繁杂而又互相差异的字体，简化为一种"小篆"——以后更再进一步地简化为一种"隶书"。这是中国历史上由政府所发动、对文字所做的第一次剧烈的改革，使原来十分笨重的文字，变为灵活，是中国文化最大的一项跃进。其次嬴政大帝规定标准长度（度），标准容量（量）和标准重量（衡）。从此在中国境内，文字、尺寸、升斗、斤两，以及车辆的轮距，完全一致。这件事奠定了中国人万世大一统思想观念的基础。

帝国的领导人，上至嬴政大帝，下至包括宰相李斯在内的高级官员，都精力充沛，具有活泼的想象力。在本世纪（前三）八十年代十年中，他们做出比七十年代统一当时世界还要多的事，也做出几乎比此后两千年大多数帝王所做的总和还要多的事。

七 焚书坑儒

著名的嬴政震撼，也发生在八十年代，他采用暴力手段来对付儒家学派的崇古思想。

澎湃的学术思潮中的四大学派：儒、墨、道、法，发展到本世纪（前三），道家本身没有组织，从不跟人竞争。墨家也告没落，没落的原因不是它的理想不好，恰恰相反，而是因为它的理想太好，要求太高，以致必须有一种殉道的极端宗教感情，才可以胜任，这不是每个人都办得到的，不久就发生后继无人的枯竭现象，逐渐在人群中消失，只留下使人敬仰的学说，供人研究。

于是，实际上只有儒、法两家在对抗，两家的学者都渴望得到君主们的垂青，法家学派的方法是向君主分析利害，提出具体方案，使君主们悚然戒惧，不得不赋予权力。儒家学派是拒绝谈利害的，他们只谈仁义，只对君主歌颂功德，使君主们在非常舒服的精神状态中，任用他们担任官职。大黄金时代是法家学派当权的时代，在各国从事生死存亡的斗争时，儒家学派自然被排除于权力之门，不过这并不能使儒家学派灰心。

嬴政大帝在九卿之一的"奉常"（祭祀部长）之下，设立数目不定的"博士"官员（祭祀部兼管教育）。当时的博士跟现代的博士不同，当时的博士是国家最高的学术研究员，他们有优厚的薪水，地位仅次于祭祀部长，可以经常觐见皇帝，而皇帝也经常召见他们。秦政府的博士，包括各学派的门徒和学者。事实上只不过以法、儒、道三家为主，道家所以也被延揽，因为这时候道家已开始发展出来一个新的支派，这个支派跟阴阳家结合，高举着李耳、庄周的招牌，捏造出姬轩辕也是他们的祖师爷之一，从事跟道家思想风马牛不相及的两件大的行动：一是他们宣称能够用火炉炼出使人吃了可以永远不死的仙丹，一是他们宣称能够用同样方法炼出黄金。言之确凿的不死药或长生药，跟炼金术，足以打动任何人的心弦。这个新的支派，在本世纪（前三）和下世纪（前二），被称为"方士"，即是一种高级巫师，以后发生的道教，渊源于此。

嬴政大帝喜欢出巡，他的足迹几乎遍于中国各地著名的山川。每次出巡，当然有一个庞大而威风凛凛的随从行列，博士也在其中。每到一处，嬴政大帝一定要建立石碑作为纪念。石碑上夸耀他征服六国，统一世界的丰功伟业。这正是儒家所拿手的，著名的于八十年代公元前219年立在泰山顶上的颂德碑，就是儒家学派的博士跟故鲁国的儒家学派的学者（儒生）的杰作，嬴政大帝十分高兴。

于是儒家学派认为机会已到，遂进一步做了一件自信嬴政大帝一定会龙心大悦的事，那就是他们建议嬴政大帝分封他的儿子们到各地当国王。八十年代公元前213年，博士淳于越正式上书给嬴政大帝说："从前商周两个王朝，立国都近千年（按，这是文化打手式的信口开河，事实上商王朝立国只有六百六十二年，周王国连洛阳那种卖九鼎的日子包括在内，不过八百七十九年，距千年都远得很），主要原因在于分封儿子兄弟，作为枝叶。现在陛下虽富有世界，可是你的儿子们却跟平民一样，一旦发生危险，便没有人相救。凡事不效法古人，而能长久的，从没有听说过。"

——注意最后三句话，它表现出儒家学派的中心思想。

然而，这是对秦王朝那种眼睛只看未来的立国精神的挑战，宰相李斯反驳说："五帝的制度不相重复，三代的制度不相抄袭。各自使用各自的制度，并不是故意反古，而是时代前进，不得不如此。陛下创立大业，所建立的是万世功勋，儒家学者愚陋，对此新的局面，不能领略。淳于越所说的是两千年前三代时代原始社会的事，怎么能够效法？儒家学者不向时代学习，只一心一意崇拜古人，用虚伪的言语打击真实。见到新兴事物，先议论纷纷。坚持现在的制度都没有古代好，扰乱民心。"

嬴政大帝采纳李斯的意见，儒家第一次碰到政治硬汉。嬴政大帝的手段是粗暴的，他下令焚毁那些使鲁国国君被强迫叩头的儒书（诗书）。超过六十天仍不焚毁的人，处以黥刑（脸上刺字），罚做苦工。两个人以上谈论儒书的，一律处决。凡认为古代才是好的，现代都是错的——"是古非今"的人，全家斩首。但政府图书馆收藏，供博士们研究的儒书，以及其他学派的著作，跟医药、卜卦、种树的著作，不在焚毁之列。

——这是儒家学派所受到最大一次打击，但仍准许博士们研究，所以影响不大。大的影响发生于稍后的九十年代，粗野的项羽攻进咸阳后，纵火烧城，政府所保存的图书，包括儒家的以及其他学派的很多著作，才永久丧失。

嬴政大帝虽然焚毁儒书，目的只在限制崇古思想的传播，对儒家学者，仍继续保留他们的职位，而且继续鼓励他们研究。可是，焚书事件的第二年（前212），又发生方士事件，激起嬴政大帝采取流血的镇压政策。两位因法术不灵，唯恐被砍头的道家方士侯生、卢生，悄悄逃走。在逃走时宣传说："嬴政这个人，天生凶恶，只信任他手下的官吏，博士虽然有七十余人，不过吃吃闲饭，受不到重视。他又喜欢杀人，拒绝听自己的过失。方士们的法术偶尔不能应验，就被处死。他只知道炼仙丹、求仙药。没有人会这么傻，把长生不死的丹药送给他。"嬴政大帝听到后，咆哮起来："我聘请这么多知识分子，目的在促进永久的和平。他们中间有人建议说可以炼仙丹求仙药，像徐福者流，浪费了无数金钱，结果什么都得不到。而各人之间，你攻击我，我攻击你，不停地互相倾害告密。侯生卢生，我非常尊重他们，想不到却把罪过全推到我一个人身上，用这种荒唐的话诽谤我。"于是下令把首都咸阳（陕西咸阳）所有的高级知识分子都逮捕起来，调查他们平日有没有讽刺皇帝的言论。调查结果，罪状确凿的有四百六十人，给他们的处罚是全部坑杀，像长平战役对付那些赵王国的降卒一样。四百六十人中，依情势判断，应该全体都是道家的方士，但鉴于崇古也是一种罪状，恐怕不可避免地也包括了不少儒家学者。

——以上两项被称为"焚书坑儒"的事件，使儒家学派把嬴政大帝恨入骨髓。在此后两千年儒家学派当权的漫长期间，一提起嬴政大帝，就破口大骂，把字典上所有恶劣的字句像炭火一样的堆到他头上。

嬴政大帝也有他不能超越时代的愚昧行动，中国民间有句谚语说："当了皇帝想成仙。"其实人人都希望成仙，不过普通人无法把这种追求搞得惊天动地。嬴政大帝握有现实世界最高的权力和光荣，但他知道逃不脱死亡，除非得到神仙的帮助。方士们分别向他推荐各种方法，向他报告各种神仙的行迹。其中最重要的一位方士，就是前面为嬴政大帝所提到的徐福。徐福告诉嬴政大帝说，在东方大海之上，有一座名叫蓬莱的仙山，那是神仙居住的地方，如果能找到那座仙山，就可从神仙手中取得长生不死的仙药。嬴政大帝答应他的请求，命他前往。八十年代公元前219年，徐福率领童男童女三千人，乘坐特别制造的巨舶向东方大海进发，三千童男童女可能是用来作为祭品的，也可能徐福一开始就蓄意一去不返，用他们去开辟新的疆土。

徐福出发后就没有消息，有人说他在大海中沉没，全体溺死。有人说他终于找到了蓬莱仙山，即现在的日本，定居下来，现代日本人身上仍流着他们的血统。两种传说都有可能，但日本沿海一带所建立的徐福庙，似乎很支持后一种说法。

——嬴政大帝虽然寻找不死药，却没有贸贸然吃到肚子里。反而是以后那些服膺儒家学派，咒骂嬴政大帝的帝王们，不断有人因服下方士的不死药而一命呜呼。

八 秦王朝突然瓦解

华夏帝国的国势正如旭日东升，然而，专制政体最大的缺点之一，是统治阶级多半一代不如一代。任何英明的君主都无法保证他的继承人跟他一样的有能力有热诚去治理国家。

九十年代的第一年（前210），嬴政大帝在出巡归来途中，走到沙丘（河北广宗），一病而死。

嬴政大帝死后，遗诏命他的长子嬴扶苏继位，嬴扶苏那时不在身边，正在上郡（陕西榆林南）监督由大将蒙恬率领，防御北方匈奴的边防部队。沙丘、咸阳间航空距离六百五十公里，在漫长的归途中，嬴政大帝的幼子嬴胡亥，跟宰相李斯、宦官赵高，发动一项夺嫡阴谋，把遗诏毁掉，另写两份遗诏，一份命嬴扶苏自杀，一份命嬴胡亥继任帝位。

秦王朝虽然是一个由悠久历史的王国演变出来的政权，但建立大帝国的时间却很短，刚刚进入危险的瓶颈时代，却不幸地出现了一个花花公子当它的舵手。嬴胡亥具有花花公子所具有的一切毛病，而尤其自私任性。他上台后不久，就跟他的亲信赵高有过下列一段非常精彩的对话，他问赵高说："人生在世，不过一眨眼工夫。我既然有今天的地位，有权有钱，想干什么就可以干什么，所以我要享尽天下艳福，你以为如何？"赵高回答说："这是极明智的见解，愚昧的人永远想不到。"于是，几乎是刹那间，帝国巨舟脱离了航线，驶入惊涛骇浪的浅滩，向着狞恶的礁石上撞去，谁都无法拯救。

巨变来得太快，嬴胡亥坐上宝座的明年（前209），阳夏（河南太康）派遣前往一千公里外北疆重镇渔阳郡（北京密云）换防的一小队后备军，走到蕲郡（安徽宿州南蕲县集）所属的大泽乡，遇到连绵大雨，道路中断，计算时间，在限期内已不可能赶到，帝国军法森严，可能受到严重处分。于是，队长陈胜跟副队长吴广，铤而走险，率领他们叛变，攻击地方政府，夺取武器。

一群亡命之徒向庞大的帝国挑战，等于闭着眼往黑暗里一跳。可是想不到这一跳竟引起各地连锁性的民众抗暴，民众领袖为了扩大影响力，纷纷使用那些已消失了十二年之久的六个王国的国名，自称国王，或拥立六国故王的后裔当名义上的国王。只十四个月时间，秦王朝所建立的光辉帝国，即土崩瓦解，重新恢复昔日的战国时代。六个王国赫然地在故土上复兴。这些草莽国王兴起的顺序，跟他们的根据地，列举如下：

张楚王	陈胜	陈丘（河南淮阳）
楚王	襄强	东城（安徽定远）
齐王	田儋	狄县（山东高青）
赵王	武臣	邯郸（河北邯郸）
燕王	韩广	蓟县（北京）
魏王	魏咎	临济（河南封丘）
赵王	赵歇	信都（河北邢台）
张楚王	景驹	留县（江苏沛县东南）

楚王	芈心	盱眙（江苏盱眙）
韩王	韩成	颖川（河南禹州）
齐王	田假	临济（狄县改称，山东高青）
齐王	田福	临淄（山东淄博东临淄镇）
魏王	魏豹	平阳（河南滑县）

六个王国国名的重现，并不等于六个王国的重建。死灰不可能复燃，即令复燃也不会持久。历史的定律是，旧政权一旦毁灭，时间越久，越不可能复兴。

真正重要的是两位在初期没有自封为国王的小人物，一位是故楚王国大将项燕的孙儿项羽，一位是沛县（江苏沛县）地痞流氓头目之一的刘邦。项羽在他的故乡会稽郡（江苏苏州）把地方政府首长杀掉后起兵，物色到故楚王国第二十一任国王芈槐（就是被张仪玩弄得溜溜转的那一位）的孙儿芈心，芈心这时已经沦落成为一个穷苦的牧羊人了。项羽拥立芈心当楚王，用以号召故楚王国的遗民。刘邦跟旧有的六国王族没有一点渊源，也没有机会利用残余的力量，他只靠自己在黑社会中的地位，集结乱七八糟的数千人，投奔芈心。芈心的楚王国建都盱眙（江苏盱眙），鼓励那些投奔他的将领们直接攻击帝国的首都咸阳（陕西咸阳）。他下令说，谁先攻陷咸阳，谁就当秦王国的国王。刘邦率领他的部队，沿着南阳（河南南阳）、武关（陕西商南）路线进发。

秦政府如果反应迅速，变乱可能早已结束。但二世皇帝嬴胡亥不喜欢听不悦耳的话，任何不悦耳的话都被解释为恶意的。当各地叛变的消息报告到中央时，嬴胡亥大为震怒，把报告消息的那些倒霉的官员，都投到监狱。于是以后来自各地的报告就大不相同，一致说："我们这里虽有小小的骚动，只不过是少数游手好闲之徒，打劫商旅，偷鸡摸狗而已。地方政府搜捕进剿，已全部肃清。"嬴胡亥这才非常高兴。民众抗暴就在嬴胡亥的保护之下，像野火一样四处蔓延。一直到陈胜的大将周文，势如破竹般打到距咸阳只三十公里的戏水（陕西临潼新丰镇），嬴胡亥才大梦初醒，征调正规军已来不及，就下令赦免正在骊山做苦工的数十万奴工跟囚徒，命宫廷供应部长（少府）章邯当总司令，率领迎战。交锋的结果，周文败退，章邯出函谷关向东追击。

仅只击退周文，并没有解决问题。但赵高已开始他的新的阴谋，在精密的设计下，他诬陷开国元勋宰相李斯私通东方的叛徒，李斯父子同时被腰斩。赵高遂当上宰相，这位中国历史上第一位最有势力的宦官，为了建立权威，特地在一次朝会上，把一只鹿呈献给二世皇帝，在呈献时，他宣称呈献的是一匹马。嬴胡亥说："明明是鹿，怎么说是马呢？"赵高说："明明是马，怎么说是鹿呢？陛下不相信的话，请问大家。"高级官员们遂分为两派：一派认为是马，一派认为是鹿。等到这个事件结束后，认为是鹿的一派官员，不久就陷入证据确凿的谋反案件中，全部被杀，赵高遂完全掌握政府。

章邯一连串扫荡了几处草莽王国，九十年代公元前208年，他的大军围攻新建立的赵王国的重镇巨鹿（河北平乡）。赵王赵歇向其他同时新建立的一些草莽王国求救，各王国并没有使他失望，纷纷派出援军。可是，他们又重演战国时代那种畏秦如虎的镜头，军垒林立，却没有人敢向围城的秦军挑战。最后，项羽率领的楚兵团抵达，一抵达即发动攻击，这是历史上闻名的一次猛烈会战，楚兵团以一当十，杀声震动天地，诸国援军站在自己军垒上观战，一个个面无人色。最后秦军大败，向西溃退。项羽邀集各国将领讨论联合追击事宜，那些将领又敬又怕，走进楚兵团营门时，连头都不敢抬。项羽的领袖地位，由此一战而确定。

章邯之败，对秦王朝的帝国政府而言，不过是一次战役的失利，并没有什么影响。但章邯派他的秘书长（长史）司马欣到咸阳请求增援时，赵高正开始他的第二个阴谋，打算把民变日炽的责任推到章邯身上，这只要说章邯纵敌玩寇，就可达到目的了。司马欣一连三天都见不到宰相，正在惊疑时，得到这个消息，他急急逃回，不敢走来时的道路，另走其他小径，赵高果然派人追捕，没有把他捉到。章邯现在进退失据，没有别的选择，只有向项羽投降，项羽遂统率联军西进。

比项羽先出发的刘邦，速度更快，他早已到达武关（楚王芈槐被骗的地方）。十万火急的告警文书雪片一样飞到咸阳，嬴胡亥这时候倒没有拒绝看这些使他不舒服的报告，他急忙召见被他认为最忠心的宰相赵高，可是赵高正卧病在床。屡次召见，赵高屡次都卧病在床。赵高对内斗争是第一等能手，对付敌人却一筹莫展，他既无法击退刘邦，只好卧病在床。但卧病在床不能解决问题，他害怕嬴胡亥忽然发现真相把他处决，于是决定先下毒手。

九十年代公元前207年年底，赵高的女婿咸阳市长（咸阳令）阎乐，率兵闯进皇宫，把哀求饶命的嬴胡亥杀掉。然后赵高迎立嬴扶苏的儿子嬴婴继位，宣告取消皇帝的尊号，恢复秦王国国王的旧称，希望能像一十年代取消"西方大帝"一样，轻松地放下重担。嬴婴比他的叔父嬴胡亥能力高强，他即位后立即把赵高斩首，但秦政府在嬴胡亥和赵高剧烈的伤害下，已经解体，嬴婴已无力扭转乾坤。转眼到了明年（前206），刘邦逼近咸阳，嬴婴集结不到军队，只得投降。庞大辉煌的秦王朝建立的帝国，在杀声中归于灭亡，距它荡平六个王国（前221）只十六年，距嬴政大帝之死（前209）只三年。

秦王朝灭亡得如此迅速的原因，我们归纳为下列三项：

一、中国古老的法家学派的法治，是以君权为基础的，跟现代以人权为基础的法治，有很大不同。而秦王朝自公孙鞅变法，实行法治以来，已一百余年，逐渐发展成为一种机械的和僵化了的法治。陈胜、吴广因雨耽误限期，他们有充分的理由可以免除处罚，但他们不认为有此可能性。主要的一点是，法治跟政治修明不可分，一旦政府官员颠顶腐败，法律反而产生毒素，成为迫害善良守法人民的一种残酷工具，结果形成暴政，官逼民反。

二、秦王朝统一的时间太短，前后只有十余年，人民对新政府的效忠心理，还没有养成惯性。被剥夺既得利益的既得利益阶级，诸如六个王国的那些贵族和当权阶级跟他们身上的寄生虫，以及大批被排斥的儒家知识分子，每一国以五万人估计，就有三十万人的反对力量潜伏民间，在那里怨声载道。这是一个庞大的数字，秦政府还没有彻底地消化。他们日夜都在破坏新社会和新秩序，巴不得秦政府早日垮台，以便恢复他们过去的那种好日子。所以任何震撼发生，他们都会抓住机会。像孔丘的后裔孔甲，跟一些故鲁国的儒家学者，一听说陈胜起兵，立刻就迫不及待地抱着他们的儒书，前往投靠。

三、最后的原因是帝国的舵手嬴胡亥，我们不必多强调他，只要了解，无论大船小船，舵手非常重要。舵手如果决心向礁石上猛撞，谁阻止他谁就成了卖国贼而被杀或被投入监狱，再坚固的巨轮都会沉没。

九　西楚王国昙花一现

九十年代公元前206年，嬴婴向刘邦投降后不久，从巨鹿（河北平乡）西征的项羽联军也抵达咸阳。

项羽是一位名将，但他的致命伤是不懂政治；而在打了几个胜仗后，却忽然自以为很懂政治，他不知道政治比军事复杂多了。项羽到了咸阳，因刘邦先把秦王朝灭掉，没有把这个盖世的荣誉留给他，又听说刘邦把金银财宝抢劫一空，于是暴跳如雷，像一头疯了的野兽一样，下令把嬴婴处斩，纵火焚烧咸阳城。又下令备战，准备攻击刘邦。刘邦立即屈膝，亲自到楚军营帐，向项羽谢罪，呈上他刚从皇宫抢出来的名贵白玉。于是项羽踌躇满志，把名义上的楚王国国王芈心，一脚踢开，宣布自己是西楚霸王，定都彭城（江苏徐州）。下令把所有新兴的王国全部撤销，置全国于他建立的西楚王国统治之下。然后，一口气重新分封如下表所列的十九个王国的国王：

封号	姓名	原来职位	封国首都
义帝	芈心	楚王	郴县（湖南郴州）
西魏王	魏豹	魏王	平阳（山西临汾）
韩王	韩成	韩王	阳翟（河南禹州）
汉王	刘邦	芈心的部将	南郑（陕西汉中）
雍王	章邯	秦王朝总司令，降项羽，参加项羽联军西征	废丘（陕西兴平）
塞王	司马欣	章邯的秘书长，参加项羽联军西征	栎阳（陕西临潼）
翟王	董翳	章邯的部将，参加项羽联军西征	高奴（陕西延安）
代王	赵歇	赵王	代县（河北蔚县）
常山王	张耳	赵歇的宰相，参加项羽联军西征	襄国（河北邢台）
河南王	申阳	张耳的部将，参加项羽联军西征	洛阳（河南洛阳）
殷王	司马卬	赵歇的部将，参加项羽联军西征	朝歌（河南淇县）
九江王	英布	项羽的部将	六县（安徽六安）
衡山王	吴芮	百越（广东、广西）土著民族酋长，参加项羽联军西征	邾县（湖北黄冈）
临江王	共敖	芈心的大臣，攻陷南郡（湖北江陵）有功	江陵（湖北江陵）
辽东王	韩广	燕王	无终（天津蓟县）
燕王	臧荼	韩广的部将，参加项羽联军西征	蓟县（北京）
胶东王	田福	齐王	即墨（山东平度）
齐王	田都	田福的部将，参加项羽联军西征	临淄（山东淄博东）
济北王	田安	项羽的部将	博阳（山东泰安）

仔细研究这个表，就会发现项羽是一个毫无政治头脑的莽汉。他所建立的不是一个统一的国家，而是一个地位都互相平等的国际联盟，连邦联的资格都够不上。因为大家都是独立王国，在体制方面，项羽这个国王并不能高过别的国王。尤其是当我们注意上表那些新国王的原来职位，更会发现项羽处理这次分封，完全被他自己的喜怒和他左右那些三流角色的政客所操纵，

所以自己为自己制造出来不必要的严重危机。像芈心，一个无权无势的小朝廷，项羽把他迁到一千公里外蛮荒的郴县（湖南郴州），芈心也顺服地听命之后，项羽仍不容他存在，派人把他杀掉。像刘邦，项羽应该依芈心的初约，封他当秦王，至少也要把他封到距家乡较近的地区，满足刘邦与刘邦部下的思乡心理，这对项羽并没有损失。但项羽仍记得刘邦比他先进入咸阳的大恨，而把刘邦驱逐到当时人们都认为是蛮荒的南郑（陕西汉中）。像齐王田福，非常热心地派遣他的大将田都，率领军队参加项羽的联军西征，田都即令有功，正常的情形应该是由项羽对田都加以赏赐，遣送回国，由国王田福再予擢升。可是项羽却卖弄他的权威，把田都封为齐王，而把本来的齐王田福逐出国都临淄（山东淄博东），贬到偏僻的即墨（山东平度）当胶东王。对燕王国跟赵王国，也都如此。后来更把韩王韩成当作罪犯一样的捉住杀掉，致使韩成的智囊张良，投奔刘邦，跟项羽作对到底。中国有句谚语说："天下本来不乱，是低能的人把它搞乱的。"正是项羽的写照。

——有一件事也可帮助我们对项羽的了解：当时一位学者蔡生，建议项羽建都咸阳（陕西咸阳），因为咸阳具有最适中的位置，可以统御全国。项羽拒绝采纳，他说："富贵不回故乡，好像穿了漂亮的衣服在黑夜里走路。"项羽的目的只是在向他的乡人们炫耀他的富贵，所以坚持返回东方。蔡生告诉朋友说："人们都说，项羽像一个穿人衣戴人帽的猴子，果然不错。"这话传到项羽耳朵，项羽就把蔡生投到巨锅中煮死。

西楚王国只缔造了两个月，战争就重新爆发。

旧齐王田福的宰相田荣，首先发兵迎击他的旧同僚新齐王田都。旧赵王赵歇的宰相陈余，也发兵攻击他的老友新任常山王张耳。但项羽认为这些叛逆在自掘坟墓，他的强大兵力，可以贯彻他的任何荒谬政策。他先攻击田荣，准备消灭田荣后，挥军西上，再消灭陈余。田荣果然不堪一击，兵败身死。项羽纵兵大肆屠杀，人民为了保护自己的生命财产，不得不集结起来武装抵抗，叛乱随着项羽不断的军事胜利而更加扩大，西楚兵团陷于疲于奔命的泥沼。田荣的弟弟田横率领的新集结起来的齐兵团，开始跟项羽进行捉迷藏游击战。

远在西方万山丛中的汉王刘邦，抓住这个机会，悄悄从南郑（陕西汉中）出发，越过秦岭山脉，把故秦王国领土上项羽所建的一些封王，一鼓荡平。然后大军东征，并为那个可怜的牧羊人芈心发丧，号召全国共同讨伐项羽的弑君之罪。

九十年代公元前205年四月，刘邦攻陷项羽的首都彭城（江苏徐州）。

一〇　西汉王朝大统一

项羽得到彭城陷落的消息，立即放弃田横，亲率三万人的精兵南下反攻。汉军大败，仅仅被挤到谷水、泗水溺死的就有十余万人，溃退到灵璧（安徽濉溪）。西楚兵团的追兵赶到，汉军再大败，被挤到睢水溺死的又有十余万人。两次战役，说明项羽用兵的灵活和勇猛。

刘邦逃到荥阳（河南荥阳），西楚兵团把荥阳团团围住，水泄不通。刘邦狼狈不堪，他的部将纪信伪装刘邦的模样，开东门出降。刘邦乘着楚军狂欢呼号万岁，因而戒备松懈之际，从西门悄悄逃走。刘邦自己虽然受到一连串的挫败，但他派出去的大将韩信，却用兵如神，进入黄河以北之后，把黄河以北项羽所建的一些封王，如西魏王、常山王、代王、燕王、殷王，以及使项羽疲于奔命的田横所辖的故齐王国地区，只几个月工夫，就把他们一一征服。

——西汉王朝赖三个杰出的人物而建立，即大将韩信、智囊张良、后勤总司令萧何。韩信是故楚王国的一个穷苦的流浪汉，张良是故韩王国贵族的后裔，萧何是故秦王朝县政府的低级官员。假如不是时代动乱，他们只有湮没在人海之中。韩信曾当过项羽禁卫军的低级军官，为项羽站过卫兵，屡次向项羽贡献意见，项羽都不能采纳。唯英雄才能识英雄，项羽只是一员勇敢的将领，不是政治家，所以他不能了解韩信，犹如小学生不能了解大学生的课程一样。项羽不但对韩信失之交臂，对他唯一的智囊，被尊称为"亚父"的范增，也不能容忍，终于把范增逐出政府。只有刘邦具备当时所有领袖们都没有的才能，他在黑社会中培养出来的高度智慧和宽宏度量，使三个杰出的人物为他效力，使他自己成为中国历史上第一位平民出身的伟大君主。

荥阳战役之后，战争呈胶着状态。项羽不断地进攻，刘邦不断地失败。刘邦几乎是每战每败，但他像一只苍蝇一样，失败后兜了一个圈子，收拾残军，又转回来战斗。萧何的后勤工作是第一流的，他坐镇首都栎阳（陕西临潼），刘邦在前方从来不缺少粮食和兵源补充。而扫荡黄河以北的韩信，于占领了故齐王国地区后，开始抄掠项羽的后路。项羽不久就陷于求战不能、求胜更不能的苦境。

九十年代公元前203年，项羽要求和解，只有和解才能救他。结果双方同意以鸿沟（嬴政大帝开凿的运河）为界，瓜分世界，鸿沟以西归汉，鸿沟以东归西楚。

签约之后，项羽大大地舒了一口气，把所俘虏的刘邦的父亲送还给刘邦，率领大军东归，以为从此可以休息一段时间。然而，刘邦不是受诺言拘束的人，当项羽大军刚刚移动的时候，刘邦即行叛盟，从背后追击。

项羽仓促应战，刘邦仍然不是对手。但项羽的克星韩信适时赶到，局势遂急转直下，发生了历史上有名的垓下会战。公元前202年，汉兵团在韩信指挥下，于垓下（安徽灵璧东南）设下十面埋伏，项羽陷入重围。他此时才发现百战百胜并不能保证最后一胜。当天夜晚，他忽然听到四周汉兵团军营中响起楚王国的歌声，大惊说："难道楚军全都投降了吗，为什么楚歌如此之多？"他不能入睡，怆然下泪，左右将领也跟着下泪。他的爱妻虞姬为他做最后一次歌舞后自杀。明晨，项羽率领残军突围南下，汉兵团急追，项羽奔到乌江（安徽和县乌江镇），只剩下二十六个骑兵。乌江村长劝项羽南渡长江，他安慰项羽说："江东（太湖流域）虽小，地广数百公里，人众数十百万，仍可以复兴。"项羽说："我当初率领江东的孩子们八千人，渡长江西征，如今没有一人生还。即令江东父老仍怜恤我，尊奉我当国王，我也无颜见他们。"于是把坐骑赠给那位村长，举剑自杀。

西楚王国骤然而兴，骤然而亡，短短的只有五年。

汉王刘邦击败项羽后，完全统一中国，他效法嬴政大帝的做法，改称皇帝，建立汉王朝，定都距咸阳南郊两公里的长安城（陕西西安）。——他力排众议才远离家乡，把首都置在西方，从这一点可看出他比项羽高明。这时，正是本世纪（前三）最后第二年。

东西方世界

——二十年代·公元前273年（秦军攻陷楚王国首都郢都后五年），印度孔雀王朝阿输加王即位，中国称他为阿育王。

——三十年代·公元前269年（秦王国用范雎当宰相前三年），罗马共和国铸造银币，世界用银作为钱币自此始。

——三十年代·公元前264年（长平战役前四年），第一次布匿战争爆发，持续二十四年。

——三十年代·公元前261年（长平战役前一年），印度阿育王皈依佛教。后来也屡次颁布诏书制定人民生活规范，都刻在岩石上或柱竿上，俾使国人周知。史学家称为岩石诏书、柱竿诏书。

——五十年代·公元前241年（楚、赵、魏、韩、卫五国联军攻函谷关，秦军开关出战，五国联军惊惶逃走），第一次布匿战争结束。二十四年战争中，罗马战舰沉没七百艘，士卒死二十万人。然迦太基损失更重，乞和，赔偿战费黄金三千二百塔兰特，割西西里岛给罗马。

——六十年代·公元前232年（韩非被杀的次年），印度阿育王逝世，二孙争立，各据一方，帝国大乱。

——八十年代·公元前219年（徐福率三千童男童女，泛海往求仙药），第二次布匿战争爆发。迦太基大将汉尼拔由伊比利亚半岛（西班牙）东征，把战争带入罗马本土，持续十八年。

——九十年代·公元前202年（项羽乌江自杀，西楚王国灭亡），罗马大将西庇阿直捣迦太基本土，汉尼拔补给断绝，退回迦太基，与罗马兵团会战于撒马，汉尼拔首次战败（汉尼拔与项羽、韩信，同是本世纪［前三］九十年代名将）。

——九十年代·公元前201年（本世纪最后一年），第二次布匿战争结束，迦太基再乞和，赔偿战费黄金一千万塔兰特，交出全部军舰，割伊比利亚半岛给罗马，迦太基永远解除武装。

第12章
公元前第二世纪

大一统的西汉王朝比秦王朝幸运，更比西楚王国幸运，它的瓶颈危机虽拖得很久，终于平安通过。但北方新兴的匈奴汗国，却忽然间成为西汉王朝最大的威胁，使汉帝国饱受凌辱。不过等到本世纪中叶，西汉王朝衰弱的情势改善后，就转而反击，夺取了匈奴汗国最大的可供耕种的土地河西走廊，控制西域，跟更多的外国接触。于是西汉王朝和中国成为同义语，中国人被称为汉人、汉民族，中国字被称为汉字，中国语被称为汉语。

然而，本世纪也开始一桩重要的转变，这转变是静静的、不动声色的。儒家学派借着政治力量，把诸子百家的学术思想，全部排除，儒家思想遂成了中国人唯一法定的正统思想。本世纪还看不出它的影响，但长久下去，中国人的想象力和灵性，逐渐地被这个单一而保守的思想酱住，直到二十世纪，长达两千余年。

一　匈奴汗国崛起沙漠

当西汉王朝在中国本土完成统一时，匈奴部落也在漠北完成统一。

匈奴部落酋长头曼是一个粗犷人物，前妻生子冒顿，后妻又生一个幼子。爱后妻兼爱幼子是老年人的特有感情，使头曼打算把酋长的位置传给幼子，就派冒顿到月氏王国（甘肃张掖）当人质。等冒顿去了之后，这位狠心的父亲即发兵猛攻月氏，希望月氏王国在大怒之下，把人质杀掉。冒顿察觉到老爹的诡计，立刻夺到良马逃走。老爹大概也有点懊悔，同时并认为儿子很有胆识，于是分给他一部分部众，但冒顿却恨老爹入骨。

冒顿不久就发明一种射出时能发声的响箭——鸣镝，他下令给他的部属说："注意响箭，响箭射什么，你们就也射什么，不射的处死。"最初用在打猎上，冒顿响箭射出后，发现有未跟着射的，立即杀掉。有一次，冒顿用响箭射他自己的马，部属有不敢跟射的，也立即杀掉。又一次，冒顿用响箭射他自己的妻子，部属又有不敢跟射的，也立即杀掉。过了一些时候，冒顿用响箭射他父亲的坐骑，部属们不敢再不跟射。冒顿知道已训练成功，于是，上世纪（前三）最后一年，公元前201年，冒顿用响箭射他的父亲，头曼遂死在儿子的乱箭之下。冒顿把他的继母与弟弟同时杀掉，宣称自己是"单于"（匈奴语"元首"），建立匈奴汗国。

——我们给"汗国"的定义是：元首和中央政府迁移不定，也就是没有固定首都的国家。中国史书上，称为"行国"，对元首和中央政府临时的所在地，称为"王庭"。

匈奴汗国在冒顿统治下，向四面扩张，东到辽东半岛，西到西域（新疆），南部收回被中国秦王朝夺去的河套地区。面积比中国当时的版图还大。然后宣称他们是中国夏王朝的后裔，所以中国也有他们的一份，藉以向中国内地发动侵略。这是北方民族锲而不舍地向中国内地侵略的开始。

自从匈奴汗国崛起，中原王朝以后两千年间的忧患，就差不多固定地来自北方。跟日耳曼民族锲而不舍侵略罗马帝国一样，南方的富庶对那些寒冷荒凉地带的游牧民族，是一个难以抗拒的诱惑。西汉王朝开国皇帝刘邦（汉高祖）不能忍受这种侵略，于本世纪（前二）的第一年（前200），乘着刚刚击败项羽、统一中国的余威，亲自率领大军向匈奴进攻。两个新兴的力量遇在一起，而西汉王朝军队大败，刘邦在白登（山西大同东）被团团围住，几乎被俘，后来还是用一种不名誉的方法，才突围逃出。

——到底是什么不名誉的方法，没有人知道，只好把它列为千古疑案之一。

就在此时，一位政治家娄敬向刘邦建议和亲政策，主张把汉朝公主嫁给单于，他说："大汉正十分疲惫，不能跟匈奴汗国作战。冒顿单于是一个弑父凶手，除了武力，什么都不认识。唯一降服他的办法是把大汉公主嫁给他，嫁妆一定要丰富，他既然用不着抢掠就可得到这么多金银财宝，而又成为大汉的女婿，女婿自不能跟岳父作对。将来公主生的儿子，继任单于，于是大汉的外甥、外孙，大汉是他的舅父、外祖父，外甥、外孙更不能跟舅父、外祖父作对。"刘邦大喜，立刻下令他的独生女儿鲁元公主离婚远嫁，虽然被刘邦的妻子吕雉哭闹不休地阻挠，不能成行，但刘邦仍选了一位皇族的女儿（可惜，我们不知道这位中国历史上第一位和亲的少女的名字，跟她和亲后的下落），封为公主，送到匈奴汗国，当然少不了足使匈奴动心的嫁妆。

——和亲政策自此成为中原王朝对付北方民族的重大法宝，除了公元后十世纪和十四世纪宋、明两个王朝之外，都不断使用这个法宝。有一个非常奇怪的现象是，凡使用和亲政策的时代，都是中原王朝强大的时代。凡拒绝和亲政策的时代，都是中原王朝衰弱的时代。这应该是自卑心理在作怪。

刘邦于头十年公元前195年逝世，儿子刘盈（汉惠帝）继位，刘盈的母亲吕雉，以皇太后之尊，掌握大权。吕雉是一个杰出的女政治家，然而冒顿单于既没有把西汉王朝看在眼里，更不用说什么皇太后了。头十年公元前192年，冒顿单于写了一封戏弄性的信给吕雉说："听说你死了男人，而我也恰巧死了女人，我可以收你当小老婆，从此匈奴和汉朝，成为一家。"吕雉虽然气得吐血，也无可奈何，只好回答说："我已年老，不能侍奉你，愿意用年轻的公主代替。"这是匈奴汗国强大的顶峰。

二　道家思想的实践——黄老政治

匈奴汗国对西汉王朝肆无忌惮的凌辱，是看准了西汉王朝没有力量反抗。西汉王朝所以没有力量反抗，在于人口稀少，而且民穷财尽。

刘邦、项羽间的战争时间虽短，杀戮却非常惨重。刘邦于本世纪（前二）第一年，即公元前200年，从白登逃到曲逆（河北顺平）时，赞扬曲逆城市的伟大说："雄壮啊，我到过很多地方，只有洛阳和这里最为繁华。"曲逆那时不过五千户（秦王朝时三万户），每户平均五口，不过两万五千人。曲逆距主战场中原，有一千公里之遥，尚且如此，主战场中原的悲惨程度，可以想象。所以当时政治上最大的需要是使人口增加和生产增加。刘邦白登失败后，不能反击，吕雉被冒顿戏弄，仍要乞怜，就在于西汉王朝没有足够的兵源与财源。道家学派认为要达到这个目的，只有对人民不加干涉。好像树苗，不必每天往上拔它，那不但不会帮助它成长，反而会致它死命。只要不管它，它会自然茁壮。这个学说被宰相曹参服膺，并付诸实施。

刘盈继位后，宰相萧何逝世，曹参接替他的官位。曹参把道家学派清静无为的学说，用到复杂的政治现实上。他一切都依照着萧何所订的规章行事，不做任何改进，凡向他建议改进的人，他就请那人喝酒，喝得酩酊大醉，不能开口才罢。曹参这种态度引起刘盈的责备，他就问刘盈："你的才能，比你父亲何如？"刘盈说："不如。"曹参再问："我的才能，比萧何如何？"刘盈说："似乎也不如。"曹参说："这就对了，他们两位定下的法令规章，我们这些不如他们的人，岂可自求表现，随意变更。"刘盈只好支持他的做法。

刘盈逝世后，他的儿子刘恭继位，因为跟祖母吕雉冲突，被祖母毒死，由刘盈的另外一个儿子刘弘继位。二十年代公元前180年，吕雉逝世，发生政变，大将周勃把吕雉的家族和党羽，全部斩除。废掉刘弘，在刘邦的众多儿子中，选择了二十三岁的亲王刘恒（汉文帝）继位。历史证明这次选择是明智的，对西汉王朝而言，更是幸运的。刘恒虽然很年轻，但为人诚恳谦逊，没有花花大少脾气。他的妻子窦皇后信奉道家学说，她命她的儿子刘启和其他王子，都要读《老子》、《庄子》诸书。

刘恒受妻子的影响，也成为热心的道家学派的拥护者，他从李耳思想中，接受到三项教训："第一，仁慈；第二，勤俭；第三，别人没有做过的事，不要去做。"刘恒的性格加上政治信仰，使他确实做到了这三点。在他在位期间，废掉了割鼻断足的酷刑，对贵族尤其特别安抚，八十岁以上的人都有赏赐，并经常免除全国田赋。刘恒有时候甚至穿着草鞋上殿，他最心爱的姬妾慎夫人穿的衣服，不用流行的拖地样式，因为拖地样式所费布料较多。有一次他想盖一个宫殿，预算要两千两黄金，他说："这是十个中等人家的财产。"竟不建造。他的儿子刘启（汉景帝）即位后，在老母窦太后主持国政下，继续追求维持现状的安定。这就是有名的"黄老政治"，从二十年代到五十年代，历时四十年之久。

黄老政治推行的结果，人口大量增加，社会财富也随着大量增加。各郡县仓库，都告盈满。中央直辖仓库，存粮太多，以致发生腐烂。存钱也太多，一直不曾动用，连串钱的绳索（中国古钱当中有一个方孔，用以贯穿绳索），都被虫蛀断。跟本世纪（前二）头十年和一十年代对照，史学家称赞此四十年黄老政治的成绩为"文景之治"（刘恒号称文帝，刘启号称景帝）。六十年代以后，西汉王朝发动一连串御侮和开拓战争，大部分军费都依靠这些年累积下来的丰富储藏。

不过黄老政治最大的缺点是使富者更富，贫者更贫；强者更强，弱者更弱。尤其到了后来，人口渐繁、耕地渐少时，贵族和富农在政府不干涉的保护政策下，大量兼并自耕农，造成一个庞大的地主阶层。富人的田地一望无际，穷人却连立一个锥子的地方都没有。

三　七国之乱

黄老政治之际，发生七国之乱。

西汉王朝行政区域的划分，采取"郡""国"并存制度。当时人们的看法，认为周王朝亡于分封，而秦王朝亡于不分封——如果封国林立，到处有皇族据点，陈胜、吴广星星之火，便不会燎原。西汉王朝则采取折中办法，一方面仍保留秦王朝的郡县制度，一方面也恢复周王朝的分封制度。我们用下表说明——王爵封国统辖数县或十数县，地位高于郡，侯爵封国只统辖一县或数乡，与县相等。

中央政府	郡	县	"郡""王国""侯国"，都直属中央政府，互不相涉。
	封国（王国）	县	
		郡、县	
		封国（侯国）	

刘邦当了皇帝后，原则上皇族子弟封王，非皇族的功臣封侯。刘邦对封侯不太注意，但因"封王"拥有自己的政府和自己的军队，所以十分重视。他特地杀了一匹白马，厚着脸皮命大臣向天老爷盟誓："不姓刘而当王的，天下人共同攻击他。"但刘邦死后不久，封国和中央政府之间，就开始了离心现象。战国时代苏秦、张仪的遗风仍在，知识分子和聪明才智之士，在中

央政府不能施展抱负，往往投奔封国。封国既有实力，又有理论指导，欲望遂一天天提高，离心力逐日增加。

这种现象被很多人发现，其中之一就是刘启的宰相晁错。晁错极力主张把封国的面积缩小，把封王的权力减少。刘启赞成这种做法，但那些已经够大的封王，当然不愿意接受。所以在雷厉风行削小了三个封国之后，四十年代前154年，东方的七个封国，遂联合叛变。这七个封国是：

封国	封王	首府	注
吴国	刘濞	广陵（江苏扬州）	
济南国	刘辟光	东平陵（山东章丘）	
菑川国	刘贤	剧县（山东寿光南）	
胶西国	刘卬	高密（山东高密）	
胶东国	刘熊渠	即墨（山东平度）	
赵国	刘遂	邯郸（河北邯郸）	
楚国	刘戊	彭城（江苏徐州）	

七国封王跟皇帝的关系，用下表说明：

太上皇刘执嘉	代王刘喜	①吴王刘濞	
	一任帝刘邦	二任帝刘盈	三任帝刘恭
			四任帝刘弘
		齐王刘肥	②济南王刘辟光
			③菑川王刘贤
			④胶西王刘卬
			六任帝刘启
		五任帝刘恒	⑤胶东王刘熊渠	七任帝刘彻（汉武帝）
		赵王刘友	⑥赵王刘遂
	楚王刘交	楚王刘郢客	⑦楚王刘戊

从表上可看出，除刘濞、刘戊之外，其他五个封王，都是皇族近亲。这至少显示一点，政权的安危，与分封与否无关，封国并不能解决问题，反而制造问题。

当七国联合叛变时，半壁河山，全都陷入叛军掌握。刘启大为震恐，他想不到他的对手如此强大，懊悔自己孟浪。七国提出的两个口号：一是杀掉晁错，一是退还削去的土地。刘启全部接受，那个忠心为国的晁错在上朝途中，在街头被武士摔下腰斩，而且屠灭三族。

七国联军并不因中央政府的屈服而停止行动，刘濞坦白地说："我自己要当皇帝。"他的军队已迫近洛阳，但他只信任他的儿子，而不相信他手下几位有谋略的将领：田禄伯、桓将军、周丘。中央政府方面，刘启却明智地选出周亚夫当大将。短兵相接的战场上，胜负决定于统帅，只两个月工夫，周亚夫切断吴楚联军粮道，吴楚联军饥疲撤退，周亚夫衔尾追击，吴楚联军大败。吴楚联军是叛军主力，吴楚联军既败，吴楚二国即灭，其他各封王或自杀或被杀，来势汹涌的七国之乱，转瞬平息。

七国之乱是一个重大转折点，如果七国胜利，中国势必回到战国时代的割据局面，互相并吞，战争不休。七国失败，使西汉王朝顺利地通过瓶颈，统一形势更加坚固。刘启乘机收回各封国的行政权和军权，在封国掌握大权的不再是"封王"，而是"国相"（封国的宰相），国相由中央政府派遣。中央政府遂成为真正的大一统政府，有能力做更多的贡献。

四　儒家思想定于一尊

儒家学派自从孔丘于公元前五世纪建立，三百年来，受到很多轻视和打击，但门徒们并不放弃他们的努力，而且借着聚集学生讲学的方法，使他们的学说，继续传播。陈胜、吴广引起全国性混乱时，除了参加战争的军人，天下最忙碌的，莫过于儒家学派人士了。孔丘七世孙孔鲋，就抱着儒书，四处投奔那些叛军首领。他们受到的待遇也很可怜，刘邦就是第一个厌恶儒家学派的人，他见了儒家学者——儒生，就把他们的帽子抓下来，当众往里面撒尿。但儒家学者仍苦守着不去，我们可以体会到他们处境的尴尬和内心的痛苦。因为别的首领还不如刘邦，刘邦总算还收留他们。

刘邦当了皇帝之后，他的那些大臣将军，都是当初一块儿当流氓的黑社会朋友，在皇宫里，就像过去在刘邦家里一样，大吃大喝，喝醉了放声高歌，还拔出刀剑砍柱子助兴。不但一团糟乱，而且潜伏着可能被野心家利用的危险。刘邦知道应该改正，但他不知道如何改正。儒家学派的机会来了，这正是他们的专长。博士之一的叔孙通就请求由他制定朝见皇帝的仪式——简称"朝仪"。刘邦对儒家学派的复杂繁琐，深有戒心，所以他吩咐说："你可以尝试，但要简单，在我能办得到的范围内去做。"叔孙通特地到儒家学派发源地故鲁国首府曲阜，请了三十余位专家，连同自己的门徒一百余人，共同拟订规章，并加以演习。一个月后，再集合大臣将军们演习。到了本世纪（前二）第一年（前200），长乐宫落成，群臣朝贺，正式启用"朝仪"。大臣将军们在宫廷官员引导之下，顺序入殿（宫，指整个建筑；殿，指宫中某一部分建筑），分为两班，在两厢坐下（那时候的坐，是坐在跪着的自己的双腿上，一直到公元后九世纪以后，中国才流行椅子凳子）。禁卫军官则在大臣将军们身后站定，然后听见一连串官员，从远到近的传报："皇帝驾到。"刘邦坐着特制的用人拉的"辇车"，像舞台上的镜头一样，适时地缓缓出现。宫廷官员引导大臣将军们按照官职大小的顺序，一一念出他们早已背诵得滚瓜烂熟的祝贺言词。这时，宫殿上沉静肃穆，人人震恐。接着，宴会开始，大臣将军们都向前伏着身子，仰头上望，任何人都不许可挺直脊梁，端端正正地向前平视——必须趴到地下，再仰颈抬眉上看。这是一个使人起鸡皮疙瘩、自我斲丧的猥琐姿势，但儒家却正用它来表示君王的尊贵和臣下的卑贱。宴会进行中，再顺序地向当了皇帝的老流氓刘邦敬酒祝寿，连续九次。最后，宫廷官员大声宣布："宴会礼成。"监察官（御史）出现，把动作不合规定的大臣将军，一一赶出殿外，指控犯了"失仪"之罪，提出弹劾，要求处罚。这种情形往往只罚钱了事，但皇帝老爷也可藉此良机，予以免职或砍头。于是一场宴会下来，没有一个人敢再喧哗吵闹。刘邦大喜说："天老爷，我到今天才知道当皇帝的威风。"立即擢升叔孙通当九卿之一的"奉常"（祭祀部长），赏黄金五百公斤，门徒们也都一一升官。久处在穷困而又绝望环境中的那些门徒，禁不住大声歌颂他们的老师："叔孙通真是圣人。"

——从此，皇帝不但跟人民，便是跟最尊贵的大臣，也都被这种儒家最得意的杰作"朝仪"，隔开一段距离。战国时代那种君臣间面面坐立、膝盖碰着膝盖长谈的时代，不再在中国出现，帝王政体遂走进一条永不能回头的死巷。西方专制君主和东方专制君主的不同，在此分野。

儒家学派虽然在技术上博得皇帝的欢心，但因为正逢黄老政治时代，所以只能保持官位，不能对政治发生影响。另一位博士辕固生就比叔孙通倒霉，他稍微对李耳、庄周表示不满，窦太后就教他赤手空拳到兽栏里打野猪，幸亏当时皇帝刘启暗中给了他一把刀子，才算没有送掉老命。后来，宰相赵绾也曾经计划排斥其他学派，窦太后把他逮捕下狱，赵绾自杀。但窦太后逝世（六十年代前135年）后，黄老政治无形中终止，儒家学派的好运气来了。

刘启的儿子刘彻（汉武帝）于五十年代公元前141年即位，在宰相卫绾的建议下，于次年（六十年代公元前140年）举办一次全国人才总选拔，为国家选拔"贤良""方正""直言极谏"等国家管理人才，由皇帝亲自考试。刘彻那一年十七岁，正是一个只欢喜游荡的大孩子，这考试当然由卫绾代表做主。卫绾是儒家学者，儒家学派人士遂天经地义被认为是唯一的国家管理人才。一位专门研究"五经"之一《春秋》的博士董仲舒，在他的万言试卷中，攻击其他学派全是左道旁门，邪说妖言。他建议："凡是不在'五经'之内的著作，以及非孔丘所传授的书籍，应一律禁绝，不准流传。"卫绾把他列为第一名，亦即皇帝把他列为第一名。

董仲舒的意见，既然经过皇帝采纳，那么便成了国家的政策。于是，一个重大的巨变，在不声不响中发生。

第一，祭祀部（太常，即奉常）之内，所设的"博士"官职，原来由各学派人士分别担任。此后只有儒家学派才能充当，而且限制范围，只能研究"五经"。其他学派人士，全被驱逐，儒家遂独霸学术中枢，定于一尊。其他学派的著作既被政府长期的视为"邪说""妖言"，禁止阅读研究，遂逐渐从知识分子脑海中消失。诸子百家只剩下一家，一家中只剩下"五经"。儒家思想遂成为皇帝钦定，中国唯一的正统思想。

第二，儒家学派在祭祀部（太常）之下，创办国立大学（太学），由博士担任教师，传授"五经"和孔丘的思想。学生由国家供给费用，只要被认可研究毕业，即被任命担任地方政府的官员。不但是平民进入政府的唯一途径，因而增加知识分子对儒家学派的向心力，而且久而久之，儒家学派布满了各级政府，成为一种排他性极强的儒家系统。

第三，儒家学派的基本思想是复古——至低也要维持现状，最重要的手段是礼教，尤以丧礼占首要地位。那种连公元前四世纪孟轲时代都行不通的三年之丧，此后却逐渐推行。一个中国人，他一生中要有六年的时间，不允许做任何事情，只能每天悲悼他的父母。除了这个最严重的一环，其他跟着而来的礼教，更多如牛毛，中国知识分子几乎一生都为此紧张。有些项目，像"避讳"之类，简直使人不堪负荷。

光芒万丈的思想学术自由的黄金时代，开始夕阳西下。代之而起的是儒家思想时代，比道家思想时代——黄老政治，要多出五十倍的时间，直到公元后二十世纪，因受到崭新的西洋思潮的冲击，才告衰退。所以，在以后的叙述中，我们必须随时注意到，中国历史是在儒家思想——复古和保持现状的实践之下。

五　对匈奴汗国的反击

黄老政治带给当时汉王朝空前的繁荣，虽然黄老政治终止，但繁荣仍在。仅以马匹而言，头十年时，宰相只能坐牛车，皇帝当然有马车，但想要四匹颜色相同的马，都找不到。可是五十年代时，中央政府仅养在首都长安的马，就有四十万匹。民间大街小巷，处处是马，而且竞争着只骑雄马。对不可一世的匈奴汗国，反击的时候已到。

汉匈之间，由于和亲的缘故，边境久久没有大的冲突。当汉王朝反击行动于六十年代开始时，采用的是诱敌先发的策略。六十年代前133年，大将（将屯将军）王恢统军三十余万，埋伏马邑（山西朔州）左右山谷之中。马邑豪民聂壹，跟匈奴一向有商业上密切的往来，他把两个死囚的人头悬挂在马邑城门上，告诉匈奴间谍说，他已把马邑首长杀死，请匈奴乘虚进击。军臣单于信以为真，亲自率领十万骑兵，从武州塞（山西左云）入境，直指马邑。行军一百余公里，距马邑尚有不到一百公里时，只见牛羊遍野，不见牧人，感觉到有点异样。于是攻陷附近一个塞亭（瞭望台），俘虏了一位雁门郡（山西右玉）的官员，要杀他时，那官员泄露了全部机密，军臣单于大惊说："是天老爷把你赐给我们。"把那官员封为天王，急令撤退。汉军毫无所获。

这一场阴谋奇计，虽然落了空，但汉匈五十年之久的和睦邦交，从此破裂。匈奴汗国又恢复从前那种大规模的侵略行动。可是，形势已不是从前，汉王朝的反应十分严厉，立即发动一连串不停止的攻击。

马邑之谋四年后（七十年代前129年），大将卫青、公孙敖、公孙贺、李广，分别出上谷（河北怀来）、代郡（河北蔚县）、云中（内蒙托克托）、雁门（山西右玉），四路进击。明年（前128），卫青与另一大将李息，分别出雁门、代郡进击。又明年（前127），卫青、李息再出云中向西迂回进击，这一次开始有大的收获，匈奴大败，汉军再度把匈奴驱出河套，就在河套沙漠与黄河之间，兴筑朔方城（内蒙杭锦旗北）。三年后（前124），卫青率六位将领，分别出高阙（内蒙乌拉特后旗东南）、右北平（内蒙宁城西南）、朔方（内蒙杭锦旗北），三路进击，深入匈奴汗国三百公里，俘虏小王十余人，男女一万五千人，牛羊数近一百万头。

明年（前123），卫青再率六将领出定襄（内蒙和林格尔）进击。这一次汉军吃了败仗，大将苏建所率领的三千人骑兵团，全部覆没。另一大将赵信，于兵败后投降匈奴，因赵信深知汉王朝内情，匈奴汗国像宝贝一样看待他，特地为他兴筑了一个赵信城。两年后（前121），汉王朝二十三岁的大将霍去病，出陇西（甘肃临洮）进击，越过焉支山（甘肃山丹东南胭脂山）五百公里，斩匈奴名王以下八千九百余人，俘获匈奴休屠王祭天时用的金人。同年，霍去病再出陇西做第二次进击，越过居延海（内蒙额济纳旗），深入一千余公里，杀掳三万零二百人。霍去病一年中两次空前胜利，横穿河西走廊，如入无人之境。而河西走廊正是匈奴汗国浑邪王的防地，伊稚斜单于大怒，追究失败的责任。浑邪王恐怕被杀，就带着他的部落和他的土地，向汉王朝投降。这对匈奴汗国是一个重大打击，他们哀歌："失我焉支山，令我妇女无颜色。失我祁连山，使我六畜不蕃息。"焉支山所产的红色染料，可作为妇女的化妆品，中国"胭脂"一词，即由此来。

汉匈战争这样延续了十五年之久，进入八十年代，才算有一场决定性战役。

匈奴汗国也知道昔日光荣已经过去，所以采纳降将赵信的建议，认为汉军不能深入沙漠，就把国境线后撤，单于远走瀚海沙漠群以北。汉王朝当然不会罢手，八十年代公元前119年，卫青出定襄，霍去病出代郡，向匈奴总攻。卫青兵团深入匈奴汗国五百公里，伊稚斜单于仓促迎战，大败，向北突围逃走。卫青追击到寘颜山（蒙古哈尔和林西南）赵信城，不见敌踪（就在这一战，名将李广在沙漠中迷失道路，自杀）。霍去病兵团深入沙漠一千余公里，杀掳七万余人，而匈奴汗国当冒顿单于最盛时，控弦战士不过三十万人。霍去病追击到狼居胥山（蒙古肯特山），不见敌踪。

这是对匈奴汗国最重要的一战，从此瀚海沙漠群以南再没有王庭，匈奴汗国对汉王朝已不像过去那样，构成生存上的威胁。八十年代前115年及稍后时间，汉王朝更在浑邪王故地河西走廊，设立四郡：酒泉郡（甘肃酒泉）、武威郡（甘肃武威）、张掖郡（甘肃张掖）、敦煌郡（甘肃敦煌）。这块土地从此成为中国的领土，直到今天。

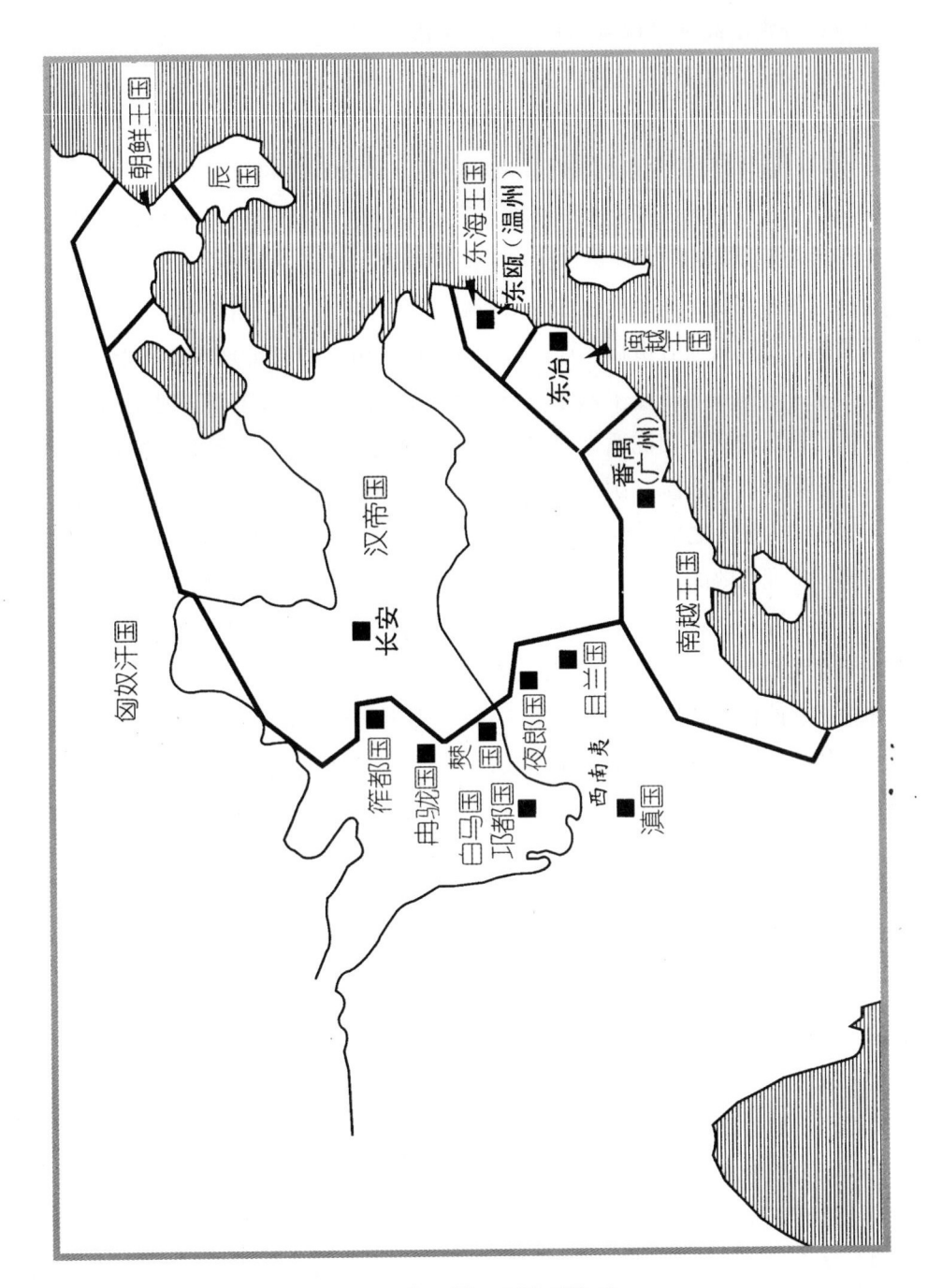

图一三　前二世纪·西汉王朝初期

六　张骞通西域

当汉王朝准备反击匈奴汗国的时候，想起了匈奴汗国的一个仇敌——月氏王国。这个王国本来立国在河西走廊，首都设在张掖（甘肃张掖），是一个大国。但在本世纪（前二）三十年代，被匈奴汗国击溃，国王的头骨被老上单于（冒顿单于的儿子）当作尿壶。全国向西逃亡，一直逃到中亚咸海以南、阿富汗以北地区定居，定都蓝市城（阿富汗瓦齐拉巴德市）。

汉帝国盼望跟月氏王国结盟，对匈奴东西夹攻。以汉帝国的想法，月氏王国对匈奴有杀父灭国的深仇大恨，一旦听到有报仇复国的机会，一定非常感激。中央政府征求使臣，成固（陕西城固）人张骞应征，跟他有同样勇气的还有一百余人。

月氏王国距汉帝国首都长安，直线三千余公里，那时汉帝国西界只到金城（甘肃兰州），过此便是匈奴汗国的版图和势力范围。而祁连山南麓，又有杀人掠货的羌民族部落。更西则是西域，风言风语的传说，西域全是无边无涯的沙漠和沙碛，暴风时起，天翻地覆，光天化日之下，处处鬼哭神号。又有寸草不生的咸水（罗布泊），举目荒凉，上不见飞鸟，下不见走兽，往往走一个月不见人烟。也没有正式道路，行旅只有沿着前人死在途中的枯骨，摸索前进，那是一个恐怖而陌生的地方。

六十年代公元前138年，张骞跟他的使节团从首都长安出发，向他们毫无所知的、充满险恶死亡的西北蛮荒深入。他们一开始就遇到噩运，进入河西走廊后不久，就被匈奴汗国捉住，当发现他们是前往月氏王国时，军臣单于火就更大了："这是什么话，月氏王国在我之西，汉国怎敢越过匈奴，跟它们来往。如果我派使节去南越王国（广东广州），汉国准许通过吗？"下令禁止离境，但尊敬他们是英雄人物，所以每人介绍了一位匈奴小姐作为妻子。这样转眼十年，到了七十年代第一年（前129），张骞跟他的伙伴，不忘使命，抛弃妻子，向西逃走。终于逃到大宛王国（乌兹别克斯坦卡散赛城），大宛把人送到康居王国（哈萨克斯坦），康居再把人送到月氏王国。然而，月氏王国现在十分富裕，比在河西走廊故地要舒适多了。现任国王是死王的孙儿，对祖父的感情又隔了一层，所以，没有人想到报仇复国的事。张骞在月氏王国住了年余，失望而归。在归途中，第二次被匈奴巡逻兵捉住，又禁止离境。七十年代公元前126年，他再度抛弃妻子，从匈奴逃走，他的妻儿听到消息，狂奔来随，可是追兵已至，张骞只抢到一个儿子，妻子跟另外一个幼子，被追兵隔断，永远诀别。张骞出使时一百余人，十二年后，回到长安，只剩下两个人——张骞和他的堂邑（江苏六合）籍忠实仆人甘父。

张骞这次出使，虽没有达成原来盼望的政治目的，但他为中国人发现了一片比当时中国还要广大的新的世界。他的贡献，只有以后哥伦布发现新大陆可以相比。张骞在月氏王国游说时，曾到过大夏王国（阿富汗东北部），发现有蜀郡（四川成都）出产的布匹和邛崃山（四川荥经）出产的竹子。大夏人告诉他："从身毒王国（印度）买来。"张骞推测，商品可以通过身毒王国，那么，人马当然也可以。也就是说，不必再冒被匈奴捕捉扣留的危险，改从蜀郡出发，到达西域，当更为安全。这设计得到皇帝刘彻的支持，遂引起汉王朝对"西南夷"的开拓。

七十年代公元前121年，匈奴汗国浑邪王投降，河西走廊成为汉王朝领土，于是汉王朝跟西域直接接触。张骞再提出跟乌孙王国（吉尔吉斯斯坦伊什提克）结盟的建议。乌孙王国原在河西走廊西部，跟月氏王国为邻，后来被月氏驱逐，西迁到中亚巴尔喀什湖东南，是一个横跨伊犁河的大国。张骞认为，乌孙比月氏更能伤害匈奴，得到乌孙王国的友谊，就等于砍断了匈奴汗国的右臂。八十年代公元前116年，张骞第二次出使西域，平安到达乌孙王国。邀请乌孙迁回故地，可是乌孙王国的反应非常冷淡。第一，它不知道汉王朝的大小强弱，不能凭使节团的一面之词，做这么大的决定。第二，它同时恐惧匈奴汗国的报复。张骞停了年余，又失望而归。不过他做了两件事情：一是他把他的部属分别派赴康居王国、月氏王国、大夏王国、安息王国（伊朗）、身毒王国（印度）、于阗王国（新疆和田），宣扬大汉的声威。一是他动身回国时，邀请乌孙王国派遣使节与他同行，到大汉帝国访问。

张骞回国后的明年（前114）逝世，但他派赴各国的使节，伴同各国的使节团和商团，陆续抵达长安。从此交通频繁，汉王朝与西域诸国关系，日增密切。尤其是乌孙王国，当它的使节发现汉王朝竟然是如此的庞然大物而又富强无比时，不禁肃然起敬。虽然仍不愿东迁，而且那时汉王朝已在河西走廊设立了四个郡，也不再希望它们东迁。但它决定向汉王朝臣服。匈奴汗国当然不高兴，扬言要采取军事行动。乌孙王昆莫紧张起来，向汉王朝求婚，希望用汉王朝的婚姻关系阻吓匈奴的侵略。九十年代公元前105年，一位美丽的汉朝公主刘细君，嫁给乌孙国王昆莫（后来改嫁昆莫的孙儿岑娶）。匈奴汗国听到消息，急急忙忙也送了一位美丽的匈奴公主给乌孙王国，打算抵消汉朝公主的影响力，但匈奴汗国在西域的声势，已开始受到挑战。

然而，并不是每一个使节都具有张骞那种超人的智慧和见识。出使大宛王国的使节向皇帝刘彻报告说，大宛王国贰师城（吉尔吉斯斯坦马尔哈马特城）有一种世界上最好的马，名"汗血马"，流出来的汗像血一样，每天能跑五百公里。刘彻当即派使节携带二十万两黄金，作为价款。又用黄金铸成一个金马，作为礼物，向大宛王国购买。大宛王毋寡认为汗血马是他们的国宝，不肯出售。汉帝国使节仗着国家强大，就在毋寡面前，把金马击碎，破口大骂，掉头而去。大宛王毋寡大为愤怒，命它东境郁成城（吉尔吉斯斯坦奥什乌兹根城）的镇守大将郁成王，截住汉帝国使节团，全部杀掉。

汉帝国远征军在大将李广利率领下出发，明年（前103），远征军抵达郁成城，却被郁成王击败。大宛王国全国欢腾，庆祝强敌溃退，但他们庆祝得太早。又明年（前102），正是本世纪最后第二年，汉帝国远征军获得增援，围攻大宛首都贵山城（乌兹别克斯坦卡散赛城）。贵山城的外廓陷落，大臣们知道不能支持，只好把毋寡杀掉求和，交出所有汗血马，任凭远征军选择。屠杀汉帝国使节团的郁成王，逃到康居王国，被引渡军前处决。

这是一场不荣誉的战争，汉帝国伤亡十万人左右，目的只不过为了三千余匹汗血马。汗血马来到汉帝国后即没有下文，一定早已绝种。而以后也再没有听说过西域有这种宝马，可能这种马被过度夸张，不过是普通的马。也可能大宛王国鉴于汗血马是灾祸之源，为了避免类似这种伤害，而把它们杀光，像传说中的大象在危急时，自动把象牙折断一样。

七　中国疆土的再扩张

除了北方和西方，汉帝国向南、向东北、向西南，同时都在扩张。

中国南方，于上世纪（前三）八十年代，曾被秦王朝收入版图，设立四郡：闽中郡、南海郡、桂林郡、象郡。九十年代，秦王朝覆亡。它们又脱离中国本部，分别建立下列三个独立王国：

一、东海王国首都东瓯（浙江温州），原闽中郡北境。

二、闽越王国首都东冶（福建福州），原闽中郡南境。即故"闽中地"。

三、南越王国首都番禺（广东广州），原南海郡、桂林郡、象郡。即故"陆梁地"。

本世纪（前二）六十年代公元前138年，闽越王国攻击北方的东海王国，东海王国向汉帝国求救，汉帝国赴援，闽越兵团撤退。东海国王骆望，恐怕汉帝国军队走了之后闽越卷土重来，就举国归降。全国人口大约四万人，西汉政府把他们迁置到淮河以南地区定居，东海王国消失。

三年后（前135），好战的闽越王国转过头来又攻击南方的南越王国，南越王国向汉帝国求救。汉帝国远征军分别由西路、北路，向闽越夹攻。闽越国王骆郢的弟弟骆余善看出情形不对，即把骆郢杀掉，向汉帝国乞和。汉帝国遂命骆余善和另一位王族骆丑，同时当王，共同治理国家。

南越国王赵婴齐于本世纪（前二）八十年代公元前113年逝世，儿子赵兴的母亲樛太后是华夏人，西汉政府于是乘此机会，派遣使节安国少季到南越，诱说赵兴取消独立，归附汉帝国。樛太后怀念祖国，怂恿她的儿子接受。可是南越王国立国已百年之久，开国国王赵佗，于上世纪（前三）九十年代陈胜、吴广起兵时，正担任秦王朝南海郡（广东广州）民兵司令（都尉），立即断绝大庾岭山道，阻止战争南延，自己称王，建立自己的南越王国。迄今已历四代，政府大臣和人民，都不愿再被汉帝国兼并。所以，樛太后母子陷于孤立。明年（前112），宰相吕嘉发动政变，攻杀樛太后和国王赵兴，另立赵婴齐本国妻子所生儿子赵建德继位。又明年（前111），汉帝国远征军攻陷首都番禺（广东广州），生擒吕嘉和赵建德，南越王国灭亡。汉帝国将它的故土，分为下列十郡：

一、南海郡（广东广州）

二、苍梧郡（广西梧州）

三、交趾郡（越南河内）

四、合浦郡（广西合浦）

五、郁林郡（广西桂平）

六、九真郡（越南清化）

七、日南郡（越南东河）

八、珠厓郡（海南琼山）

九、儋耳郡（海南儋州）

十、象郡（广西崇左）

汉帝国攻击南越王国时，闽越国王骆余善表示愿派军队八千人助战，可是却只口头宣传，并不加入战斗。南越破灭后，任何稍有头脑的人，至少都会避免跟汉帝国冲突。骆余善却往相反的方向走，他像魔鬼附体一样，立刻自称皇帝，宣布跟汉帝国皇帝居于平等地位。更糟糕的是，他还出兵袭击汉帝国撤退北返的远征军。明年（九十年代公元前110年），汉帝国远征军掉转头来，向闽越王国进攻，骆余善被另一个国王骆丑的继任人骆居股逮捕杀掉，向汉帝国投降。汉帝国把他们迁到淮河以南地区，跟东海王国的遗民一齐定居，闽越王国灭亡。

南方秦王朝开拓的故疆，至此全部恢复。

在东北，汉帝国跟朝鲜王国接壤。朝鲜半岛当时诸国并立，朝鲜王国最大，居于北部。半岛南部则有辰国——一个由各部落联盟的松懈国家。

九十年代公元前109年，汉帝国派遣使节涉何到朝鲜王国，游说朝鲜国王卫右渠取消独立，归附汉帝国。卫右渠拒绝，但仍很礼貌地派人送涉何北返。想不到涉何是一个胆大妄为的亡命之徒，回国途中，走到两国交界的清川江，竟把好心肠的护送人员刺死，然后向皇帝刘彻报告说他杀的是朝鲜大将。刘彻嘉勉他的冒险精神，命他担任辽东郡（辽宁辽阳）民兵司令（都尉）。卫右渠大怒，派兵击杀涉何。

涉何的荒唐和卫右渠的不能忍辱负重，导致两国战争爆发。第二年，公元前108年，汉帝国远征军强渡清川江，攻陷首都王险城（韩国首尔），卫右渠被他的部下所杀，朝鲜王国（卫氏朝鲜）遂亡。汉帝国将它的故地，分为下列四郡：

一、乐浪郡（朝鲜平壤）

二、临屯郡（朝鲜江陵）

三、玄菟郡（朝鲜安边，后迁辽宁新宾，再迁辽宁沈阳）

四、真番郡（韩国首尔）

——这是朝鲜半岛北部第一次归入中国版图，历时四百余年，公元后四世纪初，才被新兴的高句丽王国夺去。

在西南，汉帝国边界只到巴郡（四川重庆）和蜀郡（四川成都），越过此线，便是"西南夷"——万山丛中，散布着数不清的少数民族部落。史学家为了方便起见，对这些部落，称之为"国"，对它们的酋长，称之为"王"，其中以下列八个强大的国，比较重要：

国名	今地	汉帝国设郡	注
僰国	四川宜宾	犍为郡	
夜郎国	贵州关岭	（连设郡的资格都没有）	
且兰国	贵州福泉	牂柯郡	
滇国	云南晋宁	益州郡	
邛都国	四川西昌	越嶲郡	
筰都国	四川汉源	沈黎郡	
冉駹国	四川松潘	汶山郡	
白马国	甘肃西和	武都郡	

汉帝国向西南扩张，完全基于军事理由。最早，六十年代公元前135年，援助南越王国对抗闽越王国时，远征军一位将领唐蒙，在南越王国发现蜀郡（四川成都）的"枸杞酱"（枸杞，果实像红色稻米），当地人说是商人从牂柯江运来的（牂柯江，今贵州红水河上游，向东南注入西江）。唐蒙推测从蜀郡到牂柯江，一定有路可通，假如顺着枸杞商道，出奇兵从背后攻击南越王国，真是神兵天降。西汉政府于是命唐蒙当开道大臣，唐蒙从笮关（四川合江）出发，先到夜郎国，再向东进，又到且兰国，终于发现通牂柯江之路。

——在夜郎国，夜郎王根本不知道有汉帝国这么回事，他问唐蒙："汉帝国跟夜郎比，谁大？"

唐蒙回去后，即由巴郡、蜀郡，分别发遣民工，开山凿道，使能通过大军。不过沿途尽是穷山恶水，在那个没有炸药的时代，纯靠双手和简单的铁器，面对重重山峦，至为艰苦，不断的死伤和粮食转运困难，几乎激起民变，但工程终于完成。八十年代公元前111年，汉帝国对南越王国攻击时，即利用这条新开的山道，调发西南夷各国军队出征。只有且兰王拒绝接受命令，并且截杀汉帝国使臣和犍为郡郡长。结果远征军回头讨伐，且兰王被杀，国亡。

张骞由蜀郡（四川成都）西通身毒王国（印度），再由身毒通西域的构想，使政府采取行动。大文学家司马相如因为是蜀郡人的缘故，有很大的贡献，在他的游说下，筰都国、冉駹国，都先后归附。邛都国在汉帝国远征军压力下，也跟着归附。只有遥远的滇国拒绝，这个坚强的部落酋长滇王，提出夜郎王同样的问题："汉帝国和滇国比，谁大？"九十年代公元前109年，汉帝国远征军抵达滇国，滇王投降。

西南夷至此全部归入中国版图，政府分别在这些小国所在，设立郡县。

如上表所示，共有七郡。只益州郡不久即行脱离，当汉帝国继续派遣使节再往探测身毒王国道路时，滇王拘留他们不放。不过那时汉帝国已得到河西走廊，不再需要远涉身毒王国了。

八 汉赋

在本世纪（前二）结束时，我们且转到文学领域。

公元前六世纪的《诗经》和公元前四世纪的《楚辞》，是中国文学——尤其是"诗"的两大源头，到本世纪（前二）发展而成为另一种形式："赋"。因为它特别盛行于西汉王朝，所以也称之为"汉赋"。

《诗经》所包括的，全是短句短诗，每句不过三个字或四五个字，每首不过十几句，简单朴实。《楚辞》则如长江大河，滔滔不绝，是一种长篇史诗。"赋"在形式上是《楚辞》式的，只去掉所有的特殊方言。在内容上则是《诗经》式的，只再扩大内涵。一篇标准的"赋"，有三四百句，每句字数没有限制，虽不严格的押韵，但它确实有韵。这种体裁，比《诗经》、《楚辞》，更能活泼地表达感想和议论。

——我们不必举出实例，因为这种古老的文学作品，非经详细批注，已无法读得懂，如加上批注，所占篇幅就太多了。

在"赋"的写作上，最有成就的作家，就是西南夷开拓中建立功勋的司马相如。皇帝刘彻（汉武帝）是一个喜爱文学的人，有一天，他读到司马相如的《子虚赋》，惋惜说："我自恨不能跟作者同生在一个时代。"一位也是蜀郡（四川成都）人的宦官在一旁说："他是我的同乡，我听说他有很多这种作品。"刘彻大喜，立刻征召他到长安。——这种结合跟嬴政和韩非的结合，完全相同，不同的是那位宦官不必害怕司马相如夺他的位置。

刘彻的征召恰是时候，因为司马相如在家乡正不得意。司马相如很穷，偶尔有一次，参加临邛（四川邛崃）富豪卓王孙的宴会。卓王孙的新寡女儿卓文君，是一位喜爱文学和音乐的女子，在宴会上，司马相如弹琴，故意弹出《凤求凰》曲子，卓文君从窗缝中窥探，看到他仪容潇洒，不由得爱上了他。结果，跟他私奔。

这在当时是一件丑闻，卓王孙气得发昏，跟女儿断绝父女关系。司马相如饥寒交迫，便索性在他岳父门前，开设一家酒铺，司马相如短裤赤膊，招待客人，而由卓文君亲自为客人烫酒。这对于讲身份的富豪来说，是一个天大的侮辱，卓王孙脸上无光，闭门不出。后来兄弟们一再劝解，才算分一点财产给女儿。

正在此时，刘彻征召司马相如。司马相如比韩非幸运，没有受到入狱毒死的待遇，刘彻给了他一个中级官职，又命政府供应他纸笔（这些都是当时的贵重物品）。以后，司马相如又被擢升为皇家警卫指挥官（中郎将），派到蜀郡（四川成都）处理西南夷诸国归附事宜。因为他是钦差大臣，蜀郡郡长（太守）以下，远出郊外迎接，沿途各县县长亲自当前导，蜀郡人士深感这是全郡的光荣。卓王孙和临邛的其他富豪，也都到蜀郡欢迎，而且深恨自己把女儿嫁给司马相如太晚（这使我们想起公元前四世纪的苏秦）。

司马相如的遭遇是传奇的，传奇的枢纽在于"赋"，可说明"赋"的分量。"赋"一直支配中国文坛，到公元后六世纪，才被淘汰。

为了对这个演变有一完整印象，我们姑且把中国"诗"的主流，用下表显示：

世纪	前六 / 前四	前二	七	十	十三	二十
体裁	诗经 / 楚辞	赋（汉赋）	诗（唐诗）	词（宋词）	曲（元曲）	自由诗

东西方世界

——三十年代·公元前168年（吕雉死后十二年），希腊各城邦，除斯巴达外，共组亚该亚同盟。马其顿王珀尔修斯为盟主，攻击斯巴达，强迫它加入同盟，共抗罗马共和国。罗马遂击马其顿，马其顿大败投降，被掳去男女十五万人，悉卖为奴。

——五十年代·公元前149年（七国之乱后五年），第三次布匿战争爆发。罗马深恐迦太基共和国复兴，借口迦太基违反停战条约，出兵进攻，命迦太基交出全部军械，并以贵族子弟三百人当作人质，迦太基全部接受。但罗马忽然懊悔条件太轻，又加上拆除城墙，不准在市区添建房屋，不准沿海居住等等条款。罗马立意要激怒迦太基，迦太基果然被激怒，妇女儿童都参加作战，保卫祖国。

——五十年代·公元前146年（罢黜百家、独尊儒术的前六年），第三次布匿战争结束。迦太基城陷，国亡。罗马纵火屠城，迦太基抵抗到最后一人，全部被杀。老弱幸存者，全被卖为奴隶。（迦太基共和国的结局凄惨而悲壮，使我们不愉快地证明"哀兵必胜"这句话不是绝对的，它只是格言，不是定律，而历史上偏偏有太多的格言。）

第13章
公元前第一世纪

本世纪，西汉王朝继续从事与匈奴汗国的战争。好战的北方邻国，永远是西汉王朝祸根，这个祸根如果不彻底排除，西汉王朝便永远追求不到和平。所以，西汉王朝向北进击，只是避免沦亡的求生自卫。匈奴汗国在这不断的进击下，终于由分裂走向瓦解。

在国内，统治中国的西汉王朝的皇族，即刘邦的后裔，享受太久的富贵，使他们不可避免地陷于腐败和堕落，政权遂转到皇帝母亲或皇帝妻子的家族之手，形成一种特殊的"外戚政治"，为西汉王朝敲起丧钟。

一　汉匈两国的和与战

匈奴汗国有足够的强大，汉帝国在上世纪（前二）获得的胜利，包括夺取了它最富庶的河西走廊，也只能使它受创，不能使它屈服。而受创的匈奴汗国，仍是劲敌。

上世纪（前二）最末一年（前101），且鞮侯单于即位，表示愿与汉帝国和解，把过去所拘留的汉帝国使节，一齐遣回长安。本世纪（前一）第一年（前100），汉匈恢复邦交，汉帝国派遣正使苏武、副使张胜，赴匈奴汗国报聘。莫名其妙的怪事就发生在这位丑恶的副使张胜身上，张胜跟早先投降匈奴汗国的一些华夏人，密谋乘且鞮侯单于外出打猎时，杀掉匈奴的智囊卫律，然后劫持单于的母亲，逃回汉帝国，这种卑鄙计划，竟出自高级外交官员，使人心惊。事情败露后，经过一场流血杀戮，貌似爱国心切的张胜露出投机的原形，投降匈奴。而毫不知情的苏武却拒绝投降，匈奴把他放逐到冰天雪地的北海（贝加尔湖）。两国刚刚恢复的邦交，被一个小政客破坏，重新以兵戎相见。

——苏武被放逐贝加尔湖，靠牧羊维生，二十年之久，始终拒绝投降，匈奴汗国宣称他早已死亡。一十年代最后一年（前81），汉匈复交，汉帝国派到匈奴汗国的使节，听到苏武仍然活着的消息，就告诉匈奴说：汉帝国皇帝曾射下一只雁，雁足上系着苏武求救的信件。匈奴吃了一惊，才把他释放。苏武出使时只四十余岁，回国时已六十余岁，妻子早已改嫁，家人也早星散。他的故事，两千年来，中国有无数小说、戏剧和歌曲，歌颂他忠于国家坚忍不屈的伟大精神。

苏武被囚的明年（前99），汉帝国大军分两路向匈奴汗国进攻，一路是大将李广利，出兵酒泉（甘肃酒泉），深入西域，到达天山，被匈奴击败。另一路大将李陵的遭遇，更为恶劣。李陵率领五千步兵，出兵居延海（内蒙额济纳旗），向北深入沙漠，行军三十余日，挺进到浚稽山（蒙古戈壁阿尔泰山山脉中段），跟匈奴且鞮侯单于的三万人相遇，李陵迎战，杀数千人。且鞮侯单于召集援军，约八万骑，李陵只得撤退。但最强悍的步兵，摆不脱骑兵的追击。匈奴兵团分为两翼，左右展开，把李陵兵团夹在当中。李陵且战且走，数日之后，退到一个不知名的山谷，规定士兵受伤三次以上的才准坐车，受伤两次以上的改为驾车，受伤一次的继续战斗，又杀匈奴三千余人。再走四五日，到达一片苇草茂盛的畜牧地带，匈奴兵团顺风纵火，李陵却先行纵火自救。再南行，到达山丘区域，且鞮侯单于命他的儿子攻击，李陵兵团在树林中设下埋伏，又杀匈奴三四千人。且鞮侯单于以元首之尊，亲自指挥十六倍于敌人的精兵，追击十余日，不能取胜，简直愤怒得发狂，攻击更加猛烈。李陵在沙漠中再南行四五日，又杀匈奴两千余人。且鞮侯单于已经发现李陵是一支孤军，更紧追不舍。两翼越过李陵，在李陵前方合围，遮断退路，箭如雨下，呼喊投降。李陵继续战斗，一日之内，射出五十万箭，箭遂用尽。就抛弃车辆辎重，全体徒步前进，还有三千余人，进入鞮汗山（蒙古诺颜博格多山），匈奴兵团堵住谷口。入夜，李陵徘徊阵垒之间，叹息说："再给我们每人十支箭，就能支持到边界。"然而，他没有箭。夜半，李陵下令击鼓突围，鼓已破裂，不能发声。李陵命向四面八方冲出，一以分散敌人注意力，一以希望有人能逃回汉帝国向政府报信。他与另一位将军韩延年上马，率亲军十余人，越岭南走。匈奴兵团潮水般追击，李陵身上除短兵器外，没有他物，不能阻挡敌人缩小包围圈。终于，韩延年中箭而死，李陵被俘。

两年后（前97），大将李广利、韩说、公孙敖，分别出朔方（内蒙杭锦旗北）、五原（内蒙包头）、雁门（山西右玉），三路再向匈奴汗国进攻。匈奴早得到消息，向漠北撤退，三路大军都无收获。七年后（前90），李广利再出五原，而皇帝刘彻却在首都长安，以诅咒的罪名，把李广利的妻子逮捕下狱。李广利正在乘胜追击，听到消息，立即抛弃大军，只身向匈奴投降。这是刘彻的残忍性格逼出来的笑柄，并且使反击匈奴的军事行动，再度受到挫折。

本世纪（前一）初期，汉帝国站在失利的一边，但并没有大战，李陵以五千步兵对抗匈奴八万骑兵，只是一场苦斗而已。匈奴汗国竭力避免与汉帝国决战，希望积小胜为大胜，使汉帝国疲惫。这种情形，维持四十年，直到本世纪（前一）中叶。

二　司马迁·路温舒

李陵被俘，使中国史学之父司马迁，受到酷刑。

司马迁，夏阳（陕西韩城）人，他的史学名著《史记》，是中国最早的一部最有价值的史书。

在幼年的时候，司马迁跟随父亲，游历了很多地方，东南到过会稽（江苏苏州）。南方到过沅江、湘江（皆在湖南），东方到过鲁县（山东曲阜），西南到过巴郡（四川重庆）、蜀郡（四川成都）、益州郡（云南晋宁）。可以说他足迹走遍半个以上已知的世界，这对他开阔的心胸和写作的技巧，有很大帮助。父亲逝世后，他继任父亲的官职——天文台长（太史），随即着手撰写《史记》——中国第一部纪传体通史。

然而，当这部巨著写到一半时，李陵被俘，皇帝刘彻大怒，在专制帝王眼中，只有自己的命值钱，别人的命都不值钱，所以，他认为李陵应该自杀。大臣们谄媚刘彻，也一致认为李陵应该自杀。刘彻问司马迁的意见，司马迁的灾难于是来临，他回答的恰恰是刘彻所不愿意听的话，他说：

"李陵对士兵非常爱护，平时常以杀敌报国为最大志愿。如今不幸战败，而一些没有冒一点危险的大人先生，却在一旁议论纷纷，挑剔他的过错，使人痛心。李陵以不满五千人的步兵，深入沙漠，与八万骑兵对抗，转斗五百公里，箭尽力竭，但仍冒白刃反攻，部下毫无离心，自古名将，不过如此。他身虽被俘，却曾力挫强敌，也足以名垂天下。而且我更相信，李陵忍辱投降，绝非出自本心，他一定另有计谋，报效祖国。"

——一十年代公元前81年，刘彻（汉武帝）已死，在匈奴羁留二十年的苏武被释回国时，写信给李陵，劝他一同回国。李陵复信说："我当时所以不死，只是打算效法前辈英雄，有所作为。可是，大志未成，全族被刘彻屠戮，老母都不能幸免。仰天捶胸，眼泪流尽，继之泣血。"忍辱负重的人，不可能被狂热分子体谅。沉痛的心情，也不可能被浮滑之徒了解。所以李陵、司马迁不得不成为悲剧人物。

刘彻既决心屠戮李陵全族，对司马迁赞扬李陵的话，当然使他大为光火，就把司马迁囚入诏狱。法官会审的结果，确定司马迁犯了包庇叛徒的伪证之罪，判处死刑。司马迁的家人为他好不容易借贷到一笔赎金，才减为次一等的腐刑——将生殖器割除。

腐刑固然痛苦，但尤其羞辱，司马迁几次都要自杀，但他终于在残忍的命运下活下去，为的是要完成他的《史记》巨著，他的苦心使我们感谢。

《史记》上自公元前二十七世纪黄帝姬轩辕，直到本世纪（前一）他受腐刑之后。用二百余人的传记，表达两千六百年间的人事变化和社会变动。再用若干表格和专题报导，作为补充。以简练的中国古文写出五十二万字巨书,成为中国史籍的珍宝。而且这种体裁,从此被史学家奉为圭臬,中国所谓"正史",两千年来都跳不出司马迁所创立下的范畴。

司马迁所遭遇的酷刑,不是孤立事件或偶发事件。它普遍的存在,而且已长久存在。中国司法制度,很早就分为两个系统:一个是普通法庭——司法系统,另一个即司马迁所碰到的诏狱法庭——军法系统。

诏狱法庭的特征是:犯法与犯罪无关。法官的唯一任务是运用法律条文编撰一份符合上级头目旨意的判决书。司马迁不过一个中级官员而已,即令最高级官员,只要陷进诏狱系统,都不能自保。像削平七国之乱、拯救西汉王朝的救星,后来担任宰相的周亚夫,他的儿子曾购买一些纸糊的刀枪之类的葬器,预备老爹死后焚化。有人告发周亚夫私藏武器叛乱,立刻就被投进诏狱。周亚夫向法官解释那些只是死人的用具,法官何尝不知道那是死人的用具,但他们的任务不是追寻真相,而是执行命令,只好回答说:"你虽然没有在地上叛乱,但很明显的,你将在地下叛乱。"周亚夫只有死亡。另一位农林部长(大农令)颜异,当皇帝刘彻发行一种专门向封国诈财勒索用的"鹿皮币"时,颜异仅只向外翻了一下嘴唇,也立刻被投进诏狱,法官判他犯了"腹诽"大罪——虽然没有在言词上反政府,但却很明显地在肚子里反政府。颜异也只有死亡。

诏狱法庭不限于直接冒犯了皇帝,一件谋反案发生后,无论这件谋反案是真的,或是出于诏狱系统——诬陷的,往往千千万万人被牵连进去,包括各色人等。像亲王刘安谋反案,死于诏狱的就有数万人。刘彻亲信江充揭发的巫蛊案,死于诏狱的也有数万人。法官对失宠了的亲王、宰相、部长,敢如此残虐地任意戏弄,低级官员和平民所受到的待遇,我们可用常识判断。以上世纪(前二)九十年代为例,十年中每年诏狱系统逮捕的囚犯,都有十余万人,占全国总人口百分之一。亦即平均一百人中,就有一个人因谋反罪而身系囹圄,这个数目使人毛骨悚然。

这是中国文明的一项耻辱,对此现象,路温舒首先提出呼吁,要求政府尊重人性,保障人权。

路温舒,巨鹿(河北平乡)人,跟司马迁相反,无论在当时或在后世,都默默无闻,他只不过是司法部(廷尉)一名低级的总务官(廷尉史),但也正因为身在司法部任职,所以比普通人了解得更为深刻。三十年代公元前67年,司马迁受腐刑已三十二年,他给当时的皇帝刘病已,上了一份奏章,暴露司法的黑暗,他说:

"司法裁判,是国家大事。处死的人不能复生,砍断的手足不能复续。《书经》上说：'与其杀一个无罪的人，宁可放掉一个有罪的人。'可是，今天的司法裁判，却恰恰相反。法官们上下勾结，刻薄的人，被称赞为廉明。残忍的人，被称赞为公正。主持正义、昭雪冤狱的人，却有被认为不忠贞的后患。所以，法官审讯案件，非致人于重刑不可，他对囚犯并没有私人恩怨，只是用别人的自由和生命，来保卫自己的自由和生命而已。他必须把别人陷入重刑，他才可以获得安全。"

路温舒又说：

"于是，死囚所流的血，盈满街市。其他处刑的囚犯，更比肩相连。遇到行刑日子，每次都杀万人以上，诚感可哀。"

路温舒指出造成冤狱的原因在于口供主义，他说：

"人之常情，安乐时愿意活下去，痛苦时则求早死。苦刑拷打之下，要什么口供就会有什么口供。囚犯不能忍受酷刑的痛苦，只好照着问案人员的暗示，捏造自己的罪状。问案人员利用这种心理，故意把囚犯的口供引导到犯罪的陷阱。罪状既定，唯恐还有挑剔之处，就用种种方法，把口供修改增删，使它天衣无缝，每字每句都恰恰嵌入法律条文之中。锻炼完成之后，写成公文书，即令上帝看到，也会觉得这个囚犯死有余辜。因为陷害他的都是法律专家，显示出的罪状是太明显了。"

路温舒建议改革。皇帝刘病已的反应是，下一道诏书，命全国法官办理案件时要宽大公平。仅靠行政命令当然不能改变悠久传统，因为冤狱与酷刑，是无限权力政治制度下的产物，此种制度存在一日，冤狱与酷刑存在一日。像司马迁、周亚夫、颜异，事实上任何法官都救不了他们。但路温舒的奏章，使我们发现华夏人权所受的蹂躏，自古就没有有效的保护。这份奏章，是中国最早争取人权的呼声，虽然很温和、很微弱，而且又没有收到任何效果。

三　中国疆土的继续扩张

西域（新疆）各国自从张骞之后，便处于汉帝国与匈奴汗国两大超级强权的夹缝之间，左右为难。

匈奴汗国在西域早就建立势力，设有西域总督（僮仆都尉）。匈奴使节到西域，一切费用，都由所在王国供应。而汉帝国使节的一饮一食，却要用钱购买，这已够汉帝国不舒服了，再加上各国在匈奴的压力下，往往截杀汉帝国使

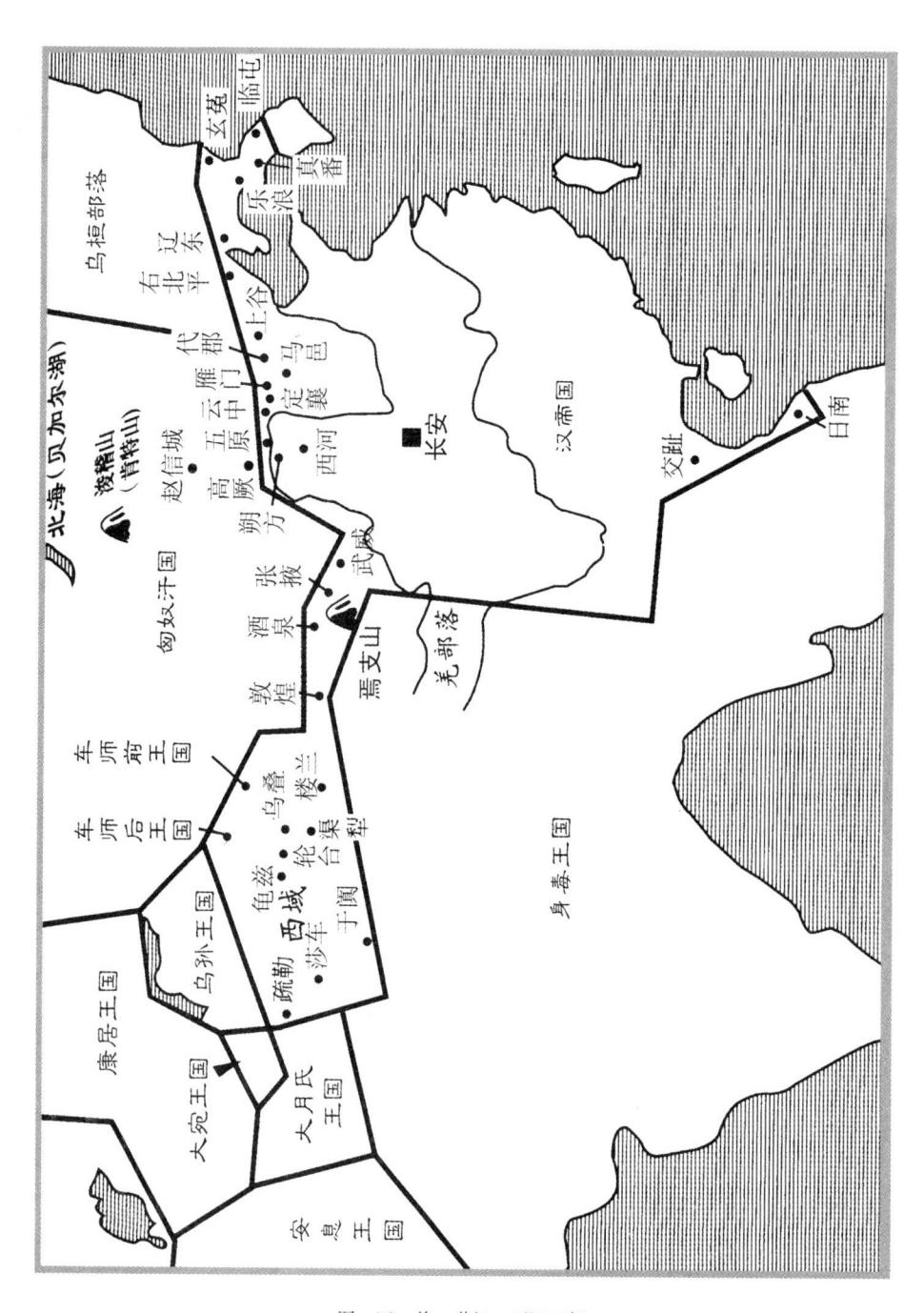

图一四　前一世纪·西汉王朝

节，遂使汉帝国终于发动一连串膺惩性的战争。

第一个跟汉帝国发生冲突的是楼兰王国。

——楼兰王国首都位于今新疆若羌；而东北重镇楼兰城，则位于罗布泊西数公里处，现在已全部陷于沙漠之中。我们在介绍中国沙漠时，曾谈到沙漠南移，并举楼兰为例。至迟在本世纪（前一），楼兰王国以及且末王国（新疆且末）、婼羌王国（新疆若羌东南一百七十公里）、精绝王国（新疆民丰北一百一十公里），距沙漠都有一段距离，还是富庶的花花世界。可是二十世纪的现在，都成了断瓦残垣、寸草不生的沙碛废墟（注意现在地图上标示的，今鄯善不是古楼兰，今若羌也不是古婼羌）。

楼兰王国是西域最东的国家，跟汉帝国最西的敦煌郡接壤。西域的南部被塔克拉玛干沙漠及白龙堆沙漠再分割为南北两部，楼兰城正是分道的港口，汉帝国出使各国的使节，由楼兰城分赴沙漠南北。由沙漠南北各国返回的使节，则在楼兰城会合。冲突的时间是上世纪（前二）九十年代，比大宛王国汗血马战役要早三年。楼兰王国和车师王国（新疆吐鲁番），在匈奴汗国指使下，派出联合巡逻部队，专门截杀汉帝国使节，以切断汉帝国跟西域的交通线。汉帝国的反应十分激烈。公元前108年，大将赵破奴率骑兵七百人，奇袭楼兰，把楼兰王击斩。

——正因为击斩楼兰王太容易，西汉政府把大宛王国看走了眼，认为跟楼兰王国一样脆弱，才有三年后的汗血马战役。

进入本世纪（前一），汉帝国在西域殖民，已有相当成绩。轮台（新疆轮台）一带的肥沃土地上，就有屯垦区。这时候，楼兰王国新王安归，跟匈奴汗国结亲，再度截杀汉帝国使节。龟兹王国（新疆库车）进攻汉帝国屯垦区轮台，击斩屯垦司令（校尉将军）赖丹。

二十年代公元前77年，汉帝国使节傅介子进入西域，先到楼兰王国，把国王安归杀掉，改它的国名为鄯善王国。另立一位新王，由汉帝国政府送一位宫女做新王的王后。

六年后（前71），汉帝国与乌孙王国（吉尔吉斯斯坦伊什提克城）联合出兵，夹攻匈奴汗国，企图使匈奴汗国在两面作战的苦境中崩溃。汉帝国方面，由田广明等五位大将，分别由西河（内蒙准格尔旗西南）、云中（内蒙托克托）、五原（内蒙包头）、张掖（甘肃张掖）、酒泉（甘肃酒泉），五路出兵。乌孙王国方面，由汉帝国使节常惠担任参谋长，向东进军。匈奴汗国得到消息，立刻做大规模紧急撤退。以致汉帝国声势浩大的五路大军，深入沙漠一千余公里，仍捕捉不到敌人主力。但乌孙兵团却大获全胜，俘虏匈奴亲王以下四万余人。匈奴汗国从此更加衰弱，张骞断匈奴右臂的西进政策，现在显出功效。他敏锐的眼光能远瞻到六十年之后，则不仅是伟大的探险家，而且更是伟大的政治家。

这次战役之后，常惠紧接着调发各国军队五万余人，进攻龟兹王国，声讨它攻杀轮台汉帝国屯垦司令赖丹的罪行。但六年前当时的国王已经去世，现任国王谢罪说："这不是我父亲的意思，而是我父亲大臣姑翼的意思。"常惠说："那么，交出姑翼。"龟兹王国交出姑翼，就在城下处斩。于是汉帝国声威，震慑西域。屯垦区恢复，并迅速推展，由轮台而渠犁王国（新疆库尔勒），而伊循城（新疆若羌东）。他们跟当地女子结婚，西域各国开始有汉族血统的国民。

——注意常惠的用兵，他进攻龟兹王国，用的不是汉帝国军队，而是西域各国联军，这是最成功的外交手段。当公元后十八世纪，欧洲英法等国殖民最盛时，遇到战乱，主要兵源乃靠本国。

面积广袤的车师王国（新疆吉木萨尔）位于天山以北，是汉帝国前往乌孙王国的要道之一。车师国王乌贵娶了匈奴汗国的公主，所以跟匈奴结盟，继续遮杀汉帝国使节。三十年代公元前67年，汉帝国在渠犁王国的屯垦司令郑吉，率领屯垦兵团一千五百人，再调发各国军队，集结一万余人，攻击车师。乌贵不能抵抗，但投降又恐惧匈奴汗国报复。两难之下，他索性放弃王位，向西投奔乌孙王国。汉帝国就把车师国民东迁到交河城（新疆吐鲁番），而在车师故地（新疆吉木萨尔）屯垦。匈奴汗国对这个侵入到天山以北的屯垦区大为惊恐，不断派兵骚扰。三年后（前64），汉帝国承认在天山以北不可能保持据点，把屯垦区撤销，退回天山以南，与渠犁王国的屯垦区合并。

——但交河城仍然存在，称车师前王国，故地（新疆吉木萨尔）则称车师后王国。

在西域，汉帝国公主占重要地位。第一位公主刘细君于上世纪（前二）九十年代，嫁给乌孙王岑娶。刘细君逝世后，汉帝国再把另一位公主刘解忧嫁给继任的乌孙王翁归靡，生了三个儿子和两个女儿。一个女儿嫁给龟兹王绛宾，绛宾深以当汉帝国的外孙女婿为荣。三十年代公元前65年，夫妇曾一同到长安朝见汉帝国皇帝。远在西域西陲的莎车王国（新疆莎车），国王死后，没有子女，为了倚仗汉帝国国威，就迎立刘解忧最小的儿子万年当国王。想不到万年是一个不成才的小流氓，使国人大大的失望。故王的弟弟就把万年杀掉，自己继位。但汉帝国外孙不是随便可以加害的，就在龟兹王夫妇入朝的当年，汉帝国使节冯奉世调发各国军队，进攻莎车，莎车城陷，新王被斩。

汉帝国公主还有一位侍婢冯嫽，嫁给乌孙王国大将，她是历史上最美丽而且最成功的女政治家之一，经常代表公主和代表汉帝国政府，出使西域各国，调解纠纷，各国对她怀有崇高的尊敬。

四十年代公元前60年，汉帝国政府任命郑吉担任首位西域总督（都护），他把总督府（都护府）设在乌垒王国（新疆轮台东北），汉帝国在西域势力，更为增强。

四 匈奴汗国的分裂

人的厄运有连锁性，国家也是如此。匈奴汗国在西方被乌孙王国击败，在东方也被新兴的乌桓部落（内蒙西辽河上游）击败，国势日形萎缩。

国势萎缩一定引起国人的苦闷和政权的不稳定，又加上此时在位的握衍朐提单于，暴虐好杀，更促使危机加重。四十年代公元前58年，东方将领们拥立一位亲王即位，号称呼韩邪单于。握衍朐提单于出兵讨伐，战败被杀。但西方将领们也拥立另一位亲王即位，号称屠耆单于。两个单于，互相攻击。明年（前57），另外又崛起了三个单于，于是五单于并立，全国大乱。经过一番为敌报仇式的自相残杀，最后，只剩下呼韩邪单于。可是他的一位族兄却又在东方自立，号称郅支单于。公元前54年，郅支单于向西进攻，进入王庭（当时匈奴的王庭设在蒙古哈尔和林），呼韩邪单于节节向南败退。从这一年起，匈奴分裂为南北两个汗国。两个汗国为了争取外援，争着向汉帝国奉承乞怜，和争着派遣太子到汉帝国充当人质。

呼韩邪单于不久就无法支持郅支单于的攻势，公元前51年，他率领南匈奴汗国全部人民牲畜，向汉帝国投降。这是一件爆炸性的大事，呼韩邪单于到长安朝觐时，汉帝国皇帝刘病已在皇宫中大摆酒筵欢迎他。呼韩邪单于要求迁居河套，刘病已（汉宣帝）同意，并派大将韩昌，率领骑兵一万六千人，沿着黄河驻防保护。这一次朝觐对西域各国是一个晴天霹雳般的震撼，他们认为绝不可抗拒的庞大的匈奴汗国，竟被汉帝国征服。

──呼韩邪单于自此不断朝觐，最后一次朝觐是六十年代公元前33年。当时皇帝刘奭（汉元帝，刘病已的儿子）把一位宫女王昭君赏赐给他。刘奭并不认识王昭君，等到辞行时才发现她竟是一位绝色美人，使他那数万名后宫的小姐们都黯然失色，他大大地跳高起来，下令把宫廷画家毛延寿杀掉，因为毛延寿没有把她的美貌画出来。关于王昭君的故事，中国流传最久也最广，被写成很多诗歌戏剧，家喻户晓。

呼韩邪单于在汉帝国全力援助下，力量渐大，不断反攻。现在轮到郅支单于不能支持了。于是向西移动，侵入西域北境，灭掉坚昆王国（西伯利亚叶尼塞河上游）和丁零部落（贝加尔湖畔）。他向汉帝国要求送还充当人质的太子，汉帝国政府慷慨答应，派使节谷吉，一直把太子护送到他的临时首都坚昆王城。可是，万万想不到，郅支单于不但毫无感谢之情，反而记起汉帝国援助他的对手呼韩邪单于的怨恨，竟把谷吉杀掉。郅支单于杀了谷吉之后，才发现杀掉汉帝国使节的严重性，他放弃坚昆，继续向西迁移。就在这时候，康居王国（哈萨克斯坦）屡屡被乌孙王国击败，想借匈奴的力量保卫自己，两国遂结成同盟。

五十年代公元前44年，郅支单于率领他的部下，到达康居。康居王把女儿嫁给郅支单于，郅支单于也把女儿嫁给康居王。即行出兵攻击乌孙，乌孙王国不能抵御，西界边陲，几乎全部残破。

但康居王国和北匈奴汗国间的蜜月很快结束，郅支单于以康居王国的保护人自居，而且性情粗暴，把康居王的女儿也杀掉，又把康居贵族当作奴隶一样驱使迫害。又兴筑城垒，向西域各国发出通知，要他们进贡。康居王国深悔引狼入室，但已无法挽救。

六十年代公元前36年，距郅支单于杀汉帝国使节八年，汉帝国西域总督府副指挥官（副校尉）陈汤，调发各国军队，连同屯垦兵团，共四万余人，分两路向郅支单于夹攻，南路翻越葱岭（帕米尔高原），穿过大宛王国。北路则穿过乌孙王国，在郅支城（哈萨克斯坦江布尔）下合围。郅支城陷落，联军斩下郅支单于的头，传送航空距离三千三百公里的汉帝国首都长安。陈汤在他给政府的报告中，陈述所以发兵的理由。他说："凡侵犯汉帝国的，逃得再远，也要诛杀。"北匈奴汗国灭亡。

呼韩邪单于成为匈奴汗国唯一政权，不久即向汉帝国请求离开河套，回到北方他自己的故土。

五　外戚政治

中国势力在西域成长的时候，统治中国的西汉王朝的外戚政治，也在成长。

汉帝国可以说自始至终，都由皇帝跟外戚共同执政。开始时皇帝当然占优势，但若干年代下来，皇帝生活腐化和寿命短促，外戚遂占优势。等至外戚的优胜成为绝对力量时，皇帝只有交出权力。

汉帝国开国皇帝刘邦，他的妻子吕雉，虽跟他一样，只是一个不识几个字的乡下女人，但却是一个不平凡的女野心家，帮助她丈夫创立事业。当刘邦在外作战时，她在后方留守，不惜发动最大的冤狱，以巩固政权。刘邦死后，她以皇太后之尊，在接着第二任、第三任、第四任皇帝在位期间，独揽大权，把刘邦那个非姓刘不能封王的白马之盟废除，而把她的兄弟侄儿，大批封王。她死之后，刘姓皇族反攻，吕姓戚族全部被杀。可是刘姓皇族可以杀尽吕姓戚族，却不能杀尽所有戚族，这是那个时代无法解开的结。我们且将这个结，即西汉政府历任皇帝任用外戚的情形，列出一表：

年代	皇帝任数	皇帝姓名	当权外戚
（前三世纪）九十	1	刘邦	
（前二世纪）头十年	2	刘盈	刘盈生母皇太后吕雉主持国政
一十	3	刘恭	吕产、吕禄（刘恭、刘弘祖母太皇太后吕雉的侄儿）
	4	刘弘	
二十	5	刘恒	
四十	6	刘启	窦婴（刘启生母窦太后的侄儿）
五十	7	刘彻	田蚡（刘彻的舅父·生母王太后的同母异父弟弟）、卫青（刘彻妻子卫皇后的弟弟）、霍去病（卫皇后姊姊的儿子）
（本世纪）一十	8	刘弗陵	上官桀（刘弗陵的岳父·妻子上官皇后的父亲）、霍光（霍去病的弟弟·刘弗陵妻子上官皇后的外祖父）
二十	9	刘贺	在位仅二十七日
	10	刘病已	史高（刘病已祖母史良娣的弟弟）、许延寿（刘病已妻子许皇后的叔父）
五十	11	刘奭	许嘉（刘奭的舅父）
六十	12	刘骜	许嘉（刘骜的岳父·妻子许皇后的父亲），王音、王根、王凤（刘骜的舅父·生母皇太后王政君的弟弟）
九十	13	刘欣	傅喜（刘欣祖母傅太后的弟弟）、丁明（刘欣的舅父·生母丁太后的弟弟）
（后一世纪）头十年	14	刘箕子	王莽（刘箕子祖母太皇太后王政君的侄儿·刘箕子妻子王皇后的父亲）
	15	刘婴	王莽（刘婴曾祖母太皇太后王政君的侄儿·刘婴伯母王太后的父亲）

皇帝能力强的时候，外戚是一种助力。皇帝能力弱的时候，外戚就自然成为政权的接班人。吕姓外戚即是很明显的例证，假使他们中间有一个不是脓包，刘姓皇帝反击失败，西汉王朝的政权一定结束。所以在大的教训之后，一连两任皇帝，对外戚都保持相当距离。第七任皇帝刘彻，虽大量任用外戚，但他能够控制局势。而且还在防范工作上，采取残忍手段。他死的前一年（一十年代公元前88年），最心爱的小儿子刘弗陵，只有九岁，他想立他当太子，于是先行把年轻美丽的母亲钩弋夫人杀掉，他解释说："我死之后，她当了皇太后，一定为非作歹，重用她的家人。为了避免吕雉故事重演，不得不如此。"

然而，西汉政府的基本构成形态，所面临的不是特定的某一人某一姓的外戚问题，而是普遍性的外戚问题。吕姓戚族的屠灭和钩弋夫人的被杀，都无法阻挡政权滑入外戚之手。第十任皇帝刘病已出身平民（他的祖父是刘彻的太子，被杀，后裔废为平民）。刘病已当了皇帝后，不但有一种自卑感，而且有一种孤立感，他跟前任皇帝的外戚霍光站在一起时，就感觉到如芒刺在背。而在任用他自己的外戚掌握政权后，才感到安全。霍姓戚族终被屠杀，史姓戚族和许姓戚族接着兴起。

这种情形，演变到本世纪（前一）末期，遂形成一种现象：旧皇帝逝世时，他的外戚即退出政府。新皇帝即位，他的外戚即进入政府，好像近代民主国家选举后的政党转移情形一样。举一个例子就可明了，十二任皇帝刘骜（汉成帝）逝世后，没有儿子，由弟弟的儿子刘欣继位。因为不是父子相袭，所以各有各的外戚，刘骜的生母皇太后王政君，即下令王姓戚族全部免职，让出官位给刘欣的外戚——祖母傅、生母丁。

本世纪（前一）最后一年（前1），刘欣病死，也没有儿子，由他叔父的儿子，年方九岁的刘箕子继位。王政君恢复皇太后的权力，立即征召她的侄儿王莽担任大司马（宰相级），将傅姓戚族和丁姓戚族全部杀掉或赶走，同时不惜采用流血手段，阻挡九岁刘箕子的外戚——母亲卫氏的家族，前来首都。

外戚政治发展到这个阶段，西汉王朝命运已经注定要结束。

东西方世界

——头十年·公元前97年（司马迁所著《史记》，截止于本年），日本崇神天皇将象征皇权的神器（祭祀用具），安置于大和地方，日本人遂自称大和民族。

——一十年代·公元前85年（钩弋夫人被杀后三年），罗马共和国执政官马利乌斯，改革内政，取消穷人四分之三的欠债。剥夺远征小亚细亚大将苏拉的公民权，屠杀他的同僚。

——一十年代·公元前83年（苏武回国前二年），苏拉由小亚细亚回军，攻陷罗马城。每日公布他的政敌名单，宣布不受法律保护，屠杀五千余人。

——二十年代·公元前79年（苏武回国后二年），意大利半岛维苏威火山爆发，庞贝城沦没。（当时是一件震人心腑的大惨剧，可是人们终于将此城和被活葬的人民忘记。两千年后的十九世纪，此城才被掘出重现，火山灰保护每一尸体，使两千年前人们逃难时的恐怖情景，如在眼前。）

——二十年代·公元前73年（汉帝国使节傅介子击斩楼兰王后四年），罗马共和国奴隶斗士斯巴达克斯等七十余人，从卡普亚角斗场逃出，各地奴隶纷往投奔，计划渡地中海脱离罗马。罗马大将克拉苏斯讨伐，战事持续三年，史学家称"奴隶战争"。

——二十年代·公元前71年（汉帝国与乌孙王国夹攻匈奴），罗马共和国奴隶战争结束，奴隶军溃败，斯巴达克斯跟他的部属六千余人，全部钉死在十字架上，自罗马城到亚匹乌斯道上，悬尸数十公里。

——三十年代·公元前62年（汉帝国在西域设总督前二年），罗马共和国"前三雄时代"开始，执政官庞培、克拉苏斯、恺撒，三人结盟，轮流主持国政。

——四十年代·公元前55年（郅支单于攻呼韩邪单于入王庭前一年），罗马大将恺撒攻入英格兰，说出名语："我来，我见，我征服。"

——四十年代·公元前53年（南北匈奴向汉帝国争宠，送太子为人质），罗马大将克拉苏斯，远征亚洲安息王国，在卡利会战，罗马军团大败，死两万余人，被俘为奴的一万余人。克拉苏斯被擒，安息人因他贪财如命，就把黄金熔汁，灌入他的口中而死。

——五十年代·公元前49年（南匈奴呼韩邪单于，首次入朝汉帝国后二年），罗马"前三雄时代"结束。执政官庞培嫉妒恺撒的成功，与元老院联合，下令免除恺撒高卢（法国）总督。恺撒遂回军，攻陷罗马城，庞培逃亡。元老院推选恺撒为执政官。

——五十年代·公元前44年（北匈奴汗国郅支单于杀汉帝国使节谷

吉），恺撒被其挚友布鲁图斯，在元老院中刺死。恺撒部将安东尼发动民变，迎接恺撒养子屋大维到罗马城。

——五十年代·公元前43年（南匈奴呼韩邪单于，率众离河套，回归故地），屋大维、安东尼、列庇都斯，同被推选为执政官，史学家称"后三雄时代"。

——六十年代·公元前39年（汉帝国远征军击斩郅支单于前三年），安东尼进攻埃及，被托勒密王国二十七岁女王克里奥帕特拉所迷，流连忘返。

——六十年代·公元前31年（汉帝国美女王昭君嫁呼韩邪单于后二年），第二年，安东尼与屋大维决裂，第二年，安东尼兵败自杀。克里奥帕特拉打算再用她的美色迷惑屋大维，但不久就发现屋大维准备把她骗到罗马游街示众，遂自杀。从公元前四世纪亚历山大帝国分裂出来的托勒密王国，到此灭亡。

——七十年代·公元前30年（关中大雨四十余日，长安大乱），罗马元老院上屋大维尊号"奥古斯都"（伟大），虽名义上不是皇帝，但既为终身元首，又世代相传，固与皇帝无异。罗马共和国遂成为罗马帝国。

——九十年代·公元前4年（皇太后王政君征召王莽当大司马前三年），耶稣诞生。

第14章
第一世纪

头十年	1——9
一十年代	10——19
二十年代	20——29
三十年代	30——39
四十年代	40——49
五十年代	50——59
六十年代	60——69
七十年代	70——79
八十年代	80——89
九十年代	90——99

从本世纪起，历史进入公元之后，这对研究和阅读历史的人是一个好消息。因为我们习惯于从少到多计算数字，而公元前的时间，却必须倒着来数。如公元后"三年到七年"，公元前就必须说成"前七年到前三年"。进入公元后，时间观念，才恢复正常。至于年代，更容易计算，我们特地列出上表，以加强印象。不过，在本世纪（一）中，只包括九十九年，与其他世纪不同。我们认为对年代采取这种划分方式，更能迅速显示时间的关系位置。

统治华夏帝国的西汉王朝于本世纪头十年灭亡，外戚王莽建立新王朝——这个"新"字不是形容词，而是这个王朝的专用名词。但新王朝是一个短命政权，代之而起的是刘姓皇族的一员建立的玄汉王朝，而玄汉王朝也只有三年寿命（比项羽的西楚王国还少两年）。

最后，刘姓皇族更疏远的一员——实际上他是一个平民，建立东汉王朝，中国再呈现大一统的雄姿。

一　新王朝与新社会政策

西汉王朝第十四任皇帝刘箕子，九岁时当皇帝，十四岁时，被他的岳父兼大司马（宰相级）的王莽毒死。接着是最后一任皇帝刘婴，只有两岁。当刘婴五岁时，即本世纪（一）头十年公元9年，王莽的布置已经成熟，发动宫廷政变，由这一位尚不识字的五岁顽童刘婴，颁下用深奥古文写成的诏书，把皇帝宝座禅让给王莽。历时二百一十五年的西汉王朝，到此结束。王莽命名他的政权为新王朝。

中国历史有一个现象，每一次政权转移，都要发生一次改朝换代型的大混战，野心家或英雄们各自握有武力，互相争夺吞噬，最后剩下的那一个，即成为儒家学派所称颂为"得国最正"的圣君，在血海中建立他的政权。王莽打破这种惯例，他跟战国时代齐国的田和一样，用和平的方法接收政权，同时也创造了一个权臣夺取宝座的程序，以后很多王朝建立，都照本宣科。西汉王朝在平静中消失，新王朝在平静中诞生，两大王朝交接之际，没有流血。

王莽是儒家学派的巨子，以一个学者建立一个庞大的帝国，中国历史上仅此一次。他夺取政权的目的与刘邦不同，刘邦之类只是为了当帝当王，满足私欲。王莽则有他的政治抱负，他要获得更大权力，使他能够把儒家学说在政治上一一实践，缔造一个理想的快乐世界。他认为古代社会中，人人平等，可是到了后来，互相争夺，遂发生不平等现象。富人有很多土地，穷人则一无所有。男子沦为奴隶，女子沦为婢女。幸而仍保持自由，父子夫妇，终年辛苦耕种，却不能吃饱。为了改善这种不公平和铲除造成这种不公平的罪恶，王莽的新政府成立后，即实施一连串下列的新社会政策：

一、土地国有。私人不准买卖，恢复一千二百年以前已废除了的古代井田制度。八口以下的家庭，耕地不得超过九百亩，超过了的土地，一律没收，或由地主直接分给他的邻居或家属。

二、耕地重新分配。没有土地的农夫（佃农），由政府分给土地。以一对夫妇一百亩为原则，不满一百亩的，由政府补足。

三、冻结奴隶制度。虽没有马上废止，但禁止所有奴隶婢女继续买卖，以限制奴隶的范围和数目不再扩大，使它最后自然消灭。

四、强迫劳动。凡无业游民，每人每年罚布帛一匹，无力缴纳的，由政府强迫他劳役，在劳役期间，由政府供给衣食。

五、实行专卖制度。酒专卖，盐专卖，铁器专卖，由中央政府统一发行货币（从前任何富豪，都可制造银钱，新政府收回这种授权）。山上水中的天然资源，都为国家所有，由政府开采。

六、建立贷款制度。人民因祭祀或丧葬的需要，可向政府贷款，不收利息。但为了经营农商事业而贷款，则政府收取纯利十分之一的本息。

七、实行计划经济。由政府控制物价，防止商人操纵市场，以消除贫富不均。食粮布帛之类日用品，在供过于求时，由政府照成本收买。求过于供时，政府即行卖出，以阻止物价上涨。

八、征收所得税。一切工商业，包括渔猎、卜卦、医生、旅馆，以及妇女们家庭养蚕织布，从前都自由经营，现在新政府都课征纯利十分之一的所得税。政府用这项收入作为贷款或平抑物价的资金。

从这些措施，我们可发现王莽所从事的是一个惊天动地的全面社会改革，十九世纪才兴起的社会主义，早在一世纪时的中国，就有了构想和实践。

二 二十一年改朝换代混战

王莽的社会改革是伟大的措施，但他彻底失败，他的生命和他的王朝也跟着一齐丧失。我们可为他归纳出下列五项使他失败的原因。

第一，王莽是忠实的儒家学派，而儒家学派的基本精神是崇古。所以王莽的眼光不是向前看，却是向后看。他对他诊断出来的社会病态的治疗，认为只要吃下古老儒书上所用的那些古药，就可痊愈。像土地重新分配，固然很好，可是王莽坚持恢复井田，便根本无法做到。脚步向前走而眼睛向后看，仅这一点，就注定他必然跌倒。

第二，那个时代还没有推动这么庞大改革的技术能力，像贷款利息和所得税，都是"纯利"的十分之一，这涉及复杂的成本会计，当时恐怕很少有人可以胜任。同时，即令有此人才，王莽更需要一个有组织的干部集团去执行。但他仰仗的却只是行政命令，把所有责任都加到行政官员身上，而行政官员大多数又都腐败无耻（注意，这是中国传统的严重病态，直到二十世纪，才获得改善）。于是善政的蓝图反而变成暴政的行为，民变因之燎原般爆发。

第三，王莽没有办法控制丧失既得利益者的反击。土地国有使地主怨恨，禁止奴隶买卖使奴隶主和奴隶贩子怨恨，强迫劳动使贵族和一些地痞流氓寄生虫怨恨，禁止铸钱使富豪怨恨。这些怨恨容易掩盖因改革而受益者的欢呼和感谢。一遇机会，就向改革反击。

第四，王莽机械地迷信制度万能，他认为"制度确立之后，天下自然太平"。他大部分时间都用在改革制度上，更糟的是他用儒家学派所特有的繁文缛节，不惮其烦地改官名、改地名，凡是"现代"的全都取消，一律恢复"古代"原名。改得太多，以致没有人能够记得住。这种改革应该是不必要的，但王莽懔遵儒家"正名"学说，却特别认真，而也就在这些小事件上，按下大失败连锁反应的电钮。西汉政府对西南夷诸部落酋长，大都用王爵羁绊，这不过是不费一文的虚名，王莽却改封他们侯爵。句町王拒不接受（句町国·云南广南），首先起兵叛变。王莽又把西汉政府颁发给匈奴汗国单于的金印"匈奴单于玺"，改为"新匈奴单于章"。皇帝的印称"玺"，"章"只是普通人的印，乌珠留若鞮单于气冲牛斗，遂跟新王朝断绝关系。南北两边大规模讨伐战事，征兵征粮，引起骚动与饥馑，骚动与饥馑引起遍地陈胜、吴广式的暴动。

第五，王莽是一位学者，也是一位经济思想家，但不是一个政治家。政治家永远不会认为自己比任何人都聪明，王莽却恰恰认为自己如此，因之他不能容纳与他意见相异的建议，而固执地坚持自以为高人一等的见解。所以他对句町国和匈奴汗国的反抗，采取迎头痛击政策。对因饥饿而抢掠的民众，采取高压政策，遂使形势更加恶化。

本来已经被王莽避免了的改朝换代的大混战，在他上台之后，仍然出现。这一长期的流血，自一十年代17年吕母——吕家老太太起兵开始，到三十年代37年短命的割据政权——汉帝卢芳逃入匈奴，东汉王朝再度统一中国为止，前后继续二十一年。

我们选择前十年起兵叛变的一些重要的野心家和英雄人物，列为下表：

年	称谓	姓名	根据地	注
17		吕母	海曲（山东日照）	游击海上
	（绿林兵）	王匡	绿林山（湖北当阳）	又分为"下江兵""新市兵"

（续表）

年	称谓	姓名	根据地	注
18	（赤眉）	樊崇	莒县（山东莒县）	游击泰山一带
		刁子都	东海（山东郯城）	游击徐州、兖州间
20		马适求	巨鹿（河北平乡）	
21	楚黎王	秦丰	黎丘（湖北襄樊东南）	
		迟昭平	平原（山东平原）	
22	（平林兵）	陈收	平林（湖北随州东北平林关）	响应绿林兵
	柱天都部	刘𬙂	舂陵（湖北枣阳南）	
23	汉帝	刘玄	宛县（河南南阳）	
	西州大将军·朔宁王	隗嚣	平襄（甘肃通渭）	
	辅汉将军·蜀郡太守·益州牧·蜀王·成家帝	公孙述	成都（四川成都）	
	汉帝	刘望	汝南（河南平舆西北射桥乡）	新王朝覆亡前
	淮南王·皇帝	李宪	舒县（安徽庐江）	新王朝覆亡后
	梁王·汉帝	刘永	睢阳（河南商丘）	
	汉帝	王郎（刘子舆）	邯郸（河北邯郸）	
24	翼汉大将军·海西王	董宪	郯县（山东郯城）	
	辅汉大将军·齐王	张步	剧县（山东寿光南）	
	扫地大将军·周成王	田戎	夷陵（湖北宜昌）	
	（城头子路）	爰曾	东平（山东东平）	部众二十万游击黄河下游
25	汉帝	刘婴	临泾（甘肃平凉）	
	汉帝	刘秀	鄗县（河北柏乡北）	
	汉帝·（赤眉）	刘盆子	长安（陕西西安）	
	厌新大将军	刘茂	密县（河南密县）	
	河西五郡大将军·凉州牧	窦融	张掖属国（甘肃金塔东）	
	上将军西平王·汉帝	卢芳（刘文伯）	九原（内蒙包头）	
26	武安王	延岑	蓝田（陕西蓝田）	活动于汉水流域
	燕王	彭宠	渔阳（北京密云）	
	淮阳王	苏茂	广乐（河南虞城西北）	
		董欣	堵乡（河南方城）	
		邓奉	淯阳（河南南阳南）	
	汉帝	孙登	上郡（陕西榆林南鱼河堡）	

上表所列，仅是前十年崛起的人物。后十年中继续崛起的，还有被称为"铜马贼""五校贼"等数个变民集团，每个集团都集结兵力达十万百万人之多。全国处处是变民集团建立起来的营垒和政权，像王歆占据下邽（陕西渭南），蒋震占据霸陵（陕西西安东）。刘永死后，他的儿子刘纡继位梁王。隗嚣死后，他的儿子隗纯继位称王。

中国国土上，一片混战。

三　东汉王朝建立

中国历代民变，性质上可分为五类。第一类是官逼民反的抗暴群众，像吕母、邓奉。吕母的儿子被海曲县长诬陷，死于冤狱，她就散去家产，结交壮士，攻杀海曲县长，然后乘船入海，成为"海盗"。邓奉本是刘秀的部将，但当他请假回乡，发现刘秀的军队奸淫烧杀的罪恶暴行时，他号召人民反抗。第二类是饥饿的群众，像绿林兵王匡，政府不能照顾他们，他们只好自己照顾自己。他们逃亡到比较容易活下去的地方，集结起来抢劫富人的粮食财物。饥馑在中国历史上占重要地位，它是大动乱大革命的原动力。第三类是自卫性的联合，县城和村落，为避免刘秀军队之类的奸淫烧杀，往往联合起来，武装自卫，当力量够大的时候，或对抗政府的政令，如隗嚣；或作为与政府合作的资本，如窦融。第四类是既得利益者的反击，像刘望、刘永、刘玄，本来是西汉王朝刘姓皇族，因新政府的兴起而降为平民，他们连做梦都在盼望摧毁现状，恢复过去的权势。第五类是野心家，大野心家如公孙述、刘秀，想当皇帝。小野心家如刁子都、爰曾，只求在一方面称霸过瘾。

只有政治家才会正确地处理民众抗暴问题，王莽不会。他迷信警察和军队的力量，认为只靠监狱和屠杀，就可以根绝叛乱。结果是民变更多更烈。二十年代23年，以刘玄为首的变民集团，攻陷固若金汤的常安（新王朝把长安改称常安）。王莽被杀，新王朝覆亡，政权只维持了十五年。一场本可以歌颂的社会改革，化成一个悲剧，在流血中收场。

王莽死后，全国各地震慑于刘玄的皇族血统和击杀王莽的威望，一致拥戴他当中国皇帝。这是一件千年难逢的奇迹，紊乱得一团糟的庞大帝国，霎时间恢复秩序。可惜刘玄所建的玄汉政府，由一群无知无识的人物组成。三个月之前他们还在荒野中大喝小叫，三个月之后忽然成为国家领导人，他们还没有被训练出领导能力。于是，各地民变再度蜂起。这一个奇迹政权，从公元后 23 年到 25 年，勉强支持三年。号称"赤眉"的变民领袖刘盆子（他们把眉毛涂成红色，以区别敌我），攻陷长安，刘玄被杀。

混战结果，变民首领之一的刘秀取得最后胜利。公元 25 年，他自称皇帝；用武力把其他变民集团，一一消灭，再度使中国归于一统，建都洛阳（河南洛阳）。他称他建立的王朝仍为汉王朝，跟刘玄一样，表示是覆亡的西汉王朝的中兴。但史学家却称它为东汉王朝，并追称刘邦建立的王朝为西汉王朝。

二十一年大混战于三十年代 37 年结束，但给中国带来的伤害，却不易恢复。我们将几个重要地区战前战后人口减少情形，列表做一比较，即可看出这场灾难的严重程度。

郡名	今地	战乱前人口	战乱后人口	减少
京兆	陕西西安	682000	286000	58%
左冯翊	陕西高陵	918000	145000	84%
右扶风	陕西兴平	837000	93000	89%
右北平	内蒙宁城西南	321000	53000	83%
敦煌	甘肃敦煌	38000	29000	24%
金城	甘肃永靖西北	150000	19000	87%
武威	甘肃武威	76000	34000	55%
西河	内蒙准格尔旗西南	699000	21000	97%
张掖	甘肃张掖	89000	26000	71%
上郡	陕西榆林南鱼河堡	607000	29000	95%
北地	甘肃庆阳西北马岭镇	211000	19000	91%
朔方	内蒙杭锦旗北	137000	7800	94%
代郡	河北蔚县	279000	126000	55%
云中	内蒙托克托	173000	26000	85%
辽西	辽宁义县西	352000	82000	77%
辽东	辽宁辽阳	273000	82000	70%
定襄	内蒙和林格尔	163000	14000	91%

这些减少的人，大多数都是饿死、病死，或被屠杀。其余则不外战死或逃亡。改朝换代型混战，一直是中国历史上循环性的浩劫。我们对千千万万死难的亡魂，尤其是那些可怜的儿童和无助的妇女，怀有深切悲痛。

四　匈奴汗国的再分裂

匈奴汗国跟新王朝反目，引起王莽的军事行动。公元 10 年，王莽动员三十万大军，派遣十二员大将，分兵十二路，同时并出。可是还没有集结完成，匈奴汗国就大规模向新王朝沿边攻击，做摧毁性的破坏。于是王莽继续向后方征兵征粮，转运千里，战士老弱，或死或逃，田地荒芜，饥馑四起，官吏乘机暴虐，民众抗暴不可遏制。

新王朝覆亡之际，应该是匈奴汗国复兴的良机。可是天灾人祸使他们不但不能掌握这个良机，反而更形微弱。四十年代中，匈奴汗国一连几年大旱，赤地千里，寸草不生。东方新兴的强敌乌桓部落又不断侵袭，匈奴势力范围萎缩至蒙古哈尔和林及以南地区，大批人畜死亡，国力大衰。更糟的是，到公元后 48 年，南部八个大部落另行推举一位亲王当单于，也称呼韩邪二世单于。这位呼韩邪二世单于，同样地归降东汉王朝，请求保护。于是匈奴汗国再度分裂为二，南匈奴汗国臣服东汉王朝，北匈奴汗国继续与东汉王朝对抗。

到了五十年代，北匈奴汗国进攻南匈奴汗国，南匈奴不能抵抗，向东汉王朝求救。东汉政府采取三项措施：一、把呼韩邪二世单于所属的八部人口牲畜，全部迁入长城，使他们在西河美稷（内蒙准格尔旗）一带屯垦。二、东汉王朝特设匈奴协防司令（护匈奴中郎将），与单于共同处理匈奴内政外交事务。三、另设北疆边防司令（度辽将军），屯兵曼柏（内蒙达拉特旗东南），一则防止南北两匈奴复合，一则防止北匈奴向南匈奴攻击。北匈奴汗国当然不肯甘心，不断南下突袭，使东汉王朝北方沿边郡县，白天都得紧闭城门。

本世纪（一）六十年代之后，东汉王朝国力恢复，开始对北匈奴反攻。七十年代 73 年，大将窦固出酒泉（甘肃酒泉）西进，直到天山，占领北匈奴汗国最肥沃的耕地之一伊吾卢（新疆哈密），留兵屯垦。另一位大将耿秉出张掖（甘肃张掖）北进，深入三百公里，直到三木楼山（蒙古王则克山），北匈奴坚壁清野，向后撤退，没有受到重大创伤。八十年代 85 年，北匈奴汗国的七十三个小部落投奔南匈奴汗国。87 年，位于乌桓部落北方新茁壮起来的鲜卑部落（内蒙西辽河上游），也向北匈奴侵略，北匈奴在迎战中大败，优留单于被杀，内部混乱，又有五十八个部落共二十八万人，进入长城，归顺南匈奴汗国。

东汉政府乘北匈奴内外交困，及时地与南匈奴组织汉匈联军，给予最沉重的一击。八十年代89年，东汉大将窦宪出朔方（内蒙磴口），北疆边防司令（度辽将军）邓鸿出五原（内蒙包头），南匈奴休兰尸逐侯鞮单于出满夷谷（内蒙固阳北），在涿邪山（蒙古戈壁阿尔泰山）会师，向北挺进，深入瀚海沙漠群一千五百公里，到稽落山（蒙古古尔班察汗山），终于捕捉到北匈奴主力。北匈奴主力在东汉军队强大攻击下崩溃，北匈奴单于（历史上未记下他的名字）向西逃走，亲王以下一万三千人被杀，八十一个部落共二十余万人投降。窦宪就在燕然山（蒙古杭爱山）上，竖立石碑，纪念这次空前的胜利。

两年后（九十年代91年），窦宪再派遣大将耿夔、任尚，出居延塞（内蒙额济纳旗），企图一举把北匈奴汗国消灭。耿夔统军急进，在金微山（蒙古阿尔泰山）下，把北匈奴单于包围，北匈奴再度崩溃。皇太后亲王以下五千余人，全部被俘。只北单于在混战中突围，向西逃走。

——这一次战役，对东汉王朝固然重要，但对西方世界更为重要。北匈奴汗国残余部落，在漠北不能立足，只得向西流亡。三百年之后四世纪时，终于侵入黑海北岸，引起推骨牌式的民族大迁移。原住在黑海北岸的西哥德部落，向西侵入多瑙河上游。原住在多瑙河上游的汪达尔部落，向西侵入罗马帝国。罗马帝国对这些排山倒海而来的游牧民族，无法抵御，而终于沦亡。

北匈奴汗国西迁后，只剩下南匈奴汗国，永远成为中原王朝的臣属。

——匈奴汗国（也就是南匈奴汗国），在形式上仍继续存在一百余年，不过在中国历史上不再重要。三世纪一十年代216年时，它最后一位元首呼厨泉单于，从当时的王庭平阳（山西临汾）去邺城（河北临漳）拜会当时东汉的宰相曹操，曹操把他留下。下令将匈奴汗国分为五部，每部各设立一个都督，直属东汉中央政府，单于名位撤销。这个烜赫一时、东汉立国约四百三十年的庞大国度，终告灭亡。

五　班超再通西域

中国因为陷于改朝换代大混战，无力西顾。西域（新疆）遂像断了线的风筝一样，远离中国而去。莎车王国（新疆莎车）雄心勃勃，想乘此机会，用武力统一西域，不断向其他国家攻击。四十年代45年，车师后国（新疆吉木萨尔）、鄯善（新疆若羌）、焉耆（新疆焉耆）等十八个王国，联合派遣王子到洛阳作为人质，请求东汉政府派遣总督（都护）。可是东汉政府在大混战之后，人口锐减，国力不足，而北方的匈奴汗国仍然雄峙，东汉政府不得不拒绝他们的请求，送诸王子回国。各国听到消息，十分恐慌，向敦煌郡长（太守）建议："大汉不派遣总督，我们不能勉强。但是请许可王子们暂时在敦煌居住，表示大汉并没有遗弃我们，总督随时可到，希望能阻吓莎车的侵略。"可是，到了第二年（46），王子们耐不住敦煌的寂寞，纷纷逃回本国。莎车王国这才发现东汉政府不会派遣总督，大为高兴，侵略更加激烈，大败鄯善兵团，并击斩龟兹国王。鄯善王国再请求东汉政府派遣总督，并警告说："大汉如不派遣总督，我们无法抵抗莎车，只有请求匈奴汗国保护。"东汉政府回答说："我国实在没有力量相助，请贵国自行决定国策。"各国只好向匈奴臣服。

如此，经过了二十八年。

本世纪（一）七十年代73年，汉军对北匈奴开始攻击，大将窦固深入天山，在伊吾卢（新疆哈密）重设屯垦区，并派遣他的一位部将班超，出使西域。北匈奴的势力此时已根深蒂固，班超首先抵达鄯善王国，鄯善最初表示非常欢迎，可是不久即行冷淡，这现象使班超警觉到一定有什么事情发生。他的部属责备他："不必神经过敏，难道一个国家一辈子都没有别的工作，而只陪伴大汉使节？"班超说："不然，智慧高的人能在危机未发生时，即观察到危机，何况危机已经发生。我判断一定是匈奴使节到达，鄯善王正在彷徨不定，不知道应该追随我们？或是继续追随匈奴？"于是诈问招待人员："匈奴使节来了几天？住在何处？"招待人员吃惊说："来了三天，住地距此十五公里。"班超召集他的全体部属——总共只三十六人，研究对策。大家说："我们在危急关头，生死都听你安排。"班超说："不入虎穴，焉得虎子。现在只有一条路，我们乘夜攻击匈奴使节，把他们全部消灭，使鄯善王国得罪匈奴，必须依靠我们。"于是当晚奇袭匈奴帐幕，匈奴使节团一百三十余人，全都葬身火窟。鄯善王果然震骇，愿送王子作为人质，臣服东汉政府。这时于阗王国（新疆和田），已代替莎车王国称霸，北匈奴汗国派有使节驻在那里。班超到达后，于阗王的接待并不热烈，而他的巫师跟匈奴使节勾结，表演天神附体说："不可跟汉人友好，汉使有一匹黄马，把它杀掉祭我。"于阗命他的宰相向班超讨马，班超欣然应允，但要求巫师亲自把马牵走。巫师果然来了，班超把他斩首，又把宰相捆绑起来，打了数百鞭。于阗王大为惶恐，即杀掉北匈奴使节，向东汉政府归降。龟兹王国（新疆库车）跟北匈奴汗国最为亲密，依仗匈奴力量，攻杀疏勒王国（新疆喀什）的国王，另立龟兹籍大将兜题当国王。班超派他的部将田虑出使疏勒，兜题当然拒绝东汉政府的友谊。于是田虑出奇制胜，把兜题劫持囚禁。班超也赶到疏勒，另立故王的侄儿榆勒当王。西域南道诸国，全部底定。

明年（74），东汉大将窦固进攻车师，前王国（交河城·新疆吐鲁番）跟后王国（务涂谷·新疆吉木萨尔），先后投降。这时东汉政府才正式派遣陈睦担任西域总督（都护），驻扎乌垒王国（新疆轮台东北）故总督府所在地。北匈奴汗国对东汉政府一连串的成功，十分愤怒，明年（75），它大举反攻，两次进击位于车师的汉人屯垦区，都没有获得决定性胜利。但它的同盟焉耆王国、尉犁王国（新疆尉犁）和龟兹王国，却突袭总督府，把陈睦杀掉，东汉政府驻在车师王国的屯垦兵团，不得不全部溃退。这时东汉新皇帝刘炟即位，对西域的惨重挫败，感到沮丧，就改变政策。明年（76），下令放弃西域，撤销总督，召还所有汉使和所有协防军队。

驻在遥远的疏勒王国的班超，也在召还之列。他临走时，疏勒全国恐慌，大将黎弇说："大汉遗弃我们而去，我们必再沦为龟兹的奴隶。"竟行自杀。班超勉强走到于阗王国，国王以下痛哭失声，抱住马腿不放："我们依靠大汉，跟婴儿依靠父母一样，使节绝不可走。"于是班超决定抗命留下，再返疏勒王国。可是仅只数天工夫，疏勒边境已有两个城市投降龟兹。班超急行攻击，杀六百余人，才把两城收回。中国东汉政府允许班超留下，并于不久后把他擢升为西域总督。

在班超领导下，各国陆续归服。九十年代94年，他征调各国军队，向北道发动总攻，生擒焉耆王和尉犁王，带到陈睦驻扎的乌垒王国总督府故地死难之处，斩首致祭。距陈睦之死，整整二十年。——另一位凶手龟兹王，很幸运地早已病死。

最后，公元后97年，班超派遣他的一位部将甘英，出使罗马帝国（大秦）。甘英是个懦夫，他向西进发，不知道到了什么地方，即行折回。他说他曾经抵达一个大海边上，船夫告诉他："遇到顺风，三个月可到。遇到逆风，可能要航行两年。旅客至少需要带三年粮食。而且茫茫大海之中，最使人思念故乡，很多人中途死亡。"

——有人说甘英所到的地方是波斯湾，但波斯湾即令有再大的顺风，三

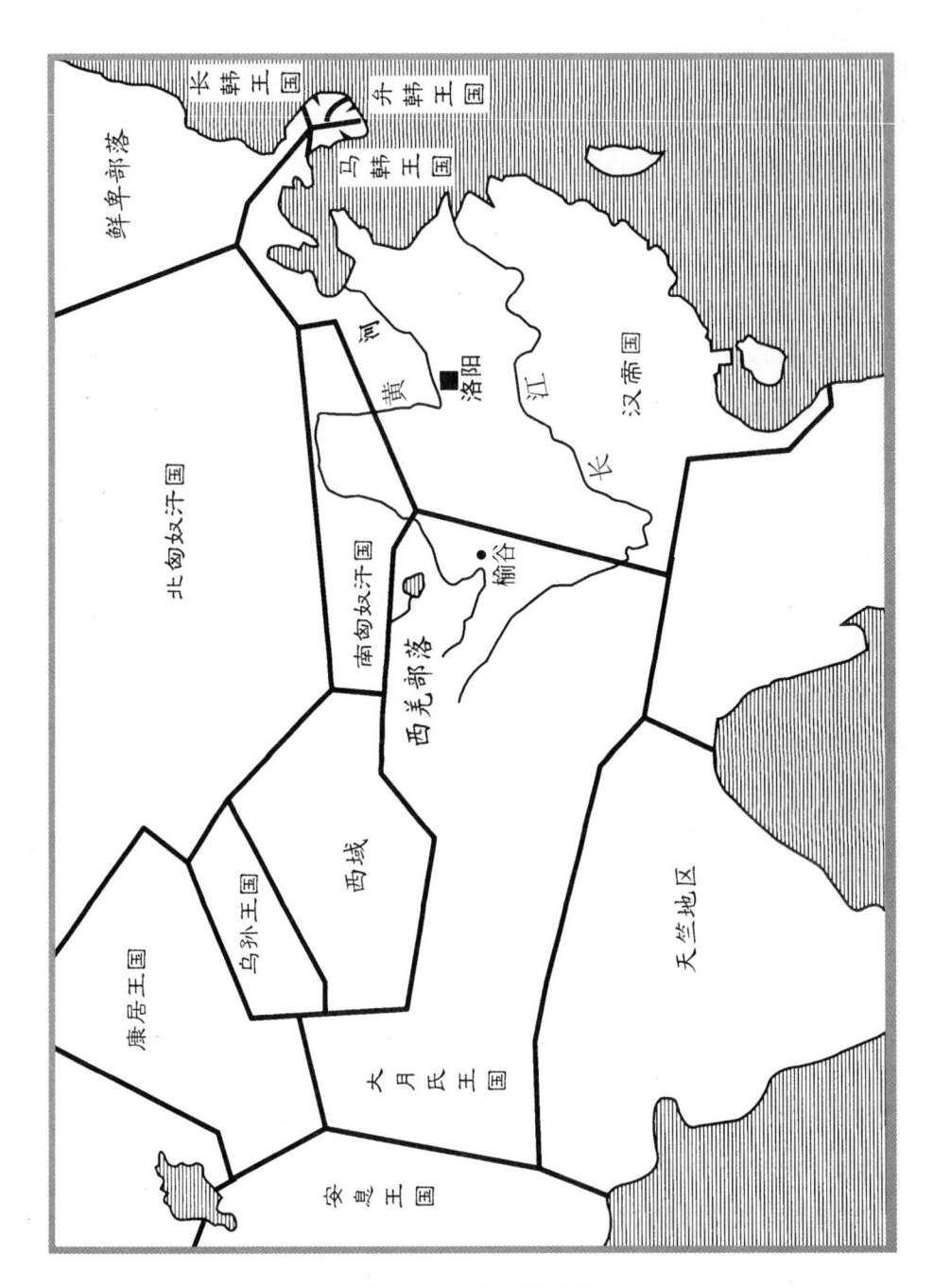

图一五　一世纪・东汉王朝

个月也到不了罗马。所以该地方可能是巴勒斯坦，果真如此，那就证明甘英的报告不可靠。他到巴勒斯坦之时，正是基督教使徒圣保罗向罗马出发之时。巴勒斯坦和罗马之间，交通频繁。甘英不应该躲在旅馆里只听船夫一面之词，连码头都不去一下。否则码头上的繁荣忙碌，会证明往返便利。班超显然选错了人，如果是班超本人，或另一位部将田虑，说不定当时世界上东西两大帝国，从此直接接触。文化的交流，用不着再等漫长的一千七百年之后的十八世纪。

六　羌战

当东汉王朝把匈奴汗国终于征服，又在西域恢复主权的时候，散居东汉王朝西部边界内外的羌民族各部落，于本世纪（一）中叶之后，却跟东汉政府之间，爆发战争。

羌民族与汉民族是两个血统和两种文化的民族。羌民族以游牧为主，跟匈奴民族非常接近，跟务农的汉民族在生活方式上格格不入。但羌民族比匈奴民族落后，分为千百以上的大小部落，散布在黄河上游和渭水上游。从来不知道互相团结，只知道互相仇杀，所以始终不能集结像匈奴那样强大的力量，更谈不到建立国家组织。

公元前二世纪八十年代时，东汉王朝向西南夷开拓疆土，在白马国（甘肃西和）设立武都郡。又在匈奴汗国河西走廊故地上设立敦煌、酒泉、张掖、武威四郡。于是产生两种情况：一、东汉王朝势力像一把利刃一样插在匈奴汗国和羌民族之间，把他们隔开，使羌民族无法得到匈奴的援助。二、汉民族在政治军事保护之下，积极向西移植，把羌民族逐出故地。除少数部落外，大多数部落先后西迁，迁到青海湖以西或以南地区。

公元前一世纪初叶，羌民族中最大的部落之一先零部落，从青海湖向东向北发展。进入东汉王朝边界，越过湟水。到三十年代，曾对东汉王朝做过大规模的突击，幸好当时的大将赵充国坚决反对高压，改用怀柔政策，一面在边界地带实行屯垦，战争才告平息。百余年以来，羌、汉两民族相安无事。然而，与日俱增的官员们的贪暴，汉民族与羌民族纠纷中，官员因接受贿赂的缘故，总是对汉民族偏袒。羌民族愤怒地发现，除非把地方政府官员杀尽，他们将永不能平安。于是，抗暴行动不可避免。

本世纪（一）五十年代，第一次抗暴爆发，接连着一次又一次，一片血腥。重要战斗事件，有如下表：

年代	年份	羌民族	东汉政府	事件
五十	57	烧当部落	陇西太守　刘盱	羌攻陇西（甘肃临洮），明年，为大将马武击败。
七十	77	烧当部落・吾良部落・勒姐部落・封养部落・布桥部落	金城太守　郝崇	羌攻汉阳（甘肃甘谷），为大将马防击败。
八十	87	迷吾部落	护羌校尉　傅育	傅育攻羌，败死。
		迷唐部落	护羌校尉　张盱	张盱诱杀降羌，羌据大、小榆谷（青海贵德东河曲），起兵。
	88	迷唐部落	护羌校尉　邓训	邓训逐羌出大、小榆谷。
九十	92	迷唐部落	护羌校尉　聂尚	羌还大、小榆谷，复叛，攻金城（甘肃永靖西北）。
	93	迷唐部落	护羌校尉　贯友	贯友攻陷大、小榆谷，建逢留大河桥，羌逃亡赐支河曲。
	97	迷唐部落・塞内诸部落	征西将军　刘尚	羌攻陇西。
	99	迷唐部落	谒者　耿谭	迷唐部落降。
	100	迷唐部落・湟中诸部落	护羌校尉　吴祉	羌因逢留大河桥之故，拒还大、小榆谷，再叛。

羌民族对地方政府的攻击，是对暴政的一种武装反抗，这必须用实例来说明事实的内容，才能了解。七十年代77年，安夷县（青海平安）一位低级官员，强夺一位漂亮的羌族女子，她的丈夫无处申诉，就杀掉那官员，携带妻子，出塞逃命。安夷县长大怒，他认为羌人太违法乱纪了，率领军队前往追捕，结果激起羌民族各部落组织联合兵团抵抗。八十年代87年，西羌总督（护羌校尉）张盱已接受迷吾部落的投降，大设筵席招待他们，却在酒中下毒，屠杀八百余人。这种官员的残酷行动，促起更大的反击。在经过不断的互相杀戮之后，双方终于发展成为一种不可理喻的仇恨。九十年代92年，当时的西羌总督聂尚进行和解，允许迷唐部落还居大、小榆谷。酋长的老祖母亲自入塞向聂尚道谢，聂尚也亲自送她返回，在塞外设宴告别，十分隆重。又派遣翻译官田泛等五人，护送她回部落。想不到迷唐酋长竟把田泛等五人逮捕，剥皮裂尸之后，接着即攻击金城。

不过，在本世纪（一），这些都限于小的冲突。每次战斗，羌民族方面不过数千人，东汉政府方面不过两万人。

东西方世界

——头十年·9年（新王朝建立，下令土地国有，禁止奴隶买卖），罗马帝国大将瓦卢斯率军两万人，渡莱茵河北进。日耳曼部落酋长阿米尼乌斯（海尔曼）迎战，瓦卢斯大败，仅二百人生还。从此罗马北境以莱茵河为界，不能再扩张。

——三十年代·30年（东汉王朝建立第六年），耶稣被钉死在十字架上。

——五十年代·54年（南匈奴汗国迁居西河美稷后四年），罗马皇帝克罗狄乌斯，被养子尼禄的母亲毒死，尼禄继位。

——五十年代·57年（东汉王朝第一任皇帝刘秀逝世），日本派遣使臣到中国，中日两国交通自此开始。

——六十年代·68年（班超通西域前五年），罗马大将加尔巴自西班牙回军，攻陷罗马城，皇帝尼禄自杀，在位十五年。（尼禄因焚烧罗马城和用诬陷的手段屠杀无辜的基督徒，而遗臭千古。）

第15章
第二世纪

中国历史一向是环绕着一个圆圈盘旋：一、旧王朝统治阶级腐败灭亡。二、军阀或变民集团乘机夺取政权，发生混战，杀人如麻。三、混战的最后胜利者建立新的王朝，组织新的政府，成为新的统治阶级。四、经过一段安定或繁荣的时间。五、又回到第一：统治阶级腐败灭亡。——如此这般，像走马灯一样，循环不已。

本世纪的中国，正走上第一、第二阶段。首先是外戚政治重现，接着招来中国第一次宦官时代。最后，东汉政府在一次农民大暴动后瓦解，大一统也瓦解，遍地战火。

一　西域的丧失

西域（新疆）重返中国版图，是英雄豪杰们千辛万苦换取来的。本世纪（二）第三年（102），总督（都护）班超退休，返回洛阳。东汉政府派遣一位看起来十分聪明的将领任尚接替，任尚向班超请益说："我初次担当这么大的责任，深感难以负荷。您在外国三十年，请赐指教。"班超回答说："塞外的大汉官员，差不多在国内都犯过错误，才出塞立功求赎，并不都是小心谨慎、孝子贤孙型的那种人。至于外国人士，更各有各的企图，很难使他们顺服，却很容易激起他们的反抗。你的性情，十分严正，俗话说：'太清澈的水没有大鱼，太严格的要求失去团结。'我的意思是，凡事应该求其简单，对小过错多加宽恕，分层负责，你只总揽大纲，不挑剔小节。"

班超跟张骞一样，不仅是成功的冒险家，更是成功的政治家。但智慧低一级数的人，永远不能领悟高一级数人的见解，犹如一头牛永远不能领悟交响乐。班超走后，任尚讥讽说："我以为班超有什么了不起，原来是个平凡人物。"

只四年时间，任尚就激起西域所有国家的叛变。任尚的总督府继班超之后，设在疏勒王国（新疆喀什）。头十年106年，各国联合向疏勒进攻，任尚不能阻挡，急向国内求救，东汉政府把他召回，另行派遣一位将领段禧继任总督。但混乱的局势已不可收拾，段禧转斗到龟兹王国（新疆库车），不能再进。龟兹王是支持段禧的，但龟兹人民叛离他们的国王，与温宿王国（新疆乌什）、姑墨王国（新疆阿克苏），组织联军，攻击段禧和龟兹王。段禧把他们击败，不过整个西域只剩下龟兹一座孤城，前瞻十分黯淡。勉强支持到明年（107），东汉政府只得再撤销西域总督，撤回所有残留的屯垦区。

一十年代119年，敦煌（甘肃敦煌）太守曹宗试探着派遣部将索班，再进入伊吾卢（新疆哈密）屯垦，鄯善王国（新疆若羌）和车师前王国（新疆吐鲁番），重又归附东汉王朝。不久，尚未向西移尽的北匈奴残余部落（新疆阿尔泰山南麓），跟车师后王国（新疆吉木萨尔）联合，攻陷伊吾卢，杀死索班。鄯善王国向东汉王朝求救，东汉政府正困于日益严重的羌战，不能出兵。只派遣了班超的儿子班勇，担任西域（新疆）参谋长（西域长史），进驻敦煌，遥作声援。北匈奴的残余部落和车师后王国，乘这个机会，企图进攻已成为中国本土的河西走廊。身为英雄之子的班勇，忍无可忍，率领六千人反击,生擒车师后王国国王,带到索班死难处斩首,把头传送到一千九百里外的首都洛阳,悬挂示众。然后征调各国军队,进攻北匈奴的残余部落,北匈奴大败,向北逃走,从此再没有出现。

然而,东汉王朝也没有再派总督,只继续派参谋长代理。班勇的后任,没有一个是适当的人选。这是统治阶级长期腐败后必然的现象,根已经溃烂,便很难长出好的果实。最后一任参谋长王敬,他大概很羡慕他的前辈们的威风。五十年代152年,他击斩于阗(新疆和田)国王。于阗人民反攻,把王敬杀掉。这时,东汉王朝正陷于内争,不能再派出使节,西域遂再一次地跟东汉王朝脱离。但经济文化的交往,在已经建立了数百年的基础上,并没有中止。

二 羌战的扩大与惨烈

羌民族对东汉政府的抗暴行动,进入本世纪(二)后,东汉政府除了继续采取高压政策外,想不出别的解决办法——唯一的解决办法是使政治清明,这自然办不到。于是羌战从小的冲突,逐渐扩大为大规模的战争。而且向中国本部心脏地区蔓延,直抵首都洛阳近郊。

我们将扩大后的重要羌战,摘要列为下表:

年代	年份	羌民族	东汉政府	事件
头十年	101	迷唐部落	金城太守 侯霸	侯霸攻羌,迷唐部落瓦解。
	102	烧何部落	(安定)	羌攻安定(宁夏固原),败走。
	107	勒姊部落·当煎部落·烧当部落·东岸部落·滇零部落	(安定)(陇西)	羌不堪官员暴虐,适逢发兵赴西域迎西域总督段禧,遂揭竿而起。
	108	滇零部落·参狼部落	征西校尉 任尚	任尚攻羌,大败,死8000人。羌遂直抵长安近郊,南下侵入益州(四川及云南)。
	109	当煎部落·勒姊部落·钟羌部落	(临洮)	羌攻陷数县。
一十	110	滇零部落·先零部落	汉中太守 郑勤	羌攻褒中(陕西汉中西北),郑勤战死。
	111	先零部落	(河内)	羌东攻,连陷郡县,直抵河内(河南武陟),首都洛阳震动。

(续表)

年代	年份	羌民族	东汉政府	事件
一十	113	牢羌部落	护羌校尉 侯霸	侯霸攻羌于安定（宁夏固原）。
	114	号多部落·先零部落	护羌校尉 侯霸	侯霸攻羌于枹罕（甘肃临夏），羌败。
		（西陲部落）	凉州刺史 皮扬	皮扬攻羌于狄道（甘肃临洮），死800人。
	115	零昌部落	中郎将 尹就	羌攻益州（四川及云南）。
	116	先零部落·零昌部落	中郎将 任尚	任尚攻羌，陷北地（宁夏吴忠西南），杀700人。
	117	狼莫部落	护羌校尉 任尚	任尚攻羌于富平河（宁夏吴忠境），羌大败。
	118	狼莫部落	度辽将军 邓遵	邓遵收买奸细刺死狼莫，各部落失去首领，瓦解。
二十	120	沈氏部落·当煎部落·烧当部落·烧何部落	护羌校尉 马贤	羌攻张掖、金城。马贤攻羌，杀数千人。
	121	烧当部落·先零部落·沈氏部落	护羌校尉 马贤	羌攻金城（甘肃永靖西北）、武威。
	122	虔人部落	度辽将军 耿夔	羌攻上郡（陕西榆林南），败走。
	126	钟羌部落	护羌校尉 马贤	羌攻陇西，被马贤所败，死千余人。
三十	135	钟羌部落	护羌校尉 马贤	羌攻陇西、汉阳，被马贤击败。
	138	烧当部落	护羌校尉 马贤	羌攻金城，败走。
	139	烧当部落	护羌校尉 马贤	马贤攻羌，斩酋长那离。
四十	140	且冻部落·傅难部落	凉州刺史 刘秉 并州刺史 来机	羌攻武都（甘肃成县）、金城、三辅，烧陇关。
	141	且冻部落·巩唐部落	护羌校尉 马贤	马贤败死，羌东攻，侵入长安近郊，放火焚烧皇帝坟墓。
	143	烧何部落·烧当部落	护羌校尉 赵冲	赵冲攻羌，于参𪧐、阿阳获胜。
	144	（诸部落）	护羌校尉 赵冲	赵冲攻羌，败死。
六十	160	烧何部落·勒姐部落·零吾部落	护羌校尉 段颎	段颎攻羌，追至硭石山（青海阿尼玛卿山）。
	161	先零部落·沈氏部落·零吾部落	护羌校尉 段颎	羌攻并州、凉州、三辅。

(续表)

年代	年份	羌民族	东汉政府	事件
六十	162	沈氏部落	中郎将 皇甫规	羌攻张掖、酒泉,为皇甫规所败。
		滇那部落		羌攻武威、张掖、酒泉。
		乌吾部落		羌攻汉阳、陇西、金城。
	164	当煎部落	护羌校尉 段颎	段颎攻羌,获胜。
	165	(西陲诸部落)	护羌校尉 段颎	段颎攻羌,杀23000人。
	167	先零部落	使匈奴中郎将 张奂	羌攻三辅,汉军杀死及俘虏羌人1000余人。
	169	(内地诸部落)	护羌校尉 段颎	段颎攻羌,杀19000人(平息)。

　　由上表可看出羌战的扩大情形,不但向东方中国本部推进一千余公里,而且每次战役,死亡人数都达数万之多,可推测参加战斗的兵力,当数倍或数十倍于此。羌民族已由消极的挣脱贪官、反抗暴政,进而发展到对汉民族全体仇视。不过,虽然如此,那个时代并没有现代意义的民族观念,本质上仍是单纯的官逼民反。因为政府官员贪残凶暴的对象,一视同仁,并不分什么羌民族、汉民族。如一十年代115年,先零部落攻入益州(四川),东汉政府的大将尹就率军围剿,对汉民族同样奸淫烧杀,以致民间有两句可哀的口号:"强盗来了还可活,尹就来了定杀我。"尹就只不过一次小小的军事行动,根本没有发生战斗,给人民的伤害已如此惨烈,其他较大战役下的人民遭遇,使我们不忍想象。战争所到的地方,手无寸铁的善良农民或牧人,和他们的家禽,同遭屠杀。整个西部中国,千里一片荒凉,白骨遍野,看不到煮饭的炊烟。幸而残存的人民,无论是羌是汉,饥饿使他们堕入吃人惨境。宰相邓骘甚至主张放弃公元前二世纪死人千万,从匈奴汗国手中夺到的凉州(河西走廊),可看出当时官员的颠顸和情势的严重。

　　连绵一百二十年之久的巨大民变,因羌民族人口太少,惨重的伤亡使他们无以为继,有些部落几乎灭绝。到了六十年代169年,终于在东汉政府高压手段下屈服。高压政策取得了决定性的胜利,但付出的代价太大,包括撬开了东汉王朝覆亡的墓门。

三　外戚政治的重演

　　羌战扩大声中,外戚政治再度在东汉中央政府形成。

外戚政治于公元前一世纪，曾导致西汉王朝灭亡。刘秀（汉光武帝）建立东汉王朝，宣称是西汉王朝的中兴，但他却没有能力采取有效行动以防止外戚政治的复活，反而走来走去，仍然走到外戚政治的断桥上。

东汉王朝执政人物，可分别为三种：外戚、士大夫、宦官。外戚是古老力量，士大夫和宦官是新兴力量。这三种势力互相斗争，构成东汉王朝全部宫廷政治史。我们用下表说明他们在斗争中的关系位置（皇帝下加△者，表示他并非前任皇帝的儿子，因前任皇帝没有儿子或其他缘故，由旁支坐上宝座）。

年代	皇帝任数	皇帝姓名	即位时年龄	外戚	宦官	士大夫
（上世纪）二十	1	刘秀	30			
五十	2	刘庄	30			
七十	3	刘炟	18			
八十	4	刘肇	10	窦宪（嫡母窦太后的哥哥）	郑众（逼窦宪自杀）	郅寿·乐恢
（本世纪）头十年	5	刘隆	3月	邓骘（嫡母邓太后的哥哥）		
	6	刘祜△	13	邓骘（伯母邓太后的哥哥）	李闰·江京（逼邓骘自杀）	杜根·杨震
二十	7	刘懿△	8月	阎显（堂嫂阎太后的哥哥）	孙程·王国·王康（杀阎显，立刘保为帝）	
	8	刘保△	11	梁商（岳父·妻子梁皇后的父亲）		张纲·朱穆·皇甫规
四十	9	刘炳	2	梁冀（舅父·嫡母梁太后的哥哥·梁商的儿子）		
	10	刘缵△	8	梁冀（堂兄刘炳的舅父）		
	11	刘志△	15	梁冀（堂侄刘炳的舅父）	唐衡·单超·左悺·徐璜·具瑗（杀梁冀）	李膺
六十	12	刘宏△	13	窦武（伯母窦太后的父亲）	曹节·王甫（杀窦武）	陈蕃

(续表)

年代	皇帝任数	皇帝姓名	即位时年龄	外戚	宦官	士大夫
八十	13	刘辩	14	何进（舅父·生母何太后的哥哥）	张让·段珪（杀何进）	袁绍·曹操（杀宦官殆尽）
	14	刘协△	9	伏完（岳父·妻子伏皇后的父亲）		曹操

东汉王朝皇族有一个重要的特征，即皇帝的年龄都很小。除了开国皇帝刘秀跟他的儿子刘庄（汉明帝）外，其他皇帝，屁股坐上宝座时，最大的只不过十八岁，最小的还抱在怀里喂奶，这个现象使外戚政治的重演，不能避免。皇帝既然幼小，当母亲的皇太后自然成为权力中心。前儒家学派意识形态和多妻的宫廷制度下，皇后很少跟别的男人接触，仓促间掌握全国最高的权力，面临着她必须对十分陌生的政治行动，做最后决定，她的能力和心理状态，都无法适应。犹如赤身露体忽然被抛到街上一样，她恐慌而孤单，唯一可靠人物不是朝中大臣，因为她根本不认识他们，而是她平日可以常常见到的家属，她没有选择，只有这些人她才相信能够帮助她解决问题。

从上世纪（一）末叶，年仅十岁的第四任皇帝刘肇即位时，他的嫡母窦太后，就依靠她的兄长窦宪。进入本世纪（二），一连串的娃娃皇帝出现，更加强这种趋向。第五任皇帝刘隆登极时只三个月，他的嫡母邓太后依靠她的兄长邓骘。第六任皇帝刘祜登极时只十三岁，他的伯母邓太后继续依靠她的兄长邓骘。每一外戚，都是如此在政府中冒出来。

皇帝幼小是外戚政治的唯一基础，所以外戚自己也尽力排斥年纪较长的继承人，以造成非实行外戚政治不可的形势。继承人如果已经成年，皇太后就无法掌握他，外戚就会失去魔杖，所以没有一个外戚不坚持拥立幼儿。第六任皇帝刘祜死后，他的妻子阎皇后升为皇太后，她跟她的兄长阎显，决定摒除刘祜的亲生儿子刘保，而立刘祜的堂弟刘懿。这是一桩骇人听闻的反常措施，皇位不传亲子而传堂弟。但一看年龄便可恍然大悟。刘保那年已十一岁，而刘懿才八个月，掌握八个月的婴儿当然比掌握十一岁的少年，时间要久得多。

外戚中当权时间最长、声势最烜赫的，一是以邓太后和她的兄长邓骘为首的邓姓戚族，一是以梁太后和她的兄长梁商为首的梁姓戚族。邓姓戚族当权三十年，封侯爵的二十九人，当宰相的二人，当大元帅的十三人，当部长级高级官员（中两千石）的十四人；将领二十二人，州长（刺史）、郡长

（太守）四十八人，中下级官员不计其数。梁姓戚族声势也很大，当权也三十年，封侯爵的七人，当皇后的二人，当嫔妃的二人，当大元帅的二人，妻子、女儿被封为"郡君"（女性王爵）、"县君"（女性侯爵）的七人，娶公主的三人，将领五十七人。二大戚族的朋友、部属和趋炎附势的苍蝇政客，共同组织一个当权集团，屹立在政府之中，盘根错节，不可动摇。

可是，外戚们大多数不知道珍惜权力，而只知道滥用权力，只知道贪污暴虐，一味追求物质上的享受。梁姓戚族比邓姓戚族更堕落，尤以梁冀这个恶棍，集凶恶愚顽之大成。这当然引起外戚集团以外新兴阶层士大夫们的抨击，不过士大夫显然居于劣势，因为魔杖握在外戚手中。失败的士大夫最好的下场是被免职，但大多数都被砍头或自杀。最传奇的是杜根，他要求邓太后把政权归还皇帝，邓太后下令把他装到布袋里，就在金銮殿上当场扑杀。想不到杜根跟公元前三世纪的范雎一样，有最好的运气，在被拖到荒野丢弃时，悠悠苏醒。但他仍假装死亡，僵卧在那里三天，眼中都生出虫蛆，然后才逃到深山中一家酒店当伙计，十五年之后，邓姓戚族失败，才敢出面。

不但士大夫在斗争中会失败，纵令皇帝自己，如果他想收回本应属于自己的大权，他也同样面临危机。第十任皇帝刘缵，他九岁时，受不了梁冀的傲慢态度，说了一句"跋扈将军"（跋扈，蛮横之意，大概是二世纪时流行的口语，否则一个孩子不会脱口而出），梁冀立刻就把他毒死。

政权、军权，全部控制在手，外戚似乎立于永远不败之地。

四 士大夫及门第的形成

士大夫，是中国社会特有的产物。某一方面类似印度的刹帝利，某一方面类似欧洲中古世纪的僧侣教士。事实上，士大夫即知识分子，在儒家学派定于一尊之后的漫长时代中，当然专指儒家学派的知识分子，有时也笼统称之为"读书人"，当然读的是儒书。在当时环境，他们以做官为唯一的职业，所以更精密地说，士大夫即担任政府官员的知识分子，包括现职官员、退休官员和正在苦读儒书、将来有可能担任官员的人物。

公元前十二世纪的周王朝中，"士"是武官，"大夫"是文官。公元前一世纪，西汉王朝为了增加政府的新血轮，仿效战国时代"招贤"办法，命高级官员和地方政府，推荐"贤良方正""直言极谏"人士，政府中非贵族血统的官员群，遂逐渐形成一个新兴的士大夫阶层。上世纪（一）时，东汉王朝再仿效西汉王朝，命高级官员和地方政府，推荐"茂才""孝廉"人士，于是政府中非贵族血统的官员，即士大夫人数，更形增加，而终于凝聚成为一种力量。

在这种情形下，"推荐"成为知识分子达到做官目的的唯一手段。而推荐的标准，除了儒书学识外，还在于道德行为。在强烈的竞争下，必须有突破性的声誉，才能引起有推荐权的人的注意。至于如何才能有突破性的声誉，那需要出奇制胜。所以每个知识分子，都兢兢业业，追求突破记录的至善。这使一、二世纪的社会风气，有很大的特殊之处，为后世所罕见。

我们可把它归纳为下列五类：

一、长时期为父母服丧。孔丘和孟轲坚决主张的三年之丧，自公元前二世纪儒家学派独霸政权之后，即用政府力量推行。上世纪（一）初叶，新王朝更硬性规定，中级以上政府官员，必须服三年之丧。这个已经被遗忘了的古老僵尸，遂在强大的政治力量下复活。但是，当大家都服三年之丧时，三年之丧便没有什么稀奇了。于是有人加倍地服六年之丧；有人幼年时老爹就翘了辫子，已经服了三年之丧，等长大成人想当官时，硬要再服第二次三年之丧。更有人索性服二十年之丧。跟服丧相连的，有人简直哭出血来，有人还真的拒绝吃饭，骨瘦如柴。

二、辞让财产和辞让官爵。财产和官爵是大多数人所追求的目标，儒家知识分子追求得尤其猛烈，所以在这上面也最容易做出惊人之举。如分家析产时，弟兄们都坚持要最少的一份。父亲留下来的爵位，本应是嫡子继承的，嫡子却逃入深山，而把它让给其他庶子兄弟。更有若干知名度很高的知识分子，对政府征召他们做官的命令，拒不接受。这种人被美称为"征君"——被皇帝征召而拒绝征召的君子，表示他们情操清高，有异于流俗。

三、尚侠尚义。儒家学派把人类所有行为性质，一分为二，一是义的行为，一是利的行为。士大夫的行为，当然应该只考虑"义"，不考虑"利"。这方面最多的表现是，宁愿牺牲自己，而去为朋友报仇。有些人甚至甘冒被杀的危险，去为被处死刑的朋友收尸，或为已死的朋友送葬千里。

四、廉洁。官员的贪污残暴，是古中国社会最普遍的蛀害和罪恶。两世纪中，士大夫在这上做尖锐地矫正，他们互相勉励，以不取非分之财为最大光荣。即令是不违法之财，也不收取，有人曾把朋友送给亡父的奠仪退回，但对于救急解困，却毫不吝啬。

五、对恩主绝对效忠。政府高级官员的僚属，大多数由高级官员自行聘任。一个知识分子一旦被聘任，即踏上光明灿烂的仕途。像宰相所聘任的僚属（三府掾），有的只几个月便出任州长（刺史），不数年就擢升为中央级部长。这是知识分子前途最重要的一个契机，在被推荐为"茂才""孝廉"后，还必须再突破被聘任这一关，否则仍只是在野之身，飞黄腾达不起来。士大夫对于聘任他的恩主，跟日本武士、欧洲骑士对他们的恩主情形一样，不但要为恩主冒险犯难，还要为恩主牺牲性命。至于为恩主服三年之丧，更平淡无奇。

上述五类行为，并不是每一个士大夫都做得到，但他们都竞争着或真或假地去做，并且往往做得有声有色。当然有它的流弊，最普遍的是有些人把道德行为当作欺诈手段。像服二十年之丧的赵宣，按儒家规定，在服丧期间绝不许跟妻子同寝，可是他在二十年之中，却生了五个孩子。又像以廉洁出名的范丹，去探望害病的姐姐，姐姐留他吃饭，他竟然坚持要付饭钱。但即令这种流弊，对社会也没有什么大的害处。

士大夫不久就自觉必须维护自己百般经营才得到的既得利益，于是，推荐和聘任的范围，遂逐渐缩小。最初选择对象时，还注重声誉，一个与各方面都没有关系的平民，只要有被称赞的道德行为，就有被推荐被聘任的可能性。后来情形发生变化，必须是士大夫家庭的一员（子弟），这个可能性才存在。一种坚强的门第观念，因之产生。社会的纵剖面呈现无数直线行业，木匠的儿子继续当木匠，农夫的儿子继续当农夫，士大夫的儿子继续当士大夫，也就是说，做官的儿子继续做官，这就是门第。一个士大夫的门第，以其家族中做官人数的多寡和官位的大小，作为高低的标准。像杨震，四代中出了三个宰相（四世三公）。像袁绍，四代中出了五个宰相（四世五公）。这种门第，受到社会普遍的羡慕和崇敬。

——注意"门第"这件事，它强固地维持士大夫阶层于不坠，直到二十世纪初期，都在中国历史上发生普遍的影响。

本世纪（二）中叶后，政治虽然腐败，但设立在首都洛阳的国立大学（太学）学生（太学生），却反而增加，老一代的士大夫需要它训练下一代的士大夫，所以积极支持国立大学的扩充。五十年代时，大学生已多到三万余人。这些准士大夫们——未来的官员，跟政府中已成为士大夫的现任官员们，交往密切。除了谈论儒家学派的"五经"外，不可避免地还会谈论到现实政治。好像新闻记者或政治评论家，他们对人物的赞扬或抨击，形成一种有影响力的舆论。

跟外戚、宦官相比，士大夫有外戚、宦官所没有的高一层次的情操和抱负。外戚靠女人取得权力，宦官靠谄媚取得权力，而士大夫自称靠道德学问取得权力，所以士大夫在本质上就对外戚、宦官轻视，再加上外戚、宦官也确实做出太多的罪恶，士大夫遂注定地要跟外戚、宦官，发生冲突。

五　宦官制度

宦官，是中国文化体系中最可耻的产物之一。

宦官发生于农业社会多妻制度。公元前十二世纪时，农业而多妻的周部落，从西方渭水流域向东发展，灭掉商王朝，遂把这一兽性的残酷制度，带入中原，成为中国传统文化的一部分，延续了三千年，直到二十世纪，随着帝王制度的消灭才消灭。

一个男人拥有数目庞大的妻子群之后，为了防止她们向别的男人红杏出墙，最好的办法就是把她们像囚犯一样，关闭在戒备森严的庭院（皇宫）之中，与世界隔绝。问题是皇宫工作并不能全部都由女人担任，像到市场采购之类，便是一桩困扰。如果仍由女人担任，她们势必仍要跟男人接触。如果由男人担任，他们也势必深入皇宫。这一切对做丈夫的而言，都使他不能安心。于是周部落姬姓酋长们想出一种残忍的办法，那就是，把男人的生殖器阉割，以供差遣，称之为宦官（宦人・寺人），成为多妻制度下女人和男人间最理想的媒介，几乎每一个贵族家庭都有需要，而皇宫中需要的数量当然更多。若干皇帝的姬妾，有时达四万余人，以平均一个人服侍十个人计算，可以推测到，至少保持有四千个宦官名额。

——宦官非常普遍，任何有钱人家，都可以购买。一直到十世纪，宋王朝政府下令禁止民间蓄养阉奴，宦官才为皇帝所专有。

世界上很少有男人高兴阉割自己，所以宦官的来源只有两种：一是金钱诱惑，一是强迫。即令是金钱诱惑，因为宫廷不接受成年宦官，孩子们又怎么懂得为钱舍身？而收买孩子父母，对孩子来说，仍是强迫。但再穷苦的父母都不会忍心孩子被阉割，收买也者，也不过表面上伪装。所以事实上只有一个来源，即来自哀哀无告的贫苦人家。这是中国人历时最久的一种悲惨遭遇。唐朝诗人顾况曾有一首孩子的诗，描写宦官的诞生：

孩子啊，你生在穷乡。
官员捉住你，把你残伤。
为了进贡给皇帝，为了获得满屋金银。
为了要下狠心，把孩子戴上刑具，当作猪羊。
上天啊，你慈悲何在，使孩子遭此毒手。
神明啊，你公正何在，使官员享福受赏。
爸爸送别孩子：
"儿啊，我后悔生下你。
"当你初生时，
"人们都劝我不要抚养。
"我不忍心，
"果然你遭到此悲苦下场——"
孩子告别爸爸：
"心已粉碎，流下血泪两行。
"爸爸啊，从此远隔天壤。
"直到死于黄泉，
"再见不到爹娘——"

——顾况是八世纪时诗人，我们把这首诗提前在本世纪（二）介绍，以帮助我们对宦官的了解。尤其当我们年幼的孩子在身旁蹦蹦跳跳的时候，想到只不过因我们贫穷，政府官员就把孩子捉去阉割，我们会失声痛哭。

孩子们被阉割后，即被送入宫廷，永远与父母家乡隔离。跟宫女的命运一样，同是被投进狼群的羔羊，无依无靠，无亲无友，随时会被杀死、虐死、折磨死。但宦官比宫女更悲惨，宫女于二十年或三十年之后，或许还有被释放出宫的希望，宦官则永远不能，而是终身奴隶。中国宫廷是世界上最黑暗的宫廷之一，其中有它特有的行为标准和运转法则。孩子们必须含垢忍辱，用谄媚和机警，以及不可缺少的好运，才能保卫自己。最幸运的，入宫后被大宦官收为养子，在养父培植下，逐渐接近皇帝。皇帝是权力魔杖，触及——最好是能掌握权力魔杖，才有出人头地的机会。然而大多数孩子都在魔窟中悲惨死去，犹如无期徒刑的囚犯在监狱中悲惨死去一样。

到此为止，我们可以得到下列数项结论：一、宦官是自卑的，因为他们没有生育能力。二、宦官没有高深知识，因为他们没有机会接受高深教育。

三、宦官多少都怀着对常人的仇恨和报复心理，因为他们曾因贫苦而被阉割；四、宦官缺少远见和伟大的抱负，因为宫廷生活极度狭窄和现实。五、宦官缺少节操，因为宫廷轻视节操，有节操的人在宫廷中不能生存。

所以，当宦官一旦掌握大权之后，我们就不能希望他们比外戚和士大夫更高明，那超过他们的能力。

六　中国第一次宦官时代

皇帝跟外戚斗争，必须获得外力支持。没有外力支持的皇帝，脆弱的程度跟普通人没有分别。东汉政府第十任皇帝刘缵被外戚毒死，就是一个说明。皇帝想得到外力支持，有两种方法：一是跟士大夫结合，一是跟宦官结合。但跟士大夫结合很少可能，因为皇帝与他们平常太过疏远，而且也不知道谁是攀附外戚的走狗。唯一的一条路只有依靠宦官，别无其他选择。

最先向外戚发动攻击的是上世纪（一）第四任皇帝刘肇，跟宦官郑众结合，逼迫外戚窦宪自杀。接着是本世纪（二）第六任皇帝刘祜，跟宦官李闰、江京结合，逼迫继窦宪而起的外戚邓骘自杀。第七任皇帝刘懿逝世时，宦官孙程、王康、王国，发动宫廷政变，迎立第六任皇帝刘祜的儿子刘保登极。

——这是一个使人感慨的单调场景，第一批新贵靠女人的关系烜赫上台，昂首阔步，不可一世，不久全被拖到刑场，像杀猪一样的杀掉。第二批新贵也靠女人的关系烜赫上台，昂首阔步，不可一世，不久也全被拖到刑场，像杀猪一样的也都杀掉。以后第三批、第四批、第五批。我们相信外戚中也有非常聪明的才智之士，如窦宪、邓骘，不可能毫无警觉。但权力的迷惑太大，使他们自以为可以控制局势。

五十年代后，情势更趋严重。外戚梁冀当权，十一任皇帝刘志（汉桓帝），继被毒死的十任皇帝刘缵之后，对梁冀侧目而视。刘志跟五个宦官密谋采取行动，他知道面临最大危险，生命和前途完全握在与谋的宦官之手。在密谋大计时，刘志曾把一位名单超的宦官，咬臂出血，作为盟誓。他跟宦官已摆脱了君臣名分，成为黑社会的弟兄。所以在杀掉梁冀，并把梁姓戚族全体屠杀了之后，刘志把参与密谋的五个宦官，一齐封为一等侯爵（县侯），又封另外八个宦官为二等侯爵（乡侯）。

从此，宦官以正式政府官员身份出现，仗着跟刘志咬臂之盟，他们的家族和亲友，也纷纷出任地方政府首长。这些新贵的出身跟宦官相同，行为也相同，几乎除了贪污和弄权外，什么都不知道，比外戚当权所表现的，还要恶劣。这使本来专门抨击外戚的士大夫阶层，受到更重大的伤害，他们愤怒地转回头来跟外戚联合，把目标指向宦官。并且不像过去那样，只在皇帝面前告状而已。士大夫、外戚联合阵线，利用所能利用的政府权力，对宦官采取流血对抗。宦官自然予以同等强烈的反应，中国遂开始了第一次宦官时代。从159年十三个宦官封侯，到189年宦官全体被杀，共三十一年。我们把这三十一年中双方的重要斗争，列出一表：

帝	年	事件	注
十一任帝刘志	159	皇帝刘志，与宦官唐衡、单超、左悺、徐璜、具瑗密谋，杀大将军梁冀。	宦官13人封侯，第一次宦官时代开始。
		白马县长李云，奏劾宦官。	李云下狱死。
		兖州刺史第五种、河南尹杨秉，弹劾济阴太守单匡（宦官单超侄）。	第五种逃亡，杨秉下苦工狱。
	160	济北相滕延，收捕宦官段珪仆从宾客，指控他们劫掠行旅，杀数十人。	滕延免职。
		京兆尹唐玹（宦官唐衡兄）收捕皮氏县长赵岐家属，指控他们触犯重法，全部处决。	赵岐只身逃亡。
	162	宦官徐璜、左悺，指控护羌校尉皇甫规对西羌民变处理不当，以致大兵去后，民变又起。	皇甫规下狱，太学生300人请愿才释出。
	165	太尉杨秉奏劾益州刺史侯参（宦官侯览兄）贪污残暴。	侯参自杀，侯览免职。
		河南尹李膺弹劾退休的北海太守羊元群（宦官的朋友）贪污。	李膺下苦工狱。
		司隶校尉韩演弹劾太仆左称（宦官左悺兄）请托州县。	左称、左悺自杀。
		山阳太守单迁（宦官单超弟），因案下狱，廷尉冯绲苦刑拷打，单迁死于苦刑之下。	冯绲下苦工狱。
		韩演又弹劾沛国相具恭（宦官具瑗兄）贪污残暴。	具瑗贬为二等侯爵。
		平民刘瑜赴洛阳上书，弹劾宦官。	任用刘瑜担任议郎。
		野王县长张朔（宦官张让弟）被控贪污，躲到张让家。司隶校尉李膺把他搜出，问完口供，不先奏报，即行处斩。	

(续表)

帝	年	事件	注
十一任帝刘志	166	宛县商人张汜，素与宦官友善，弘农太守成瑨收捕张汜跟他的家族及门下宾客，一齐处斩，杀200多人。	成瑨下狱死。
		太原太守刘瓆，收捕返乡探亲的宦官赵津，恰好遇到大赦，但仍把赵津杀掉。	刘瓆下狱死。
		山阳郡督邮张俭，路上遇到宦官侯览的母亲，指控她是盗贼，把她杀掉，又杀侯览全家100多人。	山阳太守翟超下苦工狱。
		下邳县长徐宣（宦官徐璜侄）把民女抢到家中射死。东海相黄浮收捕徐宣全家，不分男女老幼，全体苦刑拷打，徐宣处决。	黄浮下苦工狱。
		河南占卜人张成，素与宦官友善，张成的儿子杀人被捕，不久，皇帝颁令大赦，司隶校尉李膺仍把他杀掉。张成弟子牢修上书弹劾李膺豢养太学生游士，交结州郡，互相勾结，批评政府。	李膺下狱。
	167		李膺释放，党人200多人软禁，褫夺公权终身，不得担任官职。
十二任帝刘宏	168	大将军窦武、太傅陈蕃，谋杀宦官，事泄，宦官曹节、王甫发兵反击，囚窦太后，杀窦武、陈蕃。	宦官17人封侯（士大夫外戚自此结合）。
	169	平民朱并（宦官侯览同乡）赴洛阳上书，告发张俭24人，互相标榜，共为部党，危害国家。	李膺、范滂下狱死，张俭逃亡，党人或死或废者六七百人。
	172	宦官侯览有罪。	侯览自杀。
	179	沛国相王吉（宦官王甫养子）贪污残暴，每杀人，把尸体大卸八块放在车上，开列罪状，周游所属各县示众，夏天尸体腐烂，用绳子穿起骨骼悬挂，周游一遍之后，才准收葬。	

(续表)

帝	年	事件	注
十二任帝 刘宏	179	司隶校尉阳球，弹劾宦官王甫、太尉段颎（宦官党）。王甫父子及段颎均下狱。	阳球苦刑拷打，用土塞口，王甫父子死于杖下，磔裂尸体，悬挂城门。段颎自杀。
		尚书刘纳、司徒刘郃、卫尉阳球（即虐杀王甫父子的那一位）、永乐少府陈球，密谋再用阳球当司隶校尉，以杀其他宦官，事泄。	4人下狱，全死。
	184	（黄巾民变）	赦全国党人，党锢解除，恢复公权。
		郎中张钧弹劾十常侍，指控黄巾民变，都因这些宦官而起。	张钧下狱拷死。
	185	谏议大夫刘陶弹劾宦官。	刘陶下狱死。
十三任帝 刘辩	189	宦官蹇硕密图杀大将军何进，事泄。	蹇硕被杀。
		何进密图杀宦官，宦官诱何进入宫，斩何进。	司隶校尉袁绍发兵攻入皇宫，把宦官杀尽。第一次宦官时代结束。

宦官跟士大夫间的斗争，血腥而惨烈。不过要特别注意的是，上表所列宦官罪恶的资料，全都是士大夫的一面之词，而凡一面之词，都不一定可信。即令可信，宦官的确罪恶很重，但仍没有士大夫的罪恶一半重，因为士大夫都是受过高等教育的知识分子，而又一向自称以"仁政""道德"为最高的政治理想。经士大夫宣传，我们所知的，宦官的滥杀只有三件：160年杀赵岐全家，166年射杀民女，179年杀人悬尸。士大夫却残忍得多，160年，连宦官的宾客都杀。166年，连宦官的朋友也都杀，更杀宦官的母亲。而且很多次都在政府大赦令颁布后再杀，而且以对宦官苦刑拷打为荣——否则的话不会自己洋洋得意记录下来。像京畿总卫戍司令（司隶校尉）阳球，他在审讯王甫、王萌宦官父子时，亲自指挥拷打，王萌向他哀求："我们到这种地步，自知非死不可。但求你垂念先后同事之情（王萌也当过京畿总卫戍司令），怜恤我父亲年老，教他少受痛苦。"阳球说："你们父子罪大恶极，死有余辜，妄攀同官交情，有什么用？"王萌气愤地说："你从当小官的时候，出入我家，像奴隶一样侍奉我们父子。今天乘人之危，落井下石，上天不会容你。"这一下揭了阳球的疮疤，他羞怒交集，用泥土塞住王萌的口，父子二人被活生生地拷打到死。注意阳球，他娶的是宦官家的女儿，靠着拍

宦官的马屁而逐步升迁，但他本质仍是士大夫。这里有一个易起误会的现象，必须澄清。可能有人说士大夫只对宦官才如此凶暴，其实士大夫对平民也是一样。像前所举的那位守丧二十年、生了五个孩子的赵宣，他并没有犯法，但宰相陈蕃却把他杀掉。北海（山东昌乐）国相（封国行政首长）孔融，他竟把一个他认为在父亲墓前哭声不悲的人处斩。

士大夫跟宦官斗争中，宦官获胜的机会较多，因为魔杖就在他们身旁。十二任皇帝刘宏（汉灵帝）比他的前任刘志更依靠宦官，他尝指着两名恶名昭彰的宦官说："张让是我父，赵忠是我母。"不过宦官力量的基础并不稳固，它全部寄托在皇帝的喜怒上，随时有倾覆的危险。像阳球杀王甫父子，只要上奏章弹劾一下，皇帝答应审讯，就可达到目的。由此可看出宦官的权力，实在不足以使人惊慌失措。士大夫阶层如果稍微讲究一下方法，矫正宦官政治的弊端，比矫正外戚政治的弊端，要容易得多。可是士大夫领袖人物李膺、张俭、范滂之辈，使用的却是一种不由分说的反宦官的狂热，以致引起六十年代166年宦官对知识分子的大迫害和为期十八年之久的党锢（褫夺公权并禁离故乡），促使整个局势糜烂。

双方最后一次决斗发生于八十年代189年，士大夫领袖之一的禁卫军官袁绍，跟外戚领袖大将军何进结合，密谋铲除宦官，何进的妹妹何太后坚决不同意。于是，天下最愚蠢的阴谋诡计发生了，袁绍建议：密令驻屯在河东（山西夏县）的大将董卓，统军向洛阳进逼，扬言要肃清君侧——讨伐宦官，用以胁迫何太后。另一位禁卫军官曹操反对，他说："对付宦官，一个法官就行了。却如此转弯抹角，诱导叛变，恐怕能发不能收，天下从此大乱。"他的明智见解阻挡不住糨糊脑筋，蠢谋开始执行。宦官得到消息，把何进诱进皇宫砍头。袁绍遂率领禁卫军纵火焚烧宫门，攻入皇宫，对宦官做绝种性的屠杀，无论老幼，无论平常行为如何，同死刀下，有些倒霉的年纪较长的洛阳市民，因为没有留胡须的缘故，被误会是宦官，也遭到灾祸。当袁绍攻入皇宫时，宦官张让挟持着新即位的十三任皇帝刘辩，突围向北逃走，逃到黄河南岸小平津渡口，洛阳追兵赶到，张让投黄河自尽。

中国第一次宦官时代，到此结束。宦官彻底失败，但士大夫的胜利却是悲惨的，董卓的刀子已架到他们的脖子上。

——据说只有一位宦官，对中国文化有重大贡献，本世纪（二）头十年，宦官蔡伦，改进造纸术。从前写字著书，需要用刀刻到竹片上，或写到绸缎布帛上。竹片太重，绸缎太贵，蔡伦改用树皮做原料，制成纸张后，于105年奏报给皇帝刘肇，这是中国最早的纸张。到本世纪（二）末叶，造纸术有长足进步，已有精致的"左伯纸"出现。

七 佛教·道教·黄巾

现在，我们叙述第一次宦官时代中所爆发的黄巾民众抗暴。它是中国最大的一次农民暴动之一，跟当时开始鼎盛的两大宗教相结合，反抗暴政。

这两大宗教，一是佛教，一是道教。

佛教据说于上世纪（一）六十年代传入中国（我们不妨推测，公元前二世纪张骞通西域时，可能就带了进来）。东汉王朝第二任皇帝刘庄（汉明帝）曾梦见一个金人，有学问的大臣就告诉他，金人是西域（新疆）的一个被称为"佛"的神祇。刘庄随即派遣官员蔡愔去西域求佛，那时还没有人知道西域的佛是由天竺（印度）传入。蔡愔于65年出发，两年后（67）返国，随同他来的有两位外国籍的高僧：摄摩腾、竺法兰和白马驮着的佛教经典。刘庄特地在首都洛阳东郊，建造一座白马寺，招待这两位高僧并安置经典。不过事实上，白马到中国的六十年代时，佛教在中国已经大大地流行，亲王刘英——刘庄的弟弟，就已信奉佛教，举国皆知。

道教是纯中国宗教，没有人知道它确实的诞生日子。道教跟道家学派有密切关系，老庄哲学的玄虚无为，很容易把人引入一种缥缈幻境。道家学派中有一部分人士转变为"阴阳家"，介乎学派与宗教之间。这种以炼丹炼金、求长生不死药的高级巫师，被称为"方士"，深受历代帝王的欢迎。以后方士中又有一部分转变为念咒画符的人物，道教遂在不知不觉中形成。本世纪（二）三十年代，方士中一位大亨张道陵，集神秘之大成，在四川鹄鸣山修炼。他用符咒为人治病祈祷，称"太平道"。追随他的门徒，都要奉献五斗米，所以也称"五斗米道"。张道陵死后，儿子张衡继承。张衡死后，儿子张鲁继承。张鲁时已到本世纪（二）末叶，各地混战，政府因他拥有群众力量，委派他当汉中（陕西汉中）郡长（太守）。

——但要到三百年后五世纪时，名道士寇谦之出世，才确定"道教"名称，并确定尊奉李耳为教主、《道德经》为经典、张道陵为先知。我们要特别注意，"道教"跟"道家"不同，犹如"狗"跟"热狗"不同一样。

羌战于六十年代最后一年169年被压平，东汉政府胜利的代价之一是：没有被战争直接波及的中原地区，因军需孔亟，在苛捐杂税和官员贪暴，以及地主剥削重重迫害之下，引起大规模的逃亡和民变。逃亡和民变又引起因劳力缺乏而产生的水灾、旱灾、蝗灾。水灾蝗灾又引起农民破产，到处发生人吃人的可怕饥馑。政府中宦官跟士大夫正斗争得如火如荼，没有人关心那些在死亡中挣扎的农民。农民为了生存，遂逐渐集结在一个标识"黄巾"之下，希望自己决定自己的命运。

黄巾标识下农民运动领袖张角，以他的家乡巨鹿（河北宁晋）为根据地，供符咒传教，一方面称太平道，一方面又称弥勒佛再世，成为佛、道二教的混血儿。传教十余年，门徒有数十万人。张角分全国为三十六"方"，每方一万人，用四句话作政治号召："苍天已死，黄天当立，岁在甲子，天下大吉。"甲子年是八十年代184年，184年遂成为贫苦农民的盼望。各地公共场所，城墙上、城门上都出现"甲子"字样，人心振奋。

甲子前一年（183）年终，张角的门徒马元义，潜入首都洛阳，联络宦官作为内应，准备明年日期到时，夺取首都。可是如此庞大的组织中不可避免地会有内奸或变节分子，另一位门徒唐周，像基督教的犹大一样，向东汉政府告密。就在184年一月，马元义被捕，被最残忍的车裂酷刑处死。根据口供的牵引，辗转杀了一千多人，并通缉张角。张角仓促间下令起兵，一夜之间，百万以上的农民，掀起暴动。他们用黄巾裹头，以分别敌友。

184年距羌战平息，仅十五年。东汉政府用以讨伐羌部落的军队，恰好用以讨伐黄巾。那些凉州（河西走廊）部队在血腥中成长，强悍善战，没有经过训练的农民们，无法与他们对抗，尤其是张角又恰好病死，失去领导中心。于是这一历史性的农民暴动，只支持了十一个月，就被分别击溃。然而，这个世界却再也不能恢复以前的原状了。凉州部队开始轻视中央政府，大将之一的董卓，当中央征召他到洛阳担任宫廷供应部长（少府）时，他不愿放弃军权，拒绝接受。偏偏又遇到两个糨糊脑筋何进与袁绍，利用他来胁迫何太后。

八十年代最后一年189年，当洛阳追兵在黄河南岸小平津从宦官手中救出皇帝刘辩时，董卓率领大军，适时地赶到，刘辩就在凉州兵团护驾下，返回首都洛阳。

八　三十一年改朝换代混战

董卓到了洛阳后，他的凉州兵团马上把洛阳控制。中央政府原来那些分属于袁绍、曹操的禁卫军，在凉州兵团面前，噤若寒蝉。袁绍、曹操知道已无能为力，先后逃走。董卓忽然高兴地发现，他控制首都就等于控制皇帝，控制皇帝就等于控制全国。他本来只是一个地方部队的将领，现在成了全国主宰。太快的形势变化，使他把政治看得太过于简单。认为现在什么都有了，只缺少威望，而建立最大威望的最大妙法，莫过于把旧皇帝废掉，另立一个新皇帝。于是，他强迫刘辩退位，另立刘辩九岁的弟弟刘协（汉献帝）上台。明年（190），更把刘辩和他的母亲何太后杀掉。

董卓没有想到，蛮干不但不能建立威望，反而引起强烈反感，等于把攻击自己的刀柄授给敌人。果然，正苦于没有借口的敌人有了借口，各地反对董卓的武力，在东方集结，推举门第最高的袁绍当盟主，讨伐董卓。董卓对洛阳是陌生的，他的根据地在关中（陕西中部），于是下令把首都迁到长安，距他进入洛阳只六个月。皇帝和人民，一齐跟跄上道。为了彻底执行，董卓纵火焚烧洛阳，自公元前十二世纪姬旦在洛阳筑城以来，经营了一千四百年的当时世界最伟大最繁华的都市，化成一片焦土，一百公里以内，不见炊烟。居民仓促中向西搬移，既没有计划，又没有准备，像押送囚犯一样，凉州兵团夹驰道旁，奔腾鞭策，马蹄的践踏和饥饿疾病，使死亡相继，洛阳长安相距直线五百公里，沿途堆满尸体。

一个没有政治头脑的人偏偏坐在非有政治头脑不可的座位上，不啻坐在毒蛇的牙齿上。董卓的暴发户日子只有三年零五个月。九十年代192年，当东方战争胶着时，宰相级官员王允，唆动董卓最亲信的部将吕布叛变，把董卓刺死，屠灭董卓三族。——关于吕布干掉董卓的经过，民间流传的是一个爱情故事，故事说，王允有一位美貌绝伦的女儿貂蝉。他先让吕布跟她恋爱，等吕布入迷之后，王允却把貂蝉送给董卓，向吕布宣称是董卓抢了去的，激起吕布的杀机。

王允只是一个谋略家，不是一个有见识的政治家。那时皇帝的威信仍在，董卓死了之后，中央政府下令大赦，社会似乎又有恢复正常的可能性。董卓手下大将牛辅，驻防陕县（河南三门峡），不接受命令，击败前往接收他军权的政府部队。可是，不久他就死于军营中的一次夜惊。他属下的三个中级军官李傕、郭汜、樊稠，决心投降，但他们曾经在大赦令之后继续反抗政府，所以要求政府再下一次大赦令。王允坚决拒绝，他说："刚刚大赦过，不到一个月，怎么可以再赦？"三个军官当然不愿亲自把头塞到刀口底下，只有叛变到底。他们向首都进军，攻陷长安。霎时间，王允成了叛徒，就在长安城下，执行死刑。三个叛徒则成了国家正式高级官员，昂然地下令镇压叛徒。

——政治，有时很严肃很残酷，有时也很滑稽很幽默，好像一场精彩的卡通，使人忍俊不禁。

三个不成材的瘪三人物，分别担任宰相元帅，共执朝政。合作了三年，到195年，李傕、郭汜把樊稠杀掉，接着李傕、郭汜也反目成仇。李傕劫持皇帝刘协，郭汜劫持文武大臣，就在长安城中对垒攻杀，五个月中，死伤数万人，长安成了恐怖与饥饿的鬼域。后来由另一位大将张济从中调解，两个小军阀才同意释放刘协和群臣，让他们东返洛阳。

——刘协与群臣离开长安后，长安城空四十余日，强壮的人向外逃散，老弱互相杀害煮食。二三年之内，关中很少看见行人。长安紧接着洛阳，成为第二个遭到浩劫的都市。

刘协和群臣刚逃出长安，两个小军阀才发现自己愚不可及地放掉了护身符，二人马上又化敌为友，联合率军追赶。刘协像被缉捕的盗贼一样，拼命地逃。明年（196），才算逃到洛阳。洛阳早成一堆瓦砾，没有房屋住，也没有东西吃，高级官员们亲自到野外拣柴挖菜，有些就在断瓦残垣间饿死。有些怀中有珠宝的，就被士兵抢劫后杀死灭口。御前会议也只能在废墟上举行，好像一个三流的破烂剧团，士兵们围着观看，脸上露着看闹剧时的惊奇和嬉笑。

这时，中央政府的权威荡然无存，全国被大小军阀割据，无处不在混战。东汉王朝划全国为十三个州，除兖州（山东西部）之外，混战遍及十二个州。最主要的军阀，有下列人物：

姓名	原任官职	割据地区驻地
公孙瓒	幽州兵团将领（奋武将军）	易县（河北雄县）
吕布	凉州兵团将领	辗转游击，飘忽不定，最后袭据徐州（江苏睢宁北）
孙策	地方部队将领（殄寇将军）	曲阿（江苏丹阳），势力扩及江东地区
刘备	徐州全权州长（徐州牧）	割据徐州时间甚短，大部分时间依靠他人，最后依靠刘表
袁绍	冀州全权州长（冀州牧）	邺城（河北临漳）
刘表	荆州全权州长（荆州牧）	襄阳（湖北襄樊）
曹操	兖州兵团将领	许县（河南许昌）
张鲁	地方政府首长（汉中太守）	汉中（陕西汉中）
刘璋	益州州长（益州牧）	成都（四川成都）
袁术	中央军将领（左将军）	鲁阳（河南鲁山），后迁寿春（安徽寿县）
公孙度	地方政府首长（辽东太守）	辽东（辽宁辽阳）
马腾	凉州兵团将领（安狄将军）	武威（甘肃武威）

这些军阀有一个共同特征,他们并非民众领袖,而全体都是政府官员,包括中央和地方政府首长或握有军权的将领。他们表面上对皇帝十分尊敬,即令任用小小官员,也要上奏章请求批准,但实际上恰恰相反。当刘协逃回洛阳,正狼狈不堪时,没有一个军阀运送一粒粮食或一文金钱。袁绍一度考虑过迎接刘协到他的地盘,但他又想到那等于凭空弄一个管辖自己的主人坐在自己头上,只有傻子才干。唯一的英雄人物是曹操,刘协逃回洛阳的次月,曹操就率领他的兖州兵团抵达洛阳。洛阳太过于残破,无法居住,于是迁都到他的根据地许县(河南许昌)。

等到曹操开始用皇帝名义向全国发号施令,包括下诏责备袁绍拥兵割据的时候,袁绍那糨糊脑筋才恍然觉悟到皇帝的妙用。他既失去这个机会,唯一的办法是硬着嘴巴宣称曹操劫持皇帝。袁绍用对付董卓的办法对付曹操,他发动勤王军事行动。刘协迁都许县后四年,即下世纪(三)第一年(200),袁绍跟曹操在官渡(河南中牟东北古鸿沟渡口)决战,从袁绍建议利用董卓逼何太后和拒绝迎接皇帝两件事上,可看出他的智力商数要差一截。决战结果,他以绝对优势的兵力而大败。

东西方世界

——头十年·107年(班超回国后五年),日本倭奴国王师升,派遣使臣到中国,进贡生口160人。

——五十年代·159年(中国第一次宦官时代开始),贵霜王国迦腻色迦王,邀请佛教高僧五百余人,集会罽宾城(巴基斯坦伊斯兰堡西塔克西拉),统一教义,审定经文。

——九十年代·192年(吕布刺杀董卓),罗马帝国皇帝康茂德,凶暴荒淫,被元老院下毒后绞死。罗马城禁卫军,及不列颠、叙利亚、多瑙河等地驻军,各拥立一帝,互相攻战。自奥古斯都大帝屋大维(前30年)以来的统一和平,共历二百二十二年,到此结束。

——九十年代·193年(官渡战役前七年),罗马多瑙河驻军所立皇帝塞维鲁,削平群雄,进入罗马城。大举屠杀富民,把他们的财产赏赐给自己部下。(从此,屠杀劫财,成为罗马帝国皇帝发财的传统方法之一。)

第16章
第三世纪

东汉王朝终于完结。

本世纪二十年代后,中国分裂为三个国家:曹魏帝国、蜀汉帝国、东吴帝国,被称为"三国时代",自220年至280年,凡六十一年。三国时代以及三十年混战期间,产生了中国戏剧将近十分之一的故事材料,成为中国人最熟悉的时代。一部著名的历史小说——罗贯中著的《三国演义》,它发行的数量远超过司马迁的《史记》,更把这个时代的大小事件,传播得连儿童们都知道。我们要想了解这个时代,与其阅读正式史籍,不如去看那部小说。不过要特别小心的是,在作者笔下,曹操被歪曲为奸恶人物,诸葛亮被歪曲为会呼风唤雨、能够占卜算卦的巫师。

三国时代于本世纪初开始,而于本世纪末叶结束,新兴的晋王朝重新把中国统一。

一　赤壁战役

以曹操为宰相的东汉政府的统一中国行动，遭遇到激烈的反抗。军阀们当然不愿中央政府恢复权力，他们很满意割据的现状。

曹操击败了袁绍后，把黄河以北诸州，收置于中央政府控制之下。头十年208年，再攻击以襄阳（湖北襄樊）为根据地的刘表。恰巧刘表逝世，他的儿子刘琮投降。投靠刘表的一支流亡军队的首领刘备，当时正驻扎樊城（与襄阳隔汉水相望的城镇），仓促南撤，到夏口（湖北武汉）跟刘表的另一个儿子刘琦会合。中央政府部队尾追南下，打算一举荡平刘备和盘踞在江东（鄱阳湖以东地区）的孙权——孙策已死，由他的弟弟孙权继承。这时候，双方的兵力，极端悬殊，政府有二十万人（对外宣称有八十万），孙权充分动员也不过四万人，刘备、刘琦联军只不过可怜兮兮的一万人。刘备和孙权结盟，共同抵抗政府的攻势。刘备进驻樊口（湖北鄂州西北樊口镇），孙权坐镇柴桑（江西九江），派他的大将周瑜，率领他所能投入战场的三万人，逆流迎战。政府二十万大军，从江陵（湖北江陵）顺流而下，双方在赤壁（湖北赤壁）会战，政府军大败。这一战役最大的影响是确定了分裂之局，中央政府再没有能力集结这么大的兵力。

——政府军统帅曹操以绝对优势而失利，我们检讨它的原因：一、军中正流行传染病，使他的士卒一半以上丧失战斗力。二、曹操自以为天下已定的骄傲和由骄傲而产生的严重疏忽。三、运气太坏，那时正是208年的严冬，一向都刮西风，偏偏在会战时忽然刮起东风，使周瑜兵团得以顺风火攻，把曹操的战舰焚毁。（民间传说是，全靠刘备的智囊诸葛亮筑台祭天，上天特地"借"给他这一场本不应该有的东风。）

远在成都的军阀刘璋，因为受到北方五斗米教教主兼汉中（陕西汉中）郡长（太守）张鲁的威胁，异想天开地想出一个主意，邀请在赤壁战役中获胜的主角之一的刘备，为他抵挡张鲁。这是刘备做梦都梦不到的好运，他在大混战前期，始终弄不到一个根据地，像流寇一样，四方投奔，正是穷途末路，竟有人把可以得到广大土地的良机送上大门，使他迫不及待地满口答应。一十年代211年，他率领军队进入益州（四川及云南）。在跟张鲁做过象征性的若干次战斗之后，明年（212），他随意地找到一个借口，跟刘璋决裂。214年，他攻陷成都（四川成都），刘璋投降。

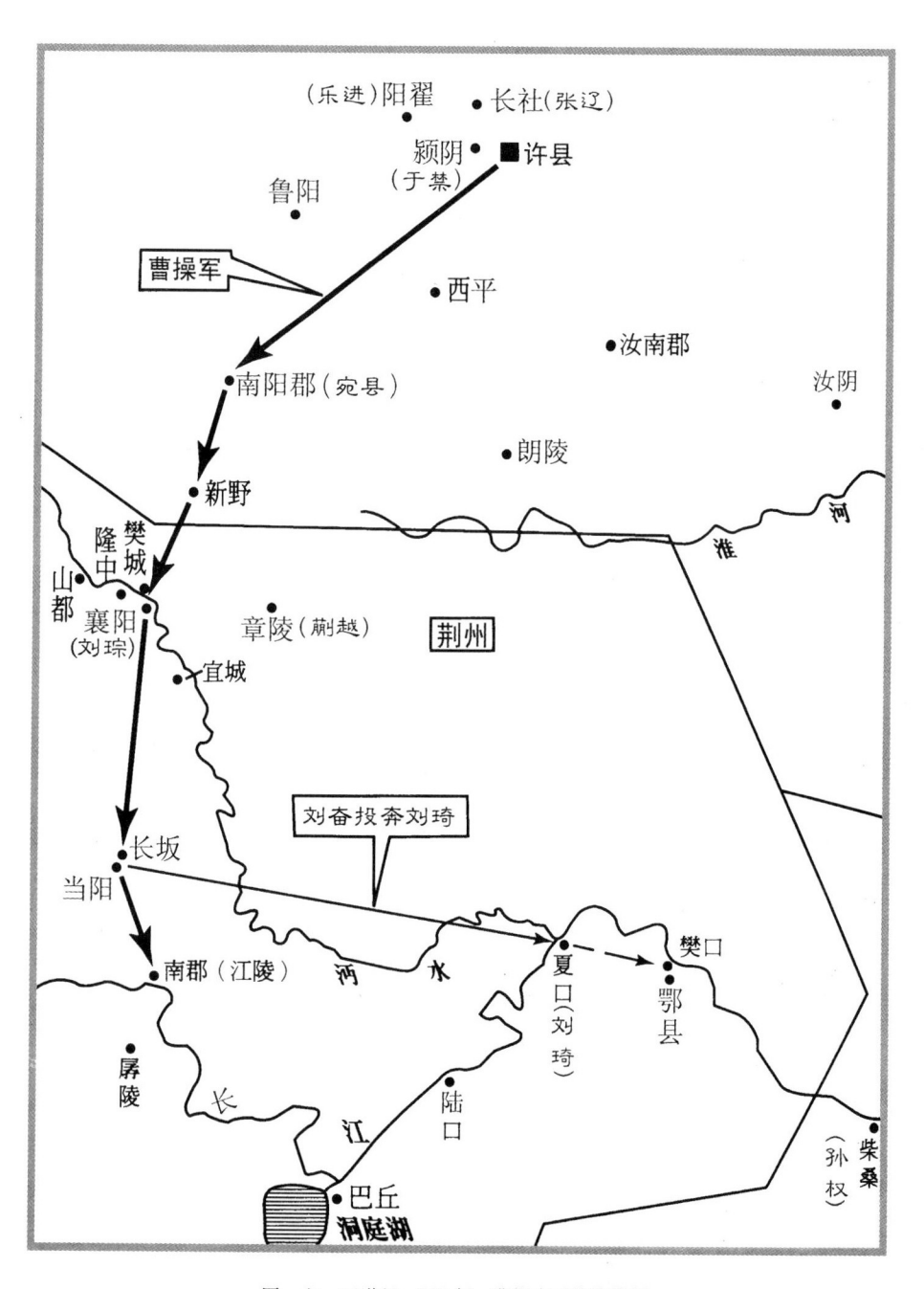

图一六 三世纪·208年 曹操南下接收荆州

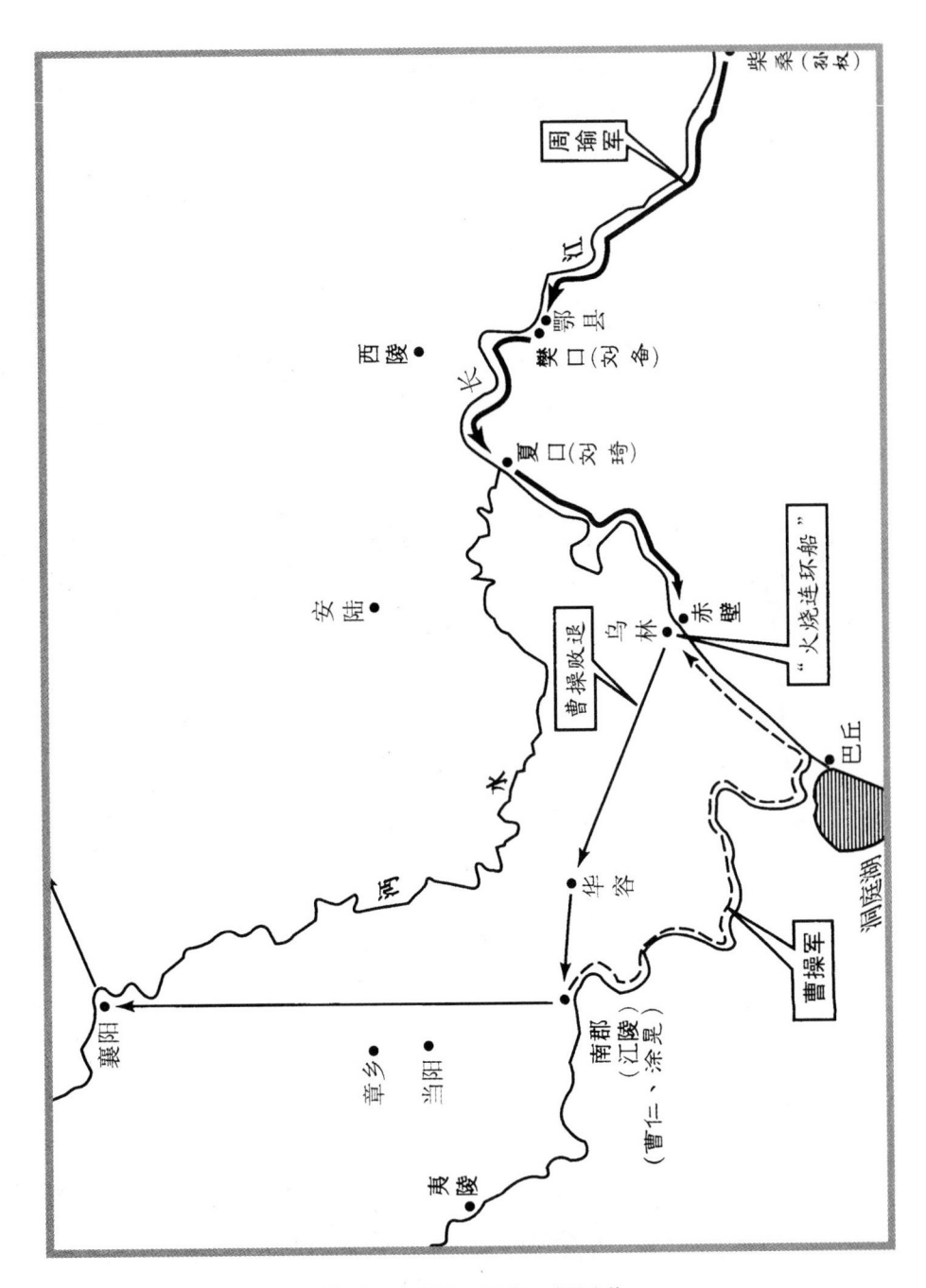

图一七　三世纪·208年　赤壁之战

二十年代220年，曹操逝世，他的儿子曹丕立即夺取政权，把皇帝刘协（汉献帝）赶下宝座，一百九十六年的东汉王朝灭亡。曹丕称他的帝国为曹魏帝国，把首都从许县迁回已经在安定中逐渐复原的洛阳。当消息于明年（221）传到成都时，刘备一向以刘姓皇族的后裔自居，于是他宣称继承刘协的帝位，建立蜀汉帝国。又明年（222），孙权在武昌（湖北鄂州；稍后迁往建业·江苏南京）也宣布建立东吴帝国。

三十一年改朝换代大混战，自上世纪（二）九十年代190年袁绍在东方起兵讨伐董卓，到本世纪（三）二十年代220年，随着东汉王朝的覆亡，而告结束。

二　三国时代

三国虽然各自独立，但消灭对方、追求统一的观念和军事行动，并没有停止。他们都希望由自己统一中国，但谁都没有这种力量。

曹魏帝国开国皇帝曹丕，跟他的父亲曹操一样，是一个杰出的文学家，但他缺少他父亲的政治军事才能，只能维持父亲遗留下来的局面，不能再开创新局。他曾数次进攻东吴帝国，但他无法渡过长江，以致使他竟讲出既没有知识，又没有出息的话："天老爷开辟长江，就是为了要分割南北。"他死了后，儿子曹叡继位，这个瓶颈人物，比他父亲还不如，好像他的帝国已经统一了世界，而且固若金汤，他每天所关心的只是建筑宫殿。他死了后，侄儿曹芳在一场政变中，政权落到大将司马懿之手。司马懿死后，他的两个儿子司马师、司马昭相继当政，曹魏帝国遂走到末路。

蜀汉帝国开国皇帝刘备，因他最亲信的大将关羽被东吴帝国杀掉，以及荆州（湖北及湖南）被东吴帝国占领，于是向东吴帝国宣战。但在猇亭（湖北宜昌猇亭区）会战中，被东吴帝国新起的年轻将领陆逊击败，一气而死，他的儿子刘禅继位。刘禅乳名"阿斗"，是一个老实人，任用诸葛亮当宰相，把国家整个交给他。蜀汉帝国是三国中最小最弱的一国，它的南方四郡——越巂郡（四川西昌）、永昌郡（云南保山）、益州郡（云南晋宁）、牂柯郡（贵州福泉），占蜀汉帝国面积的一半，于刘备逝世后，所有少数民族联合叛变，归降东吴帝国。诸葛亮首先讨伐四郡，他抛弃高压，完全采取心战，把少数民族领袖孟获生擒了六次，而六次都放他回去再战。当第七次又把他俘虏，又要做第七次释放时，孟获深受感动，发出重誓："从今世世，永

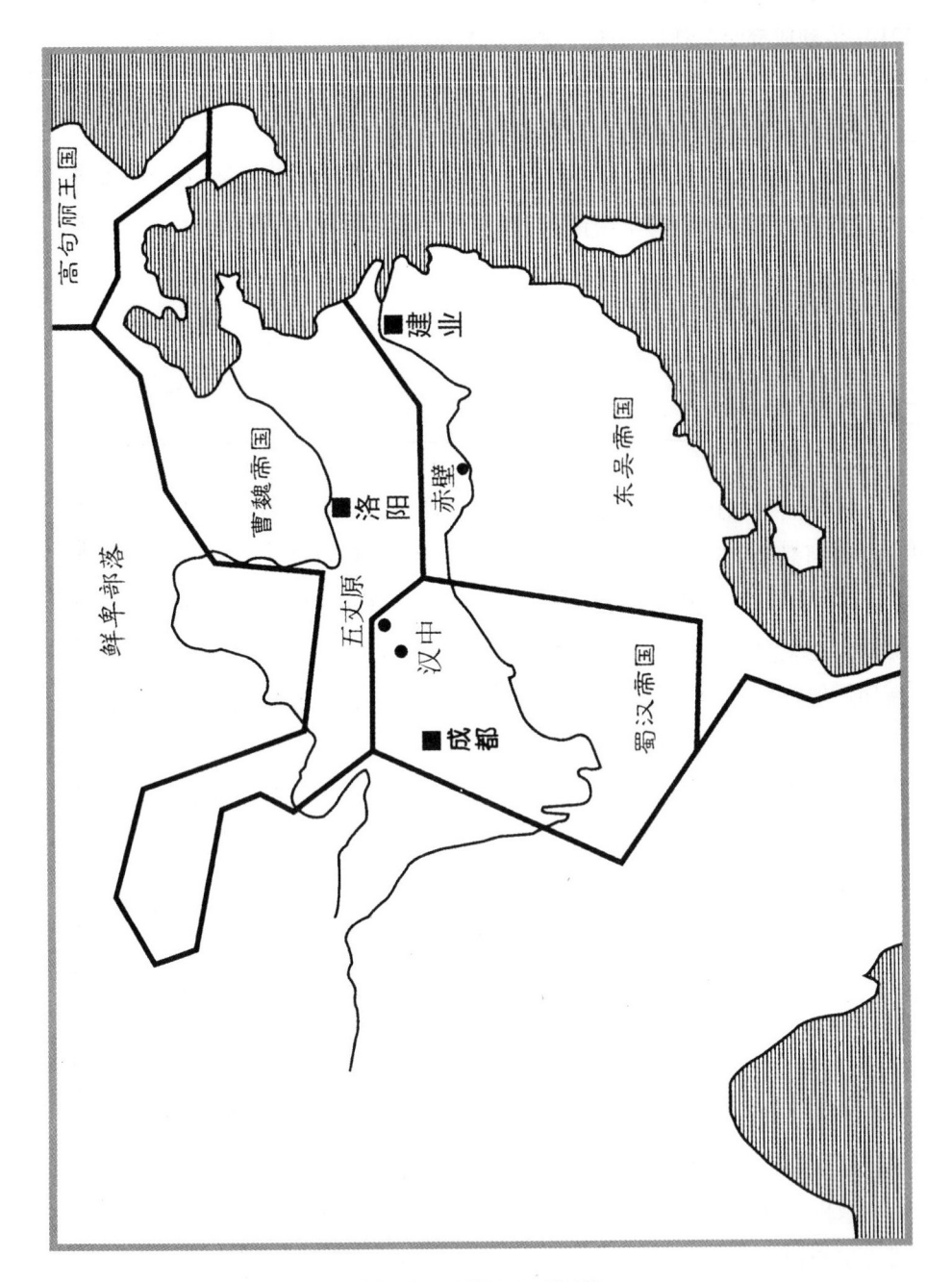

图一八　三世纪·三国时代

不背叛大汉。"他果然遵守他的誓言，在诸葛亮进攻曹魏帝国时，四郡不但安定如常，还贡献大量人力和财物。

诸葛亮在没有后顾之忧的情形下，对曹魏帝国先后发动了五次进攻。可是五次军事行动中，却有四次失败。第一次227年出发，于明年（228）在街亭（甘肃秦安）会战中大溃。

——就在这次战役中，大将魏延曾经建议：由子午谷（秦岭峡谷之一）奇袭长安。可是这种冒险的军事行动，超出了诸葛亮谨慎稳健的性格，他不会不知道军事行动有时是必须冒险的，但他不敢尝试。之后曹魏帝国有了戒备，也就永远失去这个机会。

第二次仍是228年，诸葛亮在街亭失败后，集结兵力，进攻陈仓（陕西宝鸡），不能攻克，而粮食已尽，只好撤退。第三次229年，唯一的一次，把曹魏帝国所属武都（甘肃成县）、阴平（甘肃文县）两郡人民，全部迁入蜀汉帝国屯垦，这对人口稀少的蜀汉国力，是一大帮助。第四次231年，进攻上邽（甘肃天水），而粮食又尽，败还。诸葛亮最大的困难是万山丛中，粮运不继，所以他决定改用屯垦政策。于是在第五次234年攻击时，进到郿县（陕西眉县），沿渭水南岸，开垦耕种，做长期打算。然而就在郿县近郊五丈原，诸葛亮逝世。这对人才缺乏的蜀汉帝国是一个致命的损失，他的军事职务由大将姜维接替，但宦官黄皓在刘禅身旁掌握大权，姜维的能力又远逊于诸葛亮，维持残局已很吃力，不能再有超过诸葛亮的发展，蜀汉帝国也走到末路。

东吴帝国开国皇帝孙权，当权时间最长，死的那一年（252）已七十一岁，距他接替哥哥孙策的位置，有五十二年之久。五十二年是一个漫长的日子，使他由英明而转入昏庸，所以东吴帝国内部一直乱得像一堆麦。经过多次政变，最后一任皇帝孙皓，又是一位标准型的亡国之君。他最快乐的事是活剥人的面皮，而用铁刷刷人的脸。他的一位大臣中风，不能言语，他认为他是假装的，用火放到头上烧他，一直把病人烧死。他曾经在冬天出游，愤怒的护驾士兵大声喧嚷："敌人一来，我们就叛变。"他跟刘禅是一个对比，刘禅太无能，孙皓则太有能。

三　政制·九品·清谈

三国在政治文化上的贡献，蜀汉和东吴没有地位。曹魏帝国掌握中国的精华地区，在短促的四十六年寿命中，有三点发展异于前代，并对后世产生长远的影响。

第一，政制。中国自公元前三世纪秦王朝创立九卿以来，这种政府组织，一直维持五百余年。本世纪（三）曹魏帝国建立后，才有重大改变，政府组织成为下表所列的形态：

皇帝	宰相	（中枢）	尚书省
			中书省
		（辅枢）	九卿

"尚书省"在九卿制度下，本名"尚书台"，是宫廷供应（九卿之一少府）所属的单位之一，负责收发皇帝的文件。首长称"尚书令"，就是秘书长。职员称"尚书"，也就是秘书。西汉和东汉王朝时，为了增强工作效率，尚书台迁到皇宫，在皇帝身旁办公，遂脱离宫廷供应（少府）而独立，并且因为接近权力魔杖的缘故，地位自然日渐重要。曹魏帝国开国后，再脱离皇宫，改称"尚书省"，正式成为政府中枢的行政机构，类似近代的国务院。尚书省下再分若干"曹"——"曹"，后来改称"部"，即二十世纪现代中央政府"部"的起源。"中书省"的情形完全相同，也是宫廷供应部（少府）属下单位之一，不过所管理的是皇帝和皇宫庶务性工作，本世纪（三）也正式成为中枢机构，负责政策筹划、诏命颁布，以及向皇帝随时提出建议。而原来的九卿，却被挤到旁边，因职务权力，跟尚书省各"曹"（部）重复，所以反而变成叠床架屋的人物和机构，但这个叠床架屋的九卿，却一直保持到二十世纪初叶，专制政制结束时才被撤销。

第二，九品。西汉王朝和东汉王朝由官员们推荐人才的办法，曹魏帝国加以修正，改由政府专任官员负责遴选，州设"大中正"，郡县设"小中正"。对全国知识分子（包括已任职的中下级官员），依他们的才能和道德行为，分别评定为九个等级，称为"九品"。即上上、上中、上下；中上、中中、中下；下上、下中、下下。评定等级之后，小中正呈报大中正，大中正复核后呈报宰相。宰相审定后送给尚书省，作为任免或升降的标准，这是本世纪（三）知识分子进入政府的重要途径，九品中正制度实行三百余年，直到第六世纪末叶。但九品中正的流弊不久就非常严重，评定的标准完全脱离了"才能"和"道德行为"，而只衡量"门第"。知识分子如果他既不是大地主而老爹又没有做过大小之官,纵有很高的学识能力和很高的道德声誉,也不会被评为上品。大地主和大、小之官(二者事实上往往合而为一)的子弟,即令不识几个字而品德又很恶劣,仍然是上品。有门第的士大夫分别担任大、小中正,他们不允许利益外溢。于是,同一士大夫阶层,又分为二:一是世家,一是寒门。就在本世纪(三)末,已出现"上品无寒门,下品无世家"的丑陋现象。

第三,清谈。曹魏帝国的始祖曹操,是一个力行实践的政治家,他的用人行政,只要求才能,而不过问私生活。在这种情形下,只会讲仁义说道德的大人先生,受到冷淡的待遇。到了司马懿父子当权之后,凡忠于皇帝或被疑心忠于皇帝的士大夫,大批被杀。连第四任皇帝曹髦,在受逼不过,起而讨伐司马家族时,也被司马家族包围,一矛刺死,首都洛阳成为血窟,士大夫陷入恐怖世界。于是这些已当了官,或尚未当官的知识分子,发明了一种最好的避祸方法,那就是完全脱离现实,言论不但不涉及政治,也不涉及现实任何事物,以免引起曲解诬陷。清静无为的老庄哲学,正适合这个趋势。士大夫遂以谈了很久还没有人知道他谈些什么,是第一等学问,因为他没有留下任何可供当权人物逮捕他的把柄。这种纯嘴巴艺术——穷嚼蛆,被称为"清谈",成为士大夫主要的生活内容。在这种潮流冲击下,被称为或自居为"名士"的人物,应运而生,他们不敢对权势直接表示不满,但他们敢对支持权势的"礼教""名教"之类表示不满。有些名士过度饮酒,有些名士装痴装狂,有些名士赤身露体不穿裤子,有些名士父亲死了不但不服三年之丧,反而不落一滴眼泪。

恐怖气氛在晋王朝建立后,虽逐渐和缓,但清谈风气却没有随之过去。它的后遗症十分明显,士大夫把现实生活有关的任何情事,都看作是"俗事""鄙事",只有穷嚼蛆才是"上等事""雅事",所有行政官员以不过问行政实务为荣,地方官员以不过问人民疾苦为荣,法官以不过问诉讼为荣,将领以不过问军事为荣。结果引起全国性空前的腐败。

四 晋王朝暂时的统一

三国时代迅速结束。

首先灭亡的是蜀汉帝国。六十年代263年,宰相司马昭当权的曹魏帝国，派遣大将钟会，大举南征。蜀汉大将姜维据守剑门关（四川剑阁北），战事胶着。可是曹魏的另一位大将邓艾，却从阴平郡（甘肃文县），深入万山，开辟一条鸟道，直趋蜀汉边境重镇江油（四川江油）。这是从没有人走过的原始山区，除了毒蛇猛兽外，没有人类足迹。邓艾兵团凿山开洞，遇到断崖绝壁，即身裹毛毡，翻滚而下，曲折盘旋，凡一百五十公里（魏延出子午谷奇袭长安，不过如此困难）。占领江油后，即进入成都平原。蜀汉帝国皇帝刘禅听说敌军已距成都不远，根本没有想到抵抗，也没有想到姜维大军仍完整地屯在前方，就迫不及待地投降。蜀汉帝国建立只有四十三年。

其次灭亡的是曹魏帝国。司马家族的长期执政和长期屠杀，使皇帝像竖立在玻璃球上的鸡蛋一样，任何一个小震荡，都会跌个稀烂。征服蜀汉后的第二年（265），宰相司马昭逝世，他的儿子司马炎立即下令给最后一任皇帝曹奂，教他禅让。曹魏帝国建立只四十六年。司马炎称他的政权为晋帝国，首都仍设洛阳。

——司马炎（晋武帝）和曹丕，都是先由老爹奠定了基础。他们在表面上虽然是开国皇帝，却只是坐享其成的花花公子，对醇酒和美女，要比对国家社会更有兴趣和更有心得。

最后灭亡的是东吴帝国，在恶棍皇帝孙皓的统治下，人人都知道非亡不可，只有孙皓不知道，而且还雄心勃勃地想消灭新兴的晋帝国。曾有一位奇异的星相家为他卜了一卦："庚子年，青盖入洛阳。"庚子，280年；青盖，皇帝用的太阳伞。孙皓高兴地跳起来，因为这分明指出那一年他就可以征服他的敌人。结果是晋帝国于280年攻陷建业（江苏南京），把孙皓活捉而去，果然连同他的青盖，一齐被送到洛阳。东吴帝国建立五十九年，在三个国家中寿命最长。

八十年代开始，中国在晋帝国——现在，我们改称它为晋王朝的统治下，又归于统一。

一个新兴的政权，一定会比旧政权具有更高的政治能力。可是，晋王朝例外。因为事实上政权到司马炎手中时，已传到第三代，犹如曹丕时已传到第二代一样，恰恰进入危险的瓶颈时期。司马炎与曹丕同是花花公子，但曹丕有一个英雄父亲，在老爹的熏陶下，再加上自己已具有的文化人的纯洁气质，使他虽然堕落，尚可维持一个最低水平。而司马炎则彻头彻尾的是一个酒囊肉袋。老爹和老祖父的恐怖政策把士大夫或杀掉或驱入清谈，没有留下一个政治家或一个稍有才能的干部帮助他治理国家。在任何一个新政权中，开国元勋往往是一代精华，靠才干取得尊荣。只晋王朝的开国元勋，却是那个时代中最腐败的一群无耻之徒。他们跟司马炎属于同类人物，除了知道谋求自己享受外，不知道人类还有崇高的理想和崇高的责任。宰相何曾，有一次告诉他的儿子说："国家刚刚创业，应该朝气蓬勃，才是正理。可是我每次参加御前会议或御前宴会，从没有听到谈过一句跟国家有关的话，只是谈些日常琐事。这不是好现象，你们或许可以幸免，孙儿辈恐怕逃不脱灾难。"何曾总算有相当见解，他已警觉到危机，但他也不过仅只警觉到而已，他自己每天仅三餐饭就要一万钱，还嫌没有可吃的菜，无法下筷子。而一万钱，在当时的购买力，足够一千人一个月的伙食，这是可怕的奢侈。所以事实上何曾也属于专谈"日常琐事"——醇酒和美女最有劲的一员。他不可能例外，如果他不腐败无耻，他就挤不进统治阶级的窄门。至于皇帝司马炎，他皇宫中的姬妾多到一万余人，以致使他每天发愁，不知道到谁那里睡觉才好，就乘坐羊车，任凭羊停在何处，他就宿在何处，聪明的姬妾因之用盐汁洒到竹叶上，引羊驻足。

更不幸的是，司马炎的嫡子，合法皇位继承人司马衷（晋惠帝），是一个白痴。听见青蛙叫声，他问："它们为什么叫？为公？为私？"听见有人饿死，他大惊说："为什么不吃肉羹？"九十年代290年，司马炎逝世，司马衷继位。庞大的帝国巨轮，由白痴皇帝掌舵，这个帝国的前途，用不着跟谁打赌，就可确定它的结局了。

五　八王之乱（上）

司马衷上台的明年（291），爆发八王之乱。

八王之乱，从九十年代291年第一个亲王司马亮被杀，到下世纪（四）一十年代311年第八个亲王司马越忧愁而死，历时二十一年，结束了晋王朝刚刚建立起来的统一局面，把中国带入大分裂时代。

我们用下表说明这八个亲王在皇族中的关系位置：

	第一代	第二代	第三代	第四代
曹魏帝国京兆尹 司马防	宣帝 司马懿	文帝 司马昭	一任帝 司马炎	二·四任帝 司马衷 皇后贾南风
				②楚王 司马玮
				⑤长沙王 司马乂
				⑥成都王 司马颖
			齐王 司马攸	④秦王 司马冏
		①汝南王 司马亮		
		③赵王·三任帝 司马伦		
	曹魏东武城侯 司马馗	高密王 司马泰	⑧东海王 司马越	
	安平王 司马孚	太原王 司马瓌	⑦河间王 司马颙	

司马衷的妻子贾南风，是一个聪明而又有才干的女人。丈夫的白痴对她是一个沮丧性的打击，于是她把兴趣转移到政治上。她有她的党羽：贾姓戚族和一大群摇尾系统。政治能使人神魂颠倒，所以她不久就很高兴丈夫是一个白痴，可以由她任意摆布。司马衷在她手中，不但是一个橡皮图章，更是一个身价最高的抄写员，当贾南风写妥诏书时，就命司马衷照抄在御用的纸张上，这种御笔亲书，具有最高的法律力量。

贾南风干涉政治的企图，最初受到宰相（太傅）杨骏的阻挠，杨骏是杨太后的父亲，白痴皇帝司马衷的外祖父，而且掌握军权。但贾南风有她的一套，291年，即白痴皇帝上台的次年，她取得丈夫的弟弟司马玮亲王的合作，下诏宣称杨骏谋反，命司马玮发兵讨贼，把杨骏杀掉。这次政变，仅洛阳一城，死于屠灭三族的就有数千人。杨骏的位置由司马衷的祖叔司马亮亲王接替。在祖叔当政下，贾南风这个侄孙媳妇插手政府，又发生困难。于是她再如法炮制，距杨骏被杀三个月，她仍利用司马玮，下诏宣称司马亮也谋反，命司马玮发兵讨贼，再把司马亮杀掉。

铲除司马亮跟铲除杨骏所用的手段一样——诬以谋反,不过司马亮是皇室中最有人望的尊辈,贾南风发现可能引起强烈的政治风暴,而对司马玮也没有恰当的位置可以安抚,于是霎时间她翻脸无情,把责任全部罩到司马玮头上,下诏宣称司马玮"矫诏",即假传圣旨,擅自杀戮大臣。被玩弄在手指上的司马玮仓促间被捕,绑赴刑场,他从怀里掏出白痴皇帝司马衷亲笔在御用青色纸上写的诏书,要求监斩官为他申雪,可是政治冤狱与法律无关,他陷入的诏狱系统,不可能靠他的无辜证据解救,监斩官除了与他同时垂泪外,别无他法。

八王之乱还有更惨烈的流血,留到下个世纪。

东西方世界

——一十年代·217年(孙权的大将鲁肃病卒),罗马帝国皇帝卡拉卡拉被刺身亡,国内战乱爆发,五十四年中(217—270),皇帝三十人,仅一人善终,余二十九人都死于非命。史学家称"三十暴君时代"。(三十暴君时代与中国的三国时代,时间上大致相同。三十暴君时代于217年开始,三年后220年,三国时代开始。三十暴君时代于270年终止,十年后280年,三国时代也终止。)

——八十年代·284年(东吴帝国亡后四年),朝鲜半岛上的百济王国派遣大臣阿直岐出使日本,日本应神天皇留他担任诸皇子的教师。

——八十年代·285年(鲜卑部落酋长慕容廆攻击中国辽西郡),百济王国再遣博士王仁出使日本,携去《论语》、《千字文》等书,呈献给应神天皇,中国文字自是传入日本,并被日本采用。

——八十年代·286年(八王之乱前五年),罗马帝国皇帝戴克里先,以国土广大,一个人不能完善治理,乃任命大将马克西米安为奥古斯都,驻扎米兰,治理帝国西部。他自己则驻扎小亚细亚,治理帝国东部。两个元首并立,重心东移,导致日后罗马帝国分裂。

第17章
第四世纪

本世纪，中国进入大分裂时代。

大分裂时代起于本世纪头十年304年，终于六世纪八十年代589年，纵贯第五世纪，长达二百八十六年。在大分裂时代中，又分为两期：前期五胡乱华十九国时代，后期南北朝时代。我们用下表说明：

大分裂时代 （共286年）	304—589	五胡乱华十九国时代（共136年）	304—439
		南北朝时代（共151年）	439—589

八王之乱是一种为敌报仇式的自相屠杀，愚蠢而残酷，姓司马的家族跟狼群没有两样。它促使大一统的晋王朝由瘫痪而崩溃，饱受灾难的五胡民族，乘机挣脱枷锁。头十年，两个大的反抗力量，分别在益州（四川）、并州（山西）宣布独立，建立政权。接着其他反抗力量像雨后春笋一样，遍地蜂起。结果晋王朝的残余的统治阶层，逃到江南苟延残喘。中国心脏的中原地带，一片血腥。

一　八王之乱（下）

贾南风皇后暴风雨般一连扫荡了三重障碍，才算如愿以偿地掌握大权。等她自以为已经完全控制局势时，她斗争的目标指向皇太子司马遹——司马衷跟另外一位平民出身谢姓姬妾所生的独生子。贾南风自己只生了两个女儿，她对司马遹有一种感情上的厌恶。但燃起导火线的还是她贾姓戚族一些少不更事的新贵，他们瞧不起寒门女子生的儿子，由轻视而言语冲突，一经言语冲突，为了避免后患，就非排除到底不可。本世纪（四）第一年（300），贾南风再抛出其效如神的"诬以谋反"的法宝，下诏宣称司马遹谋反，把他杀掉。

然而，这一次政治性冤狱却发生了政治性反应，而且是激烈的反应。白痴皇帝司马衷的祖叔司马伦亲王，在智囊们的设计下，号召为皇太子报仇，发动政变。司马伦本是贾南风手下的马屁精之一，政治利益使他抓住机会叛变他的恩主。所以当他的军队进入皇宫逮捕贾南风时，贾南风张皇失措，犹如晴天霹雳。她被囚禁在专门囚禁高级皇族的金墉城，灌下满是金屑的酒而死，贾姓戚族全被屠杀。贾南风按下八王之乱的电钮，也被八王之乱的巨轮碾碎。

司马伦亲王毒死了贾南风皇后之后，他发现当宰相不如当皇帝。次年（301），他把白痴皇帝司马衷囚禁，自己坐上宝座。结果他的侄孙，担任许昌（河南许昌）镇守司令的司马冏亲王，在许昌起兵勤王，攻陷洛阳。司马伦只过了四个月的皇帝瘾，便被送到金墉城，被灌下他四个月前灌贾南风的金屑酒死掉。

司马冏拥戴白痴皇帝复辟，使他成为当时的英雄人物，他也自以为功勋盖世，十分伟大，但事实上他跟司马伦同是蠢材。他从地方首长一跃成为宰相，目空一切，索性坐在家里处理政务，所有高级官员都要到他家请示，白痴皇帝司马衷被冷清地摆在一旁，没有人理睬。这种做法给野心家一个反对的借口。明年（302），司马冏的堂弟司马乂亲王发动政变，仍是诬以谋反的老把戏，把司马冏杀掉。

司马乂是司马家族中唯一比较有点头脑的人物，他如果能执政下去，至少应该是司马家族之福。但司马家人互相之间已恨入骨髓，非斩尽杀绝，誓不罢休。于是司马乂的弟弟邺城（河北临漳）镇守司令司马颖亲王和远房族叔长安镇守司令司马颙亲王，联合起兵，进攻洛阳。司马颙是这场大变化的主角，他因为自己的皇家血统太过疏远，没有资格出任中央政府重要职务所以也拥护司马颖，希望司马颖当皇帝后，他当宰相。304年，洛阳围城中政变，司马乂被他另一位远房叔父司马越亲王逮捕，送到司马颙大将张方的军营，被张方残忍地用炭火烤死。

司马颖顺理成章地被封为皇太弟，成为皇位的合法继承人。但他的聪明才智比他的白痴哥哥司马衷高不了多少，他不住在洛阳，而住在他镇守司令部所在的邺城（河北临漳——记住这个城市，它是大分裂时代的重镇）。邺城距洛阳直线三百公里，他遂在三百公里外对政府做遥远的控制。洛阳方面的愤怒，促使司马越发动第二次政变（距他第一次谋杀司马乂政变仅七个月），逐走司马颖派驻在洛阳的警卫部队，然后，带着白痴皇帝司马衷的御驾，亲自讨伐司马颖。司马颖管你是不是皇帝，发兵迎战，在荡阴（河南汤阴）把中央军击败。司马越只身逃走，白痴皇帝司马衷被俘虏到邺城。

司马颖贸贸然俘虏了皇帝，铸下大错。蓟城（北京）镇守司令王浚，动员以鲜卑人为主的精锐兵团，南下勤王。鲜卑人的强悍善战，举世闻名，司马颖军队望风而逃，他只好放弃邺城，可是就在临开拔的前一分钟，因为恐怖气氛的重压，他集结起来的军队突然一哄而散。司马颖只剩下几十个骑兵卫士，带着眷属和白痴皇帝司马衷，向洛阳逃命，途中几乎被鲜卑追兵捉住。远在长安的司马颙，命他派往援助司马颖的大将张方，乘着这个机会，强行迁都，把白痴皇帝置于自己控制之下。

——一连串使人震惊的大事，都发生在头十年304年，即大分裂时代开始之年。当司马颖向洛阳逃命途中，成汉帝国和汉赵帝国，分别建立。

司马颙既掌握了白痴司马衷，便不再需要呆瓜司马颖了。司马颖的皇太弟的头衔被撤销，司马颙如愿以偿地当了宰相，总揽大权。

然而，那位战败逃走了的司马越，在中原地区重新集结兵力，号召勤王，要求杀掉强迫迁都的张方。司马颙的才能和他的野心大不相称，前方刚打了两个并不关痛痒的败仗之后，就仓皇失措起来，竟真的把张方杀掉，向勤王军求和。勤王军拒绝跟一个自毁战斗力的对手谈判，继续攻击，进入长安，迎接白痴皇帝司马衷还都洛阳。这时候全国已被战争摧残得破败不堪，这个盛大的还都行列，只有一辆牛车供白痴司马衷乘坐，其他官员只好用两条腿走路。

——司马颖于勤王军进入长安时逃亡，途中被捕，押解到他曾经叱咤风云的故地邺城，在狱中被绞死。司马颙也跟着逃亡，后来中央政府征召他当宰相（司徒），他恍恍惚惚前往洛阳就职，走到新安（河南渑池），被另一位亲王司马模派人拦截，在车上也被绞死。

司马越是八王之乱的最后一个王，他跟其他七个亲王同样地低能，没有从躺在血泊里的尸体上得到任何教训。还都洛阳的第二年（306），他把白痴皇帝司马衷毒死，另立司马衷的弟弟司马炽（晋怀帝）继位。

——我们实在不懂他为什么要毒死司马衷，依照常理，一个白痴皇帝应该是权臣最满意的对象，没有除去的必要。但必要不必要不是由我们下判断，而是由当权人下判断，司马越一定有他自以为非下毒手不可的理由，世界上正因为这么多糨糊脑筋当权，才十分热闹。

新皇帝司马炽智力正常，有心把国家治理好，可是为时已经太晚，而且司马越也不允许除了他自己外其他人把国家治理好。头十年代最后一年309年，他从前防重镇荥阳（河南荥阳），突然率军返回洛阳，就在司马炽面前，把宰相部长级高级官员十余人逮捕，宣称他们谋反，一齐处斩。司马炽除了愤怒外，别无他法。然而，对内凶暴并不能解除对外困境，新兴起的汉赵帝国大将石勒所率领的游击部队，纵横攻掠，像剪刀一样，把首都洛阳对外的交通线，全部剪断，洛阳遂成为孤岛，粮食不能运进来，发生空前饥荒。司马炽下诏征召勤王，可是没有一个人前来赴援，拥有重兵的将领们都在忙于本身的救亡，或者已对皇帝失去兴趣，像304年击败司马颖的蓟城（北京）大将王浚，他就正在建立他自己的割据势力，打算自己称帝称王。司马越这时候才知道他所独揽的大权，前途黯淡，只好孤注一掷。一十年代310年冬，他留下他的妻子裴妃，儿子东海世子（东海亲王的合法继承人）和一位将领，共同镇守洛阳。他自己率领全部兵力，南下出击，希望打通一条通往长江流域的粮道。好不容易挺进到直线一百四十公里外的许昌（河南许昌），他发现他陷在无边无涯的叛乱骇浪之中，束手无策。明年（311）春，距他出兵只五个月，再前进一百三十公里，到达项城（河南项城），情况更是恶劣，忧惧交加，一病而亡。他的军队群龙无首，不敢向西北折回洛阳。反而折向东北，打算把司马越的棺柩，护送到司马越的东海封国（山东郯城）安葬。项城与东海相距直线四百公里，叛军密布，没有人知道他们怎么敢确定必可到达。

晋王朝这批没有总司令的大军，从项城出发，汉赵帝国大将石勒尾追不舍，只走了八十公里，到了苦县（河南鹿邑），汉赵兵团合围，先是箭如雨下，接着骑兵冲杀，晋政府十余万人的精锐，全军覆没。包括宰相王衍在内所有随军的高级官员和所有随军的亲王，也全数被俘。王衍以清谈闻名天下，石勒向他询问晋政府败坏的情形，王衍自称他从来不想当官，当官后也从来不过问政事。然后向石勒献媚，建议石勒脱离汉赵，自己当皇帝。其他官员和亲王，并排坐在地上，大吼小叫，声泪俱下地纷纷申辩他们对天下大乱没有责任。石勒告诉王衍说："你从小当官，一直当到宰相，名扬四海，却自己说不想当官。又自己说不过问政事，简直是天下奇闻。使国家败坏，正是阁下这一类的人物。"下令推倒土墙，把他们全都活活压死。

洛阳方面，一听到噩耗，那位镇守将领，丢下皇帝不管，只护送着裴妃和东海世子，夜半出城，向东海封国逃走。洛阳城中霎时间乱得像一堆被踢翻了的蚂蚁窝都以为跟着军队走，比留在洛阳要有较大的生存机会。至于东海是不是安全，中途是不是安全，都不知道，人们只知道洛阳危在旦夕，脱离得越早越好。然而，就在必经之路的许昌东北洧水，这批浩浩荡荡的富贵群，进入石勒早已布置好的埋伏阵地，包括东海世子在内共四十八个亲王，全被擒活捉，他们的下落没有人知道，大概都被卖给汉赵帝国的新贵永远为奴。只有裴妃，她在被卖为奴之后，辗转再逃到江南，成为司马家族中最幸运的一员。

八王之乱，到此结束。但八王之乱引起的大分裂时代，却刚刚开始。

二　大分裂时代开始

八王之乱正高潮时，中国大分裂时代前期的五胡乱华十九国时代来临。

"胡"，跟近代的"洋"同一意义，胡人就是洋人，是古中国对华夏民族以外其他民族的总称。五胡，当时指的是：匈奴民族、鲜卑民族、羯民族、氐民族、羌民族。依古老的说法，他们都是黄帝姬轩辕的后裔。在本世纪（四）初，他们分布情形，有如下表。不过要说明的，羯是匈奴的一支，氐是羌的一支，实质上也可以说只有三胡。

五胡	集中地区	散居地区	所属部落
匈奴民族	并州（山西）·河套（内蒙鄂尔多斯）	凉州（河西走廊）	
鲜卑民族	匈奴汗国故地（长城以北）·柴达木盆地	凉州（河西走廊）·秦州（甘肃南部）	慕容部落，宇文部落，拓跋部落，段部落，秃发部落，乞伏部落
羯民族	并州（山西）东南部		
氐民族	秦州（甘肃南部）	雍州（陕西中部）	
羌民族	青海湖畔·秦州（甘肃南部）	凉州（河西走廊）·雍州（陕西中部）	

五胡深入中国内地，并不是由于他们的侵略，而是大多数出自中原王朝的邀请，甚至强迫。像匈奴民族，于公元一世纪投降西汉王朝后，西汉王朝就把他们内迁到西河美稷（内蒙准格尔旗），经过三百余年，人口增加，居留地相对扩大。像羌民族、氐民族，当上世纪（三）三国时代中国内地人口过度缺少时，曾不止一次地强迫他们内迁屯垦，以增加财富兵源。他们的面貌跟华夏民族不一样，胡须较多而眼睛下凹，使用华夏民族听不懂的言语。上世纪（三）末叶，鲜卑民族酋长秃发树机能，氐民族酋长齐万年，先后在秦州（甘肃南部）发动过两次强烈的民众抗暴，因之引起人们对五胡喧宾夺主情势的注意。其中一位中级官员（太子洗马）江统，作《徙戎论》（戎，即胡），主张把五胡全部迁出中国内地。这当然无法办到，把数百万人从他们世代相传已被认为是自己的肥沃土地上赶走，赶回到举目荒凉的塞外，即令强大十倍的政府，也不敢尝试。

促使五胡叛变的不是民族意识，而是晋政府的腐败和官员的贪污残暴（在叙述一世纪羌战时，我们曾对此特别强调）。像苦县大屠杀的主角石勒，他的遭遇就是一个最典型的说明。石勒是羯人，家庭穷苦，自幼丧父，跟母亲相依为命，在故乡武乡（山西武乡），出卖劳力，为人做苦工，维持母子不致饿死。他不识字，因为穷苦而又卑贱，所以连姓都没有，只有乳名，在人海中，不过一个可怜的小小泡沫。八王之乱和连续旱灾，使晋政府各地驻防的军队粮饷，无以为继，并州（山西）州长（刺史）司马腾亲王，为了筹措粮饷，竟想出使人难以置信的卑鄙手段，他大规模逮捕胡人，贩卖奴隶。无数善良守法的穷苦青年从他们的家人身边和工作场所，被官员捕去，两人共戴一枷（枷，酷刑之一，木板当中凿洞，套到颈上），徒步越过高达两千米的太行山，走向五百公里外的山东（太行山以东）奴隶市场，向大商人、大地主兜售。石勒有几次都要病死在路上，但押解人员不愿猪仔减少，才几次免于死亡。石勒从他母亲身旁被捕去时，只二十一岁，千年以后我们仍可听到那衣不蔽体的老妇人绝望的哭声，她没有地方申诉，因为犯罪的就是合法的政府。石勒最初被卖给一个大地主为奴，后来，他乘机逃亡，投奔附近一个农民暴动集团，集团的领袖汲桑，才给他起一个姓名——石勒。不久，石勒自己集结了一支军队，汉赵帝国封他为将军，命他在中原一带游击，他的高度才能和晋政府官员日益的贪污凶暴，使他的军队像滚雪球般越滚越多。

石勒的遭遇，充分地显示症结所在。即令把五胡全部迁到塞外，华夏民族也会起而抗暴，事实上华夏民族已经纷纷起而抗暴了，汲桑就是其中之一。

五胡乱华十九国立国时间都很短促，最短的只有三年，最长的也不过五十七年。而且并不全由五胡建立，也有华夏人插足其间。忽兴忽亡，错综复杂。我们为它们列出一表，使先有一个轮廓印象。表中加△记号的，指最重要的数国。

五胡十九国表：

世纪	年代	开国年	国别	开国君主	民族	首都	亡国年	年数	亡于
本世纪（四世纪）	头十年	304	成汉帝国	李雄	氐	成都（四川成都）	347	44	晋
			△汉赵帝国	刘渊	匈奴	平阳（山西临汾）	329	26	后赵
	一十	319	△后赵帝国	石勒	羯	襄国（河北邢台）	351	33	冉魏
	二十	320	前凉王国	张茂	汉	姑臧（甘肃武威）	376	57	前秦
	三十	337	△前燕帝国	慕容皝	鲜卑	邺城（河北临漳）	370	34	前秦
	五十	350	△冉魏帝国	冉闵	汉	邺城	352	3	前燕
		351	△前秦帝国	苻健	氐	长安	394	44	西秦
	八十	384	△后燕帝国	慕容垂	鲜卑	中山（河北定州）	407	24	北燕
			西燕帝国	慕容泓	鲜卑	长子（山西长子）	394	11	后燕
			△后秦帝国	姚苌	羌	长安	417	34	晋
		385	西秦王国	乞伏国仁	鲜卑	金城（甘肃兰州）	431	39	胡夏
		386	后凉王国	吕光	氐	姑臧（甘肃武威）	403	18	后秦
	九十	397	南凉王国	秃发乌孤	鲜卑	乐都（青海乐都）	414	18	西秦
			北凉王国	一任王段业	汉	张掖（甘肃张掖）	439	43	北魏
				二任王沮渠蒙逊	匈奴				
		398	南燕帝国	慕容德	鲜卑	广固（山东青州）	410	13	晋

(续表)

世纪	年代	开国年	国别	开国君主	民族	首都	亡国年	年数	亡于
下世纪 （五世纪）	头十年	400	西凉王国	李暠	汉	敦煌 （甘肃敦煌）	421	22	北凉
		405	西蜀王国	谯纵	汉	成都 （四川成都）	413	9	晋
		407	胡夏帝国	赫连勃勃	匈奴	统万 （陕西靖边）	431	25	吐谷浑
			北燕帝国	一任帝 高云	朝鲜	龙城 （辽宁朝阳）	436	30	北魏
				二任帝 冯跋	汉				

注：西秦王国于400年被后秦帝国并吞，于409年复国。

三　三国并立

依照上表所列，我们顺序叙述。

五胡乱华十九国中，最先建立的是成汉帝国。略阳（甘肃秦安）是氐民族集中地之一。上世纪（三）末，北中国大饥馑，千里枯槁，饿殍满道，略阳氐人扶老携幼，向南逃生。辗转进入益州（四川），分散各郡县，或给人做佣工，或经营小本生意。本世纪（四）第二年（301），乱得一团糟的晋政府忽然下令，要流亡各地的难民，全部遣返故乡。益州州长（刺史）罗尚，既昏又贪，认为发财的机会来了。一面严令氐人在限期内离境，一面设立关卡，把氐人所携带辛辛苦苦积蓄的一点财物，全部没收。愤怒的氐人这时得到八王之乱继续扩大、故乡仍然饥馑的消息，于是他们面临选择：一是回到略阳饿死，一是留下来被晋政府杀死，一是叛变。他们选择了叛变，推举酋长之一的李特为领袖，武装起来，向罗尚进攻。李特不久战死，他的儿子李雄在303年攻陷成都，罗尚逃走。304年，李雄在成都宣布建立成汉帝国。

但是，给晋政府致命创伤的不是远在西南边陲的成汉帝国，而是继起的另一个变民集团所建立的汉赵帝国。这我们要追溯到匈奴汗国最后一任君主呼厨泉单于，上世纪（三）216年，呼厨泉单于赴邺城（河北临漳）晋见当时宰相曹操时，曹操把他留下，划分匈奴汗国为五部，每部设一个都督，匈奴汗国从此灭亡。百余年来，匈奴人跟华夏人杂居通婚，绝大多数已经华夏化。以单于为首的贵族阶级，本姓栾提，现在自称是汉王朝公主的后裔，所以改姓为刘。本世纪（四）初，一位左贤王的孙儿刘渊出现，镇守邺城的皇太弟司马颖任命他当匈奴五部大都督，也就是实质上的单于。但他跟其他匈奴的高级贵族一样，限制居留在邺城，不能离开。304年，当蓟城（北京）将领王浚勤王，率兵南下时，刘渊乘机向司马颖建议说："王浚鲜卑兵团有十余万人，邺城部队恐怕不能抵抗。我愿为你效劳，动员匈奴五部兵力，共赴国难。"司马颖大喜，放他回去。刘渊回到左国城（山西离石北），立即集结五万余人。但司马颖已经崩溃，南奔洛阳。刘渊叹息说："司马颖真是一个奴才。"遂即宣布独立，建立汉赵帝国。

刘渊叹息司马颖是奴才，其实刘渊自己并不比奴才高明到哪里去。他局促于并州（山西）南部一隅，东迁西迁，最后定都平阳（山西临汾），始终不能扩张。假如不是大将石勒的游击战略把晋王朝的内脏挖空，刘渊可能归于覆没。刘渊于当了皇帝后不久逝世，经过一场夺位斗争，他的儿子之一刘聪继位。

——中国历史上呈现一种现象，那就是改朝换代型的混战，大概总在三十年或四十年左右。如果超过这个时限太久，割据将变成长期性的。汉赵帝国不能乘新生的力量把晋政府一举消灭，战争就不可能停止。

晋政府皇帝司马炽在司马越留守部队护送裴妃及东海世子，逃出洛阳后，像被遗弃的孤儿一样，无依无靠，哭天天不应，哭地地不灵，洛阳城里饥馑更严重，残余下来的居民互相刺杀，吞吃对方的尸体。司马炽想逃往东方的仓垣（河南开封西北），投奔一位向他表示效忠的大将，但当他和若干高级官员和眷属，徒步走到铜驼街时——从皇宫正门直通洛阳南门，是当时中国第一条最繁华的街道。街上已长满荒草，饥饿的群众向他攻击。他大声喊叫他是尊贵的皇帝，而攻击更加激烈，大概疯狂饥饿的群众想到皇帝更肥，司马炽只好退回皇宫，坐以待毙。不久，汉赵帝国大军云集，洛阳在毫无抵抗下，悄悄陷落，司马炽被俘。刘聪问他："你们司马家骨肉之间，为什么自相残杀得这么厉害？"司马炽说："汉赵帝国受天命而兴，司马家的人不敢劳动你们动手，所以自己先替你们铲除。"这段话相当沉痛。刘聪封司马炽为侯爵，却要他穿上平民衣服，遇到宴会时，又教他跟奴隶们混在一起，给客人斟酒，但后来仍把他杀掉。

司马炽被杀后，他的侄儿司马业，一个十四岁的孩子，被一批野心家带着逃到长安，宣布登极。但长安跟洛阳一样，也早成为一个孤岛，关中连年大饥馑，使长安比洛阳还要残破，这个数百年来一直是中国首都的区域，只

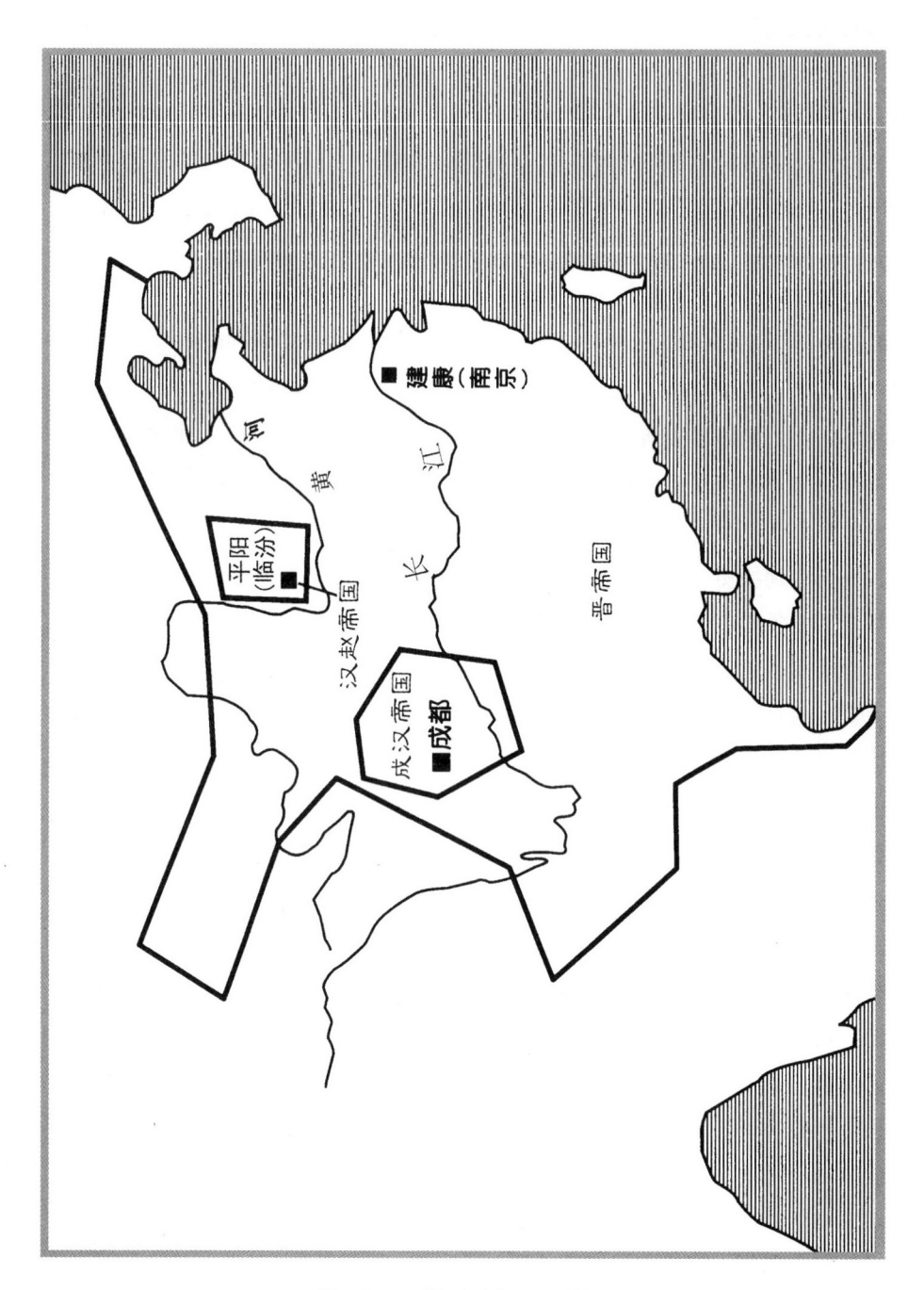

图一九　四世纪头十年·三国并立

剩下九十余户穷苦人家和四辆牛车。窘困到这种程度，根本无法生存。小朝廷勉强维持四年，到了316年，汉赵帝国兵临城下，司马业只好投降。刘聪打猎时，教司马业手执兵器，在前开路。去厕所时，又教司马业给他扇扇子，然而最后仍是杀了他。

——本世纪（四）头十年，中国境内三国并立：汉赵帝国、成汉帝国、晋帝国。——在晋政府不能控制全国的时候，我们不再称它为王朝。

四 五国并立

五胡乱华十九国都是短命王国，主要原因是，统治阶级一开始就严重地腐败，不知道珍惜他们的政权，加给它不是它所能负担的靳丧，使它一旦进入瓶颈，甚至还没有进入瓶颈，即行粉碎。我们用猴戏来说明，班主必须珍惜他衣食生命所寄托的猴子，假如不断使它饥饿，鞭打它，甚至乱刀砍它，它恐怕只有死翘翘。五胡乱华十九国充满了不珍惜猴子的班主，当他们把猴子虐待至死时，他们自己也只有跟着死，而且是惨死。

虐待猴子最尖锐的是汉赵帝国第二任皇帝刘聪，他的帝国即令在一连杀了两个晋帝国的皇帝之后，版图仍小得可怜，诚如他的大臣张宾所言："不过汉王朝的一个郡而已。"但刘聪荒淫凶恶的程度，即令大一统的暴君们都会震惊。在皇宫中，仅只正式皇后，就有五位，姬妾多达一万余人，常常几个月不出皇宫，不跟群臣见面，一心一意营建宫殿和搜罗美女。在诬陷他弟弟刘乂亲王谋反的一案中，千万高级干部于挖眼火烤酷刑后处死，首都平阳（山西临汾）几乎空了一半。318年，刘聪逝世，儿子刘粲比他父亲更荒唐更凶暴，即位后第一件事就是跟五位年龄都还不满二十岁的皇太后（也就是他父亲刘聪的五位皇后），日夜奸淫，不问国家大事。不到两个月，他的岳父（也是他父亲的岳父）宰相靳准，杀掉刘粲。不但杀掉他一个人，而且把刘姓皇族，不管男女老幼，全部屠杀。刘姓皇族坟墓，包括刘渊、刘聪的在内，全部剖棺焚尸。

——靳准为什么发动这场政变，是历史上的一个谜。从他杀人掘墓行为，可了解他对刘姓皇族怨恨入骨。但为什么怨恨入骨，没有人知道。

政变发生后，镇守襄国（河北邢台）的大将石勒和镇守长安的亲王刘曜，分别向平阳进军。靳姓家族无论男女老幼也被如法炮制，全部屠杀。刘姓皇族已经死尽，平阳已残破得成为荒城，刘曜继任皇帝，把首都迁到长安。

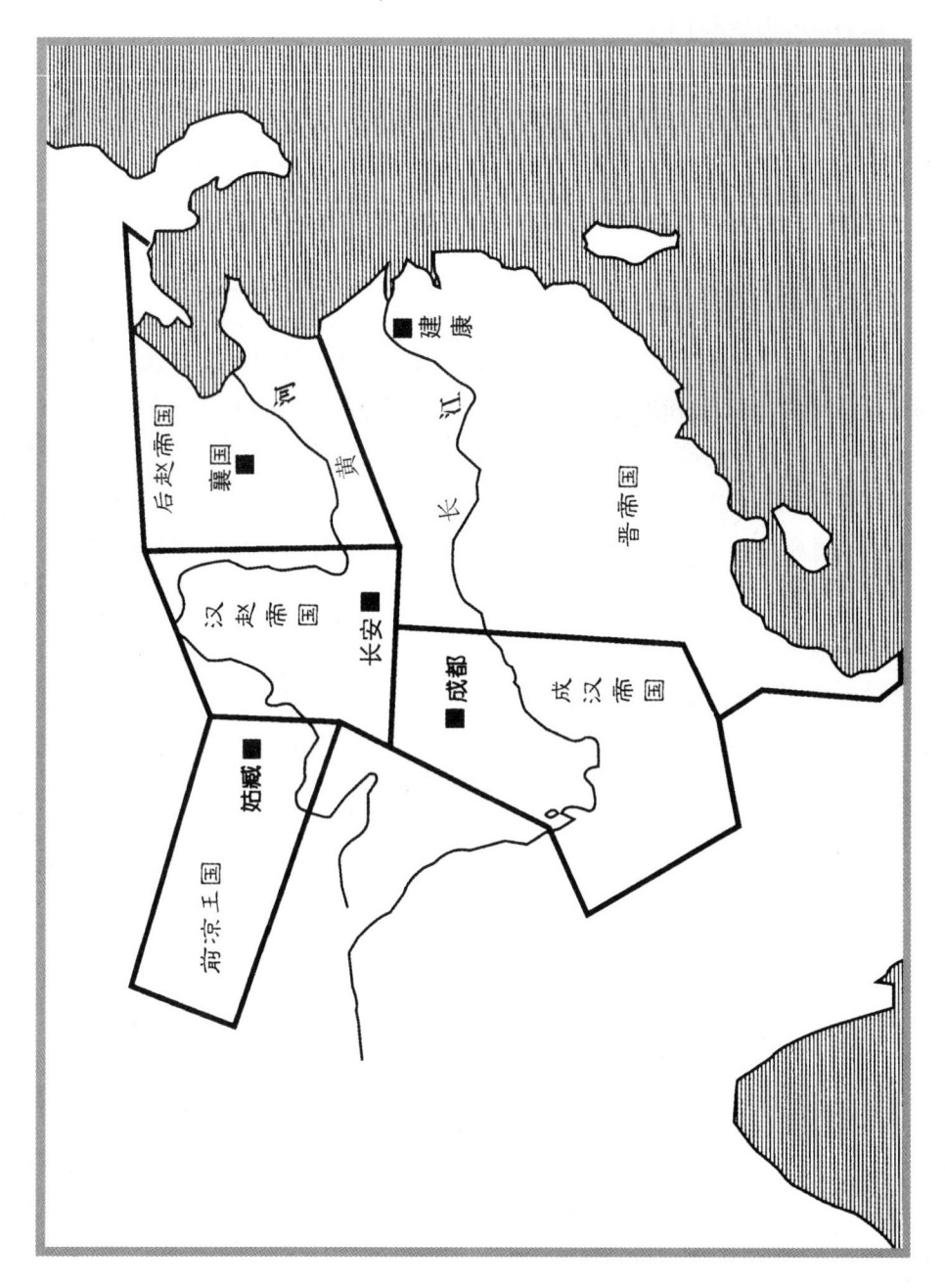

图二〇　四世纪二十年代初期・五国并立

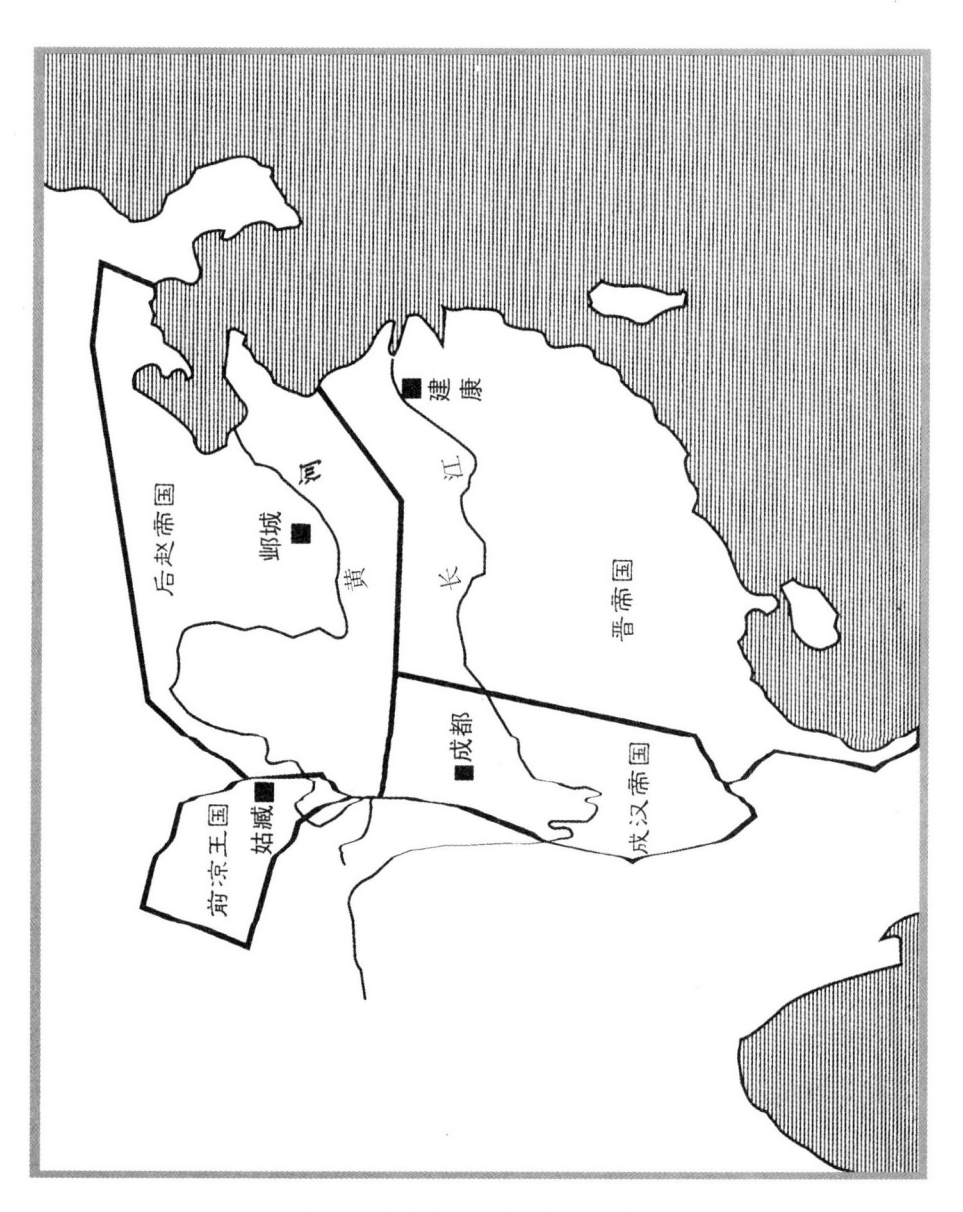

图二一　四世纪二十年代末期・四国并立

明年（319），石勒派了一个代表团到长安，向刘曜献礼致敬。石勒名义上虽然是汉赵帝国的大将，但汉赵政府并拘束不住他，石勒自己拥有一支庞大善战的部队，汉赵帝国一半以上的土地是石勒从晋帝国手中夺取，而且由他控制的。所以他派代表团入朝，象征中央政府的稳固。刘曜自然大喜过望，下诏封石勒为赵王，正副代表，也都封为侯爵，厚厚地赏赐，送他们回去。可是，代表团中有一个犹大型的小职员，愿留在长安，为了表功，他向刘曜打小报告说："石勒所以进贡，并不是效忠中央，而是另有其他的阴谋，目的在探听中央虚实。代表团早晨返回，石勒晚上就发兵攻击了。"刘曜那个简单的头脑，霎时震怒起来，把已踏上归途的代表团追回，不由分说，全体处斩。

这又是一件无法理解的事，世界上从没有用激怒的方法能够阻止对方攻击的，只有刘曜认为能够。代表团中只剩下副代表逃命回去，石勒立即宣布独立，脱离汉赵政府，在他军事力量所及地区，建立后赵帝国。

后赵帝国建立的明年（320），西北边陲晋帝国的凉州（甘肃武威）州长（刺史）张寔逝世，他的弟弟张茂继位后，悄悄地称王，于是又出现了一个扭扭捏捏，既不敢明目张胆地叛变，却又做出叛变之事的前凉王国。前凉的独立没有明显的日期，由地方割据发展为独立政权，往往如此。

——本世纪（四）二十年代初期，中国境内五国并立：汉赵帝国、后赵帝国、成汉帝国、前凉王国、晋帝国。

汉赵帝国和后赵帝国先天地仇深似海，不能和平共存。二十年代328年，在洛阳爆发决战，两国皇帝亲自出阵。然而，石勒如果是猛虎，刘曜则只能算是一头猪。当石勒小心翼翼布置战场的时候，刘曜却每天跟他的亲信赌博饮酒，凡是劝他接近军务、多体恤战士的，都被认为是妖言惑众，一律处斩。决战开始时，刘曜拼命喝酒，已经沉醉如泥，上马之后，为了表示他从容不迫，再度喝了又喝。于是两军一旦接触，他就坠马被擒。明年（329），他的儿子也被擒，父子同时处决。汉赵帝国短短二十六年，是五胡乱华十九国最先灭亡的一国。

——本世纪（四）二十年代末期，中国境内四国并立：后赵帝国、成汉帝国、前凉王国、晋帝国。

五　晋帝国局促一隅

当一十年代317年，长安陷落，晋帝国皇帝司马业被俘时，镇守建康

（江苏南京）的亲王司马睿（晋元帝），他是司马业的堂叔，宣布继位。在地图上看，晋帝国仍拥有淮河以南广大的南中国地区。但那时候长江以南还没有开发，跟十九世纪的非洲腹地一样，一片蛮荒，广州（广东及广西）、交州（越南北部）一带，更遍地毒蛇猛兽，行人稀少。版图固然很大，资源和兵源却十分贫乏。司马睿虽然口头上呐喊要北伐复国，但他内心并不愿意救出那个可怜的侄皇帝，而把自己从宝座上挤下来，所以他满足他的小朝廷局面。曾有一位将领祖逖，集结流亡的乡民，组成一支反攻部队，要求政府发给武器粮秣。司马睿不能也不敢公开地拒绝祖逖反攻，但他却恐惧祖逖反攻成功，因之只发给他一些朽败的武器，粮秣则完全没有。但祖逖仍然出发，在横渡长江时，他敲着桨楫说："我如果不能恢复中原，便像长江一样，永不再返。"他经过大小数十战，好不容易在与后赵帝国邻界地方建立一个据点，司马睿却派了一位亲信大臣当他的上司管辖他，祖逖忧郁而死。

当权人物如果自私无能，一定激起内变。司马睿又猜忌镇守武昌（湖北鄂州）的大将王敦，引用另一批亲信大臣跟他抗衡。王敦比祖逖的反应，强烈十倍，因为他握有当时晋帝国最大的兵力。于是，他起兵东下，宣称要肃清君主身旁的奸臣。322年，攻陷建康，把司马睿所有的亲信大臣杀了个净光，但仍维持司马睿的帝位。就在当年，司马睿一病而死，儿子司马绍（晋明帝）继位。324年，司马绍下诏讨伐王敦，王敦再起兵东下，这一次他决心取消司马家的统治。但他没有上一次那么好的运气，在围攻建康时，他病卒于军营，军队溃散。

司马绍只当了三年皇帝，于325年逝世，他的五岁儿子司马衍（晋成帝）继位，由二十余岁的年轻母亲庾太后抱着孩子听政，庾太后的兄长庾亮当宰相。庾亮跟镇守历阳（安徽和县）的大将苏峻不睦，他下令征调苏峻当农林部长（大司农），在动乱的时代里，没有一个将领肯心甘情愿地放弃军权，苏峻也不能例外。他上报告说，宁愿调到北方边界青州（山东北部）与敌人作战。庾亮硬是不准，苏峻遂起兵叛变。328年，苏峻攻陷建康，庾亮逃走，他的妹妹庾太后自杀。不过苏峻在不久之后的一次战役中，坐骑忽然跌倒，被勤王军射死，内战才告一段落。

晋帝国除了不断地打内战，还面临着另一个形势，即北方大批流亡客，跟江南土著人士之间，发生严重的冲突。这些流亡客大多数由一个家族集团或一个乡里集团组成，他们并不以逃难者自居，反而以征服者自居。到达一个地方，立即着手开垦荒地，或借着政治力量，向土著的耕地侵蚀，更垄断山川湖泊，成为当地的新主人。我们举一个不著名的小地主孔灵符为例，作为说明。孔灵符身无一文地逃到江南，但不久就在永兴（浙江萧山）拥有一个周围十六公里的庞大庄园，包括二百六十亩农田，两个山岭和九所菜园。孔灵符不过是一个官员的弟弟而已，本身还不是官员。我们可以合理地推断其他千万个孔灵符和千万个比孔灵符更有势力的人，所加到土著身上的迫害。

南迁的晋政府实质上是一个流亡政府，由一些在北方幸而没有被杀，又幸而逃到江南的士大夫组成，统治一个他们根本不了解的世界。稍久之后，流亡政府渐变为殖民政府，土著人士在政府中没有地位，且受到轻视。土著人士也用轻视来回报，称呼流亡客人为"伧人"，意思是没有教养的俗汉。主客互相仇恨的结果，引起不断的摩擦，甚至流血。最早发生于315、316两年的民变，杀死吴兴（浙江湖州）郡长（太守），就是土著人士的武装反抗。

至此，晋帝国不能反攻复国的原因，至为明显。一个没有民众基础，而又不停内斗的流亡政府，像用火柴搭起来的亭台楼阁，能维持现状，已是老天爷保佑了。

六　北中国的大混战

后赵帝国开国皇帝石勒于三十年代333年逝世，这个传奇人物，是五胡乱华十九国中最英明的君主之一，他如果早日南征，晋帝国可能抵御不住，他会统一中国。但年龄衰老使他壮志消磨，他死后，儿子石弘继位，石勒的侄儿石虎把石弘杀掉，自己上台，自襄国（河北邢台）迁都邺城（河北临漳）。

石虎上台后不久，337年，晋帝国最东北边陲的平州（辽宁）州长（刺史），鲜卑酋长之一慕容皝，在棘城（辽宁义县）建立前燕王国（他的儿子慕容儁改为帝国）。但晋帝国虽然失去东北，却很实惠地收回西南。四十年代347年，大将桓温进攻成汉帝国。决战时发生一件只有童话里才有的插曲，当晋军抵达成都城下时，成汉兵团猛烈抵抗，流箭直射到桓温马前，桓温吓得魂不附体，急急下令退却。可是不知道什么原因，击鼓军士却糊里糊涂击出进击的鼓声，晋军猛烈反扑，成汉兵团溃败，最后一任皇帝李势投降，立国四十四年的成汉帝国，到此灭亡。

后赵皇帝石虎，比刘聪更凶暴百倍，他跟一条毒蛇一样，脑筋里只有两件事，一是性欲，一是杀戮。他在首都邺城（河北临漳）以南开辟了世界上最大的狩猎围场，任何人都不许向野兽掷一块石头，否则就是"犯兽"，要处死刑。官员们遂用"犯兽"作为敲诈勒索的工具，一个人如果被指控犯兽，就死定了或破产定了。石虎不断征集美女，有一次一下子就征集三万人，后赵政府官员强盗般的挨家搜捕，美女的父亲或丈夫如果拒绝献出他的女儿或妻子，即被处决。仅四十年代345年，就为此杀了三千余人。当美女送到邺城时，石虎龙心大悦，凡有超额成绩的地方首长，都晋封侯爵。但等到这暴政引起人民大规模逃亡时，石虎又责怪那些新晋封侯爵的地方首长不知道安抚人民，一律斩首。为了容纳这些美女，石虎分别在邺城、长安、洛阳，三大都市，兴建宫殿，动员人民四十余万，日夜不停地工作。石虎又宣称要进攻晋帝国，下令征兵，家有三个男人的征两人入营，制造盔甲的工匠就有五十余万人，制造船舰的工匠也有十七万人。这些工匠三分之二在征调途中被水淹死或被因田亩荒凉而被出没无常的野兽所吞食。士兵比工匠更苦，后赵政府不但不供应粮食，每五个士兵还要献出一辆牛车、两头牛和十五斗米。人民卖子卖女来供奉石虎的挥霍，等到子女卖尽或没有人再买得起时，世界上最和平善良的中国农民，便全家自缢而死，道路两侧树上悬挂的尸体，前后衔接。

石虎很爱他的儿子，他曾经大为诧异地说："我实在弄不懂司马家为什么互相残杀，像我们石家，要说我会杀我的儿子，简直不可思议。"他的长子石宣封皇太子，次子石韬封亲王，这一对弟兄凶暴行径，不亚于老爹。348年，石宣讨厌石韬宫殿的梁木太长，派人把石韬刺死，并且准备把老爹同时干掉，提前登极。石虎的反击迅速而残忍，他率领妻子、姬妾和文武百官，登上高台，把石宣绑到台下，先拔掉他的头发，再拔掉他的舌头，牵着他爬到事先准备好的柴堆上，砍断手足，剜去眼睛，然后纵火烧死。石宣所有的妻子、姬妾、儿女，全都处斩，石宣的幼子才五岁，做祖父的石虎十分疼爱，老泪纵横地抱在怀中，当行刑官来拖孩子时，孩子拉着祖父的衣服大哭，小手不肯放松，连衣带都被拉断，但终被硬拖去杀死。太子宫的宦官和官员，都被车裂。太子宫卫士十余万人，全部放逐到一千二百公里外跟前凉王国交界处的金城（甘肃兰州）。

石虎的疯狂兽性，为他所属的整个羯民族带来灭种噩运。他五岁孙儿临死的一幕，使他一病不起。明年（349），即行逝世。儿子石世登极三十三天，被另一个儿子石遵杀掉。石遵登极一百八十三天，又被另一个儿子石鉴杀掉。石鉴登极一百零三天，又被他的大将冉闵杀掉。冉闵是华夏民族，他下

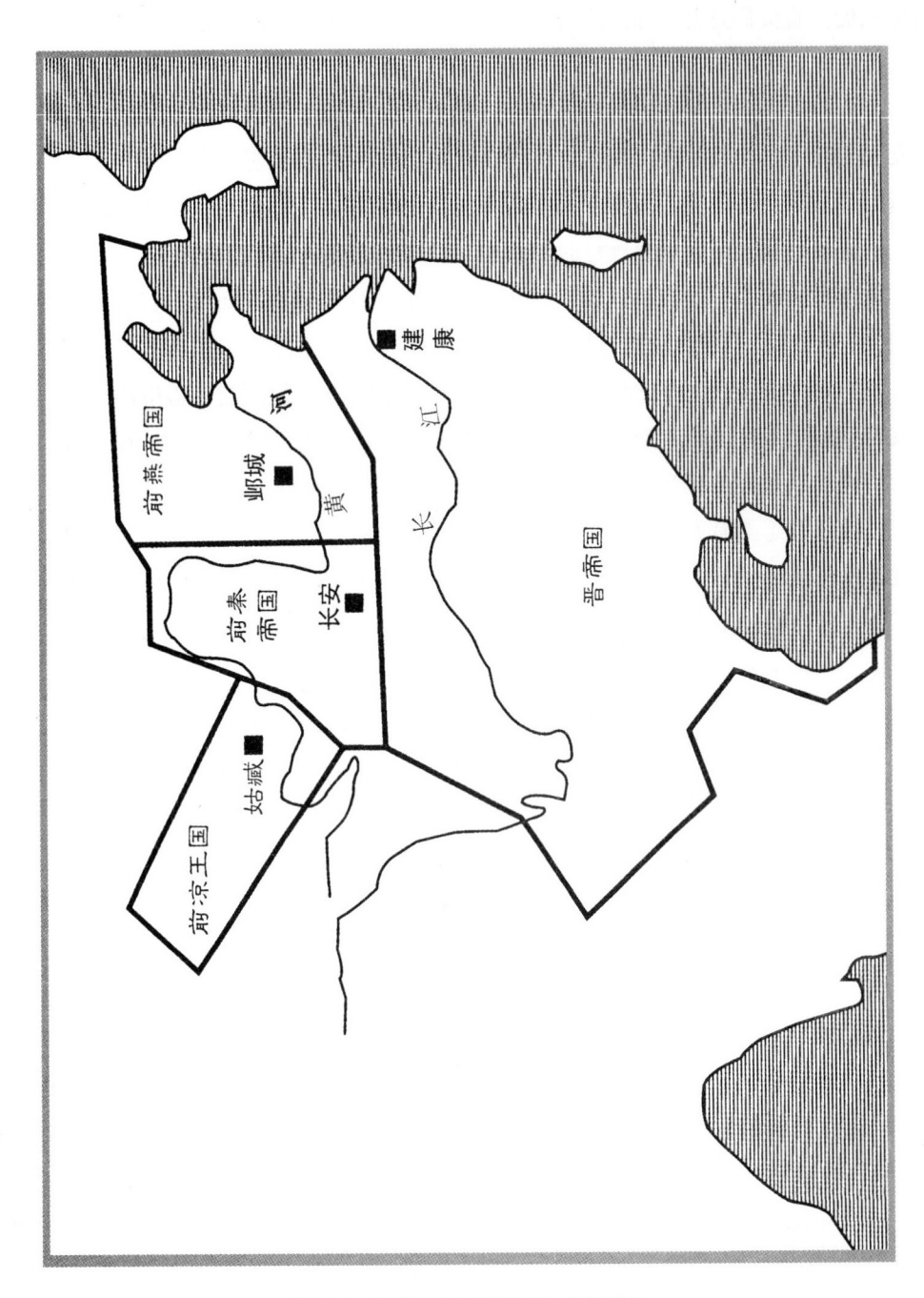

图二二　四世纪五十年代初期・四国并立

令说:"凡杀一个胡人,官员升三级,士兵升牙门将。"只首都邺城地区,被屠的就有二十万人,包括羯民族所有亲王大臣和贩夫走卒。人民对石虎暴政所蕴藏的愤怒,报复到整个羯民族身上,这报复是可怖的,羯民族从此在中国消失。石鉴的弟弟石祗,在故都襄国(河北邢台)继位,支持一年。明年(351),被部下所杀。后赵帝国建立三十三年,在血腥中灭亡。

冉闵于350年杀掉石鉴后,在邺城建立冉魏帝国。但他只是个项羽型人物,有军事头脑而没有政治头脑,所以他无法接收后赵帝国遗留下来的空间,只能控制邺城以南部分地区。被石虎征调驻防在枋头(河南浚县西南淇门渡)的氐民族部落酋长苻健,乘着混乱局势,率领他的部队,向西进入关中。明年(351),就在长安宣布独立,建立前秦帝国。而远在东北边陲属于鲜卑民族的前燕帝国,也乘着中国本土沸腾,大举南下。再明年(352),跟冉魏帝国在廉台村(河北定州)决战,冉闵马倒被擒。大概为了替胡人报仇,前燕帝国把冉闵打了三百鞭之后斩首。遂进围邺城,邺城饥馑,那些被石虎千方百计搜罗来的数万美女,不是饿死,就是被饥饿的士兵烹食。邺城很快地陷落,短命中更短命的冉魏帝国,只有三年。前燕帝国遂把首都迁到邺城,和前秦帝国东西对峙。

——本世纪(四)五十年代,中国境内四国并立:前燕帝国、前秦帝国、前凉王国、晋帝国。

七　前秦帝国的茁壮

五十年代和六十年代,中国有一段将近二十年的和平。就在这短暂的和平期间,前秦帝国出现一位足可媲美石虎的暴君苻生,这个自幼瞎了一只眼的二十一岁青年,身旁不离铁锤钢锯刀斧之类的凶器,一言不合,就亲自动手。大宴群臣时,凡是不酩酊大醉的人,苻生就教弓箭手一一射死。苻生尝问他的大臣:"你看我是一个怎么样的君主?"被问的人惶恐说:"陛下是圣主。"苻生大怒:"你谄媚我呀。"处斩。再问别人,那人谨慎地回答:"陛下是仁君,只刑罚稍微重一点。"苻生同样大怒:"你诽谤我呀。"也处斩。他命宫女与男人性交,亲自率领群臣在旁观看。又命宫女与羊性交,看她能不能生下小羊。又把牛、马、驴、羊等活活剥皮,使它们在宫殿上奔跑哀鸣。或者把人的面皮剥下,再教他表演歌舞。苻生杀得高兴时,把政府中所有的高级官员,包括宰相元帅，统统在谋反的罪名下处决。又杀掉他的妻子梁皇后，他的舅父劝他少杀，他用铁锤击碎他舅父的头顶，脑浆迸裂。苻生因只有一只眼的缘故，所以最忌讳"少""无""缺""伤""残"之类的话。有一次他问宫廷御医（太医）人参的功用，御医回答说："虽然少少一点，力量却很大。"苻生下令把御医双眼挖掉，然后斩首。他常用的刑罚有四种：砍断双腿、拉碎胸骨、锯颈、剖腹。然而可惊的还是他颁布的一份著名的苻生诏书，诏书上说："我当皇帝，乃受上天之命，坐的是祖宗传下来的宝座。既然身为天下元首，自把人民当作子女一般爱护。可是我自即位以来，不知道有什么地方不对，竟有人信口诽谤，归恶政府。我所杀的都是证据确凿的叛徒，数目不满一千，怎么能说残忍？街市行人，拥挤如常，怎么能说纷纷恐惧逃亡？我现在严重宣告，只要是合理合法、合正义合真理的事，我仍一本初衷，全力以赴，继续负起我对国家的责任。"

一个人到了这种不可理喻的地步，任何正常方法都会失效。五十年代357年，苻生的堂弟苻坚，率军闯入皇宫，把苻生杀掉。苻坚也是五胡乱华十九国最英明的君主之一，前秦帝国在他的治理下，走上轨道。他任用华夏民族一位平民出身的王猛当宰相，是他最大的成功。自从盘古开天辟地，到十九世纪为止，中国伟大的政治家，可怜兮兮的只有六位：管仲、公孙鞅、诸葛亮、王猛、王安石、张居正。王猛是其中之一。他们对国家的贡献是：特权阶级受到抑制，贪污腐化减少，行政效率提高，社会由紊乱而有秩序，国家由弱而强。所以前秦帝国迅速地茁壮，雄厚的国力使苻坚跃跃欲试地向外扩张，第一个目标当然是东邻的前燕帝国。

不过，促使前秦、前燕两国大战的，却由于晋帝国的北进。南迁后的晋帝国一直忙于内争，国力奄奄一息。平民崛起的大将桓温，于四十年代347年灭掉成汉帝国，收复益州（四川）、宁州（云南）广大领土，使政府受到鼓舞。349年，后赵帝国崩溃，晋帝国褚太后的父亲褚裒，认为天赐良机，率领大军向中原反攻，这个纨绔的冬烘老朽，根本不是建立功业的人物，出兵后不久就被冉闵的大将李农击溃，几乎全军覆没。五十年代353年，前燕帝国基础还没有稳固，晋帝国那些腐烂士大夫一致崇拜的隐士出身的大臣殷浩，再乘机率领大军向中原反攻。但刚刚出发，他的前锋部队即行叛变，回戈攻击，他也几乎全军覆没。两次狼狈的军事行动，证明晋帝国实在已败坏到不可救药的程度。然而，到了六十年代369年，桓温以二十年前灭国的威望，第三次向中原反攻。

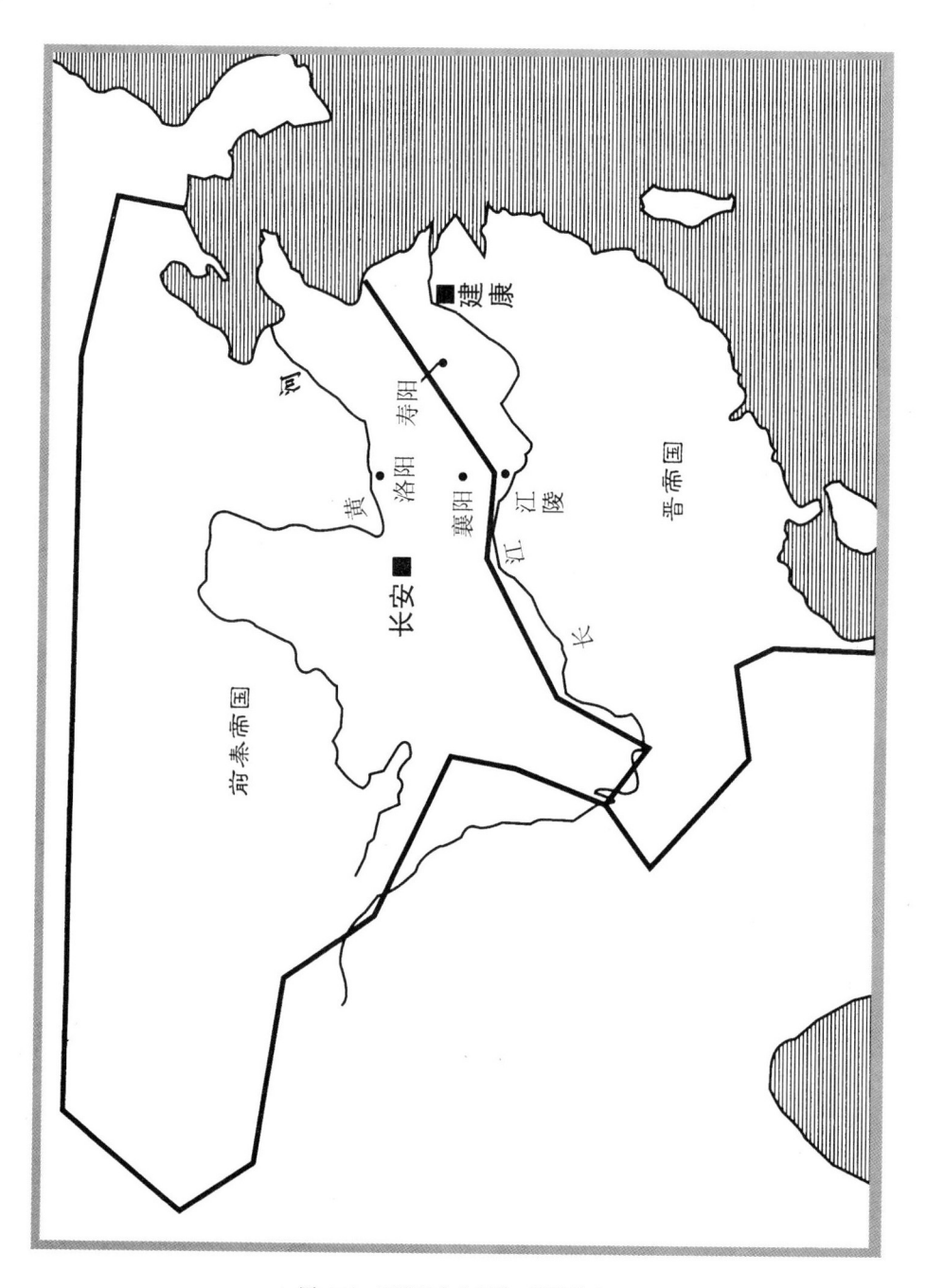

图二三 四世纪七十年代·两国并立

前燕帝国那时候的皇帝慕容暐，只有二十岁，国家大事由他母亲可足浑太后和宰相慕容评主持。晋军节节胜利，前燕不能抵挡，慕容评慌了手脚，打算放弃邺城（河北临漳），退回老巢龙城（辽宁朝阳）。慕容暐的叔父慕容垂亲王自告奋勇迎战，慕容评一面命慕容垂出兵，一面向前秦帝国求救，应许击败敌人之后，把虎牢关（河南荥阳西北）以西包括洛阳在内地区，割让酬谢。这时晋军已渡过黄河，挺进到邺城南九十公里的枋头。慕容垂奋勇抵抗，派出奇兵切断晋军漫长的粮道。现在轮到桓温慌了手脚，只好撤退，一直安全地退到襄邑（河南睢县），尾追在背后的前燕兵团合围，晋军大溃，死三万余人。接着前秦援军也到，晋军再度大溃，又死一万余人。

前燕帝国转危为安，可足浑太后和慕容评立刻做了两项自以为很明智的决定：第一，慕容垂已成为民族英雄，对皇帝的宝座——至少对宰相这个位置，是一个潜在威胁，决定把他铲除。慕容垂得到消息，深夜逃亡，投奔前秦帝国，苻坚亲自到长安郊外迎接他，待作上宾。第二，当前秦帝国索取虎牢关以西土地时，慕容评口齿伶俐地回答说：“有国有家的人，守望相助，事属平常，没有人说过割地的话。”苻坚不甘心受愚弄，战争即行爆发。

前秦元帅王猛，前燕元帅慕容评，各统本国兵团，在潞川（山西潞城）决战。前燕兵团三十余万人，以鲜卑人为主，本是一支劲旅。可是慕容评却是天下最奇异的统帅，他对睫毛前的危机毫不在意，却在防区之内，派兵把守山隘河渡，向砍柴汲水和渡河来往的乡民，大收捐税。不久他就狠狠地发了大财，钱帛堆积如山。王猛听到后，忍不住失笑（任何人听了都会失笑，只有当事人觉得乘机改善一下生活，是一件严肃的事，没有什么可笑的）。决战布置妥当，七十年代第一年370年的冬天，前秦兵团发动总攻，前燕兵团在意料中的一溃而散。邺城接着陷落，慕容暐被俘。前燕帝国建立三十四年，匆匆而亡。

苻坚遂即转向西北前凉王国，六年后的376年，他派两位使节去姑臧（甘肃武威）做和平谈判。前凉最后一任国王张天锡，把两位使节绑到姑臧城外，乱箭射死，以表示他誓死抵抗侵略的决心。不过，凡是靠流别人的血以表示出来的东西——不管是决心或是忠贞，都不可靠。前秦兵团不久抵达，张天锡虽然誓死，却不愿真死，反而向前秦兵团投降。前凉王国建国五十七年，是短命王国中最长命的一国。

——本世纪（四）七十年代，中国境内两国并立，前秦帝国在北，晋帝国在南，隔淮河对峙。

八　淝水战役——历史的命运

前秦帝国宰相王猛于375年逝世，这对苻坚的影响，犹如公元前七世纪管仲逝世，对姜小白的影响一样。管仲临死时向姜小白所做的建议，姜小白大大地不以为然。王猛临死时向苻坚所做的建议，苻坚也大大地不以为然。王猛警告苻坚说："国家的死敌不是晋帝国，而是杂处在国内的鲜卑人和羌人，他们的首领又都在政府中身居要职，有些更掌握兵权。我们最大的隐忧在此，必须早日纠正。"临终时再强调这个警告："严防鲜卑，严防羌。"但苻坚是一个胸襟开阔，从不猜忌人的人。这种高贵的情操必然产生一种观念，认为只要诚心待人，对方一定诚心待我。所以他对那些投降或被俘的帝王将相，从不杀戮。甚至如鲜卑亲王慕容垂，羌部落酋长姚苌，反而引为知己，宠爱有加，授给他们高等官爵和很大权柄。苻坚的错误并不在此，而是在王猛逝世之后，他实施的一项重大的决策。即把祖居关中的氐民族，分批随同出镇的贵族，前往全国各地驻防。在氐人大量迁出之后，苻坚却把前燕故地的鲜卑人，大量移入关中。前秦帝国是氐民族建立的，苻坚的意思可能是想使数量上居于劣势的氐民族控制全国每一个重要据点，作为一种安定力量。而把鲜卑人和羌人置于天子阙下，便于镇压同化。这构想是正确的，问题是，当中央政府力量强大时，控制据点即等于控制全面，而一旦中央政府力量瓦解，据点便等于虚设，只有被个别吞噬的命运。至于同化，那需要时间，至少五十年一百年，才能收到效果。

苻坚统一北中国后，下一个目标是统一全中国——这是任何分裂时代，每一位英雄豪杰都具有的愿望。八十年代383年，苻坚南征，命他的弟弟苻融率领步骑联合部队二十五万，担任先锋。苻坚亲率步兵六十万、骑兵二十七万的主力部队，随后续进，总共一百一十二万人。纵在一千六百年后的二十世纪来看，这也是一个雷霆万钧的数字。大军从长安出发，直指晋帝国边境重镇寿阳（安徽寿县）。

消息传到建康，像大地震一样，晋帝国大小官员一个个面无人色，宰相谢安更目瞪口呆，赖以抗敌救亡的大将谢石和先锋谢玄，总共只有兵力五万人。派遣紧急赴援寿阳的将领胡彬，也只有水军五千人。用这一小撮胆战心惊的部队去抵御一百一十二万能征惯战的强敌，其结果比鸡蛋去碰石头，还要明显。人心惶恐，不可终日。谢安不是靠才干而是靠门第取得高位的，谢

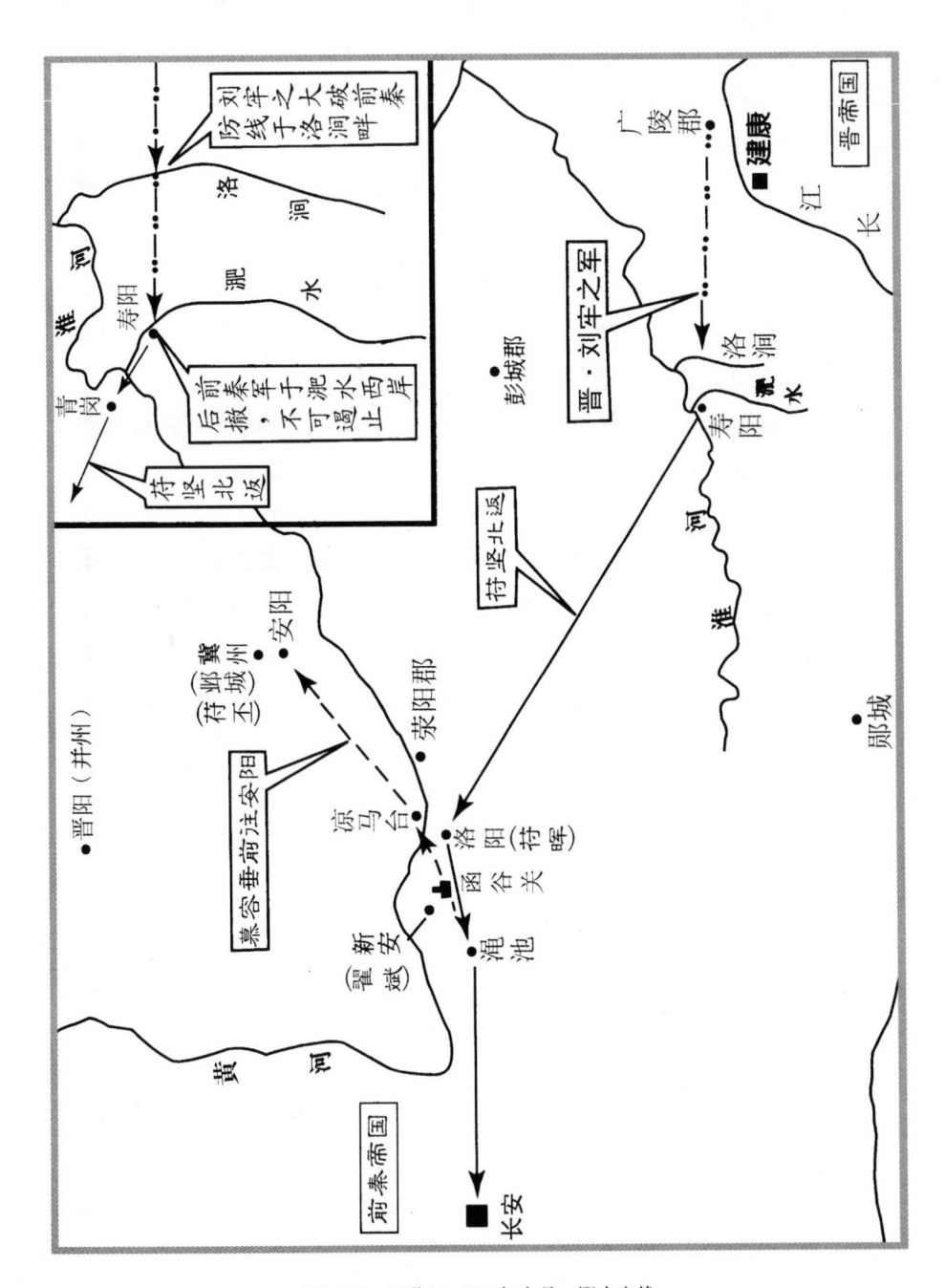

图二四　四世纪·383年十月　淝水之战

石是谢安的弟弟，谢玄是谢安的侄儿，政府大权，久在谢姓家族之手，皇帝司马昌明不过是个木偶。谢玄向谢安请示军机，谢安连他自己都不知道应该怎么办，只茫然说："另外有命令。"在意料中的当然不会有什么另外命令。谢玄请人再去请示，谢安索性出城游山玩水，以躲避必须答复的压力，一直玩到深夜才回。远在上明（湖北松滋）的大将桓冲，派遣三千精兵，入卫建康，谢安把他们遣回说："首都已有准备。"其实首都根本没有准备，谢安也从没有找过任何人商量如何准备。像一只把头埋在沙堆里的鸵鸟，谢安只把头埋在宰相府里，不敢向现实张望。然而，他跟其他颠顶人物有一点不同，他有空前的好运气。

谢石、谢玄既然在最高当局那里，得不到什么指示，只好统军出发。将到淝水（东淝河），不敢再进。这时寿阳陷落的噩耗传来，军心沮丧。提前出发救援寿阳的胡彬水军，失去目标，向后撤退，而粮道又被切断，胡彬向总司令谢石告急："敌人强劲，我军无食，此生恐难相见。"偏偏这个传令兵又被前秦兵团的巡逻队擒获，晋军虚实，完全暴露，可以说一切不幸都落到摇摇欲坠的晋帝国头上。前秦兵团先锋司令苻融看了胡彬的告急文件，向苻坚报告说："晋军既弱又少，一击即破。我们必须迅速行动，才能一举把它的主力摧毁，免得逃脱。"苻坚这时才行军到距寿阳一百七十公里外的项城（河南沈丘），接到报告后，立即命大军随后急进，自己率领轻骑兵八千人，昼夜奔驰，赶到寿阳跟苻融相会。遂即派遣部长级官员朱序，向谢石招降。朱序原是晋帝国雍州（湖北襄樊）州长（刺史），被前秦帝国俘虏，他心中始终怀念故国。他秘密告诉谢石："前秦如果百万大军集结完成，恐怕无法抵挡。但现在他们大军在后，寿阳城内，只二十余万人，你最好立即行动，如果能先击败先头部队，对他们士气是一个打击。然后再和大军决战，才有胜利希望。"谢石决定照朱序的话孤注一掷，向淝水挺进。前秦兵团在淝水北岸构筑工事，谢石派人告诉苻融："你们领兵深入，当然为了求战，现在隔河相峙，好像做长久打算，岂不有失初意。请向后稍退，让我们渡河。"强敌当前，弱小的一方竟敢渡河，只有天绝其魄的人才选择此一死法。苻坚告诉苻融说："等他半渡，我们用铁骑冲击，使他无一人生还。"于是，答应谢石的请求，下令退却。

——公元前七世纪城濮战役时，发生过"退避三舍"的故事。晋国军队在楚王国强大兵力之前，后撤四十五公里，营阵严整，楚军尾追不舍，始终无法突击。晋国君主姬重耳在高处下望，看见他的部队井然的秩序，感慨地说："这都是元帅郤縠的功劳，有军如此，任何敌人都能克服。"

现在一千零一十五年后，前秦帝国也在敌前退军，而且是一种在绝对优势下诱敌深入的谋略退军。敌人既弱又少，还隔了一条使敌人不能立即发动攻击的淝水，理应十分安闲而从容不迫。可是前秦帝国却缺少一位郄縠，退却令下，前秦兵团向后移动，想不到这一移动就像山崩地裂，不可遏止。我们有理由相信，苻坚这个退却命令，是他直接向全军颁发的，所以全军同时行动，乱哄哄的变成排山倒海般狂奔，以致失去控制。谢石乘着敌人汹涌后退之际，毫无困难地渡过淝水，闪电般展开攻击。苻融亲自出马，绕着大军边沿掠阵，企图阻止他的军队后退，可是坐骑忽然栽倒，竟被乱兵践踏而死。朱序乘机在后高呼："秦兵大败了。"前秦兵团本来是主动撤退的，到此竟一溃而不可收拾，互相夺路，向北逃命。苻坚随着乱军逃走，几乎被流箭射死。

这是著名的淝水战役，其实并没有"战"，而只有"役"，前秦帝国不是战败，而是退败。我们固可事后在前秦帝国内部找出必败的原因，但在晋帝国内部，我们却找不出必胜的原因。我们只好相信即令是国家巨变，或在致千万人于死的战争中，都有命运的影响，至少晋帝国靠命运得以免去覆亡。一种不能预见、不可想象的冲击介入，产生的连锁反应，能使历史的巨轮停顿或转向。赤壁战役（208）使中国统一延缓七十年，淝水战役使中国统一延缓两个世纪。

九　八国并立

对强大的前秦帝国而言，淝水战役仅是一次战场上的失败，更只是一次先头部队的失败，国家主力毫无损伤。依正常情况判断，苻坚可以立刻发动再一次攻击，再糟也不过跟赤壁战役之后的曹操一样，两国继续对峙。可是，前秦帝国包括的民族太复杂了，作为国家主干的氐民族，为数既少，而又分散四方。帝国像建立在沙滩上，淝水战役使它倾斜。以后一连串错误的适应，使它倒塌。

淝水战役的当年（383），苻坚随着败兵逃到洛阳，他亲自统率的那些尚未到达淝水的大军，也闻风溃散。鲜卑籍大将慕容垂向苻坚建议，国家新败，黄河以北人心浮动，最好派他前去宣慰镇抚。苻坚很感谢他，派他前往。慕容垂于渡过黄河后，384年正月，立即号召前燕帝国的鲜卑遗民复国，称他的帝国为后燕帝国。

新近被迁到关中（陕西中部）的鲜卑人，听到慕容垂的消息，在另一位

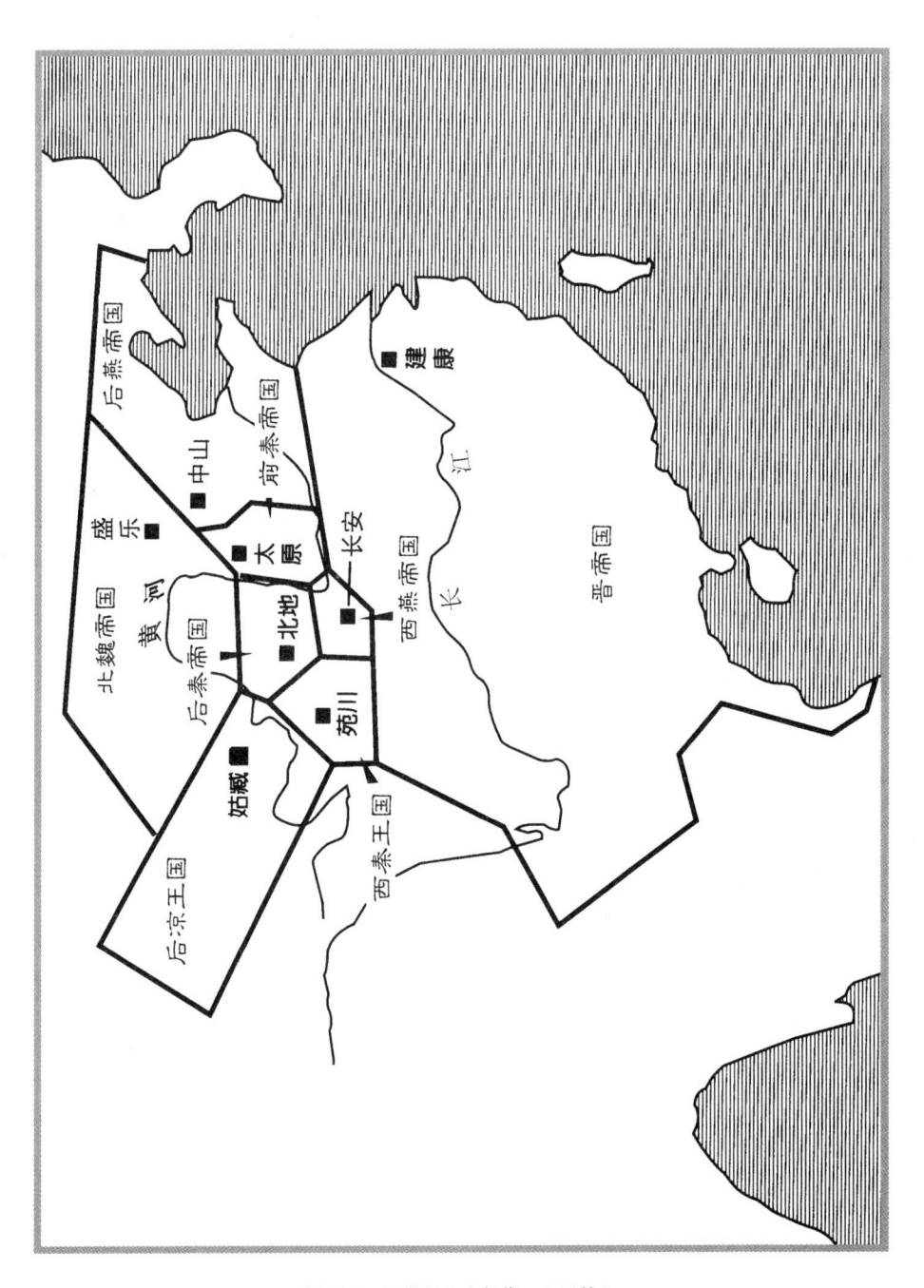

图二五　四世纪八十年代・八国并立

亲王慕容泓领导下，集结在华阴（陕西华阴），组织政府，称西燕帝国。苻坚命他的儿子苻叡当元帅，羌籍大将姚苌当参谋长，讨伐叛徒。西燕帝国不过是一群乌合之众，但苻叡却大败阵亡。姚苌派遣两个军事参谋官向苻坚报告请罪，苻坚一向是宽宏大量的，却忽然褊狭起来，大怒之下，把那两个军事参谋官杀掉。姚苌当然恐惧，他率领他的以羌人为主的部队，向北方逃走。逃到北地（陕西耀县）跟他同族的其他酋长会合，索性叛变，建立后秦帝国。

明年（385），前秦帝国瓦解的速度加快。西燕帝国在战败苻叡后，改变主意，暂时放弃东归的念头，进围长安。关中（陕西中部）氐民族既然大量迁出，苻坚不能再集结更多的武装部队，只好留他的儿子镇守长安，他自己突围向西，计划到南安（甘肃陇西）一带氐民族老根据地，动员兵力，再回来解救长安。可是大饥馑使长安不能固守，他一离城，就告陷落。苻坚西行到五将山（陕西岐山北），被后秦帝国的巡逻部队截获，送到新平（陕西彬县）石佛寺。姚苌向苻坚索取皇帝传国玉玺，苻坚大骂他忘恩负义，姚苌就把他缢死。姚苌于二十年前在绑赴刑场处斩时，被当时还是亲王的苻坚救下来。所以连后秦的羌人部队，都为这一代伟人的悲剧，流下眼泪。

苻坚死后，他的儿子苻丕在晋阳（山西太原）继位，但前秦帝国已走到尽头。居住苑川（甘肃榆中）的另一支鲜卑民族的一位酋长乞伏国仁，在勇士堡（甘肃榆中）独立，建西秦王国。又明年（386），淝水战役前夕，苻坚派往征服西域（新疆）的氐民族大将吕光，于征服西域后胜利归来，走到姑臧（甘肃武威），听到苻坚死亡的消息，归途又被新兴起的西秦王国阻断，于是他就在姑臧当起王来，建立后凉王国。

同年（386），五胡乱华十九国之外的另一国——由漠北鲜卑酋长拓跋珪建立的代王国（稍后改称北魏帝国），在遥远的塞外盛乐（内蒙和林格尔）悄悄崛起，它是一个微不足道的简陋政权，臣服后燕。但它不属于五胡乱华的十九国，因为它的寿命比任何一国都长，长达一百七十一年，在大分裂时代后期的南北朝时代，担任主要角色。

——本世纪（四）八十年代，中国境内八国并立：前秦帝国、后燕帝国、西燕帝国、后秦帝国、西秦王国、后凉王国、北魏帝国、晋帝国。

一〇　九国并立

前秦帝国瓦解，北中国的混战遍及每一角落，兵燹和大饥馑，纵横千里，都是枯骨。人与人之间互相残杀，煮食对方的尸体——这种悲惨的命运在中国历史上太多太多了。

九十年代394年，前秦帝国挣扎到最后一任皇帝苻崇，被西秦王国所灭，建国四十四年。同年，放弃长安，东进到长子（山西长子）建都的西燕帝国也被后燕帝国所灭，建国十一年。然而，三年之后（397），从后凉王国又分裂出两个王国：鲜卑民族的南凉和匈奴民族的北凉。中国境内，仍八国并立。

北魏帝国在塞北悄悄崛起，是一件当时没有人看到眼里的大事。它向后燕帝国进贡，以求得到保护。后燕帝国最初也确实尽到了宗主国的责任。可是后燕的开国皇帝慕容垂年纪日老，跟外界的接触也日少，由他那花花大少型的皇太子慕容宝掌握大权。391年，北魏帝国开国君主拓跋珪派他的弟弟拓跋觚，到后燕首都中山（河北定州）朝觐，慕容宝向他索取良马，拓跋觚拒绝。慕容宝就把拓跋觚扣留不放（这使我们想到公元前六世纪九十年代楚王国宰相芈囊瓦）。两国关系，自此破裂。慕容宝对蕞尔小国的北魏竟不肯屈服，觉得大丧面子，他用种种方法在老爹面前挑拨，到了395年，已经昏聩了的慕容垂终于被激怒，命慕容宝率领九万精兵，讨伐拓跋珪。拓跋珪采取坚壁清野战略，慕容宝长驱直入，行军四百余公里，如入无人之境，一直抵达黄河北岸，不见敌踪。但与首都中山的联络，却被拓跋珪的奇兵切断，得不到后方消息。拓跋珪又教人散布谣言说，本已患病的慕容垂，已经死亡。慕容宝疑惧不安，最后只好撤退。退到参合陂（山西阳高）时，拓跋珪的大军追及，合围总攻，后燕兵团崩溃，一半战死，一半投降。拓跋珪对太多的降卒感到恐惧，于是公元前三世纪长平战役惨剧重演，降卒全被坑杀。仅慕容宝和幸运的数千人逃回。

慕容宝不甘心失败，怂恿老爹复仇。明年（396），慕容垂带病出征。大军到参合陂（山西阳高），去年死难的八万余战士，只剩下堆积如山的白骨。军士们哭父哭兄，声震天地。慕容垂惭痛交集，病更沉重，不能再进，就命退军，中途死掉。帝位由慕容宝继承，慕容宝只有囚禁毫无抵抗力的拓跋觚的能力，没有应付危局的能力。北魏帝国乘机反攻，不到一个月，就把后燕帝国所属的华北大平原，全部占领。慕容宝惊恐中放弃中山，奔回他这一支鲜卑部落的根据地龙城（辽宁朝阳）。邺城镇守大将慕容德亲王，是慕容垂的弟弟，勉强支持了两年，到398年，也不得不放弃那个孤立据点，退到南方的滑台（河南滑县）。他既痛恨慕容宝昏庸误国，而又失去慕容宝的消息。于是，就在滑台宣布独立，建南燕王国，不久再改为帝国。

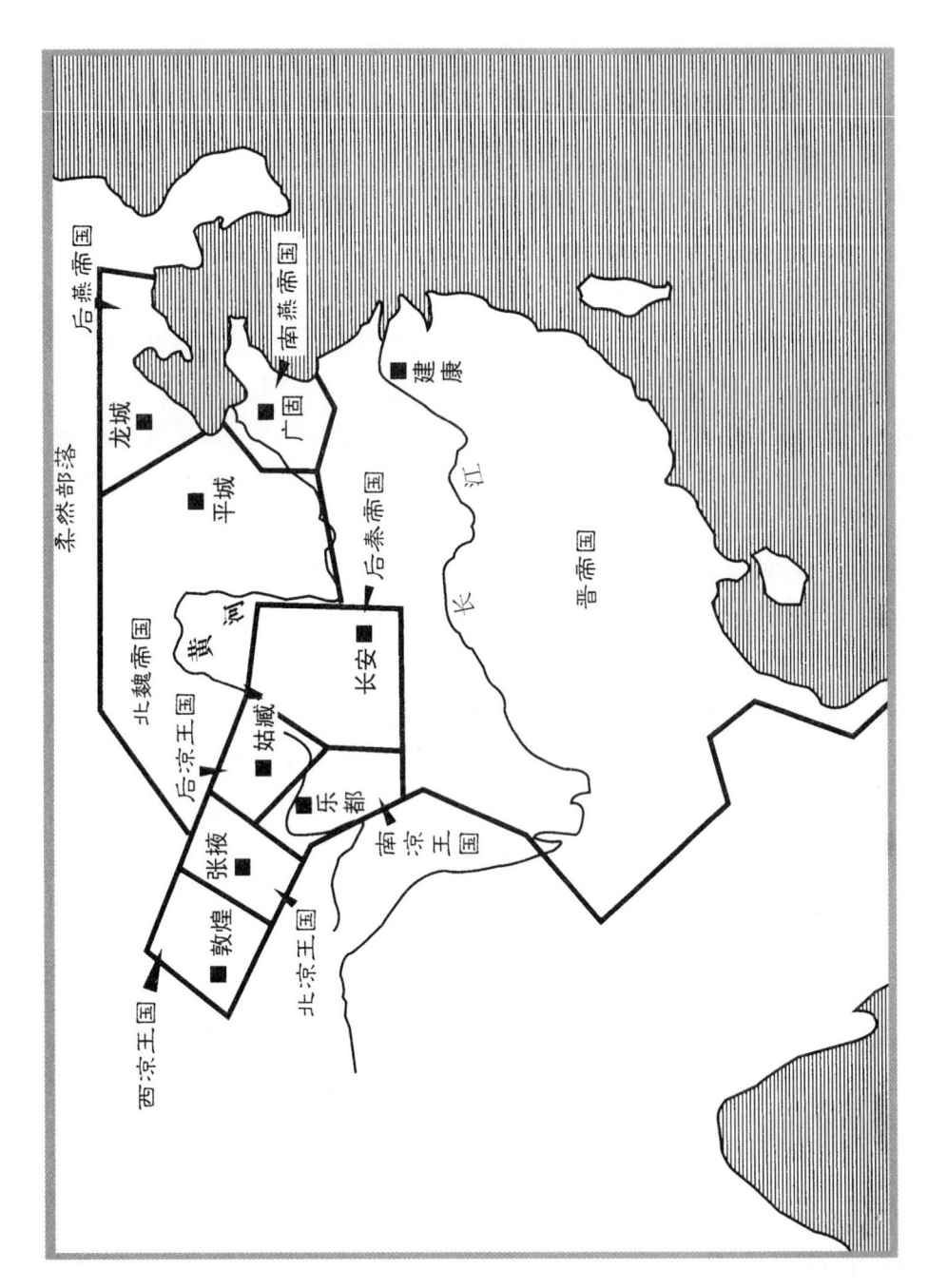

图二六　四世纪九十年代·九国并立

本世纪（四）九十年代，中国境内九国并立：后燕帝国、南燕帝国、后秦帝国、后凉王国、南凉王国、北凉王国、西秦王国、北魏帝国、晋帝国。

东西方世界

——头十年·305 年（石勒被卖为奴），罗马帝国皇帝戴克里先辞职，退隐于故乡萨罗那，帝座战争爆发。

——头十年·306 年（白痴皇帝司马衷由长安还都洛阳），罗马帝国驻不列颠军团司令君士坦都逝世，部将拥立他的儿子君士坦丁称帝，回军进攻罗马城。

——一十年代·312 年（苦县战役的次年），君士坦丁和他的士兵宣称看见天空悬挂十字架，上有"佩此者胜"诸字，军心大振，遂陷罗马。

——一十年代·313 年（祖逖击楫渡江），君士坦丁大帝颁布有名的米兰诏书，宣布信教自由。

——三十年代·330 年（汉赵帝国灭亡的次年），君士坦丁大帝自罗马城迁都拜占庭城，建成新都君士坦丁堡，即今土耳其伊斯坦布尔。

——七十年代·374 年（前凉王国灭亡前二年），北匈奴汗国经三百余年的西移，侵入黑海北岸，引起民族大迁移。

——七十年代·376 年（前凉王国灭亡），原住黑海北岸的西哥特部落，侵入罗马帝国巴尔干境，罗马帝国允许他们定居，但官员贪暴，西哥特人无法忍受，起兵叛变。

——七十年代·378 年（前凉王国灭亡后第二年），罗马皇帝瓦伦士亲征西哥特，战于亚德里亚那堡，瓦伦士兵败被杀。大将狄奥多西乌斯继位，割下米西亚省与西哥特。

——八十年代·380 年（淝水战役前三年），狄奥多西乌斯大帝下令关闭全国其他神庙，定基督教为国教。

——九十年代·395 年（参合陂战役），狄奥多西乌斯大帝逝世，长子阿卡迪乌斯建都君士坦丁堡，史称东罗马帝国。幼子霍诺里乌斯建都拉韦那，史称西罗马帝国。

第18章
第五世纪

南中国的晋帝国，像一个缠绵病榻的老人，虽然拖延了一段出人意外的漫长的时间，但终于死去。本世纪二十年代，政权被它的宰相篡夺。——南朝。

北中国分崩离析一百三十六年，于本世纪三十年代，被后起的鲜卑小国北魏统一。——北朝。

大分裂时代前期五胡乱华十九国时代结束，大分裂时代后期南北朝时代开始。

北朝的北魏帝国，一直很稳定。而南朝继续动荡，接替晋帝国的南宋帝国，于半世纪后，也被它的宰相篡夺，另建南齐帝国。

南北朝时代诸国的兴亡和关系位置，我们列如下表：

世纪	本世纪（五）			下世纪（六）			
年代	二十 三十 四十 五十 六十 七十 八十 九十			头十 一十 二十 三十 四十 五十	六十 七十	八十 九十	
南朝	南宋	南齐		南梁	陈		
北朝	北魏			东魏	北齐	隋	
				西魏	北周		

一　十一国并立

五胡乱华十九国混战，到了末期，更趋激烈。

本世纪（五）的第一年（400），远在西部的西秦王国被日益强盛的后秦帝国并吞。同年，北凉王国内部分裂，华夏民族大将李暠在敦煌（甘肃敦煌）建西凉王国。

后凉王国本来拥有广大的版图，但一再被内部爆发的反抗力量所分割，最后只剩下弹丸之地，四邻全是不共戴天的仇敌。又逢连年旱灾，仅首都姑臧（甘肃武威），就饿死数十万人。最后一任国王吕隆，不能支持。403年，主动地向后秦帝国献出土地投降。这个氐民族的短命小国，建立政权只十八年。

两年后（405），晋帝国的益州（四川）发生兵变，拥戴一位谨慎小心的中级军官谯纵，成立西蜀王国。所有创业的君主或叛徒，多少都有一点冒险精神，只谯纵例外，他听说变兵要拥戴他称王时，吓得要死，跳到河里自杀。被救出来后，又向变兵磕头乞命，但变兵不接受他的要求。

再两年后（407），后秦帝国的匈奴籍大将刘勃勃叛变。刘勃勃的父亲刘卫辰，是一个部落酋长，被北魏帝国所杀，部落也被消灭。刘勃勃只身逃到长安，后秦国王姚兴任命他当大将。刘勃勃跟石虎是同一型的人物，忘恩负义，凶恶残暴。后秦跟北魏连续苦战十余年，不断地失利，终于发现，如果再消耗下去，只有灭亡。于是跟北魏帝国和解，两国皇室之间，并结为婚姻。刘勃勃宣称他跟北魏是血海世仇，反对这项和解。所以率领着后秦交给他统率的后秦部队，在朔方地区（河套）独立，建立胡夏帝国。但刘勃勃只敢不断攻击他的恩主后秦，却不敢碰一下他的血海世仇北魏，因为北魏比后秦强大。

胡夏帝国建立的同年（407），退缩到东北一隅的后燕帝国，在一场政变中灭亡。它最后一任皇帝慕容熙，是花花大少慕容宝的弟弟，比慕容宝更不成材料。这一年，慕容熙的妻子苻皇后病死，他下令政府官员都要大哭，派遣卫士巡查察看，凡没有眼泪的，都予严厉处罚，官员们只好用辣椒刺激泪腺。出葬时，慕容熙赤着双脚，徒步扶柩走十多公里。苦于暴虐的龙城（辽宁朝阳）人民乘机叛变，在高句丽籍大将高云的领导下，关闭城门，拒绝他返国。慕容熙率军攻击，被捉住处死。慕容垂千辛万苦建立起来的这个后燕短命帝国，只有二十四年。高云就坐在慕容家的宝座上，建立北燕帝国。

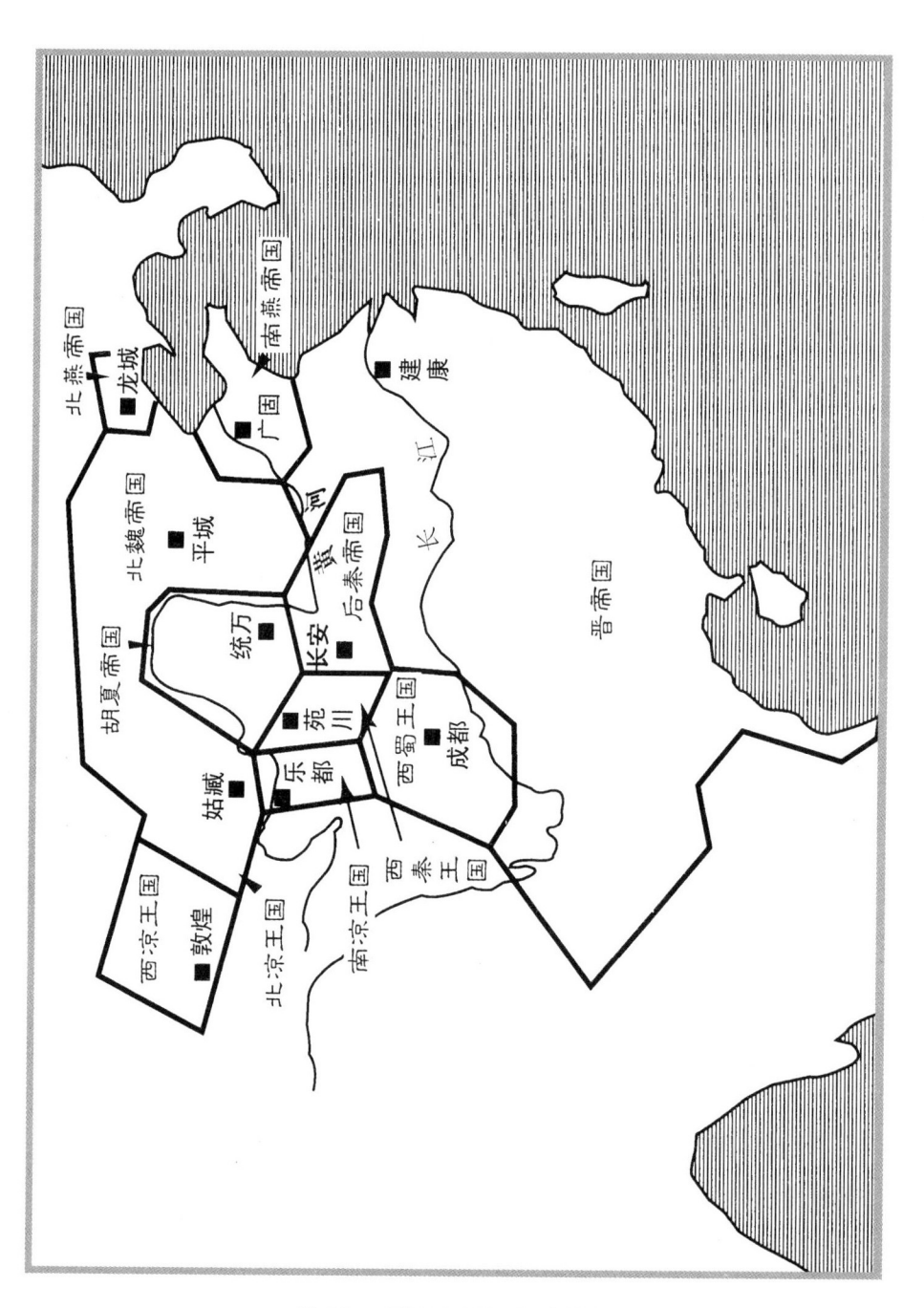

图二七　五世纪头十年·十一国并立

又两年后（409），本世纪（五）首年（400）因被后秦帝国征服而灭亡了的西秦王国，乘着后秦帝国被刘勃勃不断骚扰，自顾不暇之际，在它的故地复国。

——本世纪（五）头十年，中国境内十一国并立：后秦帝国、西秦王国、胡夏帝国、南凉王国、北凉王国、西凉王国、北魏帝国、南燕帝国、北燕帝国、西蜀王国、晋帝国。这是五胡乱华十九国时代最乱的顶峰，十九国已全部登场。以后不再有新国兴起。

二 短命王国相继灭亡

晋帝国一直上气不接下气，淝水战役除了保护它没有被扼死外，对它没有丝毫帮助，反而使统治阶层把谢安那种致命的颠顶，解释为胸有成竹和从容不迫。士大夫就更不务实际，政府也更腐败黑暗。

司马家的血液可能不清洁，所以晋帝国的皇帝，不是白痴，就是早夭。第二任皇帝司马衷的白痴，已闻名世界。上世纪（四）九十年代396年，第十六任皇帝司马德宗即位，他白痴的程度比司马衷还要严重。司马衷还会问："为什么不吃肉羹？"司马德宗连这句话都不会说，甚至连饥饱冷热都不知道。政府大权由三十三岁的叔父司马道子主持，司马道子每天沉湎在美酒和女人堆里，再把政府大权交给他的两个助手王国宝和王绪，这两个酒肉政客，不自量力，企图驱逐若干地方上已根深柢固的军事首长。明年（397），驻防京口（江苏镇江）的大将王恭起兵，指名讨伐王国宝、王绪。司马道子屈服，把两个人杀掉。从此司马道子不再相信外人，而只相信他的儿子——十六岁的司马元显。把权力交给这样年龄的一个大孩子，等于把糖衣砒霜交给一个儿童，如果不被毒死，简直是没有天理了。司马元显掌握权力后不久就发现权力的可爱，第一个念头就是排除老爹。有一天，乘着老爹沉醉，司马元显教白痴皇帝司马德宗下令把老爹的宰相和兼任的京畿总卫戍司令（扬州刺史），全部免职。司马道子酒醒之后，才知道被儿子出卖，大发脾气，但已无法改变。

本世纪（五）第三年（402），司马元显二十一岁，正是大学生目空一切的时代，他把自己带上高潮。驻防江陵（湖北江陵）的大将桓玄，拒绝司马元显的命令，司马元显就自己担任大元帅，统率海陆大军，讨伐桓玄。桓玄也是一个靠父亲余荫取得高位的花花公子（他是桓温的幼子）。问题是，两个花花公子斗争，纨绔气质较少的一方获胜。桓玄大军顺长江东下，司马元显军败，被桓玄捉住，绑到船头上，连同他的父亲司马道子，一齐处斩。

桓玄以征服者姿态进入建康（江苏南京），做了几个月的宰相。于403年冬，把白痴皇帝司马德宗废掉，自己继位，建立楚帝国。可是桓玄的头脑不能跟他的野心配合，他的历史任务只是引导刘裕出场。刘裕是一个江南土著出身、家庭贫寒的中级军官，他起兵勤王。桓玄一败再败，最后放弃建康，撤退到他的根据地江陵，但仍被勤王军杀掉，他的皇帝梦只做了六个月。白痴皇帝司马德宗复辟，刘裕掌握大权。

刘裕的野心跟桓玄同样大，但他知道事业的艰难，必须有不断的军事胜利，才能在那个专看门第的社会，树立威望。七年后，一十年代410年，他进攻南燕帝国，南燕建国十一年，到此灭亡。鲜卑贵族三千余人，就在他们首都广固（山东青州）被杀，末任皇帝慕容超则被送到建康处斩。三年后（413），刘裕派遣他的大将朱龄石进攻西蜀王国。大军还没有到成都，国王谯纵就惊恐逃走，在树林中上吊，西蜀王国寿命只有九年。

西蜀亡国的明年（414），北方的南凉王国被西秦王国并吞。南凉最后一任国王秃发傉檀，是全国最崇拜的人物。所以南凉的王位不是传给儿子，而是传给弟弟，目的就是要传到他身上。想不到秃发傉檀小聪明太多，大智慧太少，小国寡民而穷兵黩武，等于埋葬自己。最后一战是秃发傉檀亲征乙弗部落（青海湖西），大获全胜，掳掠了大批人口牲畜。西秦王国却抓住他后方空虚的机会，一举攻陷它的首都乐都（青海乐都），秃发傉檀凯歌归来的部队，在中途听到消息，一下子溃散。他无可奈何地投降西秦，被西秦毒死，南凉王国立国短短的十八年。

两年后（416），刘裕动员晋帝国全国兵力，进攻后秦帝国。后秦帝国是小国中的大国，一度威震西北，西秦王国曾被它并吞，南凉王国也曾向它称臣。可是刘勃勃的胡夏帝国在北方一直向它蚕食，后秦国王姚兴——他本来是皇帝的，后来改称国王，表示谦逊。他御驾亲征，屡次攻击刘勃勃，屡次都被击败，沿边全部残破。然而最致命的伤害还是姚兴的一些儿子们，为了争夺王位，展开八王之乱那种为敌报仇式的互相残杀。416年二月，姚兴逝世，长子姚泓继位，恢复皇帝的称号。帝位比王位更使那些皇子皇孙发狂，一个接一个叛变，精锐部队全消耗在内战之中。八月，刘裕大举进攻，明年（417）八月，攻陷长安，姚泓被俘，连同皇子皇孙，全体送到建康，一一砍头。这个谋杀苻坚的国家，立国三十四年。

到目前为止，刘裕是一位英雄，晋帝国国威在他手中达到百年来的高峰，下一步当然是扫荡其他残余的割据政权，恢复旧有河山。这是一个可以了解的震撼，远在西北的北凉王国的国王沮渠蒙逊，就为此陷于歇斯底里状态，当后秦亡国消息传到姑臧时，他的校对官（门下校郎）刘祥恰巧有事见他，大概脸上显着愉快的表情，沮渠蒙逊大怒说："你听见晋军反攻关中，心里很高兴，是吧？"立即把刘祥处斩。

可惜，刘裕只是半截英雄。他的英雄事业，到此为止。他的目标不是统一中国，而是皇帝宝座。

三　五胡乱华十九国结束

刘裕于攻陷长安后，留下他十一岁的儿子刘义真和一部分军队镇守。他自己统率大军返回建康，准备篡夺晋帝国的政权。但他一离开，在北方虎视眈眈的胡夏帝国，就进攻长安，刘裕留下的军队全部覆没，死亡二十万人。长安只收复了一年零四个月，为此短暂胜利，付出如此可怕的代价。刘义真躲在草丛中逃出来，刘裕除了爬到建康城墙上，向西北遥望流涕外，不能再有任何作为。

刘裕于一十年代418年毒死了白痴皇帝司马德宗，立他的弟弟司马德文继位。两年后（420），再把司马德文罢黜。不绝如缕的晋帝国终于寿终正寝，立国一百五十六年。晋帝国的灭亡，给今后的历史带来了血腥的范例，从前新兴政权对亡国失位的君主，一向都保留他们的性命。刘裕不然，对他们则一律杀掉。这种杀戮开始成为一种传统，亡国失位的君主跟不祥的蛇蝎一样，必须扑灭。

于是刘裕当了皇帝，称他的帝国为南宋帝国。——南朝四个短命王国中的第一个。

北中国也发生变化，北魏帝国狂风扫落叶的力量，开始收拾五胡乱华十九国纷乱的残局。北凉王国首先做它的前驱，于421年，灭掉它的邻居西凉王国，西凉王国只二十二年。

二十年代422年起，北魏帝国即不停用兵。先把目标对准新兴的南宋，把南宋从晋帝国继承下来的黄河南岸地区和若干重镇，包括滑台（河南滑县）、碻磝（山东茌平），全部占领。明年（423），再深入黄河以南，攻陷虎牢（河南荥阳西北）、洛阳，边界向南推进一百公里。

四年后（427），北魏向西发展，进击胡夏帝国，攻陷那个号称永不会陷落的首都统万城（陕西靖边北白城子）。胡夏皇帝赫连昌逃到上邽（甘肃天水）。次年（428），赫连昌在作战时马倒被俘，他的弟弟赫连定逃到平凉（甘肃华亭）继位。

——赫连昌的父亲刘勃勃，本来姓刘（事实上本来姓栾提），但刘勃勃当了皇帝，左右有了大批摇尾人物之后，他就忽然觉得伟大起来，改姓赫连，又教其他贵族改姓铁伐。他说，赫连的意思是"赫然与天神相连"，铁伐的意思是坚硬如铁，随时可以攻击别人。

三年后，三十年代431年，西秦王国与胡夏帝国，同年灭亡。西秦灭了南凉，即与北凉接壤。北凉王国灭了西凉，无后顾之忧，刀锋转向西秦，西秦王国不能抵抗，一直向后退避，退到南安（甘肃陇西），最后一任国王乞伏暮末向北魏献出土地，请求归并。但等到北魏派遣军队来接收时，他又舍不得国王的荣耀，相信"否极泰来"的格言，认为局势终会好转，又对北魏拒绝。这时向西逃亡的胡夏皇帝赫连定乘北魏兵团返回之际，围攻南安，南安在居民饿死一半以上之后陷落，西秦王国前后共三十九年。乞伏暮末和全体贵族五百余人，全数被赫连定屠杀。

赫连定的凶暴拯救不了自己，数月后，他率领胡夏帝国残余的匈奴部众和新俘虏的西秦鲜卑部众，约十万人，向西进发，企图进入北凉王国，夺取土地，再建立政权。在渡河的时候，被青海湖地区鲜卑民族的吐谷浑汗国截击，全军溃散，赫连定被吐谷浑生擒，献给北魏，在首都平城（山西大同）被砍头。胡夏这个与天神相连的帝国，只维持二十五年。

——本世纪（五）三十年代初叶，中国境内只剩下四国并立：北魏帝国、北燕帝国、北凉王国、南宋帝国。

五年后（436），北魏兵团进攻北燕，北燕最后一任皇帝冯弘不能抵抗，便放弃首都龙城（辽宁朝阳），裹挟着全城人民，逃到高句丽王国（朝鲜平壤），北燕立国只三十年。冯弘跟公元前三世纪齐王国国王田地一样，他到了高句丽之后，高句丽王高琏，仍然很尊敬他。但冯弘却以出巡属国的天子自居，倨傲如昔，而且在高句丽境内建立自己的独立政府，发号施令。高琏的反应很简单，派人把冯弘干掉。

又三年后，三十年代最后一年（439），北魏兵团再进攻北凉，北凉亡。北凉是五胡十九国中最后灭亡的一国，立国四十三年。

北凉王国灭亡，使北中国统一，五胡乱华十九国时代结束。一百三十六年当中，几乎一支军队就建立一个帝国。蓦然间一批人集结在一起，马上组织政府，封官拜爵，发表文告，自称圣君贤相。还没有等到人民弄清楚是怎么回事，它已烟消云散，只留下无数尸体和无数哭泣的孤儿寡妇。结局是，匈奴民族、羯民族、氐民族，几乎全部灭绝，羌民族领导阶层也几乎全部灭绝。四族的残余人口，被人数众多的华夏民族所吞食，消失得无影无踪。鲜卑民族只剩下北魏帝国的一支，等到下世纪（六）末，这一支也全部华夏化。从此，中国本土再没有发生过少数民族问题。而大批流亡客的南迁，使人口稀少的南中国，得到充实，逐渐开发。这是非常重要的，到二百年后第七世纪的唐王朝，能有那么大的扩张力量，就靠富庶江南的支持。

四　南北朝

北魏统一北中国，与南宋南北相峙，南北朝时代开始。

北魏帝国于二十年代占领南宋帝国黄河以南地区时，正逢南宋开国皇帝刘裕逝世。到了三十年代，刘裕的儿子刘义隆决心恢复固有疆域。430年春天，刘义隆任命到彦之担任总司令，大举北伐。北魏因春天冰解雪融，不利于骑兵驰骋，所以放弃虎牢、洛阳等一连串的重镇，向后撤退。南宋兵团渡过黄河追击，失土全部收回，全国欢腾，尤以刘义隆最为得意，因为他用的是一种奇异的遥控指挥法，才获得如此盛大的成功。建康距洛阳航空距离七百公里，地面路径约一千四百公里，最快的加急驿马也要五六天才能到达。刘义隆从小就生在女人围绕的深宫之中，却直接指挥一千公里外血肉横飞的战斗，不但指挥大兵团，甚至指挥小部队。战场情况，瞬息万变，却必须向一千公里外请示而且必须再得到命令，才能反应。北伐的大获全胜，证明刘义隆天纵英明，智慧超人。不过，高兴的日子没有多久。冬天来临，黄河冻结，华北大平原冰封，北魏发动反攻，南宋不能抵抗，遥控指挥法更使前方部队陷于混乱，于是，全军覆没，所收回的土地，再全部失去。

十五年后四十年代445年，北魏帝国的杏城（陕西黄陵），发生大规模民变，变民领袖盖吴，派人向南宋帝国求援。刘义隆大喜，虽距离更远，不能实际上有所帮助，但仍颁发给盖吴很多空白诏书，给他封官拜爵，在北魏国内制造反抗力量。盖吴失败后，北魏皇帝拓跋焘搜到这些诏书，大为愤怒。五十年代第一年（450），拓跋焘南征，围攻悬瓠（河南汝南）以示报复，攻击了四十二天，不能攻下，始行撤退。可是这次军事行动却引起刘义隆的错误判断，认为敌人的实力不过如此。上次所以失败，是将领们没有遵照他英明指示的缘故，遂决心做第二次北伐。命他的弟弟刘义恭亲王当总司

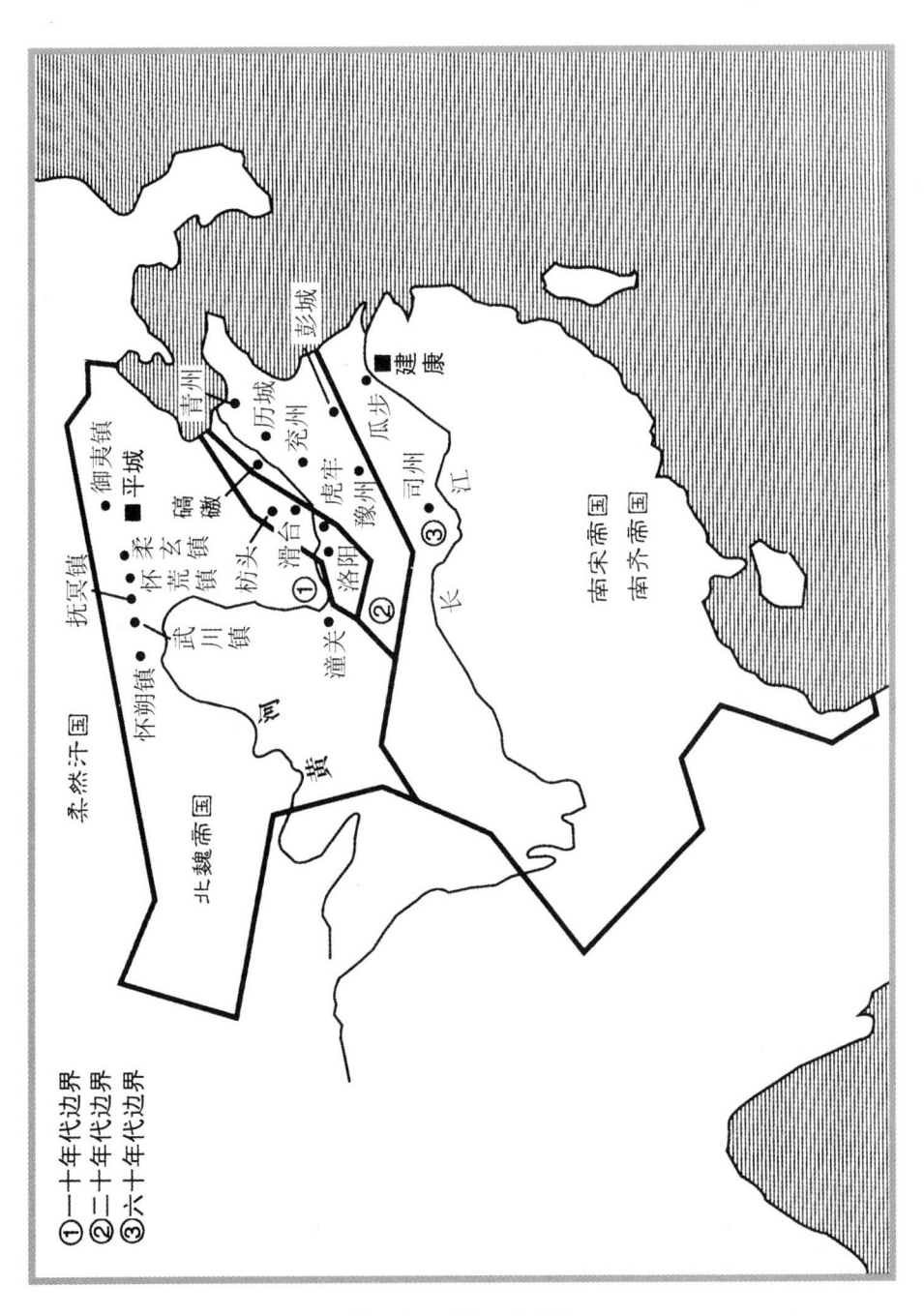

图二八 五世纪·南北朝

令，进驻彭城（江苏徐州）。再命主战最力的两位大将萧斌当总指挥，王玄谟当先锋，从历城（山东济南）沿黄河西上进攻。先攻陷碻磝（山东茌平），然后由王玄谟向西进攻滑台（河南滑县）。大军经过的地方，人民纷起响应，有的送米面，有的送日用品，川流不息地扶老携幼，投向大营。不幸的是，王玄谟是一个污秽人物，他所以主战，表面理由冠冕堂皇，真实理由则只是想利用战争发财，而现在发财的机会来了。他把归附的义民们拆散，分别分配给他的嫡系部队，每家发一匹布作犒赏，却命每家缴八百个大梨，运到江南贩卖（真难得他有这么好的商业头脑）。人们对祖国政府大失所望，已来的设法逃走，未来的不再投奔。南宋兵团回到三十年前还是自己的故土，本来如鱼入水，现在水已干涸，自八月到十月，滑台不下，而严冬已至。北魏皇帝拓跋焘亲统大军，从首都平城（山西大同）南下赴援，战鼓与胡笳互动，声闻百余公里，先头部队才到枋头（河南浚县淇门渡），距滑台尚有二十公里，王玄谟已心胆俱裂，不敢迎战，急解围后退，被追兵冲击，再一次地全军覆没。只剩下王玄谟在少数卫士保护下，逃回碻磝，所征收的大梨，大概也不要了。

　　这一次刘义隆当然继续遥控指挥，为了补救上一次的疏漏，这次更加精密。将领们出发时，刘义隆不但对行军食宿有严格的规定，就是交战日期和交战时刻，都必须等他从建康深宫中发出指示。前线已经崩溃，刘义隆还下令给萧斌，命死守碻磝。大将沈庆之向萧斌说："碻磝决守不住，守必全军牺牲。北魏势将从滑台渡黄河南下，长江以北，恐怕都要陷入敌手，我们即令守得住碻磝，不过一个孤立据点，也没有作用。不如早日撤退到彭城（江苏徐州），充实长江以北我军的实力。"萧斌听从他。

　　不出沈庆之所料，拓跋焘从滑台渡黄河南下，绕过城市，穿越原野，直抵长江北岸，就在瓜步（江苏六合南）渡口，构筑阵地，与建康隔江相对。刘义隆爬上石头城（建康西军事要塞），向北眺望，看见北魏军威的强大，不禁面无人色。拓跋焘虽然派人伐木造船，扬言渡江，但他深恐彭城（江苏徐州）的南宋兵团攻击他的后背和切断粮道。所以到了明年（451）春天，即行撤退，把愤怒发泄到战区那些没有来得及逃走的农民身上，男人全被杀死，女人全被掳掠北去。对婴孩儿童，就用槊矛刺穿肚肠，举到空中盘旋舞动，当作游戏。从黄河到长江，纵深五百公里，只有断瓦残垣，而无人迹。燕子由南方归来，都找不到旧巢，它们再不会了解人间为什么会发生这么大的浩劫。南宋帝国第二次北伐，在人民哭声中结束。

　　明年（452），北魏皇帝拓跋焘被宦官宗爱谋杀，经过一番争夺帝位的斗争,十三岁的孙儿拓跋浚继位。刘义隆听到消息,认为是千载难逢的复仇良机,不顾国家残破的严重和绝大多数高级官员的反对。因为格言上说:"成大事者,不谋于众。"他下令做第三次北伐,分三路进军:东路攻碻磝,中路攻洛阳,西路攻潼关,而他自己遥控指挥如故。东路军在围攻碻磝时,被北魏兵团从地道中潜出击溃,其他两路大军不敢再进。第三次北伐就这样虎头蛇尾结束。刘义隆愤怒说:"想不到将领们竟如此懦弱无能,我恨不得用白刃逼他们冲锋。"一个低能的领导人物,永远把失败的责任推到部属身上。

然而,十五年后,南宋帝国受到更大的打击。六十年代466年,镇守彭城的大将薛安都,因跟一位叛变失败的亲王感情亲睦,恐怕牵连被杀,举城向北魏帝国投降。南宋当时的皇帝刘彧,命大将张永,进攻彭城。北魏应战,张永兵团大败,在溃奔途中,士兵仅被冻死的就有三万余人,张永的手指脚趾都被冻掉。北魏大军在后尾追,一连攻陷悬瓠、项城(河南沈丘),组织地方政府,并入北魏版图。刘彧命大将沈攸之反攻,再度大败,沈攸之身负重伤。两年后(469),南宋孤悬在敌后的青州(山东青州)、历城(山东济南)、兖州(山东鱼台),也一一陷落。所丧失的土地,南北四百公里,东西八百公里,这个广大疆域,再不能收复。南北两个帝国,从此以淮河为界。

五　南宋帝国的暴君

南宋帝国短短的六十年寿命中,共九任皇帝,而六任皇帝是暴君:第二任刘义符,第四任刘劭,第五任刘骏,第六任刘子业,第七任刘彧,第八任刘昱。历史上只有这个政权拥有这么多暴君,恰恰占全部君主的三分之二。

第一任皇帝刘裕死后,他的儿子刘义符就因过度荒暴被托孤的大臣们罢黜而杀掉。刘义隆是刘义符的弟弟,他在第三次北伐失败的明年(453),被他的儿子刘劭所杀。弑父凶手坐上金銮殿后,采用血腥手段镇压反抗,但不久仍被他的弟弟刘骏击败处斩。刘骏的凶暴不亚于他的哥哥刘劭,而性情更为卑劣。皇宫里有一个小型博物馆,刘裕把他贫贱时给人当佣工使用的灯笼麻绳之类的东西,陈列在那里,目的是让他的后裔子孙们触目心惊,因而体念祖先创业的艰苦,戒慎恐惧,特别警惕。刘骏即位后不久,前去参观,随驾群臣齐声赞扬,可是刘骏却羞愧难当,认为是莫大耻辱,指着老祖父刘裕的遗像说:"他不过一个庄稼汉,混到这个地位,岂不有点过分?"他竟会有这种反应，在坟墓里的老祖父恐怕大出意外。

六十年代464年，刘骏逝世，十六岁的儿子刘子业继位，他的母亲王太后病重将死，派人唤他，他说："病人住的地方鬼多，我怎么能去？"王太后大怒喊："拿刀来剖开我的肚子，怎么生出这种畜生？"刘子业疑心他叔祖刘义恭对他不利，亲自率领军队到刘义恭家，把刘义恭和他的四个儿子，一齐杀死，然后肢解四肢，剖出肠胃，又挖掉眼睛，泡在蜂蜜里，名"鬼目粽"。刘子业把姑母新蔡公主接进皇宫，收为姬妾，而把姑父杀掉。他对所有的叔父都不放心，索性把他们集中起来，在宫中囚禁，随意殴打，或者在地上拖来拖去。其中三位叔父：刘彧、刘休仁、刘休佑，都很肥胖，刘子业特地制造一个大竹笼，把他们装到里面，封刘彧为"猪王"，刘休仁为"杀王"，刘休佑为"贼王"。而对刘彧尤其憎恶，每顿饭都把刘彧的衣服剥光，教他像猪一样用嘴去木槽里吞食。有十几次，刘子业要杀刘彧，都靠刘休仁伶俐的谄媚解救。有一个官员的妻子怀孕，刘子业把她接到皇宫，准备她生下男孩，就立为太子。正当这个时候，刘子业忽然大怒，命人把刘彧绑起手足，用棍子抬起来送到厨房杀"猪"。刘休仁在旁赔笑说："猪今天不会死。"刘子业更大怒，刘休仁说："要到皇子降生杀猪时，猪才会死。"刘子业大为高兴，刘彧才死里逃生。刘子业把所有王妃公主，召到皇宫，命他左右亲信，轮流奸淫。他的婶母江妃拒绝，刘子业打她一百皮鞭，并把她的三个儿子处斩。又教宫女裸体在院子里追逐，一个宫女不肯，立即砍头。晚上，梦见一个女子向他咒骂，明天就找到一个跟梦中女子面貌相似的宫女杀掉。晚上，又梦见被杀的宫女向他咒骂。于是女巫说皇宫里有鬼，刘子业就手执弓箭，到处射鬼。等到射鬼已毕，专门管理衣服的宦官寿寂之，乘左右无人，拔刀而上。这个凶恶的大孩子急向后逃跑，口中连喊"寂寂"，但终于被追上砍死，只有十七岁，正是高级中学毕业班的年龄。"寂寂"是什么意思，没有人知道。我们猜想，可能是呼唤"寂之"求饶，因过度恐惧，发音不能完整。

刘子业死后，"猪王"刘彧被刘休仁等一些亲王，拥上宝座。刘彧本来性情很温和，也很敦厚，所以才心广体胖。然而，权力变更人性，无限权力无限地变更人性。刘彧当了皇帝之后，不久就变成另外一种人。首先他把兄长刘骏的二十八个儿子，全部杀掉。接着再把同他一块儿在刘子业手中共患难的弟兄，也全部杀掉，包括自幼跟他感情最笃，而又屡次救他性命的弟弟刘休仁在内。刘彧把刘休仁唤入皇宫，逼他服毒之后，下了一道诏书宣布罪状说："刘休仁结交禁军，图谋叛乱，我不忍当众杀他，只向他严厉诘责，他惭愧恐惧，自行服毒。"

七十年代472年，刘彧逝世，儿子刘昱继位，年仅十岁，还不能做出太大的坏事。可是，到了477年，他十五岁时，刘彧遗传的劣根性完全暴露。刘昱不喜欢宫廷的拘束生活，只喜欢穿着短衫短裤，四出游荡，累了就躺到街边休息。他绝顶聪明，除了不会做皇帝外，其他什么都会，像剪裁衣服、缝制帽子，以及各种很难演奏的乐器，一经学习，即行精通。他最初很乐意跟街市上贩夫走卒打交道，当别人不知道他是谁，因而跟他发生争执、辱骂他时，他感到很新奇地欣然接受。但不久就摆起架子，随从的人都带着刀枪，一出宫门，即宣布戒严，来不及躲避的，无论是人或是家畜，一律格杀。首都建康（江苏南京）几乎成为废墟，千家万户，昼夜闭门，街道像墓道一样寂静。刘昱身边不离铁钉铁锥，一天不杀人，就不快乐。有一次他率领卫士去杀杜幼文等三位部长级官员，连同怀抱中的婴儿，都被剖开肠肚，剁为肉酱。又有一次他闯进禁卫军总监部（领军府），看见禁军总监（中领军）萧道成正在睡午觉，肚子很大，深感兴趣，引满弓箭要射，左右急忙劝解说："大肚子固然是个好靶，可是一箭射死，以后就再也没有了，不如改用草箭，射了还可再射。"刘昱于是改用草箭，一箭正中肚脐，大笑说："我这一手如何。"这一手当然很好，萧道成遂决定除掉他。刘昱短促一生的最后一天是牛郎织女相会的七月七日，卫士杨玉夫乘刘昱睡觉，用刘昱床前杀别人的佩刀，砍下刘昱的头，献给萧道成。

刘昱死后，十一岁的堂弟刘准继位。两年后（479），刘准十三岁。萧道成夺取政权，命刘准下诏把皇帝宝座禅让给自己。刘准害怕，当举行禅让大典、需要他亲自出席表演时，他逃得无影无踪。萧道成派部将率军进宫，预备使用暴力。王太后吓得要死，亲自带着宦官搜索，终于在佛堂把孩子找到。刘准哭说："要杀我吗？"部将说："不杀你，只是请你搬家，你们姓刘的当初对姓司马的，也是如此。"刘准流泪说："愿生生世世，再不生帝王家。"南宋帝国立国六十年，到此灭亡。

萧道成即位后，改称南齐帝国。并遵照刘裕创立下的亡国失位之君非死不可的传统，把包括刘准在内的刘裕子孙，全部处决。

六 南齐帝国的暴君

萧道成的南齐帝国，只二十四年，却搞出七任皇帝。七任皇帝中，三任是暴君：第三任萧昭业，第五任萧鸾，第六任萧宝卷。但直接间接加到人民的伤害，却比南宋更重。

——中国暴君，以本世纪（五）为最多。在北方列国中，暴君也有声有色。像后燕帝国慕容盛、慕容熙。后凉王国吕隆。南燕帝国慕容超。胡夏帝国赫连勃勃、赫连定。北魏帝国拓跋珪、拓跋焘。北凉王国沮渠蒙逊。北燕帝国冯弘。西秦王国乞伏炽磐。跟南朝的九人加在一起，共二十人。这个数字比罗马帝国的三十暴君时期，虽然稍逊一筹，但也可惊。如果称本世纪（五）为中国的暴君世纪，也不为过。

九十年代493年，南齐第二任皇帝萧赜逝世，皇太子萧长懋早死，由二十一岁的皇太孙萧昭业继位。萧昭业有足够的聪明，使他做出种种成功的表演。他老爹死时，他大大地悲痛，在别人面前，尤其悲痛得厉害。可是一回到自己房子，就大大地快乐。接着请杨姓女巫用法术诅咒祖父速死，以便自己提前当皇帝。祖父萧赜不久果然卧病，萧昭业入宫侍奉，给他妻子写信时，一连写了三十六个小"喜"字，做一个圆圈环绕着一个大"喜"字。但在奄奄一息的老祖父跟前，他却满面愁容，未曾开口，先流下眼泪。萧赜深为感动，拉着孙儿的手，叮咛说："你想念阿爷的话，要好好地做。"萧赜死后，萧昭业第一件事就是重重地赏赐杨姓女巫，以奖励她咒死祖父的功劳。然后，把那些曾经跟他竞争帝位的弟兄叔伯，分批屠杀。萧昭业挥霍无度，每次赏赐亲信，都在百万以上。他常对钱恨恨地说："我从前想你十个都没有，今天如何？"不到半年，国库一空。宰相萧鸾，是开国皇帝萧道成哥哥的儿子，萧昭业的叔祖。萧昭业几次要杀萧鸾，几次都在犹疑不决时被人劝阻。494年，萧鸾发动政变，杀掉萧昭业，立萧昭业的弟弟萧昭文当皇帝。只四个月，萧鸾再杀掉萧昭文，取得帝位。

萧鸾是一个小动作特别多的邪恶人物，他的帝位在当时法理上是站不住的，因为他的皇族血统太疏远。为了根绝后患，他把萧道成和萧赜的子孙，屠杀罄尽。每逢他晚上焚香祷告、呜咽流涕时，左右的人就知道明天一定有大规模流血。最可注意的是发生在九十年代498年他死前的那一次，一口气杀掉萧铉等十个亲王。杀掉之后，才命有关单位告发那十个亲王谋反，要求处死。奇妙处就在这里，萧鸾接到报告后，不但没有批准，反而义正词严地大加申诉，批驳不准。有关单位于是站在神圣的法律立场，冒着皇帝震怒的危险，再度请求，坚持前议。萧鸾这才迫不得已，向法律屈服。

——这是萧鸾的小动作之一，但此事至少可给我们一个启示，即任何史料，都不能仅因它来自第一手或当事人，只听片面之词，便认为绝对正确。

我们如果根据前项批驳不准的诏书，判断萧鸾是一个善良的人，或判断十亲王那时候还活着，就铸成错误，而这正是邪恶人物所盼望的。

萧鸾于屠杀十亲王之后逝世，十六岁的儿子萧宝卷继位。萧宝卷性格内向，很少说话，不喜欢跟大臣接触，只喜欢出宫闲逛，可是却不允许任何人看到他。每次出宫，都先行戒严，为了预防有人从门缝偷看，凡他经过的街道，两旁房舍，都要空出来。皇家卫队前驱的鼓声一响，平民就像听见紧急空袭警报，狂奔而出，向四方逃命。萧宝卷每个月都要这样出游二十多次，而且方向无定，忽南忽北，忽东忽西。尤其是夜游，霎时间鼓声震动屋瓦，烛光照天，卫士塞满道路，平民从梦中惊起，出奔躲避。偏又处处戒严，不能通行。男女老幼，左奔右跑，哭号相应，不知道御驾到底从什么地方经过。有一个孕妇来不及逃走，被萧宝卷看见，下令剖腹，母子齐死。又有一个害病的老僧，无力逃避，躲在草丛里，萧宝卷下令射箭，老僧遂死于乱箭之下。

萧宝卷是本世纪（五）暴君中杀人最多的一个，他那邪恶的老爹常提到萧昭业对自己犹疑不决的往事，告诫他说："动作要快，不要落到人后。"萧宝卷深记这个教训，所以杀人时疾如闪电。猜忌一动，杀机即起；杀机一起，即刻行动，不做任何考虑，也无任何预兆或迹象。这种恐怖政策，在萧宝卷即位的两年内，亦即本世纪（五）最后一年（499）及下世纪（六）第一年（500），就连续激起四次巨大兵变。第一次发生于499年，萧宝卷的堂兄萧遥光亲王，起兵进攻皇宫，失败。第二次发生在同年，大将陈显达起兵从江州（江西九江）进攻建康，失败。这两次兵变迅速地被敉平，更增加萧宝卷的气焰，认为天意民心都站在他这一边，屠杀更变本加厉。

七　北魏帝国迁都与华夏化

北魏是鲜卑拓跋部落建立的帝国，比起同族慕容部落建立的那些乱七八糟的前燕后燕南燕西燕诸燕帝国，文化程度要低。所谓国家，在酋长们意识里，不过是扩大的部落。所以北魏的官员，都没有薪俸，完全靠向人民贪污勒索，而且手段极为凶暴。所以北魏的民众抗暴，是中国历史上最多的一个王朝。一直到本世纪（五）八十年代484年，北魏才开始发给官员薪俸，距开国已九十九年。

北魏皇帝跟十九国五胡籍大多数帝王一样，始终具有部落的遗习和原始人的残忍。——注意，华夏民族的暴君跟其他少数民族的暴君，方法上和程度上，有很大不同。但北魏也靠这种冲力，使北中国归于统一。不过等到北中国统一时，北魏已连绵不断地从事五十四年战争，开国时所有的精锐部队和群众中崛起的将领，大部分都已消耗。而且从塞北一小块苦寒局面膨胀到华北平原的庞大领域，统治阶级已深感满意，安于南北对峙的现状。所以一连四次对南宋帝国的攻击，在性质上都是防卫性的，并没有统一全中国的伟大志向。

本世纪（五）七十年代，第七任皇帝拓跋宏（孝文帝）即位，他是北魏帝国第一个受有良好教育的君主，当然受的是纯华夏化的教育，因为鲜卑没有文字。这使拓跋宏对华夏民族文化，盲目崇拜，认为华夏民族一切都是进步的、好的，而他自己鲜卑民族一切都是落伍的、坏的。崇拜一旦由理智的尊敬升级到感情的信仰，他就自顾形惭，拒绝承认华夏民族有缺点而鲜卑民族有优点。因之，拓跋宏决心使他的民族全盘接受华夏民族的文明。

——拓跋宏对华夏民族文化的崇拜，如痴如狂。南齐帝国使节萧琛、范云，觐见拓跋宏时，拓跋宏跟两人谈论很久，然后对群臣说："南朝多好臣。"大臣李元凯气得发抖，高声回答："南朝多好臣，一年一换皇帝。北朝无好臣，百年一换皇帝。"弄得拓跋宏面红耳赤。

全盘华夏化，第一步是迁都，从鲜卑人居多数的平城（山西大同），迁到南方六百公里外华夏民族居多数的洛阳。这是一件大事，拓跋宏在推行华夏化运动中是孤立的，只有他的弟弟拓跋勰亲王，在他逼迫下不得不帮助他。迁都大事，拓跋宏明知道无法获得支持，于是，他乞灵于诈术。九十年代493年，他动员南征，宣称要进攻刚刚成立十五年的南齐帝国。亲统三十万大军，从首都平城（山西大同）出发。北魏此时距开国已一百零七年，漫长的岁月使暮气已深，贵族们已到了第三代、第四代，早习惯于生活的享乐，根本忘了南方还有敌人，更没有扩张国土的雄心，对这项突如其来的军事行动，内心充满畏惧。好不容易抵达洛阳，又遇连绵大雨，士气更为低落。拓跋宏却恰恰选择降雨最大的一天，披甲上马，命继续前进。亲王大臣们围上来，苦苦请求取消这次进击。拓跋宏最初拒绝，后来表示让步，但是，他说："我们大张旗鼓，南下征讨，却如此不明不白地结束，向国人如何交代。一定要休兵的话，不如迁都洛阳，也可自圆其说。"亲王大臣反对迁都，但更反对南征。两害取其轻，他们勉强同意迁都。

拓跋宏所以把迁都放在全盘华夏化的第一步，一方面固然为了加速吸收华夏文化，更主要的一个原因是心理的，他不愿仅仅做夷狄的君主，还要做中国人的君主。要想做中国人的君主，就必须把政府设在中国正统国都所在地。

国都既定之后，接着是一系列的华夏化措施：

一、禁止穿鲜卑传统衣服，改穿华夏装。

二、规定华夏语为帝国的法定国语，禁止说鲜卑话。年龄超过三十岁的人，学习不易，准许继续使用鲜卑话，但三十岁以下的人，必须使用华夏语。

三、取消鲜卑姓，改为华夏姓。拓跋宏自己改姓"元"（我们以后称他为元宏），其他如"勿忸于"改姓"于"、"独孤"改姓"刘"，"丘穆陵"改姓"穆"，"步六孤"改姓"陆"，凡一百一十八姓，都由复音节改为单音节或双音节。

四、从平城（山西大同）迁都洛阳的人，就成为洛阳人，死亡之后，就葬在洛阳，不准归葬平城。对一个崇拜祖先的民族，祖先坟墓是重要的向心力。

五、鼓励鲜卑人跟华夏人通婚。

这五项措施，证明鲜卑民族仍有蓬勃的生命潜力来吸收高级文化，只有僵硬待毙的民族，才用种种借口，抗拒改变。但是下面的两项措施，元宏却做了错误的选择：

第一，元宏把五胡乱华十九国时代中受到彻底破坏的士大夫门第制度，用政治力量恢复，并使它跟政治制度结合。在本来等级疏阔的鲜卑人的社会结构中，生硬地制造出新的门第。鲜卑贵族姓氏，称为"国姓"，最尊贵的有穆、陆、贺、刘、楼、于、稽、尉，共称"八姓"。华夏民族则以郡为单位，每郡选定做官人数最多而官位又最高的姓氏，称为"郡姓"，最尊贵的有范阳（河北涿州）卢姓、清河（河北清河）崔姓、荥阳（河南荥阳）郑姓、太原（山西太原）王姓，陇西（甘肃陇西）李姓，共称"五姓"。广大的被统治的平民，则属于"庶姓"。国姓郡姓有国姓郡姓的门第，这门第代代相传，成为世家。世家子弟们的唯一出路，就是做官，政府官职永远被他们掌握。庶姓既没有门第，更建立不起来世家，天生的是被统治阶级，纵有极大的学识和才能，也只能当低级职员，不能升迁。有头脑的一些大臣曾为此跟元宏争论，但元宏坚持原则：政府用人，只问门第，不问才能。而门第世家，又分为六等：

第一等，膏粱门第。三世中有过三个宰相（三公）。

第二等，华腴门第。三世中有过三个院级首长（尚书令、中书令、尚书仆射）。

第三等，甲姓门第。三世中有过重要部部长（尚书）。

第四等，乙姓门第。三世中有过次要部部长（九卿）和州长（刺史）。

第五等，丙姓门第。三世中有过顾问官或国务官员（散骑常侍、太中大夫）。

第六等，丁姓门第。三世中有过副部长级官员（吏部员外郎）。

每一等级的子弟，都有它的做官标准和保障。像副部长级位置，必须由第一等膏粱子弟或第二等华腴子弟担任。州政府秘书长（长史）和郡政府秘书官（主簿），必须由四姓（甲乙丙丁）子弟担任，身为平民的庶姓人士，绝对无份。

第二，元宏把华夏民族儒家学派的主要精髓——礼教，全部接受。鲜卑来自荒漠，有游牧民族自己的生活方式，当然比较简单，但是直率亲切，朴实可爱。元宏以从农业社会贵族阶层孕育出来的意识形态的礼教眼光观察，自然认为简单就是落后，直率就是粗野，亲切就是失礼。元宏非常欣赏儒家学派的繁文缛节，所以首先改变他的宫廷和政府的组织结构，皇帝和官员们的威严与日俱增，皇帝与亲王大臣的关系，随着宫廷制度的建立，而越来越疏远。亲王大臣跟部属，下级官员跟人民，也日渐隔绝。于是统治阶层的生活，不可避免地日趋糜烂。其次是婚丧仪式，也跟着复杂不堪，鲜卑人从前死了父母，他可照常供职。华夏化之后，他就必须辞职，回家守丧三年。除非他是一个大地主，否则就会立刻陷于饥饿。所以大部分官员必须疯狂贪污，积蓄足够的财富，以备父母死亡后度六年的失业日子。

这两项是中国文化最糟的部分，元宏却当成宝贝。在本世纪（五）还看不出，到了下世纪（六），他的帝国就要付出代价。

八　奇异的寄生集团

当北朝士大夫的门第世家制度，获得重建时，南朝这个根本就没有受过打击的制度，正在蒸蒸日上。

南朝诸国继承了晋帝国政权，同时也继承了晋帝国的社会结构。由九品中正而日盛的门第世家，随着大批流亡客，于上世纪（四）移植到江南。但并不是所有的门第世家都能保持原状，像何、杜诸姓，晋政府南迁后就默默无闻，因为门第世家建筑在官位上和土地上，是"官"和"地"的结合产品，一旦无官无地，门第世家也就消灭。流亡客中的豪族，称为"侨姓"，江南土著中的豪族，称为"吴姓"。侨姓中以王、谢、袁、萧最为尊贵。吴姓中以顾、陆、朱、张最为尊贵。政权既然握在侨姓之手，吴姓地位当然比侨姓要低。

门第世家制度，在历代帝王大力支持下，日趋严格和精密。一姓之中，还要再分等级，像王姓，因大宗小宗之故，住在建康（江苏南京）乌衣巷的一支，尊贵中尤其尊贵，诚所谓"万王之王"。所以平民出身的庶姓官员根本不可能升迁到中阶层，吴姓固然可能升迁到高阶层，但不能升迁到最高阶层。南齐帝国第一任皇帝萧道成曾经考虑任用张绪当国务院右最高执行长（尚书右仆射），宰相王俭反对，他说："张绪固然是适当的人选，但他是土著吴姓，不可以居这么高的地位。"大臣褚彦回抗议说："晋帝国也曾任用过顾和、陆玩当宰相。"王俭说："晋帝国是一个没落王朝，不足效法。"萧道成只好作罢。

王俭不过一个例子，流亡侨姓对土著吴姓的让步，有一定的限度。对于普通平民出身的庶姓，态度当然更为严厉。高级门第世家为了巩固自己的既得利益，他们用婚姻作为手段，结成一个坚强而奇异的士大夫集团。宁可使自己的女儿嫁给门当户对的白痴，也不跟平民庶姓通婚。假如有人跟平民庶姓通婚，那会使全体士大夫震动，不惜借政治力量予以破坏。身为高门第世家，但比较贫穷的王源，贪图巨额聘金，把他的女儿嫁给富阳（浙江富阳）富豪满家，"满"是标准的平民，更是标准的庶姓。身为大臣的沈约，就大动干戈地向皇帝正式提出弹劾，他说："礼教凋零，世家堕落。"认为对世道人心和国家命脉，都有严重伤害。

高等门第世家既结合成一个集团，遂成为士大夫中的士大夫。跟平民庶姓的距离，越来越远，甚至以跟平民庶姓结交为莫大耻辱。我们用下列两个例证，说明此一现象：

一件是，本世纪（五）初南宋帝国时，皇帝刘裕最亲信的大臣王宏，他虽然姓王，却是庶姓的王。刘裕告诉他："你如果想当士大夫，必须王球允许你跟他在一起共坐才行。你不妨说奉我的命令，前去试试。"王球是当时宰相，当王宏在他身边要坐下时，王球用手中的扇子阻止他："你不可以坐。"王宏狼狈逃回，刘裕抱歉说："我也没有办法。"

另一件是，南齐第二任皇帝萧赜最宠信的大臣纪僧真，向萧赜请求："我的出身不过本县武官，请陛下准许我当士大夫。"萧赜说："这事由江敩做主，求我没有用，你可去找他。"江敩是司法部部长（都官尚书），纪僧真前去拜访，刚要坐下，江敩立刻命仆人把自己的座位搬开。纪僧真向萧赜诉屈，萧赜说："士大夫不是皇帝可以委派的。"

——事实上恰恰相反，士大夫正是皇帝委派的结果，像王球、江斅之流的门第世家，两代下来不给官做，身份地位便全化为乌有。

再一件是，路太后的侄儿路琼之，拜访中书令（宰相级）王僧达。路琼之的父亲曾经当过王家的侍卫，所以他不仅是庶姓门第，而且还是仆人门第。王僧达并不因他是大臣，姑母又是皇太后而尊重他。在路琼之告辞后，王僧达命人把路琼之坐过的小板凳扔掉，以表示他的轻蔑。不过这一次端架子的结果不太理想，路太后的反应很激烈，吩咐她儿子刘骏把王僧达逮捕绞死。

士大夫是一种世袭的没有封爵的贵族，北魏帝国元宏所恢复的制度，即以南朝现行制度为蓝图，比着葫芦画起来大瓢。这种贵族唯一的职业是做官，以门第和世家的高低，确定官职或能力的高低。南宋帝国时，甲姓门第的子弟，二十岁成年后第一次任职，就要当中央政府科长级官员（秘书郎）。这种情形自然产生一种结果，即他们十分珍惜自己的门第和世家。他们固然高立于广大的平民庶姓之上，同时也旁立于政府和国家之外。是一个只享权力，既没有义务，也没有道德责任的纯势利的寄生集团。平时他们不缴纳任何赋税，战时他们不服任何兵役或劳役，而只站在胜利者的一边，帮助维持安定局面，并从而做官，用政治力量维护他们的既得利益。

士大夫不但轻视平民庶姓，而且还数典忘祖地轻视君主、政府、国家。君主被杀被逐，以及改朝换代，无论晋帝国也好，南宋帝国也好，南齐帝国也好，或其他任何政权，兴亡盛衰，都漠不关心，而只关心自己的门第世家。所以士大夫从不忠于任何君主或任何政府，更不忠于国家。因为任何效忠都有导致牺牲的危险，他们不需要效忠，照样可以掌握权柄，所以他们只忠于自己的门第世家就够了，因为门第世家就是自己的政治权势、社会地位和经济财富的能源。

九　佛、道二教的发展

佛、道二教于公元后第二世纪在中国萌芽时，出于一种法术符咒方式。佛教最初传入，力量微弱，所以一直依附在道教之下，好像是道教的一个支派。这种情形延续二百余年，虽然得到很多人信仰，但它没有经典的基础。上世纪（四）高僧竺佛图澄，受到后赵帝国暴君石虎的最大尊敬，对佛教的推广，有很大贡献，但他所以获得尊敬，完全靠他的神迹。

任何时代，苦难中的人民，只有两条路可走。一是对暴政反抗，一是藉宗教信仰，寻求未来的幸福。自从二世纪黄巾农民大暴动以来，中国境内从没有停止过战争。从事战争的人投入战争，没有从事战争的人，如妇女儿童和老年人，大多数都投入宗教，希望神灵能赐给在战场上作战的孩子们和在家的家人们平安。因为信佛的人太多，以致石虎一度考虑下令只准皇帝和贵族信佛，平民不准信佛。

本世纪（五）第四年（403），龟兹王国（新疆库车）高僧鸠摩罗什，抵达后秦帝国首都长安，后秦国王姚兴尊奉他为国师。之后的十三年中，他把后秦帝国化成一个佛教帝国，人民十分之九都成了佛教徒。对佛的崇拜虽不能拯救帝国的灭亡，但鸠摩罗什翻译的佛经，有三十部之多。在此之前，虽然也有译经，都属残篇，到鸠摩罗什才正式完成佛经的体系，使佛教呈现出它的庄严面目。

道教产生早于佛教传入，可是到本世纪（五）二十年代，名道士寇谦之才建立起来正式结构。北魏帝国皇帝拓跋焘、宰相崔浩，都是虔诚的道教徒。因之北魏帝国遂成为一个道教帝国，皇帝登极时，都采用道教仪式，由道士祝福。佛教在中国从没有达到过这种顶峰。

信仰都具有排他性，佛、道二教必然地要发生冲突。本世纪（五）四十年代446年，正是杏城（陕西黄陵）民变的次年，拓跋焘驻军长安，在佛寺中发现武器。这是一个很好的借口，他立刻指控佛教徒跟杏城抗暴领袖盖吴，共同谋反，下令全国（这时他已统一了北中国），焚毁所有的庙院。和尚尼姑，不论老少，一律处斩。这场屠杀，是佛教史上著名的"三武之祸"的一祸（拓跋焘号称太武皇帝）。不过拓跋焘的孙儿拓跋浚却信奉佛教，五十年代452年即位后，佛教即行复兴。

——"三武之祸"的其他二祸：一、下世纪（六）七十年代574年，北周帝国第三任皇帝宇文邕（号称武皇帝）禁佛。二、九世纪四十年代845年，唐王朝第十八任皇帝李炎（号称武宗皇帝）禁佛。但第二次没有流血，第三次则道教以及当时盛行的其他宗教，如景教、祆教等，同受厄运。

在南中国，佛、道二教没有引起政治干预。二教在民间各自发展，各有相当的成功。道教的五斗米派得到广大群众信奉。佛教则出现一位传奇人物——释法显。

道教是中国宗教，经典在中国。佛教是印度宗教，经典在印度。而佛教派系之多和经典之多，在世界各宗教中，高居第一位。所以那时中国每一位高僧都盼望能到释迦牟尼诞生的圣地印度，寻求原始经典。释法显是后秦帝国人，于上世纪（四）最后一年（399），从长安出发，经过西域葱岭，进入北天竺（北印度）。北天竺对佛经只有口传，没有文字记录。于是再向南行，于本世纪（五）404年，即鸠摩罗什到长安的次年，释法显也到了中天竺（中印度），学习梵语梵文。六年后（410），释法显携带十一种佛经，从师子王国（锡兰岛）乘船返国，他本打算先去广州，不料在海中遇到飓风，于414年，竟把他的船吹到广州以北两千公里外的崂山（山东青岛）。崂山属青州（山东青州）管辖，青州那时尚是晋帝国的领土，释法显无法回到后秦帝国首都长安，只好到晋帝国首都建康（江苏南京）。释法显是中国历史上第一位外国留学生，而且最为成功和最有贡献，当鸠摩罗什在北中国翻译佛经时，释法显在南中国也翻译佛经。

因为译经的缘故，佛教对中国文化，有划时代的影响，中国不但吸收了新思想——士大夫仍然在清谈，但已改变了内容，从前是谈老庄，现在则谈佛。而且迫使中国的方块汉字，第一次暴露出它的缺点：字汇贫乏和音节单调，梵文表达出来的很多事物，包括思想和意境，汉文往往不能表达。于是大量新创的字汇产生，如"菩提""涅槃""刹那"之类，纯是梵文的音译，为汉文注入新的血液。因译经而创造出的新文体，即半文言半白话的混合体，对中国文学更是一个很大的冲击，使得下世纪（六）之后，白话文终于脱离文言文而单独出现。若干高僧不能书写，只能口述，一些没有受过官僚专用的文言文训练的门徒，将他们的谈论，用朴实的文体记载下来，遂成为一种格言式的"语录体"。——这种语录体以后被儒家学派广泛采用，它的妙处是，只需要片段的言语就可造成一个学者，不必辛苦地去建立思想的和逻辑的谨严体系。

在言语上，中国人受方块汉字的拘限，不能向多音节发展，而单音节必然地产生大量的同音字，大量同音字的汉字，只宜于用来书写，不适合用来宣读，而佛经是需要向听众宣读的。形势促使他们改用白话文外，又必须在音调上补救。前面所提到的那位为保卫士大夫门第而战的沈约和他的朋友，根据梵语的启示，为中国的方块汉字，定出四声——平上去入，中国言语在音调上遂比以前丰富。

东西方世界

——一十年代·410年（南燕帝国灭亡），西哥特部落攻陷罗马城，屠杀焚烧，血流满街，除基督教会财产外，劫掠一空。西罗马帝国撤回驻不列颠占领军入援，盎格鲁部落与撒克逊部落，乘虚侵入不列颠，建立七小王国，互相攻伐。

——二十年代·427 年（北魏攻陷胡夏帝国首都统万城），高句丽王国自丸都（吉林集安）迁都平壤，国势全盛。与百济王国、新罗王国，鼎立朝鲜半岛，为朝鲜三国时代。

——三十年代·435 年（北燕帝国灭亡前一年），匈奴汗国可汗阿提拉即位，所至焚掠烧杀，草木不生。欧洲大恐，西罗马帝国尤甚，称之为"上帝之鞭"。

——三十年代·439 年（北凉王国灭亡，五胡乱华十九国时代终），汪达尔部落在北非建汪达尔王国。

——五十年代·455 年（南宋皇帝刘义隆被弑后第二年），汪达尔王国攻陷罗马城，大掠十四昼夜，掳走西罗马帝国皇后、公主以下三万余人。

——七十年代·476 年（南宋暴君刘昱被杀前一年），西罗马帝国亡。

——八十年代·486 年（北魏帝国迁都洛阳前八年），法兰克部落侵入高卢（法国），建法兰克王国，改高卢为法兰西亚，史学家称墨罗温。

第19章
第六世纪

本世纪初,南朝南齐帝国亡于兵变。南梁帝国代之而起,又被内忧外患所迫,萎缩成为北朝的附庸。陈帝国又代之而起,割据局面遂到尾声。北朝北魏帝国在民变中凋谢,分裂为东、西两个帝国。不久,东帝国被北齐篡夺,西帝国被北周篡夺。而北齐又被北周并吞,北周帝国接着又被它的皇亲国舅杨坚篡夺,改称隋帝国。

本世纪八十年代,隋帝国征服南朝,大分裂时代告终,中国又归于统一。

一　南梁帝国的北伐

南齐帝国皇帝萧宝卷于本世纪（六）第一年（500）激起他登极以来第三次兵变，大将崔景慧围攻台城（皇城），被另一位大将萧懿扑灭。可是萧宝卷不久又把萧懿杀掉，于是第四次兵变，也是最后一次兵变爆发。萧懿的弟弟雍州（湖北襄樊）州长（刺史）萧衍，在襄阳叛变，率军顺长江东下。萧衍在江陵（湖北江陵）另立萧宝卷十四岁的弟弟萧宝融当皇帝。但萧宝卷并不在意，他在皇宫中，用黄金铺地，凿成莲花，教他最宠爱的妃子潘玉奴走在上面，赞美说："步步生莲花。"为支持此项步步莲花的黄金，国库为之枯竭。萧衍叛军于本世纪（六）第二年（501）十月，挺进到首都建康（江苏南京）城下，完成包围。萧宝卷镇静如昔，三次兵变都被敉平，他相信第四次兵变没有理由例外。所以他在围城中专心忙碌扩建他的宫殿，民间有一棵好树木或一株好竹子，都被毁墙拆屋，移植入宫。他的左右亲信中有几个比较清醒的，看出局势严重，希望萧宝卷能安静下来。其中一人乘着萧宝卷坐骑忽然惊嘶的机会，向他进谏说："我看见你父亲，他很不高兴，责备你总是出宫游荡。"萧宝卷大怒，拔出佩刀，寻找他老爹的鬼魂。既然寻找不到，就用草缚一个他老爹的人像，斩首，把头挂到宫门口，昭示全国。将领们请他拿出宫中财物犒军，萧宝卷跳起来喊："为什么只教我花钱，敌人来了难道只杀我？"一个人被无限权力作弄到如此程度，使人叹息。到了十二月，萧宝卷正在殿上无忧无虑地作乐听歌时，城防司令官王珍国率军杀入皇宫，一个宦官一刀砍中他的膝盖。萧宝卷仆倒在地，另一位中级军官（中兵参军）张齐从旁再砍一刀，斩下这个只十九岁的年轻人的头颅，迎接萧衍入城。

明年（502），萧衍命萧宝融下诏禅让，南齐帝国只二十四年就告结束。萧宝融和萧姓皇族，当然不能逃过亡国失位君主的命运，像猪一样被屠净光。

萧衍（梁武帝）的国号是南梁，他即位后不久就雄心勃勃，打算统一中国。南齐二十四年之间，跟北魏保持和平，边界无事，萧衍打破这个局面。

头十年505年，萧衍命他的弟弟萧宏亲王当总司令，统军北伐。只不过四年前，萧宏还是南齐帝国一个平民庶姓的微不足道的低级职员（功曹史），可是他既当了亲王，权力就是能力了，他遂成为大兵团的最高指挥官，渡过淮河，进入敌境。但他心中却十分恐惧，推进了十数公里，到达洛口（安徽怀远），即不敢再进。明年（506），北魏反攻部队陆续集结，萧宏更加神魂不安，几次都要撤退，被一些将领苦苦留住。可是，一个暴风雨的晚上，营中发生夜惊，稍微熟习军旅生活的人都知道，夜惊是平常的事。萧宏却心胆俱裂，竟抛下他所统率的大军，秘密乘坐小艇逃走。等到天亮，将士们才发现失去元帅，全军立刻崩溃，抢先渡淮河南奔，互相争夺残杀，死伤五万余人，却连敌人的影子都没有看见。然而最奇异的是，萧宏高官贵爵如故。

萧衍不承认失败，九年后一十年代514年，他决心夺取寿阳（安徽寿县），寿阳是北魏帝国突入淮河南岸的一个军事重镇。萧衍命在寿阳下游一百三十公里处的浮山（安徽五河）附近，建立横断水坝。计划水坝筑成后，淮河上游水位提高，寿阳即被淹没。这个方法很好，但问题在于那个水坝，它必须能够承受水库的压力。工程部门官员提出警告说，淮河的河床，尽是泥沙，飘忽流动，水坝基础，必不可能稳固。但萧衍坚持自己的见解，于是开始施工。动员二十余万人，从淮河南北两岸，分别兴筑，向中流合拢。514年十一月开工，515年四月完成。想不到刚刚完成，水库的水只积蓄一点点，水坝即行崩溃。幸亏春雪还没有融解，损失不大。可是，萧衍不接受这个教训，下令重建，从515年四月，到516年四月，历时一年零一个月，第二次完成，长约四公里半。这是一个惊人的长度，即令在一千五百年之后的二十世纪，也是世界上最长的水坝之一。

最初，北魏帝国对这个水坝十分恐慌，准备出兵攻击筑坝工人。但宰相李平了解水性，认为水坝绝承受不住水库的压力，不必出兵，它会自然解决。所以北魏连寿阳居民都没有疏散，倒是萧衍却忙碌起来，在寿阳附近山头，安排灾民收容所，准备寿阳陆沉时收容逃出来的灾民。水坝完成后五个月，九月份来临，淮河水位暴涨，水库盈满。于是，天崩地裂般一声巨响，远在一百五十公里以外都听得见，水坝第二次崩溃。建立在坝上的军营和沿淮河下游两岸的村落，总共十余万人，包括将士和睡梦中的妇女儿童，为了萧衍一个人愚昧的一意孤行，全被洪水卷走，葬身东海。

历史上很少创业的君主，像萧衍这样的颠顶。

二　二十年代——北魏遍地抗暴

北魏帝国自上世纪（五）九十年代迁都之后三十年间，是帝国的鼎盛时期。北魏在文化上最大的贡献书法和浮雕，都集中在这三十年间完成。中国碑帖中，"魏碑"最为著名，就是因为它的书法有不同凡响之处。北魏流行一种肥胖型书法，但骨骼均匀，肌肉结实，使方块的汉字充分表现出它的华贵美。至于浮雕，是佛教最兴盛时的产品。佛教在本世纪（六）达到以前从未有过的巅峰，帝国全境有僧尼二百余万人，庙院三万余所——仅洛阳一地就有一千三百六十七所。信徒们除了到庙院烧香捐献祈福外，还用雕刻佛像的方法祈福。北魏帝国的佛像雕刻，是最高的一种艺术成就。闻名世界的龙门悬崖（又名伊阙，洛阳南二十公里）上的佛像浮雕，有数万个之多（直到现代，没有人查清它的数目），鬼斧神工，使人叹为观止。若干巨像的一个手指，就跟普通人一样大小。这浮雕一直保持到二十世纪，仍矗立在那里，供后人凭吊。

但帝国鼎盛时期的同时，也孕育了帝国灭亡的种子。

第一，北魏帝国为了抵御北方新崛起的少数民族柔然汗国的南侵，沿边建立了六个最重要的军事重镇，称为六镇，即怀朔镇（内蒙固阳）、武川镇（内蒙武川）、抚冥镇（内蒙四子王旗）、怀荒镇（河北张北）、柔玄镇（内蒙兴和北）、御夷镇（河北赤城）。这六镇在建都平城（山西大同）时，驻扎着全国最精锐的部队，士强马壮。贵族子弟，以在六镇服役为荣，六镇遂成为帝国的生命线和主要安定力量。自迁都洛阳，六镇逐渐沦为荒漠的边陲，被目光如豆的当权人物遗弃在脑后。尤其元宏雷厉风行他的门第制度，同是一家人，随政府迁到洛阳的人成为国姓郡姓高门第的世家，生下来就有富贵。而留在六镇为国杀敌捐躯的人，却成为平民庶姓低门第的寒门，沦为防卫司令官（镇将）的奴婢，受到非人的虐待。他们不能升迁，不准出境，不准读书，不准与高门第人士通婚。太多的暴政使边民对北魏政府痛恨入骨。有眼光的大臣如军区司令部秘书长（大都督长史）魏兰根，曾不断指出其中危机，但没有人理会。边民除了叛变外，无法拯救自己。

第二，政府宫廷的组织和权力，日益扩张，当权人物除了拥有无限尊严外，还必须拥有无限财富，才能保持和发挥无限尊严。于是不久就跟三世纪末晋帝国崩溃前夕一样，官员们互相以穷奢极侈夸耀。宰相元雍，仅女婢就有五百余人，男仆就有六千余人。另一位亲王元琛，他的马槽都是银制的，饮食器具都是西域（新疆）进口的外国货。他曾感慨地说："我不恨没有见过石崇，只恨石崇没有见过我。"石崇是晋帝国的一位州长级官员，靠贪污和杀人掠货成为富豪。太多的元雍、元琛，必然官逼民反，人民除了杀官自救外，只有被杀。

本世纪（六）一开始，就陆续发生抗暴行动。进入二十年代，民变更如同雨后春笋。我们且将二十年代重要的民众抗暴列为一表，说明人民愤怒的程度。所列都是农民革命，加△号者属于兵变，兵变也多因不堪暴政而起。

年份	领导人物	发生地区	发展情况	注
520	元熙	邺城（河北临漳）	亲王元熙起兵讨伐宰相元乂，兵败被杀。	△
521	韩祖香	南秦州（甘肃成县）	南秦州氐民族部落韩祖香等聚众起兵。	
523	怀荒镇民	怀荒镇（河北张北）	柔然汗国来攻，镇民请粮，怀荒镇将于父不肯给，镇民攻杀于父叛变。	
	破六韩拔陵	沃野镇（内蒙杭锦旗北）	镇民破六韩拔陵攻杀镇将，聚众抗暴。此为民众抗暴主力之一，六镇全部陷落，四方响应，历时十余年。	
524	胡琛	高平镇（宁夏固原）	镇民赫连恩聚众叛变，推敕勒部落酋长胡琛为王，四出攻掠。	
	夏州民	夏州（陕西靖边）	夏州、东夏州（陕西延安）、凉州（甘肃武威）、豳州（甘肃宁县），民变纷起。	
	莫折大提	秦州（甘肃天水）	州长（刺史）李彦残暴，州民薛珍聚众攻杀李彦，推莫折大提为王。莫折大提不久病死，子莫折念生继位，称帝，遣兵四出。	
	于菩提	凉州（甘肃武威）	州民于菩提囚禁州长（刺史）宋颖，叛变。	
	张长命	南秦州	州长（刺史）崔游诱杀降人，州民张长命攻杀崔游，起兵响应莫折念生。	
	乞伏莫于	秀容（山西朔州）	肆州（山西忻州）民乞伏莫于攻杀地方政府首长。	
	万于乞真	秀容	牧人万于乞真攻杀交通部长（太仆卿）陆延，聚众叛变。秀容酋长尔朱荣攻杀万于乞真。（尔朱荣因而被北魏政府任命为车骑将军、六州讨房大都督，始露头角。）	
	赵天安	凉州	于菩提死，州民赵天安命宋颖当凉州州长（刺史），继续抗政府军。	
	刘安定	营州（辽宁朝阳）	州民刘安定擒州长（刺史）李仲遵，据营州叛变。	
	就德兴	营州	刘安定被杀，州民就德兴统众东走，称王。	
	曹阿各拔	夏州	曹阿各拔同他的弟弟曹桑生，聚众擒夏州州长（刺史）源子雍，叛变。	
	张映龙	雍州（陕西西安）	巴蜀（四川）人张映龙，聚众攻雍州，兵败散走。	
	汾州胡人	汾州（山西隰县）	汾州胡人叛变，北魏政府命亲王元融讨伐。	

（续表）

年份	领导人物	发生地区	发展情况	注
525	杜洛周	上谷郡（河北怀来）	柔玄镇（内蒙兴和北）民杜洛周于上谷聚众叛变。	
	梁景进	河州（甘肃临夏）	引莫折念生军围河州，败走。	
	二荆西郢少数民族	荆州（河南邓州）东荆州（河南泌阳）西郢州（河南泌阳西）	少数民族皆起兵，大者万家，小者千家，各称王侯。洛阳以南，道路不通。	
	刘蠡升	汾州	汾州山胡部落酋长刘蠡升，据山西南部，称帝，历时九年有余。	
	元法僧	徐州（江苏徐州）	徐州州长（刺史）元法僧叛变，称帝，兵败，投奔南梁帝国。	△
526	鲜于修礼	定州（河北定州）	于定州左城聚众叛变。	
	斛律洛阳	平城（山西大同）	斛律洛阳与另一抗暴领袖费也头牧子相结，联军攻陷故都平城。	
	鲜于阿胡	朔州（内蒙固阳）	据城叛变。	
	陈双炽	绛郡（山西绛县）	聚众叛变，称王。	
	葛荣	华北诸州郡	鲜于修礼为部将所杀，葛荣再杀部将，称帝，游击华北诸州郡，集结到百万部众。	
	范阳民	范阳郡（河北涿州）	擒幽州（北京）州长（刺史）王延年，响应杜洛周。	
	刘树	齐州（山东济南）	攻陷州郡，屡败北魏政府军。	
527	岐州民	岐州（陕西凤翔）	擒州长（刺史）魏兰根，响应莫折念生。	
	叱干麒麟	豳州（甘肃宁县）	聚众据州城，响应莫折念生。	
	东清河郡民	东清河郡（山东淄博南）	民众群起。	
	潼关民	潼关（陕西潼关）	据潼关叛变，洛阳至长安路断。	
	萧宝寅	长安	大将萧宝寅据长安叛变，称齐帝，兵败后奔万俟丑奴。	
	赵显德	东郡（河南滑县）	杀东郡郡长（太守）裴烟，称都督。	
	刘钧	东广川郡（山东邹平）	聚众叛变，称大行台。	
	房项	昌国（山东淄博）	聚众叛变，称大都督。	
	刘获、郑辩	西华（河南西华）	聚众叛变，称王，跟南梁帝国相结。	
	薛凤贤	正平郡（山西新绛）	与同族薛修义，起兵进攻蒲坂（山西永济）。	

(续表)

年份	领导人物	发生地区	发展情况	注
528	李洪	巩县（河南巩义）	聚众叛变，攻烧巩县（河南巩义）、伊阙之间，洛阳以东路断。	
	邢杲	北海郡（山东潍坊）	聚众叛变，声势浩大。北魏皇帝元诩曾下诏亲征，但不敢出发。	
	刘举	濮阳郡（山东郓城）	光州（山东莱州）人刘举起兵，称皇武大将军。	
	万俟丑奴	高平镇	本是胡琛部将，胡琛被破六韩拔陵诱杀，乃统余众，称帝。	
	续灵珍	蕃郡（山东滕州）	聚众叛变，攻郡城，跟南梁帝国相结。	
	韩楼	幽州（北京）	聚众叛变，攻陷州城，邻近诸州，纷纷响应。	
529	元颢	洛阳	亲王元颢引南梁军，攻入洛阳，称北魏正统皇帝，兵败被杀。	△
	王显祖	上党郡（山西长治北）	聚众叛变，称王。	

三 北魏帝国的分裂

北魏帝国有一个落后传统，可能来自公元前一世纪西汉王朝第七任皇帝刘彻的启示。刘彻将立他的儿子刘弗陵当太子时，先把刘弗陵的母亲钩弋夫人杀掉，预防她将来以皇太后的身份，干预政治。北魏帝国把这个偶然事件，明定为一种制度。所以在北魏宫廷中的惨剧，也比其他王朝为多。每当选立太子时，年轻母亲即被迫服毒，哭声响彻内外。一直到本世纪（六）初，第八任皇帝元恪立他的儿子元诩当太子时，元诩的母亲胡贵嫔本应处死，但元恪不忍心这样做。一百余年的落后习俗，才告废止。元恪于一十年代515年逝世，元诩即位，年仅六岁，胡贵嫔顺理成章地当了皇太后，掌握政府大权。

年轻貌美的胡太后当权后的行为，对她丈夫元恪的善意立法，实是一种尖锐讽刺。这位一百年以来第一个出现的货真价实的皇太后，却用事实证明那一习俗确实有其存在的必要。胡太后自从当权，除了大肆营建佛寺和佛像外，几乎全部精力都用在伤害帝国上。二十年代如火如荼的遍地抗暴，大多数由她激起，或由她触发。洛阳孤立在黄河南岸，已经进退失据，可是像蛆虫一样的政客们仍拥挤在权力魔杖的四周，斗争不休。520年，宰相元乂发动政变，把胡太后囚禁，但元乂比胡太后更为贪暴。五年后（525），胡太后反击,把元乂杀掉,重新掌握政权。她唯一的反省是再不能信靠外人,只能信靠她的两位情夫孙俨和徐纥。对各地民众抗暴,采取嬴胡亥、王莽一样的政策,即用双手掩住自己的耳朵。凡入朝官员,胡太后向他们询问消息时,大家知道她想听什么,所以异口同声回答:"小股盗贼,不过一些社会败类,地方政府自会肃清,用不着圣虑。"胡太后在印证了她的观察正确后,就更肆无忌惮。528 年,元诩的妃子生了一个女儿,胡太后宣称生了一个男孩,大赦天下,以示庆祝。元诩这一年已十九岁,觉得老娘势将把帝国带上毁灭,计划把她那两位炙手可热的情夫逐走。环顾左右,他选中了镇守晋阳(山西太原)的大将尔朱荣。这跟二世纪八十年代189 年,东汉王朝外戚何进选中镇守河东(山西夏县)的大将董卓一样,历史开始重演。元诩命尔朱荣向洛阳进兵,用以胁迫他母亲胡太后。尔朱荣率军南下,到了上党(山西长治北),不知道什么缘故,元诩又命他停止。但消息仍然泄露,胡太后跟两位情夫遂把元诩毒死。

——无限权力能把人变得禽兽不如。在权力斗争中,父亲杀儿子,儿子杀父亲,已不足为奇;而今竟出现母亲杀死亲生之子,而且是独生之子。

胡太后毒死亲生之子,不仅凶恶残忍,而且愚不可及,她挖掉自己生命的根。中国不像欧洲,在中国,妻子和女儿在法理上不能继承帝位。元诩死后,既然已经宣布过生了个男孩,男孩当然要继任为下届皇帝,可是胡太后知道无法隐瞒,只好马上再宣布,所谓皇子,本是皇女,而另立元诩的族侄,刚生下来才三个月的元钊当皇帝。这种重大的事件竟如此儿戏,胡太后把政治看得太简单了。尔朱荣首先发难,一面宣称要追查皇帝元诩的死因,一面不承认胡太后政府,另行拥立元诩的族叔元子攸当皇帝,向洛阳进攻。胡太后派出去迎击的军队反而投降尔朱荣,于是情夫逃走,洛阳陷落,胡太后和婴儿皇帝,被尔朱荣装到竹笼里,投到黄河溺死。距她毒死亲生儿子,只两个月。

接着尔朱荣请政府全体官员到郊外迎接新皇帝元子攸,把文武百官诱到河阴淘渚(黄河洛阳间地名)之后,用骑兵团团围住,宣布罪状说:"国家所以衰乱,你们应负责任。"下令屠杀,在骑兵蹂践下,包括北魏帝国第一奇富的宰相元雍在内,两千余高门第世家的高级贵族和高级官员,全被杀死和踏死,政府为之一空。这是人民对腐败的当权官员的一种报复,也是庶姓对门第士大夫的一种报复,自然使人心大快,但也为社会带来恐怖,元子攸和残余的贵族士大夫,更如芒刺在背,认为必须把他拔除。这个火药库局面,维持两年,到了三十年代530 年,元子攸把尔朱荣诱进皇宫杀掉。

元子攸杀尔朱荣之前，曾慎重考虑到尔朱荣强大的私人部队叛变的可能性。他研究二世纪九十年代的往事，当时东汉王朝宰相王允杀了董卓后，因拒绝大赦董卓的部将李傕、郭汜，才激起叛变。元子攸认为大赦和铁券（用铁铸成保证永享富贵并遇罪赦免的诏书），可使他不重蹈这个覆辙。

——问题是，社会科学与自然科学不同，历史发展与化学方程式不同。同一刺激，因人、因时代和因环境的不同，反应也异。所以人们在觅取历史启示或教训时，必须特别小心。

尔朱荣噩耗传出后，尔朱荣的妻子斩关逃出洛阳，在城外集结尔朱家族散布各地的武装部队，开始攻城。他们对元子攸的大赦令嗤之以鼻，对送出来的铁券更是轻蔑，告诉使节说："尔朱将军拥戴皇帝，有天大的功勋，都被谋害。两行铁字，又有什么用处？"洛阳不久陷落，元子攸被叛军绞死，距他杀尔朱荣仅三个月。

尔朱荣家族的一些将领，只不过一群暴徒，比河阴惨案被杀的那些官员，更为腐败贪虐。一个曾经追随破六韩拔陵叛变，后来投降尔朱荣，被尔朱家族任命当冀州（信都·河北冀州）州长（刺史）的高欢，看出尔朱家族的没落，就于元子攸被杀的明年（531），在信都起兵，声言讨伐叛逆。

明年（532），尔朱家族战败。高欢进入洛阳，立元子攸的族侄元修当皇帝。

高欢是华夏人，但世居六镇之一的怀朔镇（内蒙固阳），是一个典型的穷苦边民。六镇以鲜卑民族为主，元宏的华夏化政策还不能影响到那么远，所以高欢在文化上彻头彻尾是一个鲜卑人，能说流利的鲜卑语。他没有受过教育，事实上他根本不识字，但他在艰苦中训练自己，使自己成为一个英雄人物。对他一手扶植起来的皇帝元修，他尽到最大的礼敬。不过元修当皇帝时才二十三岁，性格轻狂浮躁，没有弄清楚自己的处境，极端不满意自己的权力受到限制。跟元子攸一样，他也想恢复皇帝应有的无限权力。于是他和镇守长安（陕西西安）的大将宇文泰秘密相结。534年，乘高欢远在晋阳（山西太原），元修从洛阳出发，西奔长安，投靠宇文泰。

高欢另立一位亲王之子十一岁的元善见当皇帝，因洛阳距长安太近，就把首都迁到邺城（河北临漳）。北魏帝国遂有两个政府，而各以正统自居。史学家称邺城政府为东魏帝国，称长安政府为西魏帝国。

——元修的结局大出意外，他奔驰到长安，宇文泰以最隆重的礼节迎接他，他以为他现在可以享受无限权力的乐趣了。但对一个帝王而言，无限

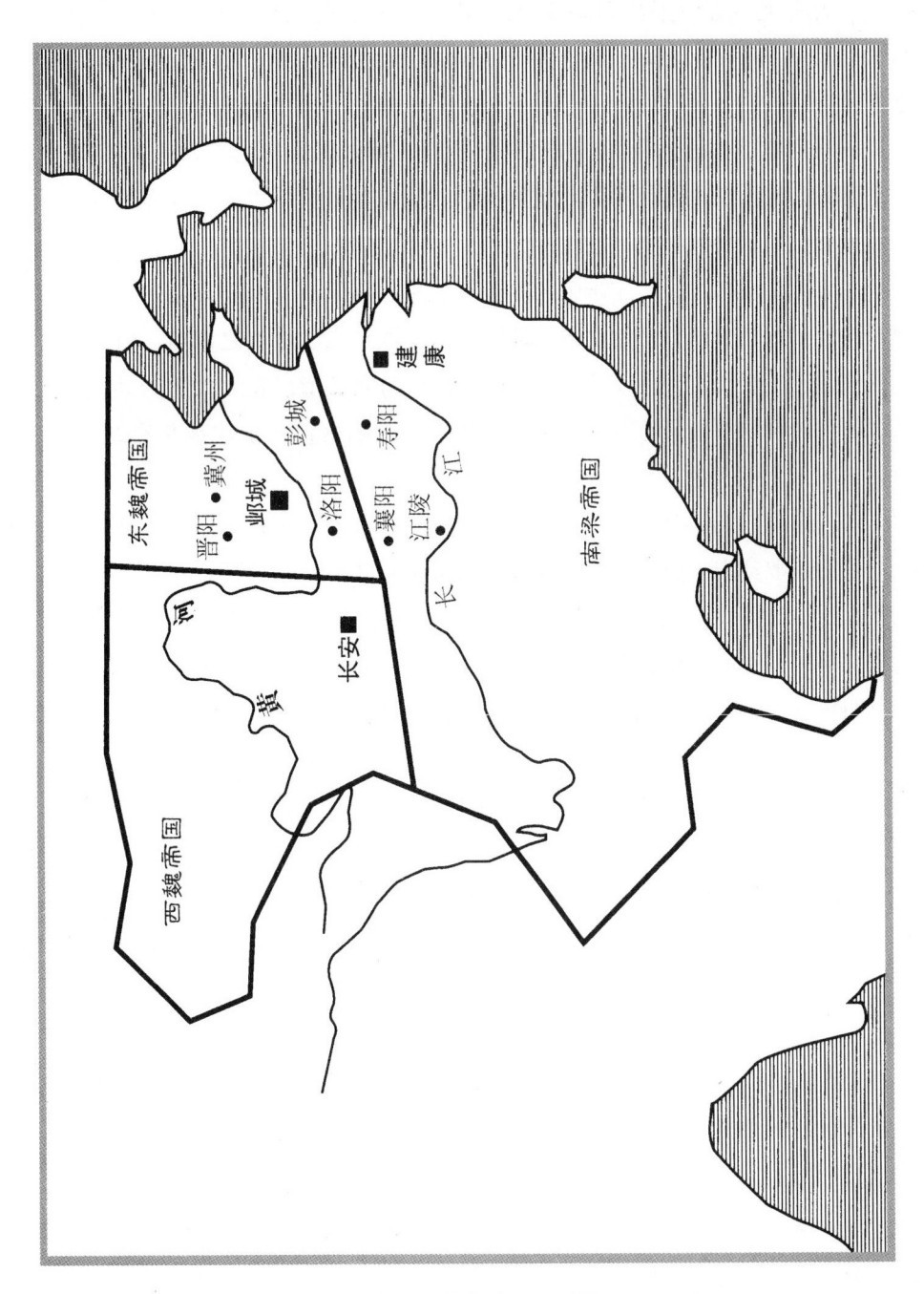

图二九　六世纪初叶·三国并立

权力一旦丧失——尤其是经过两代以上长久的丧失，就永不可能收回，犹如一条毒蛇，毒牙损失之后，就永不可能复生。高欢比较宽厚，至少不干涉元修的私生活。宇文泰不然，他把丑名在外、跟元修一直同居的元修的几位姊妹，全部驱逐出宫，并把其中之一的明月公主杀掉。元修暴跳如雷，要对宇文泰下手，宇文泰毫不犹豫地就把元修毒死。距他满怀希望从洛阳逃出，只五个月。

四 萧衍父子引起的南中国混战

四十年代547年，高欢逝世，这个英雄人物最大的缺点是纵容他的儿子们骄傲横暴，无法无天。他的长子高澄继任父亲宰相的职位。远在黄河以南镇守颍川（河南长葛）的大将侯景，是高欢幼年时代的贫贱伙伴，他平素一向厌恶高欢那些不成材的儿子，那些儿子们自然也瞧不起父亲手下的部将。高澄刚刚继位，侯景就宣布脱离东魏政府，连同他管辖下的黄河以南十三个州，一并归降南梁。

南梁帝国开国皇帝萧衍，自从北进政策屡次失败之后，不敢再谈统一，把注意力转向国内，在国内演出一连串闹剧——先后四次舍身同泰寺。同泰寺是当时首都建康最大的庙院，僧侣有数千人。527年，萧衍到同泰寺进香，忽然脱下皇帝的龙袍，穿上僧侣的袈裟，当起和尚来。当了三天，才行回宫。这是他第一次舍身，还算平静。可是两年后的529年，萧衍第二次到同泰寺舍身时，就蓄意欺诈，他不但当和尚，而且坚决拒绝回宫。僵持了七十三天之久，大臣们终于明白了他的意思，就捐钱一亿万，把"皇帝菩萨"从同泰寺"赎"了出来。萧衍食髓知味之余，接着是四十年代546年第三次舍身，547年第四次舍身，每次的价格都是钱一亿万。

萧衍在政治上的成功，全靠侥幸，是一种被浪潮推涌到浪头上的人物。但他一旦掌握大权，就开始自我肥大，形势上的因素全被抹杀，对自己的智慧能力和道德水平，做过高的估价。事实上他自私而又庸劣，对于境界稍高的见解，便不能领略。他不惮其烦地一再舍身，而不觉得别人在一旁浑身肉麻，就是例证。他极醉心"仁慈""宽厚"的美名，所以皇亲国戚士大夫无论有多大的罪恶，都不予追究。但对于普通平民，他却有狰狞的一面，一个人被认定犯罪时，父母、妻子都受到连累。一个人逃亡，全家都逮捕下狱，无一点宽假。

侯景归降，正是萧衍第四次舍身的那一年（547），如果不是侯景，他恐怕明年还要舍身，舍个没完。侯景的归降，跟公元前三世纪韩王国上党（山西长子）守将冯亭归降赵王国一样。凡没有根的福都是危险的，赵王国的后果可做前车之鉴。但黄河以南十三州十一万方公里的土地，有三个台湾岛那么大，以萧衍的智力商数，他不但无力拒绝，而且早已被诱惑得神魂飘荡。于是，跟赵王国一样，他接受了这个烫手的山芋，宣布把十三州并入版图。

东魏帝国立即对侯景发动攻击，侯景退到悬瓠（河南汝南）。萧衍不能不派军支持，他命侄儿萧渊明当总司令，会同侯景的部队，进攻彭城（江苏徐州）。然而萧渊明跟萧宏一样，也是认为权力即能力的人物，在距彭城九公里的寒山地方，被东魏击败，不但全军覆没，萧渊明也被捉去。侯景退到涡阳（安徽蒙城），抵抗不住东魏的追兵，也全军覆没。领着数百名亲军，眼看着十三个州化为云烟，而且连栖身之处都没有，不知道该投奔何处才好。最后，他进袭寿阳（寿阳于三十年代，南梁乘北魏帝国内顾不暇时夺取，改为南豫州），把代理州长（监州事）韦黯驱逐。萧衍对侯景驱逐地方政府首长，不但没有责备，没有惩罚，反而即行任命侯景当州长（州牧），侯景大喜过望。不过他对萧衍的昏庸，也留下深刻印象。

萧渊明被俘后，高澄请他写信给萧衍，建议两国和解，萧衍复信应允。农林部长（司农卿）傅岐警告说："高澄既没有战败，为什么求和？明明是反间之计，希望刺激侯景。侯景如果起疑，定生变化，我们不可跳进这个圈套。"萧衍当然不会采纳，两国使节，遂开始往来。侯景果然恐惧，他上奏章说："两国如果和解，恐怕我不能免高澄毒手。"萧衍保证说："我是天下之主，岂会对人失信，你要深知我心。"侯景假冒高澄名义写了一封信给萧衍，提议用萧渊明交换侯景。萧衍这时露出真面目，复信说："你早上送还萧渊明，我晚上就送还侯景。"侯景的悲愤是可以想象的，他集结兵力，从寿阳南下，直指首都建康。萧衍听到侯景叛变，大笑说："我折根树枝就打死他。"侯景于四十年代548年八月起兵，如入无人之境地渡过长江，于十一月抵达建康，百道攻城。南梁帝国各路勤王军队，在亲王和亲信统率下，云集城外，每天跟美女饮酒欢宴，不敢作战。萧衍把皇帝诏书系到风筝上，命他们进攻解围，可是没有人听他的命令。明年（549）三月，建康陷落。五月，八十六岁的萧衍，被活活饿死。死时只剩下他一个人孤独地躺在床上，想讨一杯蜜水，很艰难地唤了两声"荷荷"而后断气。这是他最后的声音，跟刘子业最后的声音"寂寂"一样，没有人知道它的含意。萧衍的死距他接受侯景归降只有两年，距他折根树枝只有九个月。

萧衍的儿子之一萧绎（梁元帝）亲王，于五十年代552年在江陵（湖北江陵）继位，他是本世纪（六）暴君之一，知识水平很高，但知识水平不等于智能水平，更不等于灵性水平。他在登位之前，第一件要做的是消灭那些可能跟他争夺帝位的兄弟叔侄。镇守长沙（湖南长沙）的侄儿萧誉亲王，是萧衍的嫡长孙，在宗法制度上，比小宗萧绎更接近宝座。萧绎派遣大军攻陷长沙，杀掉萧誉。萧誉的弟弟萧詧，镇守襄阳（湖北襄樊），派军救他的兄长，被萧绎击败。襄阳是一个手掌大的地方，不能抗拒萧绎的压力，萧詧便连同土地，归降北方的西魏帝国。萧绎在终于杀光了他所能杀的假想敌之后，才命他的大将王僧辩，东下进攻盘踞建康已四年之久的侯景。侯景兵败，在逃窜途中被他的亲信部将用矛刺死。大乱总算平息，萧绎称帝。可是南中国已残破不堪，人民连年来为了躲避兵灾、旱灾和蝗灾，纷纷逃入山谷湖泽，挖掘草根树叶充饥。饥馑和疾病，使人随时随地都会倒毙。遍山遍野，尸体相接。百万富豪人家，穿着绸缎，带着稀世珠宝，卧在锦绣帐内，辗转饿死。东西千余公里，只见莽莽白骨，不见人踪炊烟。

——有一件事是关于士大夫门第的故事。侯景在寿阳（安徽寿县）时，曾向南朝最尊贵的王、谢二姓求婚，萧衍说："王谢门第太高，不能匹配，不妨向朱姓、张姓以下试试看。"侯景大笑说："什么门第？我教他们做我的家奴。"他果然做到了。侯景进入建康后，王、谢二家被屠杀和所受的羞辱最惨，几乎灭绝。二姓的门第和世家，从此消失。

萧绎不断战胜，使他目眩神摇，忘了他自己的脆弱。554年，他写了一封十分傲慢的信给西魏帝国宰相宇文泰，要求重划边界。宇文泰失声说："天老爷要毁灭一个人，谁都救不了他。"即命于谨当总司令，萧詧当前导，大举南下。当西魏远征军已经入境时，萧绎还故意表现他雍容的气度，将领们一面戒备，一面全副武装到金銮殿上听他讲解李耳的《道德经》。西魏远征军不久抵达江陵，只几天工夫，江陵城破，萧绎平常总是要求别人为国而死，临到他时，他却屈辱地投降求生。不过投降之前，萧绎做了几件事：第一件是，江陵狱中囚犯，约有七千人，围城之际，城防兵力不足，军方请求把他们释放，充作战士，这是古代习惯使用的办法。萧绎不但不准，反而下令一律格杀。幸而狱吏还没来得及执行，城即陷落。第二件是，萧绎把所收藏的十四万册图书，放火全部焚毁。许多绝版珍本，都成灰烬，中国文化受到一次无法补偿的损失。萧绎所以迁怒于书，是他认为书害了他。国破家亡，全是读书太多的缘故。第三件是，萧绎在焚书时，表演了一个小动作，他拔剑砍柱，嚎叫说："文武之道，到今天为止。"意思是文武百官没有拼死保护他，是放弃了他们神圣的责任。另一个意思是，从公元前十二世纪周王朝创业人姬昌（周文王）和开国君主姬发（周武王），一脉传递下来的中国正统，因他的失败，而告结束。

这三件小事暴露了萧绎不可救药的愚恶，不过他所受到的惩罚也很适当。西魏远征军故意把他交给恨他入骨的仇人萧詧，萧詧对这位失去毒牙的毒蛇叔父，做报复性的侮辱之后，用沙袋把他压死。萧詧在西魏支持下，继位南梁皇帝。

然而，萧绎手下的大将王僧辩，远在建康（江苏南京），还拥有大军，拒绝承认萧詧这个傀儡皇帝。他迎接萧绎的十三岁的儿子萧方智到建康，准备立他当皇帝。这时，刚刚夺取东魏帝国政权的北齐帝国，抓住机会，派遣大军，把被俘已八年之久的萧渊明送回，要求继承帝位。萧渊明是开国皇帝萧衍的哥哥的儿子，血统上根本没有继承帝位的可能性，但护送他的北齐兵团，一连几场胜利，弥补了这个缺点，王僧辩只好接受。可是萧渊明的皇帝只当了四个月，王僧辩的部将陈霸先兵变，杀掉王僧辩，把萧渊明逐下宝座，拥立萧方智继位。

陈霸先跟上世纪（五）初叶推翻桓玄的刘裕，是同一类型人物。他的政治号召是："萧衍的子孙虽多，但能击败侯景的，只萧绎一人，为什么废掉他的儿子？"然而，到了557年，陈霸先却命萧方智下诏禅让。禅让之后，又把萧方智杀掉。距他慷慨起义，誓死效忠萧姓皇族，只有两年，比刘裕还迫不及待。自此，南梁帝国只剩下江陵一小块土地，在萧詧统治下，作为北周帝国（西魏帝国的篡夺者）的尾巴国，不再重见于历史舞台。

陈霸先改国号为陈。本世纪（六）五十年代，中国境内四国并立，除了南梁帝国谈不到算一个帝国外，陈帝国力量最弱。

五　北齐、北周倏兴倏灭

当南朝在混战中改朝换代时，北朝也在混战中改朝换代。

高澄于侯景攻陷建康的那一年（549），被他的厨师刺死，由患癫狂的弟弟高洋接任宰相。东魏皇帝元善见天真地欢呼："上天保佑，皇家权威可以重振了。"可是高洋的来势更为凶猛。明年（550），高洋命元善见禅让，改国号为北齐。

假使世界上有疯子集团建立的国家，北齐帝国就是了。高洋在金銮殿上设有一口锅和一把锯,每逢喝醉了酒,必须杀人才能快乐。而他从早到晚都在喝醉,所以他必须从早到晚不停地杀人。宫女、宦官和亲信每天都有人惨死在他的盛怒之下。最后遂由司法部门把判决死刑的囚犯,送到皇宫,供高洋杀人时之用,后来杀得太多,死囚不够供应,就把拘留所里正在审讯中的被告充数,称为"供御囚"。不但送到皇宫,即令高洋出巡时,供御囚也跟着高洋的屁股后,只要三个月不死,即作为无罪释放。当高洋幼年时,宰相高隆之对他曾经不太礼貌,现在记起前恨,下令把高隆之杀掉。忽然更恨起来,把高隆之二十多个儿子唤到马前,马鞭在马鞍上轻轻一扣,卫士群刀齐下,人头同时落地。宰相李湜病故,高洋亲去李湜家祭吊,问李湜妻子:"想不想你的丈夫?"回答说:"结发夫妻,怎不想念?"高洋说:"既然想念,何不前往。"抽出配刀,把她的头砍下,扔到墙外。高洋非常宠爱一位妓女出身的薛贵嫔,又跟她的姊姊私通。有一天,到她姊姊家吃酒,姊姊求高洋给她父亲一个大官,高洋大怒,教卫士把她悬挂起来,用锯锯死。又有一天,忽然想起来薛贵嫔曾经跟别的男人睡过觉,又把她杀掉,把血淋淋的人头藏到怀里参加宴会,在宴会高潮时,掏出来抛到桌子上,全席大惊失色。高洋又把她的尸体肢解,用腿骨做一个琵琶,一面弹一面唱:"佳人难再得。"出葬时,高洋跟随在后面,蓬头垢面,大声哭号。

高洋凶性发作时,对亲娘也一样看待,有一次曾把他母亲娄太后坐的小矮湉(胡床)推翻,使老太婆跌伤。又有一次他大发脾气,宣称要把母亲嫁给鲜卑家奴。高洋到岳母家,一箭射中岳母的面颊,吼叫说:"我喝醉了连亲娘都不认识,你算什么东西。"再把已满脸流血的岳母打一百鞭。高洋把平日经常规劝他的两个弟弟高浚和高涣,囚到地窖铁笼之中,高洋亲自去看他们,纵声高歌,命二人相和,二人既惧又悲,唱出歌声,声音颤抖。高洋听了,不禁流下眼泪,然后提起铁矛,向二人猛刺。卫士们群矛齐下,两个弟弟用手抓住铁矛挣扎,号哭震天,不久就被刺成一团肉酱。连同铁笼,一齐烧毁。高洋最后做的一件事是,把北魏帝国元姓皇族,全部屠杀,婴儿们则抛到空中,用铁矛承接,一一刺穿。

高洋的暴行不是孤立的,整个北齐帝国的官员,几乎全有高洋般的兽性。这个微不足道,只不过二十八年的短命政权,却拥有世界上最野蛮的刑事诉讼法。法官审理案件时,把耕田用的铁犁烧红,教被告赤足站在上面。或者把被告的两臂伸到车轮之中,用火炙烤。在这种酷刑之下,当然要什么口供就有什么口供。

北齐帝国建国六年后的556年,西魏帝国宰相宇文泰逝世,十五岁的儿

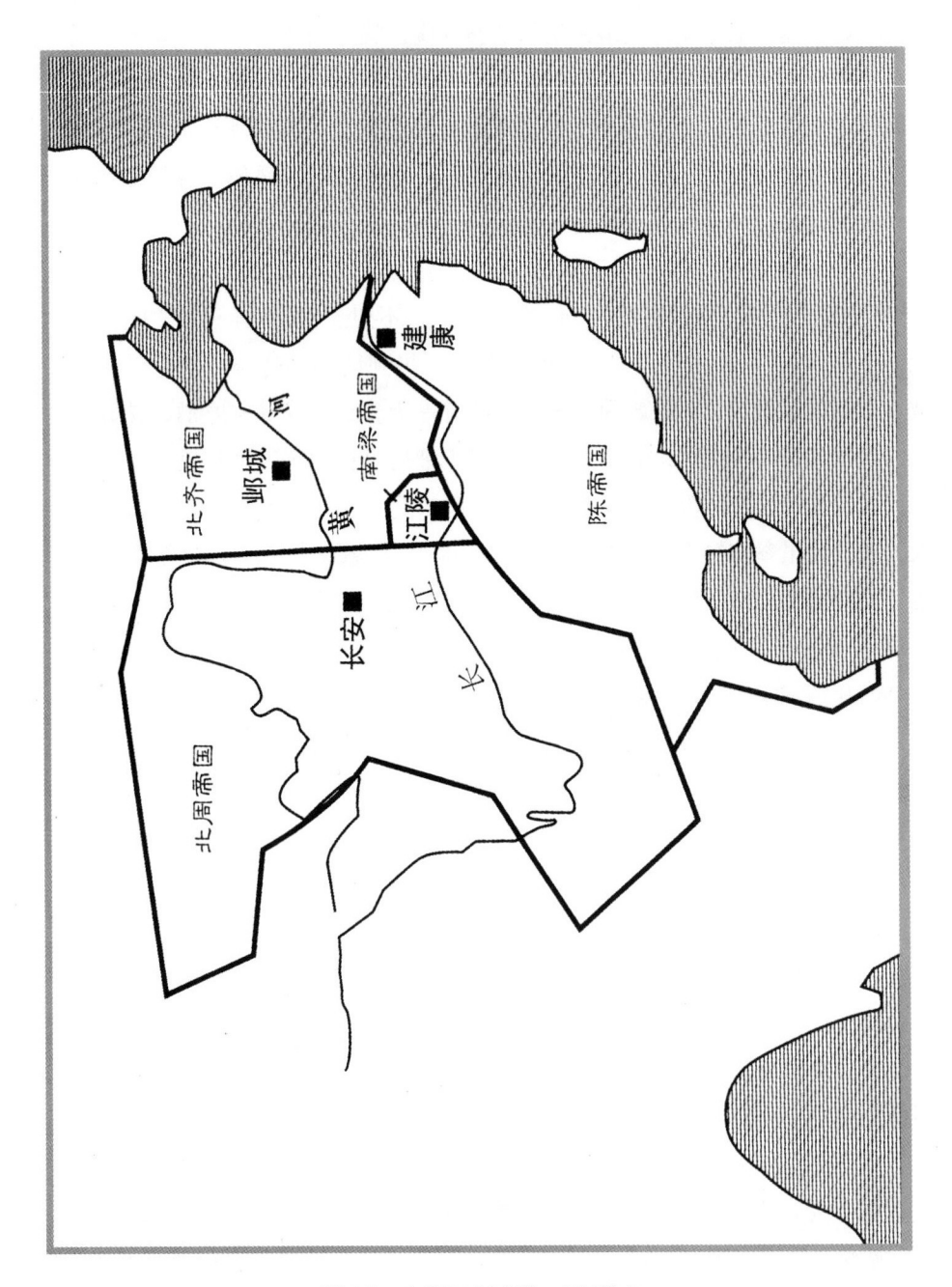

图三〇　六世纪五十年代·四国并立

子宇文觉继任宰相，三十五岁的侄儿宇文护辅政，也教西魏最后一任皇帝拓跋廓禅让。明年（557），宇文觉即位，改国号为北周。北魏立国一百七十一年而亡。北周帝国也是短命政权之一，而且建国之初，宫廷中就接二连三发生政变。首先是宇文觉想排除专权的堂兄宇文护，宇文护反把宇文觉杀掉，立宇文觉的哥哥宇文毓继位。560年，宇文护又把宇文毓毒死，另立宇文毓的弟弟宇文邕继位。宇文邕是一个英明的君主，他等到政权确实可以控制的时候，即杀掉宇文护，然后向东方乱成一团的北齐帝国虎视眈眈，寻觅征服良机。

高洋于559年逝世，十五岁的儿子高殷继位。高洋的弟弟高演，把高殷杀掉，自己继位。高演头脑比较清醒，但只当了一年余皇帝，即行病死，弟弟高湛继位。高湛的狂暴荒淫，不亚于高洋。然而集高家劣根性之大成的，却是高湛的儿子高纬。高纬最惊人的一件事是，诬陷他最忠心的宰相和军事天才大元帅斛律光谋反，屠灭三族。北周皇帝宇文邕听到斛律光的死讯，高兴得跳起来，下令大赦，以庆祝敌人这桩冤狱。宇文邕最畏惧的人既被清除，他可以实行他统一北中国的计划了。七十年代576年，北周大举向北齐进攻，包围晋州（山西临汾）。年方二十岁的高纬，亲自从北方二百公里外的晋阳（山西太原）南下救援。救兵如同救火，理应刻不容缓，可是他率领重兵，却沿途停顿，同他最宠爱的妃子冯小怜四出打猎。晋州告急文书，雪片飞来，宰相高阿那肱说："边疆小小交兵，是平常之事。主上日理万机，偶尔乘暇游猎，我们不应轻率转奏。"等到晋州失守，他才不得不向猎场中的高纬报告。高纬想马上回营，但冯小怜要求再杀一围，于是就再杀一围。一围的时间，从人马鹰犬展开，到驱逐合拢，少则一日，多则二日三日。北周就利用这一围时间，加强晋州城防工事。

一围之后，高纬抵达晋州城下，北齐兵团仍很强悍，日夜攻城，把城墙攻陷了一个十几步的缺口。正要冲进去的时候，高纬却下令暂停，请冯小怜前来参观这个肉搏的壮观场面。冯小怜对镜化妆，不能马上就来。等到化妆已毕，花枝招展来了，北周军已堵住缺口，无法攻入，这样僵持了一个月，北周皇帝宇文邕亲率援军到达，两国在晋州城外决战。高纬与冯小怜并骑站在高冈上观看，双方大军刚刚接触，杀声震天，冯小怜心惊肉跳，失声说："败了败了。"一个亲信大臣在旁说："主上快走。"高纬魂不附体，拍马就逃。北齐兵团遥遥望见，斗志全失，霎时崩溃。高纬逃回首都邺城（河北临漳），还生出花样，传位给八岁的儿子高恒。明年（577）春天，北周兵团到达，攻陷邺城，高纬向东逃走，想投奔南朝的陈帝国，但一脸忠贞的宰相（右丞相）高阿那肱暗中早已投降北周，要把他献出作为晋见礼物，所以用巧言花语使高纬打消南奔的念头，等北周追兵赶到，高纬遂被擒获。这个只二十八年的短命北齐帝国，在人间制造了无数罪恶之后灭亡。

——高纬被送到长安，封为侯爵。九个月后，像他诬陷斛律光谋反，屠灭三族一样，北周皇帝宇文邕也诬陷高纬谋反，所有高姓皇子、皇孙，全被处斩。冯小怜沦落为奴，给人舂米。其他贵不可言的皇后、公主，流落到益州（四川成都），贫穷无依，靠着在街头卖"取灯"（古时一种火柴）为生。

北周帝国统一了北中国之后，下一个目标当然是统一全中国。但并吞北齐的明年（578），宇文邕逝世。二十岁的荒唐儿子宇文赟继位，宇文赟跟南齐暴君萧昭业同一类型，平常老爹管教严格，他只好非常规矩。一旦老爹去世，世界上就再没有一个力量能拘束他。宇文赟在宝座上凶暴肆虐了九个月后，把帝位传给七岁的儿子宇文阐。而他自己因荒淫过度，于二十二岁时死掉。死掉的明年（581），他的岳父杨坚，从孤儿寡妇手中，轻易地把政权接到手中。然后效法宇文皇族当初屠杀西魏元姓皇族的前例，把宇文皇族也全部屠杀。北周帝国建立二十五年，距宇文邕征服北齐、气势如虹的日子，不过四年。

六 大分裂时代终结

杨坚（隋文帝）的国号是隋，他继承了北周强大的国力，一俟内部安定，即开始统一全中国之战。八十年代587年，杨坚征召南梁帝国最后一任皇帝萧琮入朝，在萧琮到了长安后，即下令把南梁撤销，南梁立国八十六年。

明年（588），杨坚向陈帝国发动总攻。

陈帝国是南北朝唯一没有出过暴君的政权，但它最后一任皇帝陈叔宝（陈后主），却是声名最响亮的昏君之一。他喜爱宫廷生活，每天沉湎在酒和女人之中，而不问国家大事。他最宠爱的姬妾有八人，在经常举行的宫廷宴会上，每次都邀请十余位诗人，跟八位美女杂坐在一起，饮酒作诗，互相赠答。再挑选最艳丽的数首，谱成歌曲，由千余宫女歌唱。其中以《玉树后庭花》、《临春乐》为最有名，内容都是赞扬八位美女的美丽和风情。八位美女之中，陈叔宝尤其宠爱两位：张丽华和孔贵嫔。其中张丽华更是美人中的美人，秀长的头发可以垂到地面，光彩焕发。她性情宽厚而绝顶聪明，政府中大小事件，都了如指掌。陈叔宝头脑不清，凡事不太了了，批阅公文时，张丽华就常坐在他膝上指点。于是大臣透过宦官，跟她勾结，从事买卖官爵和制造冤狱。宰相孔范，更与孔贵嫔结为兄妹，引进一批很有才华但不识大体的官僚，像玩弄木偶一样，玩弄陈叔宝。

588年，杨坚命他的次子杨广当元帅，宰相（尚书左仆射）高颎当元帅府秘书长（长史），动员五十二万兵力，向陈帝国进军。陈叔宝听到消息，大笑说："王气在建康（江苏南京），北齐侵略过我们三次，北周侵略过我们两次，都被击败，杨坚为什么不接受历史教训？"孔范在旁打边鼓说："长江本是天险，自古隔着南北，敌人岂能飞渡？边将贪功，往往夸张战报。我总嫌我的官位太小，敌人如果真的过江，我早就封侯了。"有人报告消息说，隋军战马大批死亡，孔范愤怒地喊："那些都是我们的马，为什么让它们死？"陈叔宝的信心因孔范的丑角动作而日益加强。明年（589）正月，隋军在大雾中渡过长江。陈军溃散，建康陷落。陈叔宝正在金銮殿上坐朝，听到敌人入城，急向后逃。大臣拦住他，建议他衣冠整齐，在正殿上等候变化。陈叔宝大惊说："刀枪之下，非同儿戏，我自有妙计。"他的妙计是，跑回后宫，躲进景阳殿一口深井之中。隋军入宫搜索，在井上呼唤，不见回答，扬言要向井中投掷石头，这才听到应声。士兵们抛下绳索把他拉出来时，震惊怎么如此沉重，等到拉出井口，才发现竟然有三个人，除了陈叔宝外，还有张丽华和孔贵嫔。就在同时，士兵搜查皇宫，在陈叔宝床底下，发现很多将领们向政府告急的十万火急文书，还没有拆封。陈帝国立国只三十三年。

——陈叔宝被送到长安，封为公爵，陈姓皇族也都无恙。只有隋军大将王颁，是王僧辩的儿子，进入建康后，把陈霸先的尸体从坟墓中掘出，打数百皮鞭，成为中国历史上第二次鞭尸事件。孔贵嫔的下落不知道，张丽华的下落是个悲剧。隋军参谋长高颎认为她应该负陈帝国亡国的全部责任，竟把她砍头。杨广久已羡慕她的花容月貌，派人传令留她性命。高颎拒绝说："从前姜子牙蒙面杀苏妲己，这种祸水，绝不可留。"杨广大怒："古人有言，无德不报，我将来会报答阁下。"下世纪（七）杨广当了皇帝后不久，就把高颎同样砍头，妻子儿女没入官府为奴，为这位绝代美女复仇。

陈帝国亡后，大分裂时代后期的南北朝时代，同时终结。中国在隋政府之下，又归统一。中国人民经过二百八十六年的离乱隔绝和互相仇恨之后，恢复同一国度的手足之情。而且大分裂像一个大火炉，中国境内各民族结合成一个新的华夏民族，从此再没有鲜卑、匈奴、羯、氐、羌之分。这个新的华夏民族因含有新的血液，充满了生命的活力。

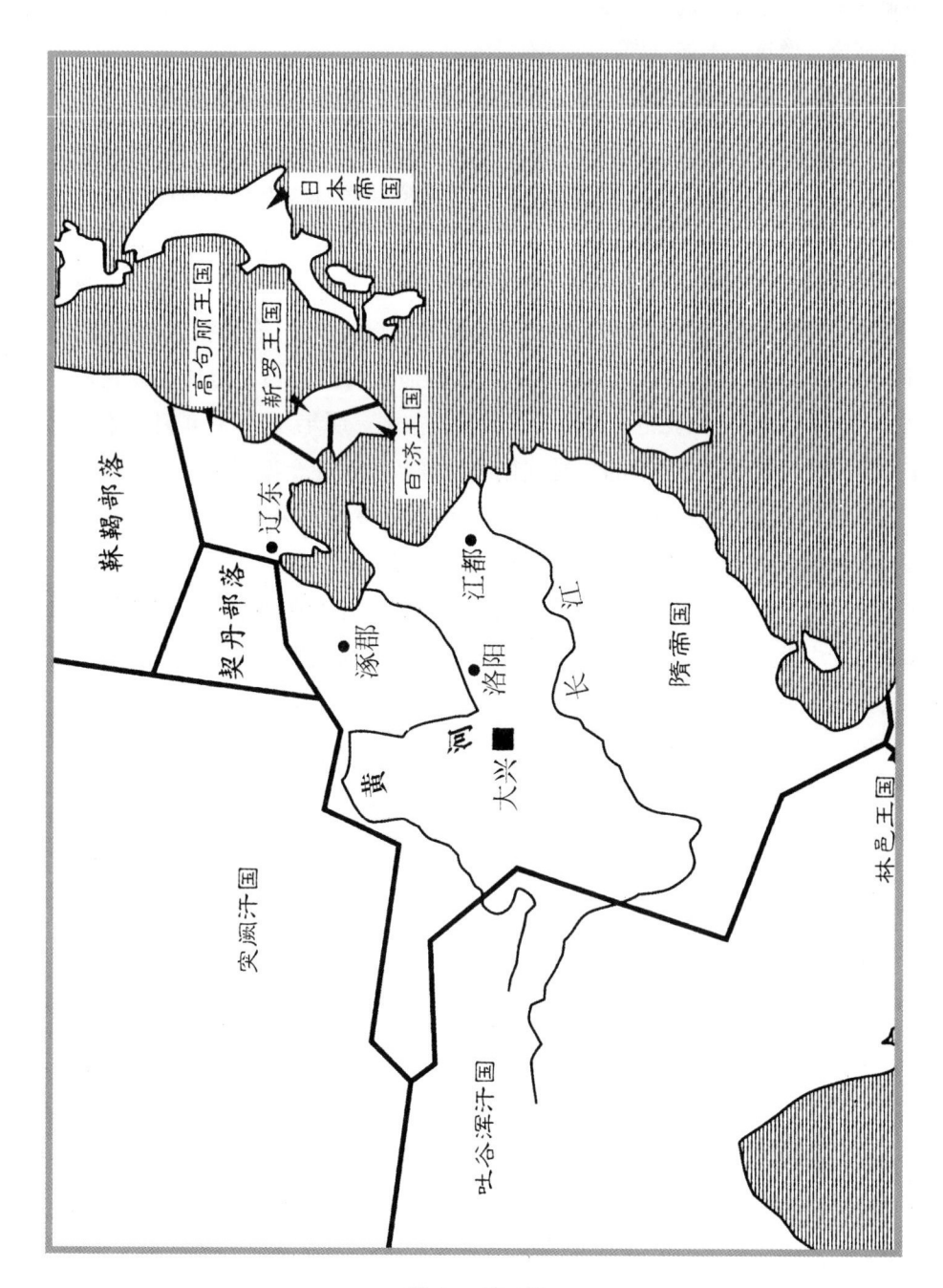

图三一　隋王朝

——这次重归统一，再次显示汉字的凝聚力。欧洲自上世纪（五）西罗马帝国灭亡后，四分五裂的现象，并不比中国大分裂时代更严重。欧洲人民和若干雄才大略的君主与天主教教皇，也都怀着再统一的愿望。可是欧洲失败而中国成功。即令是一个民族，如果分离过久，因言语和文字的不同，都会成为两个截然不同的国家。罗马帝国拉丁文是一种拼音文字，一旦土地隔绝，言语相异的人，各自用字母拼出各自的言语，不同的各种文字，遂纷纷出现。各地区人民，不可避免地差距日增。我们可以说，自从公元前腓尼基人发明拼音字母，欧洲就注定了不能统一。中国境内的言语分歧，比欧洲更甚。可是中国没有字母这个工具，不能用拼音的方法制造各自的文字。在广大辽阔的中国领域之内，华夏字像一条看不见的魔线一样，把言语不同、风俗习惯不同、血统不同的人民的心声，缝在一起，成为一种自觉的中国人。虽然长久分裂，都一直有一种心理状态，认为分裂是暂时的，终必统一。所以国与国合并之后，人与人之间，马上水乳交融。不像欧洲，合并之后的国家或民族，立刻就发生言语文字上爆炸性的问题。因之我们有一个推断，假定拉丁文也是方块字而不是拼音字的话，欧洲早已统一为单一的国家。

七 突厥汗国崛起沙漠

中国本土虽然统一，但边患来自北方如故。

匈奴汗国于二世纪破灭后，塞北瀚海沙漠群地带，成为真空。发源于东北地区的乌桓部落和鲜卑民族诸部落，纷纷侵入。等到这些部落或被并吞，或南下进入中国本土建立王朝帝国后，拓跋部落所属的柔然部落，乘虚兴起。

柔然部落于上世纪（五）头十年402年，建立柔然汗国，跟北魏帝国不断发生战争。柔然汗国的文化水平比北魏更低，所以没有留下像匈奴汗国那么多史迹。北魏帝国鲜卑兵团的战斗力一向很强，但对柔然汗国却无法施予有效打击。北魏一连几个皇帝都亲自统军北伐，深入沙漠，但始终不能获得决定性的胜利。只要大军一退，柔然立即跟踪而至。所以北魏帝国无可奈何之余，就为它起了一个丑陋的名字"蠕蠕"，形容他们像毛虫一样无知。

然而，柔然汗国所属居于金山（新疆阿尔泰山）的一个匈奴血统的突厥部落，日渐茁壮。柔然汗国最初不在意这个叛乱集团，但不久就被它连连击败。突厥部落酋长阿史那（姓）土门（名），于本世纪（六）五十年代552年，称伊利可汗，建突厥汗国。三年后（555），伊利可汗的儿子木杆可汗，大举进攻柔然汗国，柔然兵团溃散，第十八任可汗郁久闾（姓）邓叔子（名），投奔当时的西魏帝国。突厥木杆可汗向西魏施用压力，坚持索取郁久闾邓叔子的人头。西魏宰相宇文泰不得已，把郁久闾邓叔子以及随他一齐投降的部属，共三千余人，交给突厥使节，就在长安城外，被突厥使节全部屠杀。第十九任可汗郁久闾庵罗辰向西逃亡，以后再没有消息。柔然汗国立国约一百五十四年而亡。

我们可看出突厥汗国在兴起之初，即足够强大，西魏帝国不得不向它屈服，为它杀降。突厥在灭掉柔然汗国后，即完全统治匈奴汗国的故地，东方跟新崛起的契丹部落接壤，西方到葱岭、中亚。北齐、北周都没有力量跟它抗衡，只好竞争呈献珠宝财货和公主美女，希望获得援助。木杆可汗骄傲地说："我在南方有两个孝子贤孙，我想要什么，他们就会送什么。"隋王朝统一中国后，仍不能马上摆脱它的威胁。

可是，突厥民族却缺少建立一个稳定的国家的能力，在汗国之内，同时竟并存着两个或数个可汗，元首固称可汗，特别大的部落酋长也称可汗。这等于一个国家有数个元首，不能避免地一定会发生内斗和因内斗太多而导致汗国瓦解。为了辨识，我们称元首可汗为大可汗，酋长可汗称小可汗。

突厥汗国开国后不久，就爆发意料中的内斗。隋王朝皇帝杨坚对突厥采取和亲政策，但他的目的不是和解而是分化。杨坚把安义公主嫁给小可汗之一的突利可汗，突利可汗遂偏向隋王朝。本世纪（六）最后一年（599），当大可汗都蓝可汗准备攻击隋王朝大同城（内蒙乌拉特前旗东北）时，突利可汗向隋王朝报信告警。都蓝大可汗大怒，跟另一小可汗达头可汗，联合攻击突利可汗，突利可汗部众溃散，投奔隋王朝。杨坚改突利可汗为启民可汗（启民，在突语中是智慧健壮之意），那时安义公主已经去世，杨坚再把义成公主嫁给他，又在朔方地区（河套）筑大利城（内蒙清水河），划出河套地区三万方公里，安置启民可汗陆续来归的部众。另派边防军驻屯黄河北岸，防御都蓝大可汗和达头小可汗的攻击。——这跟公元前一世纪匈奴呼韩邪单于投奔西汉王朝后的情形，几乎完全相同。

都蓝大可汗不久被他的部下所杀，达头可汗继位当大可汗，先后数次进攻启民可汗，都被隋帝国边防军击退。启民可汗对隋帝国的感激，出自内心。

东西方世界

——二十年代·527年（南梁皇帝萧衍第一次舍身同泰寺），东罗马帝国皇帝查士丁尼即位。

——二十年代·529年（萧衍第二次舍身同泰寺），《查士丁尼法典》完成。

——三十年代·533年（北魏军阀尔朱家族战败，全灭），罗马法典摘要、查士丁尼法制完成。

——三十年代·534年（北魏皇帝元修自洛阳出奔长安，帝国分裂为东、西），东罗马大将贝利撒留灭汪达尔王国，收北非入版图。

——五十年代·553年（西魏乘南梁内乱，袭取益州[四川]），贝利撒留攻克罗马城，灭东哥特王国，收意大利半岛入版图。东罗马帝国重振国威，几乎恢复未分裂前罗马帝国疆域和光荣（非常像刘裕连灭西蜀、南燕、后秦）。

——六十年代·562年（陈帝国建国第六年），突厥汗国与波斯王国，南北夹攻呎哒王国（阿富汗），呎哒亡。突厥若干部落开始向西移殖，为现代土耳其人始祖。

——六十年代·565年（陈帝国建国第九年），查士丁尼大帝逝世，东罗马帝国的复兴大业中止。收复的土地，陆续丧失。

——六十年代·568年（陈帝国建国第十二年），伦巴底部落侵入东罗马帝国意大利境，于北部建立伦巴底王国。社会秩序混乱，基督教罗马城主教，渐代替罗马帝国皇帝，成为安定力量，世人开始尊称他为教皇。

——七十年代·571年（斛律光冤狱前一年），（一）穆罕默德诞生。（二）日本钦明天皇逝世，敏达天皇继位。高句丽王国使节呈递国书，三日无人认识，唯中国人王辰尔认识，敏达天皇大悦，下诏褒奖。是为"乌羽之表事件"。

——九十年代·592年（大分裂时代终止后第三年），日本崇峻天皇被大臣东海直驹刺死。钦明天皇的女儿丰御食炊屋姬继位，称推古天皇。